21世纪高职高专规划教材

酒店管理系列

总主编 沈建龙

省级重点教材建设项目

饭店营销实务

主 编 胡 敏

副主编 潘 澜

参 编 王伯启 张丽萍 郑昭彦 吕依凡

Hotel marketing practices

中国人民大学出版社

·北京·

图书在版编目（CIP）数据

饭店营销实务/胡敏主编. —北京：中国人民大学出版社，2017.2
21世纪高职高专规划教材．酒店管理系列
ISBN 978-7-300-24049-7

Ⅰ.①饭… Ⅱ.①胡… Ⅲ.①饭店—市场营销学—高等职业教育—教材 Ⅳ.①F719.2

中国版本图书馆CIP数据核字（2017）第021576号

21世纪高职高专规划教材·酒店管理系列
总主编 沈建龙
饭店营销实务
主 编 胡 敏
副主编 潘 澜
参 编 王伯启 张丽萍 郑昭彦 吕依凡
Fandian Yingxiao Shiwu

出版发行	中国人民大学出版社		
社 址	北京中关村大街31号	邮政编码	100080
电 话	010－62511242（总编室）		010－62511770（质管部）
	010－82501766（邮购部）		010－62514148（门市部）
	010－62515195（发行公司）		010－62515275（盗版举报）
网 址	http://www.crup.com.cn		
	http://www.ttrnet.com(人大教研网)		
经 销	新华书店		
印 刷	中煤（北京）印务有限公司		
规 格	185 mm×260 mm 16开本	版 次	2017年2月第1版
印 张	21.75 插页1	印 次	2017年2月第1次印刷
字 数	441 000	定 价	43.50元

总　序

SERIES FOREWORD

随着酒店管理成为全球十大热门行业之一，酒店管理人才面临全球性紧缺。一方面，酒店行业在全球与中国地区的发展速度、就业率已远远超过一些传统型行业；另一方面，2016 年我国 1 070 余所高职高专院校旅游类专业毕业生每年多达 10 万余人，而毕业生在酒店行业初次就业率仅为 50％左右，稳定率为 30％左右。这背后的原因，是不对口的人才输出及毕业生作为酒店员工短时间内难以适应酒店的企业文化。这就对高职高专院校酒店管理专业人才培养模式特别是课程体系构建和课程建设提出了更高的要求。

教材作为来自实践又能指导实践的理论概括，是提高人才培养质量的重要保证。基于这样的认识，中国人民大学出版社组织，浙江旅游职业学院牵头，联合全国多家高职高专院校酒店管理专业骨干教师，编写了这套“21 世纪高职高专规划教材·酒店管理系列”教材。

本套教材的主要特点有：

一是针对性。针对高职高专酒店管理专业学生培养目标和酒店运营的实际需要，强调理论联系实际，在理论上以必需、够用为度，在实践上着重培养学生的技术应用能力和创新能力。

二是实用性。在内容安排上结合酒店行业的各个服务环节和管理实际，具有很强的可操作性，而且内容翔实、要点突出。其中，《前厅服务与管理》《客房服务与管理》《餐饮服务与管理》《酒吧服务与管理》这四本教材是根据酒店服务与流程编写的校企合作教材。

三是先进性。在编写过程中，我们不仅吸收了大量的国内外酒店管理的先进经验，反映了酒店行业实践和研究的新成果，也融合了一些酒店新业态发展的趋势，因此本套教材的内容具有较强的前瞻性。

由于时间和编者水平有限，本套教材在体系构建、体例设计、内容安排等方面肯定存在不足之处，恳请各位读者提出批评意见和改进建议，以期通过不断的修订进行完善和提升，使之成为高职高专院校酒店管理专业的精品教材。

沈建龙　教授

浙江旅游职业学院酒店管理系主任

2017 年 1 月

前 言

PREFACE

饭店营销是为了满足客户的合理要求，为使饭店盈利而进行的一系列经营、销售活动。饭店营销是市场营销的一种，也是饭店经营活动的重要组成部分。它始于饭店提供产品和服务之前，贯穿于饭店经营的一切业务活动中，最终帮助实现饭店预设的经营目标。市场竞争使饭店营销工作倍受重视。

《饭店营销实务》是为高等职业院校酒店管理专业学生编写的就业导向的教材，突出实用性和专业性，重点培养学生的营销技能运用能力和饭店营销岗位工作能力。本教材分为导论和五个章节（包括饭店营销组织、饭店营销调研、饭店营销策划、饭店营销控制和饭店产品销售），共十七个模块，全面介绍了营销的基本原理和饭店营销工作的基本要求和规范，列举了大量饭店营销工作中的案例和工作表单。此外，作者将跟踪多年的饭店行业发展和研究前沿的一些内容也纳入了教材体系中。本教材的特点包括：一是突出饭店营销工作实际；二是“理论够用”原则下的营销理论中融合进饭店实际营销工作内容；三是注重教学适用性，教材结构模块化。本教材是浙江省酒店管理专业重点建设系列教材之一。

本教材由浙江旅游职业学院胡敏教授担任主编，潘澜副教授担任副主编，江苏经贸职业技术学院王伯启副教授、长沙环境保护职业技术学院张丽萍副教授、浙江旅游职业学院郑昭彦副教授、杭州西子国宾馆营销部吕依凡经理参与编写。具体写作分工如下：导论由胡敏编写，第一、二、三章由潘澜、胡敏编写，第四章的模块一、二、三由胡敏、吕依凡编写，第四章的模块四、第五章的模块一由王伯启、郑昭彦编写，第五章的模块二、三由张丽萍、郑昭彦编写，第五章的模块四由胡敏、吕依凡编写，胡敏完成全书的总撰。本教材在编写过程中得到了浙江世贸君澜酒店管理集团、浙江南苑控股集团有限公司、杭州西子国宾馆等单位的大力支持和帮助，在此一并表示感谢。

由于编者水平有限，书中错漏之处在所难免，敬请各位读者批评指正。

胡敏

2017 年 1 月

目　录
CONTENTS

导 论

本导论主要讨论饭店市场营销的基本概念，准确把握“市场”“市场营销”“饭店产品”“饭店市场营销”的内涵，对于饭店做好市场营销、加强管理、提高经济效益具有重要意义。

学习目标

- 掌握市场、市场营销的概念
- 明白营销与销售的区别
- 熟悉饭店产品的特点
- 了解饭店营销活动

引　例

不同的观念，不同的结论

美国一家制鞋公司想开拓国外市场，公司总裁派一名推销员到非洲一个国家，让他了解一下能否向该国卖鞋。这名推销员到非洲后发回一封电报："这里人不穿鞋，没有市场。"于是总裁又派去另一名推销员。第二名推销员在非洲待了一个星期，然后发回一封电报："这里人不穿鞋，市场巨大。"总裁还是不满意，又派了第三名推销员去。这名推销员到非洲后待了三个星期，发回一封电报："这里人不穿鞋，但有脚疾，需要鞋；不过不需要我们生产的鞋，因为我们的鞋太瘦，我们必须生产宽大些的鞋。这里的部落首领不让我们做买卖，除非我们做大市场营销。我们只有向他的金库进贡一些，才能获准在这里经营。我们需要投入大约 1.5 万美元，他们才能开放市场。我们每年能卖大约 2 万双鞋，在这里卖鞋可以赚钱，投资收益率应该比较高。"

后来，第三名推销员得到了公司的重用。

资料来源：李伟清、贺学良、李菊霞编著：《酒店市场营销管理与实务》，上海，上海交通大学出版社，2010。

今天，"营销"这个词，我们并不陌生，但是如引例中所体现的对"营销"的误解却也普遍存在。"你好，我是正雄，你们单位需要安排年度会议吗？我们是××四星级酒店。如果你们订 20 个房间的话，我们可以给你们一个很不错的折扣。我们饭店正在举行墨西哥餐饮节，欢迎光临。如果您持有我们的会员卡，第一次入住能够享受 50%的特大优惠。"这是推销，但很多人认为这就是营销，并将"营销"等同于"销售"。美国管理学家菲利普·科特勒（Philip Kotler）认为，推销不是市场营销的最重要部分，而只是"市场营销冰山的尖端"，市场营销的目的是使推销成为多余。那么，什么是真正的市场营销呢？饭店应该如何做市场营销呢？

一、市场

市场是一种以商品交换为内容的经济联系形式。它是社会分工和商品生产的产物，是市场经济中社会分工的表现。在社会产品存在不同所有者的情况下，生产劳动的社会分工使它们各自的产品相互变成商品，从而产生了相互交换商品的市场。可见，市场是一个经济范畴，哪里有商品生产，哪里就有市场。市场的基本关系是商品供求关系，基本活动是商品交换活动。

那么，究竟什么是市场呢？市场是一个具有多重含义的概念。下面是几种从不同角度对市场的认识。

(1) 市场是商品交换的场所。在这里，市场是一个地理概念，是“作为场所的市场”。很明显，任何一个企业都要考虑本企业的产品销往哪些地区、在什么场所销售，如农贸市场、服装市场等。

(2) 市场是某种产品现实和潜在消费者的总和。市场的大小是指市场消费总和的大小，是指有多少消费量。企业明确自己产品的市场有多大、由哪些消费者或用户组成，是具有重要意义的。所谓企业要面向市场，就是要面向自己的顾客。

(3) 市场是商品供求双方的力量相互作用的总和。这一含义是从商品供求关系的角度提出来的，反映的是“作为供求强度的市场”。“买方市场”“卖方市场”这些名词反映了供求力量的相对强度，反映了交易力量的不同状况。在买方市场中，商品供给量大于需求量，需求占有利地位；在卖方市场中，商品需求量大于供给量，供给占有利地位。

从饭店的角度来看，饭店市场营销所研究的“市场”是第二重含义。其理论含义是指在一定时期内，某一地区中存在的对饭店产品具有支付能力的现实和潜在消费者。所谓现实消费者是指具有支付能力又有购买兴趣的人，潜在消费者是指可能具有支付能力和购买兴趣的人。

明确了什么是饭店的市场后，怎么判断市场的大小呢？市场的规模可以用以下公式进行计算：

市场＝人口×购买力×购买者的购买欲望

饭店营销市场规模的大小，首先取决于市场的人口数量。人口越多，市场潜力越大。没有人的市场是不存在的，无人市场就不存在消费者。其次取决于人们的支付能力，即购买力。没有足够的支付能力，消费行为便无法实现。购买者的购买欲望只是一种主观的愿望，如果没有足够的购买力去实现其购买欲望，就不能形成现实的市场。因此，市场不仅取决于人口和购买者的购买欲望，而且取决于消费者的购买力。最终取决于购买者的购买欲望。饭店业的产品或服务只有引起购买者的欲望，根据实际情况把握购买者的购买力，才能把人口和收入的潜力引导到市场上来，才能形成现实的市场。每个方面用乘号连接，说明三者均是市场的重要构成因素，缺少任何一部分都不能形成现实的市场。

二、市场营销

(一) 市场营销的定义

“市场营销”这个词早在19世纪就已出现，但到目前为止，仍存在多种解释，其中有代表性的有以下几种：

（1）美国市场协会认为市场营销是“引导商品或劳务从生产者到达消费者或使用者手中的一切企业经营活动”。这是目前认为最早的一种完整解释。

（2）美国著名的营销学家菲利普·科特勒对市场营销的核心概念进行了如下的描述：“市场营销是个人或群体通过创造、提供并同他人交换有价值的产品，以满足各自的需要和欲望的一种社会活动和管理过程。”这个核心概念包含需要、欲望和需求，产品，价值和满足，交换和交易，营销和营销者等一系列概念。

（3）美国学者史坦顿（Stanton）指出，市场营销是“在适当的时机和地点，利用正确的沟通方式与促销方法，使适当的商品及劳务满足现在和未来顾客的需求”，强调市场营销是一种满足消费者需要的商业经济活动。

（4）美国学者马尔康·麦克纳尔（Malcolm Macnair）认为市场营销是“创造和传递新的生活标准给社会”，市场营销有为社会创造并提供更高生活标准的能力。

上述诸多定义均从不同的侧面在不同程度上反映了市场营销的特定内涵。

（二）市场营销的核心概念

虽然市场营销的定义表述不同，但其中一些核心概念是基本一致的，包括需要、欲望和需求，产品，价值和满足，交换和交易，市场，营销和营销者等。这里介绍其中几个核心概念。

1. 需要、欲望和需求

需要、欲望和需求是市场营销最基本的概念，也是市场营销活动的前提和依据。这三个概念既密切相关又有明显的区别。

人类的各种需要和欲望是市场营销的出发点。市场营销中所讲的需要是指人类的需要，指人没有得到某些基本满足时的一种感受状态。例如，人们为了生活对食品、住房、衣服、受人尊重、归属、安全等的需要，表现为人们对于基本产品和服务的某种特定形式的强烈爱好。这些需要存在于人类自身生理和社会的各个方面，企业可用不同的方式去满足它，但不能凭空创造它。

欲望是指人们对上述基本需要具体满足物的愿望，是个人受不同社会生活环境及文化影响所表现出来的对基本需要的特定追求。例如，为满足“吃”的需要，中国人有可能选择馒头、米饭或面条，西方人则可能选择比萨或汉堡包。尽管人们的需要有限，但欲望却很多，企业虽无法创造需要，但可以影响人的欲望，开发及销售特定的产品和服务满足人的欲望。

需求是指人们有能力并愿意购买某种产品的欲望。当具有购买能力时，欲望便转化为需求。可见产品需求是建立在两个条件之上的：有支付能力且愿意购买。企业不仅要预测有多少人喜欢自己的产品，更重要的是了解到底有多少人愿意并能够购买自己的产品。作为营销人员，最重要的任务就是分辨出消费者的购买力层次，生产出相对应的产品来最大限度地满足他们的需求。

将需要、欲望、需求加以区分，其重要意义在于阐述这样一个事实：市场营销者并不能创造需要，因为需要早已存在于市场营销活动之前；市场营销者连同社会上的其他因素，只能影响消费者的欲望，并试图向消费者指出何种特定的产品可以满足其特定需要，进而通过使产品富有吸引力、适应消费者的支付能力且使之容易被消费者得到，以此来影响需求。

2. 产品

市场营销中所讲的产品，一般是指广义的产品。广义的产品是指能够满足人们的某种需要和欲望的任何东西。除了商品和服务外，还包括人员、地点、活动、组织和观念等。例如，人们感到烦闷想要放轻松时，可以到歌舞厅去观看演员表演节目（人员），可以到风景区旅游（地点），可以参加希望工程的资助项目（活动），可以参加消费者假日俱乐部（组织），也可以接受另一种生活哲学（观念）调整情绪。就消费者的观点而言，这些都可以作为能够满足各种需要和欲望的替代品。企业必须清醒地认识到，人们在选择购买产品的同时，实际上是为了满足某种需要。作为营销者，如果只研究和介绍产品本身，而忽视对消费者需要的服务，就会犯“市场营销近视症”而失去市场。

3. 价值和满足

消费者通常要面临很多能满足某一需要的产品，在对这些不同产品进行选择时，往往根据自己的价值观来评估各种产品的效用和价值，然后选择一个最喜欢的产品来满足自己的需要。对于消费者来讲，最喜欢的产品价值（也可称为效用）最大。价值是消费者通过对产品满足其需要的整体能力来估算的。价值是一个复杂的概念，产品选择也是一个复杂的过程，既要考虑价值，又要考虑价格。以价值和满足为核心概念的消费者行为研究也显得非常重要。

（三）营销与销售的区别

营销和销售不是一回事，那么它们之间究竟有什么区别呢？

1. 营销和销售在对待组织、顾客和社会三者利益冲突时表现出不同的观念

销售观念认为，如果顺其自然的话，消费者通常不会足量购买一个组织的产品，因此，有必要进行积极推销和进行大量的促销活动，即认为销售数量与企业促销努力成正比。

作为现代营销之父的菲利普·科特勒认为：“当顾客步入商品陈列室，企业推销员便开始揣摩来者的心思，如果有一位顾客喜欢某种式样的汽车，推销员就会马上告诉他，另一位顾客正好也打算买这辆汽车，因此要当机立断。如果顾客因为价格而犹豫不决，推销员又会马上提出他可以找经理商谈，把价格降得更低些。这位顾客等了 10 分钟，推销员就会满面春风地出来说：‘老板起初不同意，但我好歹说服了他。’这样做的目的是

激发顾客立即购买。”

而营销观念是与销售观念大相径庭的。彼得·德鲁克（Peter F. Drucker）说：“某些推销工作总是重要的，然而营销的目的就是要使推销成为多余。营销的目的在于深刻地认识和了解顾客，从而使产品或服务完全适合他的需要而形成产品的自我销售。”简单来说，营销以消费者为中心、以竞争为基础、以协调为手段，企业利润是营销的结果而不是企业的目的。

可以这样理解：销售的目的是把产品推销给用户换回金钱，而营销的目的是让用户拿着金钱主动购买你的产品。

2. 营销在销售之前开始

这是营销与销售最本质的差别。营销的工作包括新产品的创新和老产品的生命周期管理，而销售仅仅考虑如何更好地售卖已经生产出来的产品。一家公司或部门可能会拥有一支一流的销售队伍，但如果销售人员没有好的产品可以卖，不了解谁是最佳客户，不能提供最佳价值，那么他们的能力也就没有多少作用。

3. 营销在销售之后仍然继续

营销部门由销售部门和市场部门组成。市场部门要开发和维护大客户，要不断调研市场需求的变化，要开拓市场，树立良好的品牌形象，这些工作不是把产品卖出去就算工作完成了的。

4. 销售只是营销的一个环节

销售实现了营销的结果，但是之前、之后还有大量的工作要做。可以把营销和销售分别比作在田地里播种和收割庄稼。出色的营销工作相当于播种，如果不播种，将来就收不到庄稼；优秀的销售工作则相当于有效地收割庄稼，如果不收割，就好比任凭地里的庄稼每天遭受狂风暴雨的袭击也不理不睬。我们应该对销售和营销二者兼顾，既要关注营销，也要关注销售，因为营销意味着长期的盈利能力，销售则体现了年度的利润。

三、饭店市场营销

（一）饭店产品的特征和饭店市场营销的定义

1. 饭店产品的特征

饭店市场营销是市场营销理论在饭店企业的应用。饭店市场营销的特点在于它销售的产品是饭店服务，不同于实物商品，它是一种无形产品，研究者从产品特征的角度探讨服务的本质。饭店产品的基本特征包括：无形性、不可分离性、不可贮存性、差异性和缺乏所有权。

（1）无形性。无形性是服务的最主要特征，包括两层含义：1）与有形的消费品或产业用品相比，服务的特质及组成服务的元素很多时候都是无形的，让人不能触摸或凭肉眼看不见；2）不仅其特质无形无质，甚至使用服务后的利益也很难被觉察，或要等一段时间后，享用服务的人才能感觉其“利益”的存在，医疗服务就是如此。因此，购买服务必须参考许多意见与态度等方面的信息，再次购买则依赖先前的经验。服务的无形性并不是完全的，很多服务需要有关人员利用实物，比如，饭店住宿服务必须让顾客使用客房及其内部设施设备。

（2）不可分离性。服务的不可分离性是指服务的生产过程和消费过程同时进行，也就是说服务人员提供服务给顾客时，也正是顾客消费服务的时刻。二者在时间上不可分离，这是因为服务本身不是一个具体的物品，而是一系列的活动或过程，在服务的过程中消费者和生产者必须直接发生联系，因而生产的过程也就是消费的过程。服务的这种特性表明，顾客只有并且必须加入服务过程中才能最终消费到服务，也就是说，顾客在某种程度上参与了服务的生产过程。这在餐饮业中特别明显。无论餐厅自认为推出的餐饮多美味，只要味道不符合顾客口味，便无法称为好商品。再如，假设某对情侣基于宁静与浪漫的理由在餐厅里共进晚餐，不料隔壁桌的顾客却大声喧哗，这时候服务品质一样会大打折扣。

（3）不可贮存性。基于服务的无形性以及服务中生产与消费的同时进行，服务不可能像有形的消费品和产业用品一样被贮存起来以备未来出售，而且消费者在大多数情况下，也不能将服务携带回家安放。当然，提供服务的各种设备可能会提前准备好，但生产出来的服务如果不消费掉，就会造成损失。假设饭店有 100 间客房，前一晚入住率为六成，即使隔天租出全部客房，前一晚未租出 40 间客房的损失也永远无法在隔天或未来予以弥补。不过这种损失不像有形产品的损失那样明显，它仅表现为机会的丧失和折旧的发生。因此，不可贮存性要求服务企业解决由于缺乏库存所引起的产品供求不平衡，制定分销战略、选择渠道和分销商以及设计生产过程以便有效地弹性处理服务需求不可贮存引起的这一问题。

（4）差异性。差异性是指服务的构成成分及其质量水平经常变化，很难统一界定。一方面，由于服务人员自身因素（如心理状态）的影响，即使由同一服务人员所提供的服务也可能会有不同的水准；另一方面，由于顾客参与服务的生产和消费过程，因此顾客本身的因素（如知识水平、兴趣和爱好等）也直接影响服务的质量和效果。

（5）缺乏所有权。缺乏所有权是指在服务的生产和消费过程中不涉及任何东西所有权的转移。既然服务是无形而又不可贮存的，服务在交易完成后便消失，那么消费者就没有“实质性”地拥有服务。比如，客人入住饭店，使用客房及其他设施设备，但饭店提供的是饭店各种设施设备的使用权，而非所有权，因此客人离开时，只能带走这次住店的体验与回忆，不能将饭店客房及其他设施设备打包带回家。

无形性是服务的最基本特征，其他特征都是从这一特征中派生出来的。事实上，正是因为服务的无形性，它才不可分离，而不可贮存性、差异性和缺乏所有权在很大程度上是由无形性和不可分离性两大特征决定的。

扩展阅读 0—1

饭店 SERVICE

西方饭店认为服务就是 SERVICE（本意亦是服务），并且每个字母都有着丰富的含义。

S——Smile（微笑），其含义是服务人员应该对每一位宾客提供微笑服务。

E——Excellent（出色），其含义是服务人员应将每一服务程序、每一微小服务工作都做得很出色。

R——Ready（准备好），其含义是服务人员应该随时准备好为宾客服务。

V——Viewing（看待），其含义是服务人员应该将每一位宾客看作需要提供优质服务的贵宾。

I——Inviting（邀请），其含义是服务人员在每一次接待服务结束时，都应该显示出诚意和敬意，主动邀请宾客再次光临。

C——Creating（创造），其含义是每一位服务人员都应该想方设法地精心创造出使宾客能享受其热情服务的氛围。

E——Eye（眼光），其含义是每一位服务人员都应该始终以热情友好的目光关注宾客，适应宾客的心理，预测宾客的要求，及时提供有效服务，使宾客时刻感受到服务人员在关心自己。

---

2. 饭店市场营销的定义

结合市场营销的定义和饭店服务产品的 5 个特征，我们可以把饭店市场营销定义为“一种以满足饭店消费者的无形需要为主的商业经济活动”，是“在适当的时机和地点，利用正确的沟通方式与促销方法，用适当的饭店商品及服务满足现在和潜在顾客的需求”。简单地说，饭店市场营销就是为了满足客户的合理要求，为使饭店盈利而进行的一系列经营、销售活动。营销的核心是满足客户的合理要求，最终的目的是为饭店盈利。

（二）饭店营销核心策略

饭店营销活动是依据市场营销理论制定饭店服务策略来实现的。与有形产品的营销一样，在确定了合适的目标市场后，饭店营销工作的重点同样是采用正确的营销组合策略，满足目标市场顾客的需求，占领目标市场。由于服务作为一种产品具有其特殊性，因此在制定服务营销组合策略的过程中，学者们根据外部营销环境的变化在传统市场营销理论的基础上发展出服务营销，营销策略也在传统“4P”的基础上增加了“3P”，扩展为“7P”，即传统的市场营销理论——杰罗姆·麦卡锡（E. Jerome McCarthy）的“4P”［产品（Product）、价格（Price）、渠道（Place）、促销（Promotion）］和新增的“3P”［人员（People）、服务过程（Process）和有形展示（Physical Evidence）］。

（1）产品（Product）。注重开发的功能，要求产品有独特的卖点，把产品的功能诉求放在第一位。

（2）价格（Price）。根据不同的市场定位，制定不同的价格策略，产品的定价依据是企业的品牌战略，注重品牌的含金量。

（3）渠道（Place）。企业并不直接面对消费者，而是注重经销商的培育和销售网络的建立，企业与消费者的联系需要通过分销商来进行。

（4）促销（Promotion）。也称为营销沟通，是指企业通过广告、公共宣传、销售促进和人员推销，把产品存在的价值传播给目标顾客。

（5）人员（People）。是指人的元素，扮演着传递与接受产品的角色，包括职员、客户、供应商、竞争对手等变量。饭店产品有“生产与消费同时进行”的特点，因此饭店的服务人员是影响顾客对服务质量认知与偏好的关键。事实上，服务人员也是服务产品本身不可分割的一部分。

（6）服务过程（Process）。是指客户获得产品所必经的步骤或程序，包括原则、程序、机制、客户参与、客户指示、活动流程等，必须考虑客户愿意付出过程实现的时间长短。

（7）有形展示（Physical Evidence）。可以理解为在一个购买环境里，饭店产品得以传送，即展示产品的环境，有客观环境、人文环境的属性区别，包括设施（外观及配置）、色彩（装潢）、布局（陈列）、噪声级别、便利物品、有形因素、服务质量（主动性、判断力、引导能力、应变能力、说服能力、亲和力等）等。任何饭店有形产品通过服务传递及表现而更完整，与之前提及的饭店产品的特征相呼应。

事实上，饭店产品的无形性、不可分离性、不可贮存性、差异性和缺乏所有权，已经将人员、服务过程和有形展示这“3P”的内涵包含在内，因此，饭店产品可以理解为广义的服务，既包括硬件设施也包括软性服务。在此基础上，我们把市场营销策略回归到“4P”，即产品、价格、渠道和促销，这也是目前饭店企业营销策略的核心，我们也以此为核心根据饭店实际的营销活动来组织本书的编写。

（三）饭店营销活动

饭店营销由在市场营销理论指导下开展的一系列活动组成，这些营销活动是本书编写的基础。本书共分一个导论、五个章节。导论介绍饭店市场营销的核心概念，五个章节分别是“饭店营销组织”“饭店营销调研”“饭店营销策划”“饭店营销控制”和“饭店产品销售”。

第一章“饭店营销组织”主要讨论饭店营销部门的组织结构以及如何对饭店营销团队进行管理。具体包括饭店营销部门的岗位设置、工作职能以及各岗位职责，营销部的日常管理方式，要做哪些营销资料准备以及如何去管理这些资料；在对营销团队进行建设时，要采取哪些激励措施以打造更强的营销队伍。

第二章“饭店营销调研”主要讨论饭店市场营销调研的方法，学习如何对饭店市场营销调研资料进行分析，做出市场预测；学习 SWOT 分析法，对饭店市场内外部环境及机会和威胁进行分析，进行市场定位，作出科学的市场营销决策。

第三章“饭店营销策划”主要讨论饭店营销组合的设计和调整，学习如何通过饭店营销策划，把饭店可以控制的各种市场营销手段，即产品、价格、渠道和促销进行最佳组合，使它们互相配合起来，综合地发挥作用。饭店营销组合策划是制定饭店市场营销战略的重要基础，也是有力的竞争手段，还是协调饭店各部门工作的关键纽带。

第四章“饭店营销控制”主要讨论饭店营销的预算、计划、绩效控制以及顾客关系管理。营销预算是饭店营销运作的核心，营销计划是饭店营销的战术计划，营销绩效控制则通过饭店对营销活动过程每一个环节的跟踪管控来确保营销绩效的实现。本章学习如何通过预算、计划、绩效管理方法，结合优质的客户关系管理策略，实现饭店营销目标。

第五章“饭店产品销售”主要讨论旅行社和 OTA 销售、会议销售、宴会销售、商务和长包房销售等饭店实务层面的营销实施，熟悉旅游团队市场、线上消费市场、会议市场、宴会市场、商务和长包房市场等相关知识，学习如何对它们进行销售管理并掌握相应的技巧以提高销售业绩。

重要知识点

1. 市场
2. 市场营销
3. 需要、欲望和需求
4. 产品
5. 价值和满足
6. 饭店产品特征
7. 饭店营销策略：“4P”

模拟练习和实战训练

1. 向几个同等档次的饭店打电话预订房间。通过和饭店总台的交流，请评价每个饭店的预订服务情况，确定你最终会预订哪个饭店的房间并说明理由。从中你能否体会到服务在饭店营销中的重要性？

2. 一家饭店由于连续 10 年提供品质如一的服务而闻名，每到消费旺季就爆满，而平时也不错。饭店的营销部经理说，他们并没有做什么营销活动。这家饭店真的没有在营销上做什么努力吗？

3. 选择一家普通饭店和一家五星级饭店进行比较考察。考察完之后你有什么感受？如果让你公费入住，你会选择哪家饭店？是哪些因素驱使你作出这样的选择呢？

第一章 饭店营销组织

本章主要讨论饭店营销部门的组织结构以及如何对饭店营销团队进行管理。具体包括：饭店营销部门岗位设置、工作职能以及各岗位职责，营销部的日常管理方式，要做哪些营销资料准备以及如何去管理这些资料；在对营销团队进行建设时，要采取哪些激励措施以打造更强的营销队伍。

模块一 认识饭店营销部

学习目标

- 了解饭店营销部的组织结构和各岗位职责
- 熟悉饭店营销部的日常管理方法
- 明白如何进行营销资料的准备与管理

引　例

某星级饭店市场营销部岗位设置

某星级饭店市场营销部岗位设置如图1—1所示。

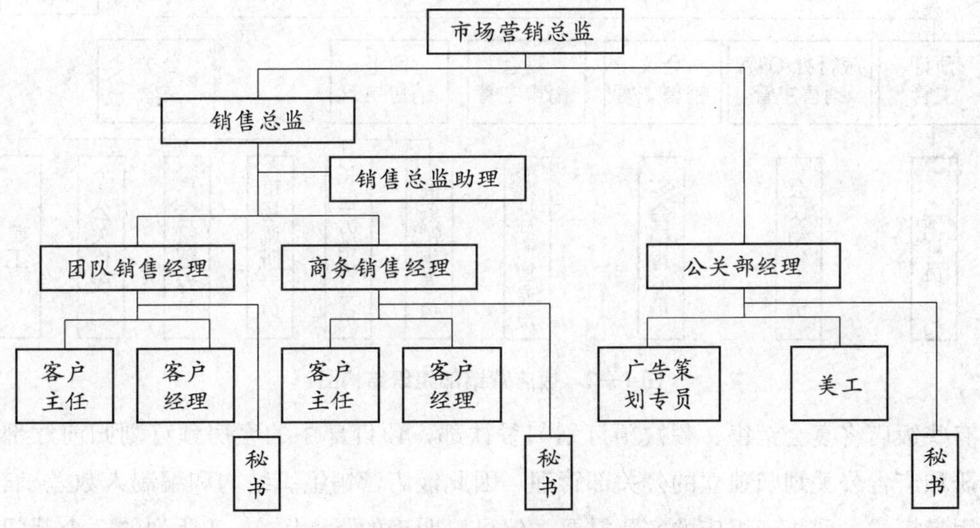

图1—1　某星级饭店市场营销部岗位设置图

饭店营销部是饭店全面负责制定、实施和管理市场营销策略和行动的组织机构。在饭店的经营实践中，这类组织的名称不尽相同，如市场营销部（如引例中所示）、销售部、销售公关部、营销部等，有些饭店还把预订部门也纳入这一组织机构里。不管称谓如何，全面负责和管理市场营销工作的机构，就是饭店营销组织，其组织结构和岗位设置取决于饭店的具体情况和个性需求。一个小型饭店也许只有一个人负责营销工作，没有专职的营销部门，而一个大型饭店则需要较多的营销机构和专职营销人员。营销机构的规模可能大而齐全，下设客房销售部、餐饮销售部、公关部、广告部、营销办公室等。另外，饭店的营销组织还与饭店经营范围有关，如果饭店不经营会议业务，就不必设会议销售部门。

第一节　饭店营销岗位设置及岗位职责

一、饭店营销部组织结构及岗位设置

营销部在饭店经营管理中通常起龙头作用，是饭店总经理进行经营决策所必需的顾问参谋和信息中心，负责饭店内外形象的创立和维护，同时也是饭店市场调查研究和销售的主要职能部门。比较齐全的饭店营销部组织结构如图 1—2 所示。

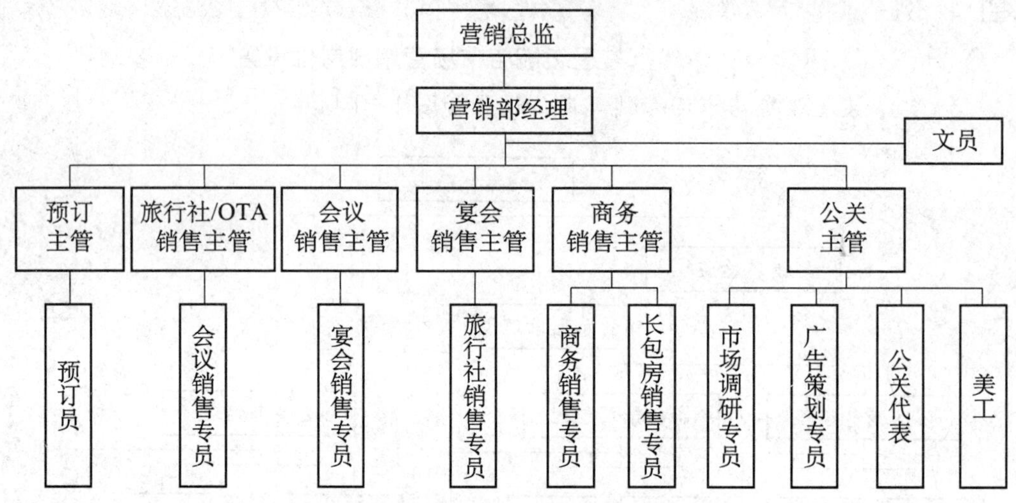

图 1—2　饭店营销部组织结构图

有些饭店将宴会销售、餐饮预订划归餐饮部，预订部中的客房预订划归前厅部，市场调研和广告公关划归独立的公关部管理，因此饭店营销组织结构和编制人数差别较大，并无固定模式，取决于饭店的实际需要。但可以明确的是，图 1—2 所列的 7 个部门的业务都与饭店市场营销相关。

在岗位设置方面，根据饭店规模和市场情况，可以设定总监级人员、经理级人员、主管级人员和员工级人员人数，一人可以兼任多职。同样地，对于以会议或旅游团队等为主的饭店，可适当增加人数，也可以根据具体业务，设置新的工作岗位。饭店销售队伍的规模主要取决于 6 个方面的因素：(1) 饭店经营规模；(2) 饭店资金规模；(3) 饭店销售本质；(4) 饭店未来发展计划及执行时机；(5) 是否享受饭店集团预订系统使用权或全球客源分配系统使用权；(6) 是否容易得到饭店销售代理及外部销售服务。

二、饭店营销部职能

饭店营销部的基本职能是在总经理的领导下，与饭店各部门保持良好合作，确保营销战略目标的实现。营销部也是饭店决策和各部门决策的重要市场信息来源。对应图

1—2 所示的饭店营销部组织结构，饭店营销部具有处理预订信息、销售饭店产品及开展公关、广告活动三个方面的具体职能。

（一）处理预订信息

接受客户的咨询和预订，为客户提供预订服务。具体包括：（1）及时向客户提供各种信息，比如报价、服务项目的详细说明等；（2）接受营销部签约客户的预订信息，填写预订单，落实各项预订服务；（3）处理销售人员合同订单中的预订，与饭店其他部门进行沟通、协调，落实客户的各项预订服务；（4）统计整理各种销售、预订信息，及时归档。

（二）销售饭店产品

负责销售饭店产品，保证年度销售计划的完成。具体包括：（1）制定饭店旅游业务的销售计划，保持与各大旅行社/OTA（Online Travel Agent）的良好关系，开展销售工作，完成饭店旅行社/OTA 业务销售指标；（2）制定饭店会议和宴会的销售计划，通过各种途径宣传饭店会议和宴会服务业务，开展销售工作，完成饭店会议、宴会业务销售指标；（3）制定饭店商务业务的销售计划，拓展、维护企事业单位和协会组织等商务客户，开展销售工作，完成饭店商务业务销售指标。

（三）开展公关、广告活动

负责组织饭店的市场分析、广告宣传、公关活动工作，宣传饭店品牌，打造饭店良好的品牌形象。具体包括：（1）制定饭店年度市场调研计划，编写市场调研方案，并按照方案进行调研，编写市场调研报告；（2）组织开展各类公关活动，通过公关活动树立饭店在相关公众（顾客、社区、政府部门、关系企业、业主、管理者和员工等）中的良好形象；（3）为饭店的产品、优惠政策及公益事业做广告宣传，树立饭店良好的品牌形象；（4）与各大新闻媒体保持经常性联系，代表饭店参加政府、行业协会组织的各种活动，建立并保持与重要客户的良好合作关系。

三、饭店营销部各岗位职责

（一）营销总监岗位职责

营销总监是饭店营销部的最高管理人员，在饭店总经理的领导下，负责饭店营销部门的所有业务管理和人员管理。其主要职责包括制度建设及费用管理、制定营销战略与计划、组织开展市场营销活动和营销队伍建设。

1. 制度建设及费用管理

（1）制定营销管理制度、工作程序，并监督贯彻实施。

（2）严格按开支范围和标准控制饭店营销部的经费开支，包括市场调研经费、销售经费、公关活动经费等，监督各项经费的使用情况。

2. 制定营销战略与计划

（1）根据饭店总体经营战略，制定饭店市场战略与销售策略。

（2）根据饭店市场战略与销售的需要，指导公关部门编制公关、广告等各项市场计划。

（3）根据饭店市场战略与销售策略，组织各销售主管编制饭店分项销售计划。

3. 组织开展市场营销活动

（1）组织并监督销售人员开展销售工作，确保销售目标的达成。

（2）督促各类公关活动按计划开展，达成饭店公关的战略目标。

（3）指导拟订饭店的广告策划案，并对饭店的广告宣传工作给予指导和监督。

4. 营销队伍建设

（1）根据饭店营销工作需要，参与营销部经理及副经理的选聘与考核。

（2）合理构建饭店的销售队伍，核准各销售主管的任免提议。

（3）定期组织开展营销部各级管理人员的能力培训工作，提升下属人员的工作技能。

（二）营销部经理岗位职责

营销部经理在营销总监的领导下，负责管理饭店营销部的销售、公关业务，为客人提供各种综合服务，收集、处理和传递经营信息，保证营销部工作计划的全面完成。

1. 营销策略的制定和落实

（1）分解销售任务，向下属销售主管布置销售任务并指导执行。

（2）协同其他部门，根据市场和饭店的实际情况，制定合适的价格策略和产品组织方案。

2. 组织实施营销、公关活动

（1）指导各销售组人员开展销售工作，并予以检查，确保销售目标按期实现。

（2）按公关计划组织开展各项公关活动，确保达成饭店的预期目标。

（3）监督并指导饭店广告计划的执行，保证饭店广告的到位、高效。

3. 客户管理

（1）组织、监督下属按时完成客户走访与关系维护，及时处理客户意见。

（2）组织建立客户档案系统，督促相关人员及时整理并做好客户档案归档、调阅与保管工作。

4. 下属管理

（1）组织开展各销售主管的培训工作，不断提高各位主管的销售技能与管理能力。

（2）监督、指导各销售主管的日常工作，对他们的工作绩效进行考评。

（三）营销部文员岗位职责

（1）协助经理做好横向业务联络和处理来函、来电等日常行政管理工作。

（2）负责拟写公函、便函、简报等文件，经部门经理审批后外发。

（3）负责对外业务洽谈、部门会议等各类会议的记录工作。

（4）负责整理并保管营销人员的销售报告、工作汇报及销售计划等。

（5）负责整理并保管部门所有营业推销工作的信息资料、表格及其他有关文件。

（6）根据部门接受预订的情况记录，及时做好入住客人流量的统计及客源层次的分析工作。

（7）根据部门各销售代表的工作总结和客源统计、分析资料，负责撰写月度部门工作总结及市场分析报告，经部门经理审批后上交总经理室，并做好部门留档工作。

（8）协助部门经理安排、落实好 VIP 的接待工作。

（9）负责部门所签订的商务散客、旅行社、长包房、会议、宴会等合同的复印并进行分类留存。

（10）如有必要参加日常的销售工作。

（四）预订处人员岗位职责

1. 预订主管岗位职责

（1）健全预订处管理制度，制定咨询、预订服务的工作规划。

（2）明确预订处工作目标，制定预订处具体工作计划。

（3）监督预订员及时处理和发出预订信息，做好日常预订接待工作，为下属提供指导和支持。

（4）处理预订异常情况和客户投诉，对重要情况及时上报。

（5）按规定及时检查各接待部门预订服务的准备情况。

（6）落实预订信息的取消、更改，监督接待部门的执行情况。

（7）统计分析客户预订、消费情况，及时提供给销售人员和公关人员，协助营销部经理做好部门总结工作。

（8）参与下属的培训和绩效考核工作。

（9）完成上级交办的其他工作。

2. 预订员岗位职责

（1）接听电话，解答顾客咨询，若涉及需要签约的销售业务，将电话转接给相关销售人员（销售人员不在时，负责留言）。

（2）接受销售部签约客户、熟客、散客从各种渠道（现场、电话、网络）发来的预订信息，填写预订单，落实各项预订服务。

（3）处理销售人员合同订单中的会议、活动、宴会预订，与饭店各部门协调，落实客户的各项预订服务。

（4）将营销部发出的督办单、更改单、备忘录分送到相关部门，监督、检查预订工作的准备情况。

（5）整理预订处的客户资料、预订信息，并做到分类存档，统一保管。

（6）按月提交预订处团队、会议、宴会等预订信息统计报表，按要求为营销工作提供信息。

（五）旅行社/OTA销售人员岗位职责

1. 旅行社/OTA销售主管岗位职责

（1）制定旅行社/OTA销售策略和旅行社/OTA走访计划，并落实执行。

（2）参与饭店客房的旅行社/OTA价格政策的制定。

（3）保持与旅行社/OTA的联系，及时解决旅行社/OTA方面的疑虑和需求，与有意向的客户洽谈合作事宜。

（4）协调做好来店消费客户的接待工作，保证服务质量。

（5）记录、整理旅行社/OTA客源消费信息，形成销售记录。

（6）关注旅游市场动态，组织做好市场情况的收集工作，及时统计、分析各类市场信息，定期向营销部经理提交分析报告。

（7）组织下属定期参加部门内部培训，对下属工作绩效进行考评。

（8）根据任务需要，协助其他部门开展工作。

2. 旅行社/OTA销售专员岗位职责

（1）按计划定期走访旅行社/OTA，保持与旅行社/OTA的电话、邮件、传真交流，与旅行社/OTA建立良好的关系。

（2）定期向旅行社/OTA宣传饭店，介绍新增产品组合、服务项目，与有合作意向的旅行社/OTA谈判，签署协议或合同。

（3）协调饭店相关部门，做好来店旅行社团体客户的接待工作，保证服务质量。

（4）对旅行社客户住店期间的消费进行跟进，及时向营业部门或服务部门传达客户的意见或投诉，并在8小时内将投诉处理结果告知客户。如果客户对投诉处理结果不满意，直接报告营销部经理，由营销部经理给出解决方案。

（5）协助旅行社/OTA主管进行客户资料分析，并根据分析结果提出客户服务改进建议。

（6）时刻关注市场动态、合作旅行社/OTA及竞争对手的相关信息，并注意收集、整理，按时统计、分析收集的资料，定期提交工作报告。

（六）会议销售人员岗位职责

1. 会议销售主管岗位职责

（1）制定饭店会议服务或产品的销售计划，明确年度、季度及各月度的会议销售目标。

（2）组织销售拜访工作，定期沟通和走访政府机构、企事业单位及各类协会组织。

（3）组织做好有意向的客户来店参观、咨询、洽谈的接待工作，努力促成合作。

（4）跟踪会议客户的进店消费服务，并根据客户的要求组织落实客户会议的前期准备事项。

（5）组织做好客房资料的收集、整理与分析工作，以便全面掌握客户的会议消费需求。

（6）积极听取会议客户对饭店会议设施、设备及服务情况的反馈意见，并及时转达相关部门进行改进。

（7）积极完善饭店会议销售及会议服务的各种工作程序和制度。

（8）参与下属销售人员的培训、考勤与绩效考核工作。

2. 会议销售专员岗位职责

（1）按计划完成客户联系、拜访工作，根据实际情况，开展会议服务及产品的推荐工作。

（2）在授权范围内，与客户开展会议预订的洽谈、签约工作。

（3）接待来店参观、咨询的会议客户，介绍饭店设施和服务。

（4）落实并定期检查会议预订的各项服务及设施、设备的准备工作。

（5）在客户会议进行时，协调饭店各部门做好会议中的服务工作，及时处理客户意见及服务需要。

（6）协助财务部做好会议客户的资信调查、账款结算工作，及时催收欠款和报账。

（7）及时整理会议销售及会议服务过程中的各类文件资料、客户反馈意见，建立客户档案，为会议销售做好信息准备。

（七）宴会销售人员岗位职责

1. 宴会销售主管岗位职责

（1）完善和制定宴会销售的各种管理制度、工作程序。

（2）制定饭店宴会销售业务的销售计划，并组织销售人员按时完成。

（3）与餐饮部经理和行政总厨沟通协调，共同商议宴会销售价格。

（4）组织开展市场信息的收集工作，大量收集客源信息。

（5）组织销售专员定期走访目标客户，开展销售拜访工作。

（6）组织做好客户来店参观、咨询的接待工作。

（7）检查宴会准备工作的落实情况，与餐饮部宴会厅经理、厨师长协调，确保宴会接待服务事项的按时落实。

（8）及时解决宴会进行过程中出现的问题，及时处理客户意见及建议，使客户满意。

（9）参与下属销售人员的培训和绩效考核工作。

（10）完成营销部经理交办的与宴会销售业务有关的其他工作。

2. 宴会销售专员岗位职责

（1）根据销售工作计划，拜访或电话访问潜在客户，将饭店宴会的促销信息和其他信息告知客户，并做好工作记录。

（2）负责来访客户参观、咨询的接待工作，介绍饭店宴会服务、设施设备及相应的销售政策。

（3）负责与有意向的客户就宴会的各项细节、价格等进行洽谈和确认，直到签订协议。

（4）实地检查宴会场地布置、菜品设计等前期准备工作，保证符合客户的宴会预订要求，与相关部门协调落实宴会接待服务事项。

（5）在宴会进行过程中，协助客户做好宾客的招待与服务工作，保证客户对饭店宴会服务的满意度。

（6）宴会结束后，向客户发函致谢，征求客户对宴会服务的改进建议并将客户宴会消费记录资料传递给相关部门。

（7）在出现客户投诉后，及时配合相关部门对客户投诉进行处理，将处理结果告知客户，若客户不满意，将情况报告给营销部经理。

（八）商务销售人员岗位职责

1. 商务销售主管岗位职责

（1）协助部门经理进行销售预测，制定商务会议、散客、长包房客人（长期合作）的销售策略及销售工作计划，并加以落实。

（2）组织下属开展客户走访工作，加强与客户的联络，不断拓展饭店商务客户。

（3）组织长包房客户开发工作，达成目标出租率。

（4）收集客户反馈，听取客户意见，及时解决客户的疑虑。

（5）主持或参与策划各类商务客户间的联谊活动，以增进感情。

（6）制定下属销售人员的培训计划并组织实施，以提升他们的销售技能。

（7）参与下属销售人员的培训考核、绩效考核工作。

2. 商务销售专员岗位职责

（1）收集饭店附近区域各类单位、组织的信息资料和联系办法，发掘客户。

（2）关注行业趋势和市场波动，开展竞争对手价格策略、销售动态情况的收集工作，并提出建议供部门经理参考。

(3) 运用灵活多变的推销方式，开展各类销售活动，吸引饭店的新老客户。

(4) 建立并保持饭店与各政府机关、中外公司、社会团体等客户之间的密切联系，及时从客户处了解其对饭店的感受与建议。

(5) 有计划地对本地和外地主要城市的公司、商社等机构进行促销访问，或以信函等其他方式与老客户保持良好联系，并不断设法开发新客户。

(6) 经授权代表饭店与客户签订商务散客销售协议或长包房客人（长期合作）协议，并及时与其他部门沟通，保证协议的顺利实施。

(7) 具体负责处理商务市场客户的电话、传真或信函。如有超出本人权限的问题，及时向部门经理汇报，再根据部门经理的指示妥善处理。

(8) 具体负责饭店内使用的各种优惠卡的发放和管理工作，并与有关部门沟通，保证客人享受优惠。

(9) 做好商务客户来店消费接待的协调工作，收集客户意见及信息，整理归档或汇总上报。

(10) 协助财务部门做好客户的资信调查、结账工作。

(11) 严格执行保密制度，各类价格切忌外泄。

3. 长包房销售专员岗位职责

(1) 参与饭店长包房销售计划、价格政策的制定工作，提供数据资料和合理化建议。

(2) 开展市场调研，与大公司等建立联系，分析并挖掘潜在客户。

(3) 按计划定期拜访目标客户，把握客房的动态，与其建立并维护良好关系。

(4) 根据客户需求，运用灵活的销售方式，向客户介绍饭店长包房服务项目及配套的服务政策。

(5) 经授权代表饭店与客户签订长包房协议，及时与其他部门沟通，保证协议的顺利实施。

(6) 处理客户意见和客户投诉，超过权限范围的问题或投诉事件应及时上报。

(7) 整理并及时归档客户信息，为客户关系维护、信用管理提供资料。

拓展阅读 1—1

某饭店长包房优惠政策

本饭店所指的长包房客户是指签订长包房租赁协议连续居住 30 天以上的客户。除优惠房价外，长包房客户所享受的其他配套设施的优惠项目见表 1—1。

表 1—1　　长包房优惠项目表

序号	项目	数额	折扣	备注
1	西式自助餐	每房 2 份	免费	
2	享用游泳池、健身中心	每房限 2 人	免费	
3	擦鞋服务	每周 2 次	免费	每次 2 双，限皮鞋

续前表

序号	项目	数额	折扣	备注
4	四种水果果篮	每周1篮	免费	
5	洗衣、熨烫服务	每周2次	免费	每次2件
6	享用欢迎饮品（软饮料）	每周2份	免费	
7	洗衣服务处的洗衣	不限次数	九折	
8	中餐厅消费	不限次数	九折	香烟、酒水除外
9	西餐厅消费	不限次数	九折	香烟、酒水除外
10	娱乐、康体消费	不限次数	九折	香烟、酒水除外

（九）公关人员岗位职责

1. 公关主管岗位职责

（1）按照饭店年度市场营销策略，编制年度公关活动计划、广告宣传计划，根据需要制定市场调研计划。

（2）完善公关部门各项管理制度及工作程序，监督其落实和执行情况。

（3）根据市场调研计划和实际情况，制定详细的调研方案，组织开展市场信息以及客户资料的调查、收集，对信息资料进行整理分析，做好市场分析和市场预测，为公关、销售活动的开展提供依据。

（4）根据饭店年度公关活动计划，组织开展饭店促销、庆典、赞助、捐赠等公关活动，协调各项活动的开展，确保活动的顺利进行和活动目标的达成。

（5）参与各类媒体、贵宾、政要客户的接待工作，拓展和维护饭店的各类社会关系，参与处理各类危机事件，并向营销部经理、营销总监及时汇报。

（6）落实并监督饭店广告的执行计划，全面负责广告策划、平面制作与媒体投放等工作，对广告投放效果进行调查与监测，定期进行广告投放分析。

（7）协助营销部经理做好媒体、社团等重要客户的接待工作，及时进行报道。

（8）组织跟进重要客户的接待工作，保证接待工作的顺利进行。

2. 市场调研专员岗位职责

（1）关注、了解饭店行业发展信息和主要竞争对手的动向，收集有关的动态信息。

（2）根据公关主管的调研任务安排，按调研方案进行市场调研，负责收集情报、资料，统计数据、信息，按时提交市场调研报告。

（3）根据公关主管的安排，对饭店公关活动、各类广告宣传等效果进行调查及结果评估。

（4）补充、完善饭店营销信息系统，为营销部各项决策和其他部门开展业务提供信息决策支持。

3. 广告策划专员岗位职责

（1）根据市场调研结果，协助公关主管完成饭店各类广告创意，细化广告内容与形式，完成广告方案的编写。

（2）与美工协调合作，完成广告的平面设计工作。

（3）对于需要外部专业制作单位制作的宣传品，负责联系制作单位，监督完成广告的制作。

（4）根据广告媒体投放预算，选择合适的发布媒体，负责与媒体做好广告发布的沟通事宜。

4. 公关代表岗位职责

（1）负责接待来访参观客户，向客户介绍饭店情况，以增进公众对饭店的认识。

（2）根据贵宾的接待等级，具体落实国内外贵宾的接待工作。

（3）协助公关主管完成公关方案的策划与拟订工作，与各部门协调，具体落实各项公关活动的准备与活动过程中的具体执行事宜。

（4）负责饭店公关部门日常往来文件的收发和公关软文的撰写工作。

（5）负责收集客户信息资料和客户对宣传资料的意见和建议，整理并归档。

（6）定期对客户的资料进行分析，为饭店公关活动方案的策划与活动的实施提出合理的公关建议。

5. 美工岗位职责

（1）负责饭店横幅、广告牌、指示牌、招贴、工艺美术品及可自行制作独立完成的广告宣传品的设计制作。

（2）负责饭店服务指南、饭店简介、饭店画册、菜谱、请柬、明信片、纪念品、圣诞卡、信封信纸、广告等的设计，监督印刷质量。

（3）在公关主管的指导和安排下，负责完成传统节日、纪念活动、庆典、酒会或会场的布置美化工作。

（4）负责饭店内举办的所有活动的摄影工作，选择有利于宣传饭店形象的照片交外单位冲印后留存，以便作为新闻资料或在内部刊物上刊登。

（5）妥善保管、节约使用各种美术工具、颜料和材料，所有用过或展出过的美工用品应妥善安置，保持工作场地整齐、清洁。

第二节　饭店营销部业务管理

一、饭店营销部的日常管理

日常管理工作是营销部其他管理工作顺利开展的基石，也关系到整个营销团队的成长。一个营销团队的学习交流、心态调整、信息反馈、明确重点、工作布置基本上是通过日常管理工作的开展来完成的。一般来讲，营销部日常管理主要有会议管理、表格管理和场所管理三种方式。

（一）会议管理

营销部会议一般包括每天晨会、每周例会、每月总结会。当然，不同饭店营销部会有不同的会议周期。例如某饭店营销团队中就推行了“日清日高、周报周训、月月推进”的会议管理制度。

会议内容主要包括：(1) 各销售小组总结上阶段的工作执行情况、计划下阶段的工作目标及内容，提出工作中存在的问题；(2) 营销部领导对上阶段营销工作做出整体分析与评价，并对下阶段的营销工作做出安排；(3) 公布各销售团队及其成员上阶段业绩，奖励工作先进者并向落后者提出整改建议；(4) 开展营销专题讨论或培训，帮助员工提升技能、调整心态，激励整个团队的士气。

会议管理应注意以下几点：(1) 会议可以提出、分析并解决问题，但不提供诉苦的机会；(2) 要有明确的主题，不要漫谈，要能得出统一的结论，不要空谈；(3) 不开成员缺席会，不开时间推迟会，严肃会议纪律。

（二）表格管理

设计合理、运用得当的营销表格既是营销人员管理客户和自我管理的重要手段，也是团队领袖（领导）进行日常管理的重要工具。表格管理可以让工作条理清晰，让人对业绩一目了然，还可以让团队动态地监管客户。常用的营销管理表格有工作汇报表、客户访问情况表、客户档案表三类。

1. 工作汇报表

工作汇报表如工作日报表、周报表、月报表等，该类表格的主要内容通常包括汇报人的订单与结账情况、市场信息反馈、客户及业务员的建议等总结性的内容。表 1—2 为销售代表每日销售拜访报告，表 1—3 为销售部每日工作报告表。

表 1—2　每日销售拜访报告

销售代表：　　　　　　　　　　　　　　　　　　　　日期：

客户名称	联系人	职务	结果	跟进日期

表 1—3　部门每日工作报告表

致：　　　　　　　　　　　　　　　　　　　　　　　日期：

商务销售主管	明日主要营业活动（宴会、会议等）： 须与其他部门协调事项：

团体单位销售主管	明日主要营业活动（宴会、会议等）： 须与其他部门协调事项：
其他	

备注：该表为每日填报。请每位营销主管将本人当日最重要的事项填报后签名，下班前交营销部秘书。

2. 客户访问情况表

客户访问情况表是对营销人员进行监控及时间安排的表格。相关表格见表 1—4、表 1—5 和表 1—6。

表 1—4　　拜访客户时间表

公司				电话	
地址				约见人/职务	
合约号		折扣		已/否续约	
本月消费					

表 1—5　　客户访问卡

单位名称：

编号	日期	被访者	访问结果或备注	交通费	招待费	促销品	其他	营销经理签名

表 1—6　　每日销售访问报告表

	1	2	3	4
单位名称				
电话				
联系人/职务				
合作意向				
客户具体要求				
价格				
客户基本资料				

填表人：　　　　　　　　　　　　　　　　　日期：

3. 客户档案表

客户档案表是指营销人员通过详细、适时、真实的调查后，针对自己的工作对象分类型地建立起的表格，其内容除了客户名称、地址、联系人、电话这些最基本的信息之外，还应包括其经营特色、行业地位和影响力、分销能力、资金实力、商业信誉、与本公司的合作意向等更为深层次的因素。相关表格见表 1—7 和表 1—8。

表 1—7 **现有客户档案表**

<table>
<tr><td rowspan="13">客户资料</td><td>名称</td><td colspan="3"></td><td>地址</td><td colspan="3"></td></tr>
<tr><td>电话</td><td></td><td>传真</td><td></td><td>邮编</td><td colspan="3"></td></tr>
<tr><td>成立日</td><td></td><td>注册资金</td><td></td><td>主要股东</td><td colspan="3"></td></tr>
<tr><td>开户行</td><td></td><td>账号</td><td></td><td>付款信誉</td><td colspan="3"></td></tr>
<tr><td>负责人</td><td></td><td>职位</td><td></td><td>教育程度</td><td></td><td>出生日期</td><td></td></tr>
<tr><td>联系人</td><td></td><td>职位</td><td></td><td>教育程度</td><td></td><td>出生日期</td><td></td></tr>
<tr><td>经营方式</td><td colspan="7">□积极　□踏实　□保守　□不定　□投机</td></tr>
<tr><td>业务范围</td><td colspan="7"></td></tr>
<tr><td>发展情况</td><td colspan="7">□兴隆　□成长　□稳定　□不定　□衰退</td></tr>
<tr><td>组织性质</td><td colspan="7">□上市公司　□私人有限公司　□中外合资　□外商独资　□国营</td></tr>
<tr><td>员工总数</td><td colspan="7">管理人员　　人；普通员工　　人；中方　　人；外方　　人；共　　人</td></tr>
<tr><td>同业地位</td><td colspan="7">□领导者　□具有影响力　□中等　□小型厂商　□其他</td></tr>
<tr><td>喜用饭店原因</td><td colspan="7"></td></tr>
<tr><td rowspan="5">与饭店往来情况</td><td>合约号</td><td></td><td>折扣</td><td></td><td>签约日</td><td></td><td>营销人员</td><td></td></tr>
<tr><td>长包房</td><td></td><td>VIP 号</td><td></td><td>其他</td><td></td><td></td><td></td></tr>
<tr><td colspan="2">前年饭店消费次数</td><td colspan="2"></td><td>消费额</td><td colspan="3"></td></tr>
<tr><td colspan="2">去年饭店消费次数</td><td colspan="2"></td><td>消费额</td><td colspan="3"></td></tr>
<tr><td colspan="2">今年饭店消费次数</td><td colspan="2"></td><td>消费额</td><td colspan="3"></td></tr>
<tr><td>对饭店的意见</td><td colspan="8"></td></tr>
</table>

填表人：　　　　　　　　　　　　　　　　　　日期：

表 1—8 **客户与饭店往来记录表**

客户编号		电话		电子邮箱	
日期	事项	联络人	部门经手人	备注	

制表人：　　　　　　　　　　　　　　　　　　日期：

（三）场所管理

这里说的场所主要是指营销人员日常集合办公及短暂休息的地方，如会议室、办公室等。它既是营销人员工作、学习的地方（营销人员外出回营销部后在这里可以整理业务、业余学习、交流心得），也是营销人员心灵的港湾（营销人员在外遇到了挫折和困难，更需要在这里得到上级的指导和同事的鼓励）。当身心疲惫时，他们需要在这里略作休憩，调整心态，准备重新出发。因此，场所管理必须突出安静、温暖、宽松、规范等主题。

(1) 安静。安静是工作、学习的环境需要，闲杂人员过多或者是过于吵闹的场所是不太合适的。

(2) 温暖。营销部是一个大家庭，胜利的成员固然要得到褒奖，暂时失利的成员更需要在这里得到关心，因此场所要能给人以家的感觉或给人带来心灵的温暖。

(3) 宽松。没有必要让员工 24 小时紧绷神经，场所的整体氛围要求明亮、缓和、舒畅。

(4) 规范。既然主要是用来办公的，那么办公桌椅必须摆放整齐，环境卫生应该清洁，制度、排行榜、标语也要按要求规范地布置。

二、饭店营销资料准备与管理

(一) 营销记录系统

饭店的营销组合中，维持一种正确而且最新的档案记录系统，对任何营销部门都是非常重要的。没有正确的档案记录，营销部门就没有作战武器。饭店的营销记录系统应该包括 9 类记录：(1) 备忘录；(2) 工作卡；(3) 档案目录卡；(4) 邮寄名单；(5) 包厢、大厅用途登记簿；(6) 客人记录；(7) 宴会客户记录；(8) 编年卡片系统（便于营销经理在萧条时期开展精准营销）；(9) 询问记录。

(二) 营销资料

营销部在日常业务活动中，需要使用和接触的资料很多，主要包括饭店基本情况介绍、宣传小册子、宴会和会议室宣传册、餐饮促销资料、价目表、明信片、销售袋、营销手册、往来电传、传真、信件、协议书、合同副本、客房档案、重点客人档案、各种报表、记事本、人员销售记事卡、销售报告表等。为了提高工作效率，适应市场竞争，一定要做好资料管理。营销资料可分为 11 个类别：(1) 宣传资料类；(2) 经营表格类；(3) 协议、合同书类；(4) 业务通信类；(5) 内部通知、启事、文件类；(6) 客户档案类；(7) 重点客户档案类；(8) 团队客人类；(9) 零散客人类；(10) 包厢常客类；(11) 其他。

(三) 记录、资料的管理

1. 建立记录、资料档案

营销部应有专门的记录、资料档案柜，档案柜应选用抽屉式，经常查用的档案以字母顺序或其他索引方法排列。

2. 记录、资料的保管和使用

对于记录、资料的保管和使用，一般有如下要求：(1) 公用资料，不涉及保守商业机密的资料，如宣传册、内部报表等，由销售代表领取、保管和使用；(2) 合同书、协议书等文件由秘书保管，本部门人员查阅时在当天必须归还，不得带出办公室；(3) 其他部门人员借阅有关资料，须经本部门经理认可并办理借阅手续，重要资料必须当晚归还。

（四）客史档案的建立与管理

1. 客史档案的内容

（1）常规档案。包括客人姓名、性别、年龄、出生日期、婚姻状况以及通信地址、电话号码、公司名称、头衔等。收集这些资料有助于了解目标市场的基本情况，了解“谁是我们的客人”。

（2）预订档案。包括饭店客人的订房方式、介绍人，订房的季节、月份和日期以及订房的类型等。掌握这些资料有助于饭店选择销售渠道，做好促销工作。

（3）消费档案。包括报价类别、客人租用的房间、支付的房费以及在商品、娱乐等其他项目上的消费，客人的信用情况、账号，喜欢何种房间和饭店的哪些设施等，从而了解客人的消费水平、支付能力、消费倾向、信用情况等。

（4）习俗、爱好档案。这是客史档案中最重要的内容，包括客人旅行的目的、爱好、生活习惯、宗教信仰和禁忌以及住店期间要求的额外服务。了解这些资料有助于为客人提供有针对性的“个性化”服务。

（5）反馈意见档案。包括客人在住店期间的意见、建议、表扬、赞誉、投诉及处理结果等。

2. 建立渠道

客史档案的资料可以通过多方面的渠道获得，主要有 4 个渠道：

（1）总服务台。在总服务台收集的客人信息主要通过客人的预订资料、入住登记单、账单以及对退房客人的问候式意见征询来获得，总台服务人员会将相关信息记录在饭店信息处理系统的客人信息库里。

（2）大堂副理。通过客人投诉及处理结果的记载资料、客人意见征求书以及走访客人、与客人交谈沟通所获得的信息，以记录单的形式呈现。

（3）客房、餐饮、娱乐等前台服务部门。通过员工在对客人服务时获得的信息、管理人员与客人交流对客人意见的记录以及客人的账单和预订单建立客人的消费档案。

（4）其他渠道。饭店还可以通过会员俱乐部申请登记表、贵宾卡申请登记表、金卡客人登记表等方式，进行散客信息收集。

3. 建立方法

客史档案的建立可以采用档案卡和计算机信息系统两种形式。

（1）档案卡。建立客史资料档案卡是最常见的方法之一。档案卡可采用不同的颜色来代表不同的内容与含义，卡片也应按照一定的特点和规律的系统排列方式自上而下地存放，并设立字序指引卡，标明字母顺序，方便查找。对于一些忠诚客户，应该建立档案卡以方便使用。

（2）计算机信息系统。计算机信息系统记录了客人的背景和在饭店消费的所有信息，量大且庞杂。在饭店客史档案建立过程中要注意对个性化需求的把握。从饭店管理者的角度出发，可以通过对已有的客史消费记录进行分析，也可以通过和客人的热情交流，主动搜集客人的消费习惯和消费心理，并将信息及时反馈到客史档案中。在掌握了客人的个性化需求后，就可以不断地设法满足客人需求，这样个性化的服务才会给客人带来意想不到的惊喜，提高客人对饭店的良好印象和满意度，并将这些信息存档保存在电脑里。

拓展阅读 1—2

某饭店营销部档案管理规范

第1章　总则

第1条　目的

为规范营销档案资料管理，使营销资料及档案管理程序化、流程化，维护营销档案资料的完整性，做好档案资料的保密，特制定本规定。

第2条　适用范围

本规范适用于营销部客户档案、营销活动档案、业务档案等资料的管理。

第2章　客户档案管理

第3条　协议客户档案管理

1. 协议客户的档案管理可按照客源的类别进行分类归档（商务协议客户、旅行社协议客户）。

2. 按照公司名称的第一个字的汉语拼音首字母进行排序整理。

3. 对各类协议进行电脑录入工作，可以按照各种途径进行搜索归类，同时便于电脑完成各种数据分析报告。

第4条　熟客客史资料建立

对于饭店的常客，应该建立特殊档案资料，内容包含客户姓名、出生年月、喜爱的房间、特殊爱好、个人禁忌等。根据客户姓氏的汉语拼音首字母进行排序。

第3章　大型活动档案管理

第5条　会议档案管理

以月为单位，根据宴会或会议通知书的日期进行归档。每月整理一份统计表，内容包含会议名称、入住日期、离店日期、房间数量及价格、会场地点及价格、用餐标准及数量等。

第6条　公关活动档案管理

为饭店的宣传推广而进行的各类公关活动，以月为单位根据活动的种类进行归档。

第4章　部门业务档案管理

第7条　销售日报管理

1. 销售日报是销售人员在工作日内对外销售拜访的工作记录。销售日报的内容包括公司名称、公司地址、联系人、拜访情况等。

2. 每日下班前，由销售人员将销售日报填好后交给各销售组主管，由主管统一收集当日的销售日报后交到营销部副经理处。

3. 根据营销部副经理阅后签批的意见明确让每个销售人员跟进以后归档。文件以不同的销售人员为单位进行归档。

第 8 条 销售月报管理

销售人员每月 5 日前递交销售月报，内容含当月的业绩统计、当月销售拜访的数量、当月新开发客户数量、当月客户意见和建议。

第 9 条 销售拜访计划

每周五前销售人员要提前对下周的工作拜访进行计划安排，并在周五下班前统一交到各销售组主管处，由主管交营销部副经理审核，并以销售人员为单位进行归档处理。

第 10 条 部门月度经营总结报告管理

每月 5 日前以部门为单位总结当月的营销状况及下月的工作计划，并以邮件的方式发送至相关部门，打印每月的月报进行归档。

第 5 章 档案资料的保管和使用

第 11 条 公用资料，不涉及商业机密的资料可由销售专员领取和使用。

第 12 条 机密的档案资料如饭店的经营分析数据等，未经部门总监同意不得擅自借用。

第 13 条 本部门人员的客户资料查阅必须当天归还，不得带出办公室。

第 14 条 外部人员借阅有关资料，须经部门总监认可，并办理借阅手续，重要资料必须当天归还。

▶ 重要知识点

1. 饭店营销部结构
2. 饭店营销部职能
3. 饭店营销部各岗位职责
4. 饭店营销部日常管理内容
5. 饭店营销部的记录和资料

▶ 模拟练习和实战训练

1. 选择经济型饭店连锁集团的一家门店，考察它的组织结构，分析该门店的营销职能如何实现。

2. 考察一家饭店营销部的组织结构，对该饭店营销岗位设计进行评价，并提出合理化建议。

3. 建立一个以班级同学为客人群体的客史档案。

模块二 营销团队建设

学习目标

- 了解营销人员的必备素质和能力要求
- 熟悉营销人员的培训方式
- 能够进行营销人员激励设计

引 例

一个完美的洗衣工

在我很小的时候——记得大约是5岁——我听妈妈讲，她雇用了一个完美的洗衣工。我躲在厨房的水槽后面，第一次偷看她就打消了我的幻想。妈妈的洗衣工甚至不如用来给我洗外套的肥皂好看。她的身材就像她用的洗衣盆，圆滚滚、胖乎乎，块头很大。

被称为完美的并不是洗衣工本身，也不是她洗的那些衣服，而是她洗衣服的行为和表现。她就像一台机器，而那些衣服则是她的媒介，在那些洗得干干净净、散发着舒适和清爽气息的床单、睡衣、毛巾和枕套中，她的美清晰可见。

她的活儿干得很棒，很好地掌握了任务和过程，结果实现得很好，充分而不过分。妈妈认识到这种目标、方式和结果的和谐，赋予这一切以“美丽”的光环。

资料来源：［美］乔治·曼宁、肯特·柯蒂斯：《领导艺术》，北京，中国财政经济出版社，2007。

当前市场竞争日趋激烈，竞争的方式也日新月异，竞争形式也由初级的价格战发展到当前的渠道站、品牌战、服务战乃至战略战。但无论是竞争方式的转换还是竞争形式的升级换代，都离不开营销团队的支持。面对不同的营销状况，营销团队的专业化程度直接决定着竞争的层次乃至最终竞争结果的成败。如何快速改善现有的销售团队状况、构建一支“完美”的销售队伍，是饭店经理人的重要工作。

第一节 营销人员的素质和能力

一、营销人员的必备素质

（一）诚心

态度是决定一个人做事能否成功的基本要求。作为一个营销人员，必须抱着一颗真诚的心，诚恳地对待客户、对待同事，忠诚于饭店企业，只有这样，别人才会尊重你，把你当作朋友。作为业务代表，其不仅仅是在销售商品，也是在销售自己，客户接受了你，才会接受你的商品。业务代表是饭店的形象，是企业素质的体现，是连接饭店与社会、消费者、经销商的枢纽，因此，业务代表的态度直接影响着饭店的产品销量。

（二）信心

信心是一种力量。首先，要对自己有信心，每天工作开始的时候，都要鼓励自己："我是最优秀的！我是最棒的！"信心会让人更有活力。同时，要相信饭店，相信饭店提供的产品。信心来自了解，销售人员要了解行业，了解饭店，了解产品。成功的营销人员都是他所在领域的专家。做好销售就一定要熟练掌握产品的知识，全面掌握竞争对手产品的信息，并用通俗语言表达出来。客户不会比你更相信产品，说服本身是一种信心的转移。

（三）热情

热情是全世界营销专家公认的一项重要人格魅力，是具有感染力的一种情感，它能够带动周围的人去关注某些事情。热情意味着与人为善、友爱、关心、尊重、真诚、友谊、理解、帮助、生机、活力、微笑等，所有这些都是展现营销人员亲和力的重要因素。这种亲和力可以帮助营销人员获得良好的第一印象，是与客户建立友谊的基础。当营销人员很热情而友好地去和客户交流时，客户更容易"投之以李，报之以桃"。

（四）毅力

营销活动是以人为工作对象的，而人的心理和需求复杂多变，营销工作因此具有很大的挑战性；同时，相对于饭店的其他工作，营销是一种相对比较自主和自由的岗位，约束少，自觉性要求高。因此，优秀的营销人员必须具备百折不挠的进取精神和坚韧不拔的毅力，不畏困难、不怕挑战，要有无穷的耐心和勇气完成销售任务。在现实生活中，基础条件基本相同的不同营销人员，有的业绩平平，有的出类拔萃，究其原因就在于个人努力和进取精神有差异。

（五）承受力

承受力就是要有良好的心理素质。每一个客户都有不同的背景、不同的性格、不同的处世方法，营销人员被拒绝是常事，良好的承受力可以帮助营销人员在受到打击时能够保持平和的心态，面对挫折不气馁，客观地分析客户，改进工作方法，使自己能够去面对一切责难；同时，也不会因一时的顺利而得意忘形，用平常心来面对工作。只有这样，才能够做到胜不骄、败不馁，不断进步。

除此之外，责任心、热爱销售工作、良好的道德修养和身体素质等都是营销人员必备的基本素质。

拓展阅读 1—3

谁是优秀的推销员

优秀的推销员究竟是一些什么样的人呢？第一，优秀的推销员与长相无关，推销成功的人并不是长得漂亮的人。第二，优秀的推销员也并不都是学历高的人，如日本"推销之神"原一平只是小学毕业的。第三，优秀的推销员也不分年龄大小。如李嘉诚 17 岁干推销即创出优异成绩；齐藤竹之助 57 岁干推销，7 年后就创出世界第一的业绩。第四，优秀的推销员也和性格是否内向、外向无关。如美国年销售额达 10 亿美元的乔·坎多尔弗（Jo Candorf）是典型的内向性格的人，他形容自己是"嗫嗫嚅嚅，见人低头，不敢高声说话"。许多人认为优秀的推销员是吃苦耐劳的人，这种认识不错，但一位推销专家告诫我们："勤奋的双脚要走在正确的道路上。"

二、营销人员的能力要求

（一）良好的语言表达能力

语言是传递信息、交流思想和感情的工具。营销人员每天要接洽不同的顾客，在销售活动中主要是借助语言来介绍推销品带给顾客的利益。能否激发顾客的欲望，最终促成交易，语言能力的高低是推销成功的基本要素。销售中的语言能力是指营销人员在销售过程中驾驭语言的能力。语言有口头语言和文字语言，都应该学好、用好。语言表达能力主要体现在以下几个方面：（1）语言表达要准确和清晰，言简意赅；（2）语言要有针对性；（3）要讲究语言的艺术性；（4）要恰当地使用肢体语言。

（二）敏锐的洞察能力

所谓敏锐的洞察能力，就是善于洞察顾客心理活动的能力，或善于站在顾客立场上思考问题的能力。在销售过程中，销售人员应该从顾客的用词、语气、动作、神态等微妙的变化去洞察对方的心理过程，用专业的眼光和知识去细心观察，通过观察发现重要信息，捕捉商机。敏锐的洞察力要求销售人员特别善于倾听，他的肢体语言与口头语言和顾客说话的内容高度配合一致，通过肯定对方调动其说话的积极性，为深入交谈、获取信息创造条件。一个销售人员是否善于倾听，是以他是否具有敏锐的洞察能力为基础的。

（三）较强的社交和沟通能力

营销人员向顾客销售的过程，实际上是信息沟通的过程。沟通包括两层含义：一是准确采集对方信息，了解对方的真正意图，同时将自身信息也准确传达给对方；二是通过恰当的交流方式（如语气、语调、表情、神态、说话方式等），使得谈话双方容易达成共识。营销人员必须善于与他人交往，有较强的社交能力和沟通技巧，只有这样才能维持和发展与顾客之间长期稳定的关系。营销人员在与顾客交往的过程中，要热情诚恳，待人友善。营销人员还要有广泛的兴趣和爱好，能与不同年龄、职业、性格、地位、爱好的人交朋友，成为顾客的良师益友。

（四）随机应变的能力

应变能力是指人对突然发生的情况和尚未预料到的情况的适应、应对能力。营销人员在销售过程中会遇到千奇百怪的人和事，情况也总是处在不断变化之中，经常会出现各种意外的突发状况。面对复杂多变的情况，营销人员要善于对突发的情况进行快速分析，分析情况变化的原因，做出新的判断，冷静而沉着地处理各种可能出现的问题，根据情况的变化调整推销的策略和方法，提出各种变通的方案，尽快妥善解决。如果拘泥于一般的原则不会变通，往往导致销售失败。因此，营销人员一定要有随机应变的能力。

（五）不断学习和总结的能力

要想成为一个优秀的营销人员，一是要具有广博而不一定精深的知识面，只有这样才能与不同的顾客谈论他们喜欢的话题；二是要勤思考、勤总结，养成日总结、周总结、月总结、年总结的习惯，只有不断地去思考、去总结，才能用不同的方式与不同的客户沟通，从而达成最满意的交易。营销人员需要接触的知识十分广泛，从营销到财务、管理以及相关行业知识等，营销竞争其实是“综合素质”的竞争，没有极强的学习能力是无法参与竞争的。销售也许是一个人人都能做的工作，但绝不是每一个人都能做好的工作，不管是销售产品还是服务，不断学习与总结是做好推销工作的前提之一。

（六）产品设计和组织实施能力

一个优秀的饭店营销人员，必须具备根据饭店实际为顾客规划设计产品的能力，并在销售完成后，协调各相关部门组织实施。一个综合产品或一个活动推出前，营销人员必须事先进行详细的筹划，了解客户需求，根据客户要求进行产品组合、提炼特色，满足客户需求，从而赢得市场。

拓展阅读 1—4

一次失败的推销

书店里，一对年轻夫妇想给孩子买一些百科读物，推销员过来与他们交谈。以下是当时的谈话摘录。

客户：这套百科全书有些什么特点？

推销员：你看这套书的装帧是一流的，整套都是这种真皮套封烫金字的装帧，摆在您的书架上，非常好看。

客户：里面有些什么内容？

推销员：本套书内容编排按字母顺序，这样便于资料查找。每幅图片都很漂亮逼真，比如这幅，多美。

客户：我看得出，不过我想知道的是……

推销员：我知道您想说什么！本套书内容包罗万象，有了这套书您就如同有了一套地图集，而且还是附有详尽地形图的地图集。这对你们一定会有用处。

客户：我是为孩子买的，让他从现在开始学习一些东西。

推销员：哦，原来是这样。这套书很适合小孩的。它有带锁的玻璃门书箱，这样您的孩子就不会将它弄脏，小书箱是随书送的。我可以给你开单了吗？

（推销员作势要将书打包，给客户开单出货。）

客户：哦，我考虑考虑。你能不能留下其中的某部分比如文学部分，我们可以了解一下其中的内容？

推销员：本周内有一次特别的优惠抽奖活动，现在买说不定能中奖。

客户：我恐怕不需要了。

第二节　营销人员的培训和激励

一、营销人员的教育培训

优秀的营销人员具有良好的“观念”，而良好的“观念”有赖于教育训练。只要通过不断地教育训练，就可以打造出优秀的营销人员。

（一）制定培训计划

制定营销人员的培训计划，首先要根据饭店的实际需要，具体确定培训方法、内容、步骤等，以满足饭店经营、发展需要为总目标，要把培训计划纳入饭店总体计划统筹考虑，使之更具有科学性。

（二）健全培训制度

为保证培训工作具有科学性、制度化，必须建立一系列管理制度来保证它有序进行。这些制度包括人员培训责任制度、上岗前培训制度、人员培训考核评估制度等。

拓展阅读 1—5

某饭店营销部新入职人员培训制度

一、新入职营销人员除参加饭店人事部组织的上岗培训以外，还需要接受八天的强化基础知识培训。

二、培训员由部门领导担任，并对培训效果、考核结果负督导责任。

三、受训人员如未能通过此次培训考核，将由部门出具书面意见，做延迟转正、劝退处理。

四、培训内容

（一）第一天

1. 了解饭店信息

按客人参观线路对饭店各经营场所进行参观，了解各经营场所的具体位置、装饰特点、营业时间、电话号码、经营特色，最终能为客人提供参观服务和有吸引力的推介。

2. 了解工作内容

了解营销人员的岗位职责、素质要求、作息安排、工作内容、规范标准、所处位置、组织架构、汇报渠道及协调注意事项。

3. 了解服务项目

通过学习金钥匙服务信息手册、饭店宣传资料，熟记饭店应知应会的基础知识，能完整地、生动地向宾客进行饭店内部各点的介绍，能及时为客人提供信息咨询服务。

4. 了解沟通方法

通过学习管理人员通信录及各部门人事分工、内部常用电话等，熟记并掌握主要常用电话、管理人员姓名及尊称、联络方法等。

5. 了解电话礼仪

熟练掌握电话拨打、接听、转接、等候、挂机等功能，熟练掌握使用电话的礼仪礼貌及注意事项，能区分内外线铃声并熟记客源国家及地区的区号和时差。

6. 了解客房产品

熟记房间相关情况（包括客房楼层分布、数量、朝向、类型、特点、价格），了解饭店房价政策及各种优惠适用范围，能准确地向客人进行推销。

（二）第二天至第四天

1. 培训优惠卡促销知识

掌握优惠卡（包括 VIP 卡、硅谷会员卡）的申请条件、程序、申领步骤、跟进预订及服务、资料输入，并能尽快了解饭店常客情况。

2. 培训协议促销知识

掌握协议的洽谈、申请的步骤、成交的技巧、关系的维护、服务的跟进，并能尽快了解饭店主要协议客户情况及所分管区域的客户情况。

3. 培训订房中心合作常识

掌握订房中心客人的预订、服务程序，并能了解主要订房中心情况及签约的主要事项。

4. 培训与旅游团队合作常识

掌握团队客人的预订、服务程序及签约时的注意事项，并了解主要合作旅行社情况。

5. 培训会议促销知识

能熟练掌握会议室的种类、大小、容量、形式、价格、配套设施等信息，能熟练地单独完成会议团队的参观、预订、签约、控制、跟进、服务工作，熟悉会议合作中的注意事宜。

6. 培训大客户促销知识

掌握大客户的预订、服务程序和方法，能根据大客户的消费特点和服务注意事项，提供个性化的服务。

7. 培训长住客户促销知识

掌握长住客户的预订、服务程序和方法，能根据长住客户的消费习惯和服务注意事项，提供个性化的服务。

（三）第五天

1. 熟悉报表及文档管理

要能准确、及时地制作每日、每周、每月的报表。

2. 熟悉客户档案管理

要能准确、及时地将客户档案进行整理。

（四）第六天

1. 特殊接待情况的处理方法

掌握未清洁房间登记入住程序，续住、催租工作程序，房间夜宿未归处理程序等。

2. VIP 接待规格及程序

了解 VIP 接待规格及特殊登记入住程序、各种级别所应准备的物品及服务细节。

3. 超额预订的处理方法

掌握超额预订的应急处理方法，能熟练运用预订等候名单表，能主动帮客人提供其他选择。

（五）第七天

1. 销售谈判技巧

掌握对客人进行促销时的技巧、应对客人索要折扣时的应变方法。

2. 市场调查技巧

掌握市场调查的一般步骤和基本方法。

3. 电话、手机、短信的常用促销技巧

掌握电话、手机、短信的常用促销方法和技巧。

4. 网络、电邮促销技巧

掌握网络、电邮的常用促销方法和技巧。

5. 客人投诉的处理程序

能够正确接受客人投诉，变坏事为好事。

6. 各种类型优惠券的发放方法

能够正确地向客人发放优惠券。

7. 登门拜访客户程序及注意事项

能够在知己知彼的情况下，有准备、有计划地做好登门访问客户工作。

8. 预订确认工作程序及注意事项

能够正确地使用多种形式回复客户的预订。

（六）第八天

复习、全面回顾所学内容。进行考核，由人事部及部门分管领导出题并监考。

资料来源：杨卫、刘慧明编：《酒店营销经理岗位职业技能培训教程》，广州，广东经济出版社，2007。

（三）评估培训成果

要认真地对培训成果进行评估，以提高培训工作的质量。可以从以下几个方面进行：（1）受训人员的学识有无增进，增进多少；（2）技能有无增强，增强多少；（3）工作情绪有无改变，改变程度如何，时间持续多久；（4）工作效率有无增进，增进的程度如何；（5）工作情绪有无提高，提高多少；（6）人员受训后对公司的影响如何，业绩有无增加，客户有无增加，客人满意度有无增加。

总之，任何训练都要评估其成果，看看是否达到预期的目的，是否提升了士气和销售业绩，同时也可作为以后完善训练计划的依据。

二、设计薪酬制度

销售薪酬制度的选择和确定是销售队伍建设的关键。有人把销售薪酬制度视为管理工作的“纲”，只要善于抓住和利用好这个纲，就能使复杂的管理问题得到解决。正因为如此，饭店销售薪酬制度的确立，绝不是一个战术性的问题。因此，营销经理要定期对销售薪酬制度进行评价，以寻求改革和完善的途径。销售薪酬制度的制定要注意 5 点。

（一）要量身定做

没有一个制度是完美的，也没有一个制度可以适用于任何行业或任何公司，因此，饭店都应该根据自己的行业性质、目标、规模、政策等来设定自己的业务薪酬制度。

（二）贡献与收入相符

营销人员对饭店的贡献越高，也就是创造的业绩和利润越高，收入自然要越高。越有能力的人越要以高的工资和奖金让他们把业绩尽量提高。

（三）付给高待遇

许多企业希望“既要马儿好，又要马儿不吃草”，对于营销人员的待遇斤斤计较，这是错误的心态。所以不要怕给营销人员高的工资和奖金，只怕营销人员创造不出高的业绩。

（四）具有高度的激励效果

最不好的业务薪酬制度缺乏激励性，做得好、做不好都无所谓，因此，形成了“劣币驱逐良币”的现象，导致真正的人才留不住。

（五）制度要具有灵活性

制度是死的，其运用是灵活的，因此，制度设定以后，必须依据实际的状况做适当的调整，尤其是碰到同业竞争或担负特殊任务时，应该有弹性和灵活性。

三、激励销售团队

销售工作是一项具有挑战性的工作，充满艰辛与困难，营销经理要不定期地给予激励，设置竞争奖励能激发营销人员的求胜意志，可以提高士气。竞争激励的目的是鼓励营销人员付出比平时更多的努力，创造出比平时更高的业绩。

（一）设置竞赛及奖励办法的要求

奖励设置面要宽，竞赛至少要设法使参加者大多数人有获得奖励的机会。成功的奖励办法是鼓励大多数人。奖励面太窄，会使业绩中下水平的营销人员失去信心，使他们无动于衷。设置竞赛及奖励办法时要注意：（1）业绩竞赛要和年度销售计划相配合，要有利于饭店整体销售目标的完成；（2）建立具体的奖励颁发标准，奖励严格按实际成果颁发，保持公正；（3）竞赛的内容、规则、办法力求通俗易懂，简单明了；（4）竞赛的目标不宜过高，应使大多数人通过努力都能达到；（5）专人负责宣传推动，并将竞赛的进行实况适时公布；（6）要安排宣布推出竞赛的项目，不时以快讯、海报等形式进行追踪报道，渲染竞赛的热烈气氛；（7）精心选择奖品，奖品最好是大家都希望得到但又舍不得自己花钱买的东西；（8）奖励的内容有时应把家庭也考虑进去，如奖励去香港旅行，则应把其家庭也列为招待对象；（9）竞赛完毕，马上组织评选，公布成绩，并立即颁发奖品，召开总结会进行讨论。

（二）设定竞赛目标

竞赛是利器，可以制胜也可伤人。关键要看竞赛规则、办法、奖励方式与竞赛的目标是否一致。如果偏离了方向，竞赛就失去了意义，甚至造成相反的效果。下面提供一些可行的竞赛目标及奖励方式：（1）提高销售业绩奖。达到目标、超过上次销售业绩、获得前五名、团队销售名列前茅者等都可以利用一定的积分点予以奖励。（2）开发新客户奖。根据开发新客户的数量及业绩量给予积分奖励。（3）新人奖。新入职的营销人员中业绩高者予以奖励。（4）训练奖。训练新人业绩效果最高者予以奖励。（5）账目完好奖。坏账最低者，即到期结账比例最高或总额最高者予以奖励。（6）淡季特别奖。在淡季、节假日可以举行特别的定期定时竞赛，优胜者给予奖励。（7）市场情报奖。协助饭店收集市场情报最多、最准确、最快速者给予奖励。（8）最佳服务奖。根据客户反映及饭店考察，服务态度最好、服务质量最高者给予奖励。以上列举了几种常用的竞赛目标。事实上，竞赛目标可能有四五十种，各饭店应根据实际情况，运筹帷幄，巧妙运用，达到预期目的。以上多种竞赛目标也可以综合安排，让每个不同层次的营销人员相互激励。层层相互激励产生的推动力是更强大的，可以收到很好的效果。

（三）实施奖励

对于营销人员来说，一般所采用的激励手法大致可以分为两种：财务性的奖赏和非财务性的奖赏。

1. 财务性的奖赏

金钱是最有效的激励工具。据调查显示，营销人员最喜欢的是加薪或发放奖金。比较常用的手法有三种：（1）业务薪酬制度。合理的薪资待遇和福利制度是一般营销人员所要求的，制度的好坏直接影响营销人员的士气。（2）业绩奖励办法。业绩奖励办法是提高业务绩效最有效的方法。一般的做法是对达成业绩目标的人员给予业绩达成奖金，若超过业绩目标，其超过的部分给予一定金额或比率的奖金。应在公平、公开、公正的原则下考核每一个业务人员。业绩优秀的在例会上给予肯定，同时介绍工作经验；业绩差的，要求其找出原因。一般在公司例会上，会对上月的工作情况做一个通报，但很少组织大家交流，或者说没有这种交流的环境。对于那些业绩连续几个月都排在末位的，应该考虑对该区域人员进行调整。（3）业务竞赛。业务竞赛通常都会有奖金、奖品或其他奖励办法来吸引营销人员的兴趣。根据研究显示，非现金的奖励办法往往比现金的奖励方式有效。但是奖品必须是营销人员很想买却买不起的，或旅游的地点是营销人员梦寐以求的地方，才会有吸引力。此外，竞赛要力求机会均等，让每个营销人员都能够发挥潜力，而不是只有能力强的人才有机会得奖，比如在提高业绩方面，可以以提高销售的比率而非金额来做评估的标准，保持公平。

2. 非财务性的奖赏

除了财务性的奖赏之外，非财务性的奖赏也同样重要。员工的薪酬未达到基本水准，员工会感到不满意，但是员工的薪酬达到基本水准，给予再多的财务性奖赏，员工仍不满意，唯有给予非财务性的奖赏才能产生激励效果。常用的手法有三种：（1）职务升迁。随着职位的升迁赋予不同的职衔也是一种很好的激励方式。业务部门的职务可以分为不同的阶层，每一阶层都代表不同的成就水准。一般可以分为营销助理、营销专员、营销主管、营销经理、营销总监等。（2）公开表扬。最简单也最有效的激励方式就是公开表扬。尽管某些事情看起来微不足道，但只要营销经理不吝于口头赞美、公开表扬，就会让营销人员感到莫大的鼓舞。大多数的员工都希望他们的努力得到肯定、成就获得赞赏，被主管重视和赏识。许多公司在年终举办盛大的表扬大会，颁奖给营销人员，能够造成极大的激励效果。（3）荣誉榜制度。许多饭店为了表彰成就杰出的营销人员，建立荣誉榜制度，让业务表现最杰出的少数营销人员进入荣誉榜，授予奖状、奖牌或勋章，给予最高的礼遇，被营销人员视为最高荣誉，是激励优秀的营销人员追求成功的最佳手段。

重要知识点

1. 营销人员的必备素质
2. 营销人员的能力要求
3. 营销人员的培训方式
4. 营销人员的激励方式

模拟练习和实战训练

1. 假如你现在要组建一个营销团队，你可以从你认识的人中挑选成员。你会如何确定你的团队人员和每个人的分工以及团队的架构？为什么你会这么做？

2. 通过浏览几个营销论坛，或者营销人员的博客，请你谈一下，据你观察，营销人员的工作是什么样的？你认为要做一个优秀的营销人员，除了本模块介绍的外，还需要具备哪些素质和能力？

3. 调查一家饭店营销人员的薪酬制度和员工管理制度。假如你是这家饭店的一名销售人员，你觉得激励你的条款有哪些？约束你的制度有哪些？

第二章　饭店营销调研

本章主要讨论市场营销调研的方法，学习如何对市场营销调研资料进行分析，做出市场预测；学习利用SWOT分析法对饭店市场内外部环境及机会和威胁进行分析，明确市场定位，并作出科学的市场营销决策。

模块一 饭店消费市场调查

学习目标

- 能够制定目标明确的市场调查计划
- 能够进行调查问卷设计，实施问卷调查
- 完成数据收集整理及调查报告的撰写

引　例

背景音乐对餐厅客户的影响调查

表 2—1 列出了某餐馆通过市场调查获得的背景音乐对客户和服务提供者行为的影响。

表 2—1　　背景音乐对客户和服务提供者行为的影响

变量	慢节奏音乐	快节奏音乐
服务时间	29 分钟	27 分钟
客户用餐时间	56 分钟	45 分钟
未就座就离开餐厅的客户群	10.5%	12%
食物购买量	55.81 美元	55.12 美元
酒水购买量	30.47 美元	21.62 美元
估计总利润	55.82 美元	48.62 美元

从上表可以得出如下结论：音乐节奏的快慢会影响雇员传递服务的速度和客户进行消费的速度。在播放慢节奏的音乐时，餐厅的毛利要变得更高一些，但比起整天播放快节奏音乐的情况，餐厅要保持足够的营业额还应考虑到增加额外餐桌的成本。

资料来源：［美］约翰·E.G. 贝特森、K. 道格拉斯·霍夫曼：《服务营销管理》，北京，中信出版社，2004。

消费者是一个庞大的群体，有许多不同的特征，对饭店产品有不同的需求，消费者的购买心理和购买习惯也存在明显差异，因此对消费者的行为进行调研，获取消费者的个人信息和消费信息是饭店制定营销计划的基础。饭店消费市场调查，就是运用科学的方法，有目的、有计划、系统地收集、整理有关消费者市场的资料信息，发现机会和问题。一般需要经历制定目标明确的调查计划、设计问卷并实施市场调查、撰写市场调查报告三个步骤。饭店消费市场调查的结论，如引例所示，应该指向净利润。

第一节 制定目标明确的调查计划

一、明确饭店市场调查的目的和任务

（一）饭店市场调查目的

饭店市场调查的目的是提供饭店营销决策的资讯，以解决饭店的营销问题。因为营销的目的是满足市场的需求，所以饭店市场调查的目的也可以说是解决如何提供市场所需要的饭店产品、如何使饭店客房与餐饮的价格合理化、如何方便客人到饭店消费之类的问题。一般而言，饭店进行市场调查的目的有：(1) 发现市场的实际状况，并且确切掌控市场的动向；(2) 开发潜在的市场；(3) 减少饭店不当的营销活动以节省不必要的开支，降低经营成本，同时可以将收集的资讯作为各种营销决策的依据；(4) 开发饭店的新产品；(5) 提高饭店营销活动的效果。

（二）饭店市场调查内容

市场营销活动涉及面广，所以市场调查的内容也非常广泛而繁杂。概括起来说，市场调查的内容包括市场环境调查、市场需求调查和市场营销组合调查。

饭店市场环境调查就是对影响饭店企业的各种市场环境因素进行调研，包括宏观环境和微观环境，具体包括政治环境调查、法律环境调查、经济环境调查、科技环境调查、社会文化环境调查、地理环境调查以及竞争环境调查等。

饭店市场需求调查是指饭店企业通过调查，估计市场需求情况，把饭店产品的市场需求情况用数量反映出来，包括饭店消费者规模、构成及变化情况调查，消费动机调查，消费行为调查等。

饭店市场营销组合调查是对饭店企业可控因素的调查，包括饭店产品、价格、分销和促销对饭店产品销售情况影响的调查。通过对市场营销组合的调查，可以掌握有关饭店产品销售的各种信息，制定正确、有效的市场营销策略，促进消费者购买和新市场的开发，从而实现饭店的市场营销目标。

（三）饭店市场调查的主要市场

饭店市场调查应该从追踪饭店的顾客开始，而向什么人、确定多少人进行调查，对在预算范围内取得理想的结果精确度至关重要。那么，饭店市场调查该主要面对哪些市场呢？

1. 老顾客市场

饭店老顾客（尤其是对饭店服务感到满意的老顾客）的市场开发比新顾客的市场开发要容易得多。除此之外，老顾客市场也是非常重要的市场信息来源。整理和分析研究老顾客记录档案很重要，尤其是他们对饭店产品的意见或批评。这些老顾客包括个人和团体顾客，团体顾客更应该受到重视。这些团体顾客不仅是旅行团体或会议团体，其他有关宴会、舞会、展示会、学术研讨会、股东年会等团体也包括在内。对团体顾客的资料收集中，团体活动的承办人和饭店签订的合同或相关资料内容也非常重要。

2. 本地市场

饭店市场调查的另一个主要领域是饭店所在区域的公司、制造厂商、公务机构及学术团体。由于地理条件，这些团体顾客很容易掌握也便于开发。调查研究的内容包括这些机构例行性或年度的活动，比如团体聚餐、毕业晚会、员工生日、股东年会、招待外宾或机构联谊等。对这类本地市场的市场调查，有一个关键性环节不能忽视，就是这类机构团体的活动的承办人，他们才是饭店的直接顾客。因为是他们与饭店洽谈活动的各项安排，也是他们与饭店进行签约。

3. 全国性市场

在调查全国性市场时，最值得关注的是全国性会议市场。举办这种会议的团体机构通常是全国性的各种协会、学会、工会、联营企业集团或政府，其中有许多是在饭店召开的。这种业务不限于单纯的会议场所出租，还会附带聚餐宴会、联欢晚会、出席代表的住宿等。在开拓或推广这类会议市场时，要评估饭店本身的营业规模、建筑设施服务体系等有关因素，从而规划出可以提供的服务规格，如会议人数、会议举行的月份以及客房与餐厅的服务限制等。

4. 饭店的供应商

饭店的供应商是指为饭店提供各类商品和服务的厂商。这些厂商也免不了要购买饭店的产品和服务，因此饭店供应商也就成为饭店进行市场调查的客户市场。对这类市场，除了作为饭店顾客可以调查的相关信息外，还可以进一步调查有很多顾客的饭店供应商（他们为不同的饭店提供商品和服务）为什么不来本饭店消费而选择其他饭店。

（四）饭店市场调查的优先顺序

在进行市场调查（研究）之前，应先确定调查的先后顺序，也就是掌握调查内容的轻重缓急，以获得最大的研究成果。第一优先顺序是在饭店营业淡季争取辅助业务的消费者市场的开发研究。第二优先顺序是争取营业量或营业额较大的业务的消费者市场，这一市场调查不妨动用较多的人力资源。第三优先顺序是征求专业市场调查者的意见，尤其是饭店业领头者的意见。整理与评估这些意见的优劣，然后决定取舍。这是一种间接却有相当效果的方法。第四优先顺序是最能获利的市场开发。纵使饭店客房出租率相当高，在增进盈利方面永远也会有相当大的开发空间。

二、制定饭店市场调查计划

市场调查计划是事先对调查所做的统筹安排，也称调研方案。确定了调查问题和调查目标之后，调查人员便要着手设计详细的调查计划，编制市场调查策划书。市场调查计划一般包括8个方面：(1) 确定资料来源；(2) 根据具体的调查项目安排调查时间和地点；(3) 运用抽样方法安排调查对象；(4) 确定接触方式；(5) 拟定调查方法；(6) 选择调研工具；(7) 安排调查人员分工；(8) 进行费用预算。

（一）抽样调查计划

抽样调查是指在调查总体中抽选一定数量的单位作为样本，采取对样本进行调查以推断总体情况的非全面调查。抽样调查计划就是根据调查目的确定抽样单位、样本数量以及抽样方法。抽样单位即向什么人调查，样本数量即对多少人调查，抽样方法即采取随机抽样还是非随机抽样技术。在其他条件相同的情况下，样本越大越具有代表性，样本数量影响结果的精确度，但样本数量过大也会造成经济上的浪费。经验表明，如果抽样程度和方法科学的话，样本规模（调查对象数量）在1%左右即具有代表性和可靠性。

（二）确定调查对象接触方式

抽样调查被确定后，营销调查者必须决定采取何种接触调查对象的方法，如邮寄调查表、电话访问、人员面谈、在线访问等。其中，人员面谈访问有安排访问和拦截访问两种形式。安排访问的对象是随机挑选的，这种方法因为花费了受访者的时间，应该给予一些报偿或奖金以补偿受访者。拦截访问是在公共区域拦截人们要求交谈，有非随机抽样的特点，并且交谈的时间较短。目前在线访问越来越普及，饭店可以把调查问题放在自己的网页上，同时给回答问题者一定的奖励；或者把问题放在人们常去浏览的网页上，实行有奖问答。

（三）调查方法拟定

在饭店决定需要收集第二手资料时，可以采用资料调查法；当饭店决定需要收集第一手资料时，可以采用的调查方法主要有访问法、观察法和实验法。一般来说，首先考虑资料调查法，在满足不了调查需要的情况下，再考虑实地调查法。每类方法的适用面不同，究竟采用哪种方法，要依据调研的目的、性质及调研经费的多少而定。

（四）调查工具选择

在收集第一手资料时，可以使用的调查工具主要有调查问卷。调查问卷就是根据调查目的和内容而设计的调查表。如采用观察法或实验法，则需要设计记录观察结果的记录表，还需要考虑进行观察、实验时使用何种调查仪器等。在设计上述各种调研工具时，应考虑到被访问者或者观察者、实验者的文化水平、专业技术等方面的因素。在收集第二手资料时，可以使用的调查工具是搜索。

（五）调查人员安排及分工

确定调查人员主要是确定参加市场调查人员的条件和人数，包括对调查人员的必要培训。首先，调查人员要能正确理解调查提纲、表格、问卷内容，能比较准确地记录调查对象反映的实际情况和内容，能做一些简单的数字运算和初步的统计分析。其次，要求调查人员具备一定的市场学、管理学、经济学方面的知识，对调查过程中涉及的专业概念、术语、指标应有正确的理解。最后，调查人员需要具备一定的社会经验、文明的举止、大方开朗的性格，善于和不同类型的人打交道。市场调查一般需要多人合作，小组人员应根据调查项目要求，合理分工，确保资料收集、统计分析、报告撰写的质量。

（六）调查费用预算

调查费用一般包括劳务费、问卷费、差旅费和设备使用费等。在编制调查预算时，通常把某项调查的所有活动或事件一一列明，然后估算每项活动的费用，最后汇总。要注意的是，预算仅仅是一种估计，应有一定的灵活性，即预算金额要有一个上下浮动幅度。

拓展阅读 2—1

××酒店专项产品市场调研计划表

××酒店专项产品市场调研计划表见表 2—2。

表 2—2　××酒店专项产品市场调研计划表

年　月　日

<table>
<tr><td>调研项目名称</td><td colspan="3"></td></tr>
<tr><td>调研区域</td><td></td><td>调研对象</td><td></td></tr>
<tr><td>负责人</td><td></td><td>调研时间</td><td></td></tr>
<tr><td>调研目的
和任务</td><td colspan="3"></td></tr>
<tr><td>影响调研的因素</td><td colspan="3"></td></tr>
<tr><td>调查方法</td><td colspan="3"></td></tr>
<tr><td rowspan="5">调研组织
和进程</td><td>时间安排</td><td colspan="2">进度情况</td></tr>
<tr><td></td><td colspan="2"></td></tr>
<tr><td></td><td colspan="2"></td></tr>
<tr><td></td><td colspan="2"></td></tr>
<tr><td></td><td colspan="2"></td></tr>
<tr><td>人员安排</td><td colspan="3"></td></tr>
<tr><td>预算及明细</td><td colspan="3">合计：</td></tr>
</table>

备注	
市场部经理意见	
营销总监意见	

第二节　设计问卷并实施市场调查

调查问卷又叫询问表或调查表，它是系统地记载需要调查的问题和调查项目的表式。调查问卷用来反映调查的具体内容，为调查人员询问和调查对象回答提供依据，是实现调查目的与任务的一种重要工具。设计统一的问卷，可以使调查内容标准化和系统化，便于收集和整理汇总所需调查的资料。问卷的设计是否完善，直接影响调查效果。

一、设计市场调查问卷

（一）调查问卷的基本结构

调查问卷一般包括开头部分、正文部分和附录部分。开头部分包括标题、问卷编号、问候语、填表说明等内容。正文部分把需要调查的内容明确和具体为一个个问题，问题的设定是取得准确、完善资料的关键。附录部分可以把调查对象的信息列入，标明调查人员的姓名和日期，也可以对某些问题附带说明，还可以再次向调查对象致谢。

（二）调查问卷的类型

1. 开放式问卷

开放式问卷所提的问题事先没有确定答案，由调查对象自由回答。这类问卷可以真实地了解调查对象的态度与情况，但调查不易控制，五花八门的答案很难归纳统一。

2. 封闭式问卷

对于封闭式问卷内的题目，调查者事先给定了可供选择的答案或范围。这类问卷虽然呆板，但便于调查、统计。在问卷调查中较多的是使用封闭式问卷。

××酒店名企客户需求调查问卷

客人姓名：____________ 联系方式：____________

公司名称：____________ E - mail ：____________

1. 阁下是第几次下榻本酒店？

□第一次 □第二次 □第三次 □三次以上

2. 阁下愿意下榻本酒店的原因是什么？

□价格适中 □地理环境优越，交通便利 □服务周到 □公司指定 □其他

3. 阁下一般通过何种方式预订酒店？

□通过酒店销售经理订房 □通过酒店预订部订房 □通过订房网站订房

□直接到酒店前台订房 □公司协议 □其他方式

4. 阁下下榻本酒店一般选择的房型是：

□豪华客房 □行政客房 □套房 □行政套房

5. 享用早餐时，阁下喜欢哪些食物？

____

6. 阁下最喜爱本酒店冰淇淋的哪个口味？

□香草 □提拉米苏 □巧克力 □花生 □蓝莓 □香橙 □抹茶 □芒果 □草莓 □树莓 □西番莲

7. 阁下是否享用过本酒店的国际自助餐？

□是 □否

如享用过，阁下最爱吃本酒店国际自助餐的哪几类美食？

□兰州拉面 □印度美食（抛饼及咖喱） □各种海鲜烧烤 □日式料理 □大连老菜 □其他

8. 阁下睡觉前，希望本酒店免费提供哪款饮品或小吃？

□牛奶 □果汁 □啤酒 □方便面 □其他

9. 阁下是否了解本酒店 VIP 会员储值卡的优惠条款？

□知道，并正在使用 □不知道 □知道，但未使用过

10. 阁下购买或使用过本酒店哪些超值优惠套券？

□1 990 元的国际自助餐券（需加收 15%服务费）

（包含 15 张自助餐厅餐券（含酒水畅饮）、2 张 50 元客房抵值券、2 张 50 元 SPA 抵值券、2 张 20 元洗衣抵值券）

□5 490 元的客房套券

（包含 10 张豪华房券，含次日单人早餐、2 张套房升级券、2 张洗衣券、2 张大堂吧饮品券）

□990 元的国际自助餐套券（需加收 15%的服务费）

（包含 8 张自助餐厅自助餐券、2 张健身中心体验券、1 张大堂酒廊下午茶券）

□2 390 元的文化之旅套券

（包含酒店自助晚餐券 12 张、话剧门票兑换券 2 张、中餐厅酒吧饮品券 6 张、两磅生日蛋糕兑换券 1 张、SPA 水疗中心按摩券 1 张、豪华套房升级券 2 张）

□399.99 元的悠闲下午茶自助套券（需加收 15%的服务费）

（包含无限量咖啡、英国红茶、中国茶、软饮、果汁、干果、西点、水果、冰淇淋等，可免费无线上网）

□599.99 元的欢乐时光自助套券（需加收 15%的服务费）

（包含无限量咖啡、英国红茶、中国茶、软饮、果汁、啤酒、干果、威士忌、伏特加、金酒、朗姆酒、长饮、精美小吃、西点、水果、冰淇淋等）

11. 阁下是否知道本酒店所有区域均可为客人提供免费上网服务？

□知道，并使用过 □不知道 □知道，但未使用过

12. 阁下在本酒店前台办理入住或退房时，喜欢食用我们免费提供的下面哪款糖果？

□宝贵薄荷 □阿尔卑斯 □徐福记 □其他

13. 阁下喜欢本酒店的哪种早餐形式？

□自助餐厅营养早餐 □自助餐厅早午连餐 □行政酒廊营养自助早餐

□大堂酒廊便携式商务经济早餐

14. 阁下是否知道本酒店为高新园区客户提供免费班车服务？（周六、周日除外）

□知道，并使用过 □不知道 □知道，但未使用过

15. 阁下是否知道位于本酒店四层的顶级餐厅酒吧已开业？

□知道，并光临过 □不知道 □知道，但未光临过

16. 阁下是否了解本酒店为省去阁下乘坐国内直达航班时，在机场排队等候办理乘机手续等诸多麻烦，而提供的“城市值机服务”，并了解便捷的操作流程？

□了解，但没操作过 □了解，并使用过 □不了解

17. 阁下是否体验过下列本酒店的个性服务，如体验过，请标出：

□浪漫单车服务（酒店地处亚洲最大广场，这是所有外地游客必去的旅游景点，能够凭海临风，骑单车环绕于广场之上是多么惬意！我们专门为阁下提供免费的浪漫单车服务，卸下沉重的行囊，游骑于亚洲最大广场，享受那份属于自己的闲暇时光!）

□客用免过水除菌液服务（我们的服务在于对细节的把握，正如我们在酒店前台为客人准备的“免过水除菌液”，如此便捷周到的细节服务，客人岂能不满意!）

□温暖咖啡服务（早晨，总是觉得时间很紧，在前往下一个目的地前，带上一杯我们专门在酒店大堂为阁下准备的免费自助现磨咖啡或暖茶，在车中慢慢品尝，阁下的旅程将会变得暖意浓浓。）

□多品项急救箱服务（酒店时时刻刻都考虑到客人的各类应急需求，为此，我们专

设了“多品项急救箱服务”，里面包含创可贴、甲紫溶液、金嗓子喉宝、体温计、双氧水、去痛片、棉签、红汞溶液等十余品种，这在酒店业的对客急救服务中尚属首例。)

□餐厅客用放大镜服务（酒店一楼前台和二楼餐厅专为客人准备了放大镜，可以辅助客人轻松阅读平面资讯及对账单。）

□贴心披肩服务（聆听浪漫乐曲，品尝英式咖啡，小憩于松软的沙发上，原来生活如此惬意！位于酒店一楼的大堂酒廊是阁下享受舒适人生的最佳之所。我们还专门为阁下准备了贴心披肩，当阁下感到一丝凉意时，可向服务人员直接索取。）

□儿童天地服务（位于酒店二层的自助餐厅有专为家庭用餐客人而设立的“儿童天地”，儿童可以在这里玩玩具、画画、看卡通片等，让客人不必再为照顾孩子而无法尽情享受美食而苦恼。）

□雨伞&熨衣&望远镜服务（本地素有浪漫之都的美誉，雨中漫步更是别有一番情调。我们为了方便阁下的出行，专门为所有的客房配备了雨伞，放置在房间内的衣柜中，供阁下随时使用。我们还为每个房间配备了折叠式熨衣板，以供客人熨衣物。酒店海景套房还专门为阁下准备了观景望远镜，供阁下欣赏窗外美景使用。）

□儿童贴身管理服务（在本酒店，阁下不必再为举家旅游找不到孩童专用生活用品而苦恼，酒店特别为举家出游的您推出儿童贴身管家服务，全方位呵护阁下的孩子。为了方便住店儿童有大小适用的物品，客房部准备了儿童浴袍、儿童拖鞋、儿童餐具、婴儿床及全套床品，可以随时免费提供给阁下。）

□客房路由器服务（酒店客房专为客人准备了多台无线网络路由器，以供客房需要多台电脑上网的客人使用。）

□血压计&轮椅服务（住店客人只需致电宾客服务中心，便可借去我们专为客人准备的电子血压计。客人可随时监测自身血压情况。酒店的人性化服务设施一应俱全，如我们为客人专设的免费借用轮椅，客人可以致电宾客服务中心随时借用。）

□超值迷你吧服务（酒店客房迷你吧内品项十分丰富，且价格低廉，“五星保证，品项丰富，价格合理”，是客人的超值之选。）

□公私兼顾服务（酒店时时刻刻都把客人的便捷放在首位，如我们的“公私兼顾服务”，为了方便客人的工作和生活，我们准备了数十种客人常用的生活用品及办公用品，供客人选购，相关费用可打在房费的杂项单中。如客人需要，可查看我们放在客房中的“公私兼顾品项表”，致电宾客服务中心，我们将派服务人员送到客人房间。）

□快捷电梯服务（酒店时时刻刻都把客人的便捷、舒适放在首位，如客用电梯，酒店拥有262间客房，我们为客人配备了8部电梯，均为世界知名的日立品牌。客人等候电梯的平均时间仅为几秒，这在目前本地的酒店业中尚属首例。）

□开心糖果服务（酒店前台为客人准备了可口的各式糖果供阁下品尝，当阁下办理入住时，一颗糖果会让阁下的本次入住充满甜蜜；当阁下办理退房时，一颗糖果会带给阁下温馨的回忆和我们甜美的祝福！）

□网上冲浪服务（我酒店的所有客房均安装了高速宽带，所有的公共区域均可无线上网，阁下可以免费享受酒店提供的高速网络服务，阁下可在充满无限诱惑、无限商机的网络世界尽情冲浪!）

□专业会议顾问服务（酒店多功能复合型会议厅个性化的设计可以满足不同客人的需求。每个会议功能厅都配有先进的视听设备，可以承办各种主题会议、宴会及社会活动。我们推出了专业会议顾问服务，不单单为客人提供会议场地、用餐、住房等基本服务，还提出了“为客人提供全程解决方案”的概念，为客人提供会议策划、筹备、实施、会后跟踪等全方位方案。）

□24 小时自助提款机服务（酒店大堂 A 区设有 24 小时服务的 ATM 提款机，可供客人取款使用。）

□女性丝袜服务（酒店二层餐厅为女性客人准备了免费丝袜，女性客人在用餐时，不必再为刮坏或弄脏丝袜而苦恼!）

□好枕相伴服务（出行在外，人们往往因为没有一个习惯、舒适的枕头而苦恼。为保证阁下拥有优质睡眠，从而旅途愉快，酒店准备了不同类型的枕头供阁下选用，枕头有明目型、助眠型、护颈型、稳压型、护心型、养胃型、男性专用型和女性专用型等。）

□防染枕巾服务（为了避免枕套的污染给阁下带来不便，酒店为阁下免费提供深颜色的枕巾，供阁下在染发后使用。如有需求，请与宾客服务中心联系。）

□家庭厨房服务（酒店部分客房拥有小厨房，厨房内为客人配有完善的厨房用具及设备，包括冰箱和电磁炉、微波炉、饮水机等用品，卫生间内为长住客人配有品牌洗衣机及家居型的洗漱用品，让您找到“家外之家”的温馨。）

感谢阁下在百忙之中填写此问卷，填写完毕后请致电：__________酒店工作人员回收此问卷后将有礼品相赠!

资料来源：刘超编著：《中国式酒店市场营销百大表格》，大连，大连理工大学出版社 . 2012。

（三）市场调查问卷设计的程序

设计一份比较完善的问卷是一项深入、细致的工作，应按照一定的程序进行。问卷设计一般分四个步骤。

1. 明确设计主题

调查人员要根据调查的目的要求和问题的涉及面，弄清设计主题。为此，要征求有关人员的意见，并进行充分讨论和研究，确定调查的具体内容和所需的资料，以确保所设计的问题重点突出，能明确反映调查的目的。

2. 设计问卷初稿

根据调查对象的特点，按照主题要求，确定问卷的形式，列出调查项目，编写提问问题和填写说明，设计出问卷初稿。编写提问问题时，要考虑调查对象是否容易回答，问题顺序是否符合人的逻辑思维，问题的结果是否有利于对研究结果进行恰当分类。一般情况下，一个问题只应涉及一项内容，封闭式提问的答案要简洁、明了、完整。

3. 进行试验性回答

把初步设计好的问卷，请少数单位或个人试填，或在小范围内进行试验性调查，看有没有问题，是否便于回答，能不能达到主题要求，消除含义不清、倾向性语言和其他疑点。

4. 设计正式问卷

把试验性回答中发现的问题，进行整理和分析，对问卷初稿进行必要的修改和补充，设计出正式的问卷。

（四）问卷设计应注意的事项

1. 围绕主题，突出重点

每一份调查问卷都是为了达到某一调查目的而设计的，因此，调查问卷的设计一定要围绕调研的主题，突出主题，兼顾其他。

2. 注意问题排列

问卷的问题排列应该合理有序，并注意各个问题之间的逻辑性。所有项目应按其内容的逻辑关系顺势排列，问题宜按照先易后难的顺序设计。

3. 注意问题的客观性

所设计的问题要客观，不应提出一些带有引导性和倾向性的问题，同时应注意科学性，便于电脑录入和数据处理。

4. 问题设计应简明扼要

问题的设置应简明扼要，准确无误，浅显易懂；问题的数量不宜过多、过散；回答问题所用时间最好不超过 20 分钟。

二、实施市场调查

饭店消费者市场调查对象一般是饭店现有的顾客群体，针对性较强，同时也有利于饭店持续地对不同顾客群体进行分类抽样调查，获取较高精确度的市场数据。但抽样调查是以样本做出的估计值对总体的某个特征进行估计，因此一定会存在误差，这个抽样误差一般会随着样本的增大而减小。为提高抽样调查结果的精度，选好样本很重要。抽样调查要解决好以下问题：（1）科学地确定抽取样本的方法，使抽取出来的样本能够真正地代表母体；（2）恰当地确定样本数目；（3）加强抽样调查的组织工作，提高工作质量。抽样方法有随机抽样和非随机抽样两种。

（一）随机抽样

所谓随机抽样，就是完全排除人们主观的有意识选择，按照随机原则抽取样本，在总体中每一个体被抽取的机会是均等的一种调查方法。这一方法可以再细分为4种。

1. 简单随机抽样法

简单随机抽样法也称纯随机抽样法，就是用纯粹偶然的方法从总体中抽取若干个体作为样本，抽样者完全不作任何有目的选择的一种调查方法。

2. 分层随机抽样法

所谓分层随机抽样法，就是先将总体按与调查目的相关的特性分层，然后每一层再按一定比例简单随机抽取样本的一种调查方法。分层时，要尽量使各层之间具有显著不同的特性，而同一层内的个体则具有共性。分层随机抽样法可提高样本的代表性及对总体指标估计值的精确性，避免简单随机抽样法中样本过于集中某些特性而遗漏另一些特性的缺点。

3. 分群随机抽样法

所谓分群随机抽样法，就是先将调查的总体按一定标准分成若干个群体，然后按随机原则从这些群体中抽取部分群体作为样本，对作为样本的群体中的每一个体逐一进行调查的一种调查方法。分群随机抽样法所划分的各群体，其特性大致相近，而各群体内则要包括各种其他特性不同的个体。

4. 等距离随机抽样法

所谓等距离随机抽样法，就是将总体样本进行编号，然后按一定的抽样距离进行抽样的一种调查方法。这是一种效率较高的抽样方法。

（二）非随机抽样

所谓非随机抽样，就是按照调查的目的和要求，以某一事实为标准来选取样本，也就是对总体中的每一个体不给予被抽取的平等机会的一种调查方法。这一方法可以再细分为3种。

1. 任意抽样法

所谓任意抽样法，就是随意抽取样本的一种调查方法。是否作为样本，主要视调查人员的方便与否和调查对象的合作与否而定。此法适用于总体中各个体特性差别不大的情况。其优点是使用方便、成本低，缺点是抽样偏差大、结果不可靠。

2. 判断抽样法

所谓判断抽样法，就是根据专家意见或调查者的主观判断来选定样本的一种调查方法。判断抽样法的优点是能适合特殊需要，调查的回收率也较高；缺点是易出现主观判断的误差。一般适用于样本数目不多的市场调查。

3. 配额抽样法

所谓配额抽样法，就是先将调查对象按规定的控制特性分层并分配一定的样本数目，然后由调查员按判断抽样的原则选取具体样本的一种调查方法。其优点是简便易行，成本低，没有总体名单也可进行；缺点是控制特性较多时，计算复杂，且缺乏统计理论依据，无法准确估计误差。

拓展阅读 2—3

××饭店集团的消费者市场调查计划

××饭店集团对旗下饭店的顾客市场进行周密、系统的市场调查研究，使之成为饭店营销推广工作，尤其是围绕客人服务的日常公关工作的基础。该集团将消费者市场调查研究分为日调查、月调查和半年调查。

一、日调查

(1) 客房问卷调查。将调查表放在客房内，内容涉及：客人对饭店的总体评价，再来本地时入住本饭店的可能性，对饭店多个类别服务质量的评价，对服务员服务态度的评价以及是否加入饭店会员和客人的游历情况等。

(2) 投诉接待。客务经理 24 小时轮班在大厅接待客人的反映情况，随时随地帮助客人处理困难、受理投诉、解答各种问题。

对日调查和投诉意见，饭店每天集中收回，由客房部与公关部进行统计整理，结果当晚交饭店总经理，以便决策层及时了解情况，并在次日早晨各部门例会上通报情况。

二、月调查

(1) 客人态度调查。每天按等距离随机抽样向客人发放饭店调查问卷，每日收回。月底集团总部回收，进行综合性分析，并开展季度评价，对最好的饭店和进步最快的饭店给予奖励。

(2) 前台经理市场调查。前台经理保持与本地区饭店前台经理的每月交流，了解游客情况，互通情报，共同分析本地区形势。

三、半年调查

营销部经理每半年对本饭店的客源情况进行分析研究，饭店连锁集团召集各饭店营销经理召开调研会以相互交流研究，以提高饭店营销决策和经营决策的有效性。

第三节　撰写市场调查报告

在市场营销调研项目基本完成以后，调研人员应当考虑撰写市场营销调查报告。提供一份完善的市场营销调查报告既是一个营销调查项目的起点，也是市场营销调查的终点。调查报告是整个市场营销调查过程的最重要部分，因为调查报告通常是评价整个调查过程工作好坏的唯一标准。不管调查过程中其他各步骤的工作如何成功，如果调查报告失败，则意味着整个调查失败，因为决策者或调查委托者只对反映调查结果的调查报告感兴趣，他们往往通过调查报告来判断整个市场调查工作的优劣。因此，调查人员在完成前面的市场调查工作以后，必须写出准确无误、优质的调查报告。

一、报告撰写前的资料整理分析

在市场调查中，可以看到收集的调查资料是大量且零乱的，只能表明各个调查对象的具体情况，不能说明调查对象的总体情况。因此，需要审核调查资料的真实性和准确性，将资料分类、汇成统计数据，制成图表，只有通过这样的途径才能获得可靠的信息资料，作为市场调查的分析依据，方便调查报告的撰写。

（一）整理调查资料

1. 整理审核调查资料

整理审核是为了发现资料的真假和误差，保证调查资料的完整性和准确性，达到去伪存真的目的。主要工作是检查有无废卷和空白卷，废卷和空白卷不能列为统计对象。对于存在不同问题的问卷要分情况进行处理。存在大片空白的问卷应视为无效问卷，只有少数问题未答的问卷可设法补救；存在明显错误和虚假信息的问卷应予作废；个别问题回答不实的可作补救，无法补救的，则该问题作不详处理。

2. 分类编码资料

将问卷分类编码是为了便于查找和利用。分类是指根据市场调查课题的需要，将调查所得资料按照一定的标准或者标志分为若干组成部分，以便深入研究。分类必须遵循抽样原则，对不符合抽样原则的资料应予删除。编码是将各种类别的市场信息资料用代码来表示的过程。代码是代表事务的标记，用数字、字母、特殊的符号或者它们之间的组合来表示。编码是一项重要工作，特别是在运用计算机管理的情况下，由于计算机是通过代码来识别事物的，因此编码是必不可少的环节。

3. 统计制表

统计制表是通过统计图表来表示各种调查数据，反映各种信息的相关经济关系或因果关系。经过制表的资料针对性强，便于研究和分析调查对象的基本情况和调查结果。数据统计要求准确，以便正确计算百分比这一相对数据，并把数据填写在统计图或统计表上，便于使用。

（二）分析调查资料

对收集到的消费者市场资料进行分类整理后，运用回归分析、相关分析、因素分析、判断分析等分析方法，对与调查目的相对应的主要因素进行客观、全面、准确的分析，提出结论。结论应与调查目的相一致，主要是要寻找出饭店营销的机会点或问题点，并提出营销建议。

二、市场调查报告格式

市场调查报告需要精心撰写，在整理分析调查所得资料之后，还要拟好详细提纲，合理安排撰写时间。一份完整的调研报告可分前文、正文和附录三部分。但也有非常简洁的饭店市场调查报告格式，只有正文。

（一）前文

前文包括封面、授权信、前言、目录和图表目录。封面、前言和目录是三个必需要素。封面包括报告的题目、报告的提供方和日期。授权信是由调研项目执行部门的上司给该执行部门的信，表示批准这一项目，授权给某人对项目负责，并指明可用于项目开展的资源情况。前言的作用是引起阅读者的注意和兴趣。前言的文字不能过长，内容包括：(1) 介绍市场调查的委托情况；(2) 描述市场调查的目的；(3) 市场调查的组织安排情况；(4) 调查分析结果摘要。目录包含报告所分章节及其相应的起始页码。如果报告含有图表，那么需要在目录中包含一个图表目录，目的是帮助读者很快找到对一些信息的形象解释。

（二）正文

正文是市场调查报告的主体，一般包括引言、调查目的、调查方法、结果、结论和建议、调查及分析工作的总结。引言对为何开展此项调研和旨在发现什么做出解释。引言中包括基本的授权内容和相关的背景材料。调查目的是指本调查研究的目的，可以是总括的，也可以在总括下再细分具体的调查目的。调查方法部分要阐明以下 5 个方面的内容：调查设计、资料采集方法、抽样方法、实地工作和分析。结果在正文中占较大篇幅，这部分内容应按照某种逻辑顺序提出紧扣调查目的的一系列问题和发现。结论和建议部分中，结论是基于调研结果的意见，而建议是提议应采取的应对措施。正文中对结论和建议的阐述应该比提要更为详细，而且要辅以必要的论证。调查及分析工作的总结需要总结本次调查的成功和不足之处，以及本次调查结论的信度和效度情况。

（三）附录

附录的作用在于提供调查客观性的证明，它提供所有与研究结果有关但不宜放在正文中的资料，包括图表、附件、调查表、调查对象的名单、参考资料的索引和出处、特殊调查方法或分析方法的介绍、备注说明等。附录也要标出顺序以便查找。

三、市场调查报告撰写技巧

（一）寻找符合实际的理论依据

要提高报告内容的说服力并使阅读者接受，就要为报告的观点寻找理论依据。事实证明，这是一个事半功倍的有效方法。理论依据要有对应关系，纯粹的理论堆砌不仅不能增强报告的说服力，反而会给人脱离实际的感觉。

（二）有力举例，论证观点

应通过大量、真实的调查材料来证明报告的分析观点。在调查报告中，一定要用有力的材料举例使人感到报告充实、真实，以增强说服力。为此，撰写调查报告要注重调查材料的运用，否则就不能称其为调查报告。

（三）利用数字分析说明问题

市场调查报告是对饭店营销实践环境的重要部分——消费者市场——的分析，其可靠程度如何是决策者首先要考虑的。报告的任何一个分析点都要有材料依据，而数字就是最好的依据，在报告中利用各种绝对数和相对数来进行对照是绝对不能少的。要注意的是，各种数据最好都有出处，以证明其可靠性。

（四）运用图表帮助理解

图表的主要优点在于有着强烈的直观效果，有助于阅读者理解报告的内容，同时，图表还能提高页面的美观性。因此，运用图表进行比较分析、概括归纳、辅助说明等非常有效。

（五）合理利用版面设计

版面安排包括打印的字体、字的大小、字间距、行间距、标题字的字体和颜色、插图等。通过版面安排可以使报告重点突出、层次分明、严谨有序。

（六）注意细节，消灭差错

对调查报告要反复仔细检查，不能出现错别字，尤其是饭店的名称、专业术语、专门的英文单词等，更要仔细检查，否则阅读者不可能对报告的准确度有好的印象。

拓展阅读 2—4

客户满意度调查报告

一、调查背景

一年一度的旅游节、美食节，两年一度的电影节、博览会，给本市酒店行业的发展既带来了机遇，也带来了挑战。一方面，酒店的档次、品位、接待能力不断上升，吸引越来越多的国内外客商来本地经商、旅游；另一方面，由于近年来星级酒店不断增多，行业之间的竞争日益加剧。

在这种情况下，谁能及时了解消费者到酒店消费的动机、对酒店的满意程度及新的消费需求，并及时调整经营策略，就能在这一行业中占领竞争先机。

因此，公关人员在营销部经理的指导下，确立了本调查目的，以期通过调查，发现酒店在日常经营及营销工作中存在的问题，对酒店的营销以及有待改进的方面提供有效的依据和指导。

二、调查目的

了解客户的总体特征及对酒店的住宿、餐饮及娱乐等方面的满意程度，以便酒店有针对性地进行改善，从而更好地满足客户的需求。

三、调查对象

此次调查活动针对酒店住店客户进行，既有初次入住的新客户，也有已多次入住的老客户。被调查人员的年龄为25～55岁，绝大多数为商业目的住店客户。在发放的20份问卷中收回有效问卷20份，回收率达到100%。

四、调查方式

以问卷方式的随机抽样调查为主，访谈为辅。

五、调查地点

酒店前厅。

六、调查时间

____年____月____日____时____分至____时____分

七、调查内容及分析

从总体上看，在我们调查的20人中，有15名男性、5名女性；年龄在25～35岁的有10名，占总数的50%，年龄最大的为53岁。在这些调查者中，有80%属于管理人员和销售人员，月收入基本为2 000～8 000元，住酒店的目的基本上都是参加政府会议和商务洽谈。其中，70%的客户都是通过工作单位的直接安排入住本酒店，仅有30%的客户是通过旅行社及其他中介机构获得本酒店的信息。

从总体上看，在客户对本酒店的评分中，有70%的分数集中在3～4分，说明客户对酒店的整体印象不错，口碑良好。客户对本酒店客房的清洁状况、餐厅的菜肴风味及服务人员的服务质量反映均为良好。因此，在调查的20人中，有16人表示会再次入住本酒店，比率高达80%。

以下是针对调查内容整理、制作的客户评分统计表以及对评分分布状态的总结。

1. 客房状况评分的统计结果（见表2—3）

表2—3　　客房状况评分统计表

项目 / 评分	1分	2分	3分	4分	5分
第一印象	0%	13.3%	26.6%	53.3%	6.7%
设施布局	0%	13.3%	53.3%	26.7%	6.7%
清洁状况	0%	20%	0%	40%	40%
通风状况	0%	13.3%	20%	53.4%	13.3%

上表显示，客户对酒店的第一印象较好，对入住状况的满意度较高，说明酒店客房能够满足客户的需求。

2. 餐饮状况评分的统计结果（见表2—4）

表2—4　　餐饮状况评分统计表

评分＼项目	1分	2分	3分	4分	5分	不清楚
就餐环境	0%	0%	27%	59.7%	6.7%	6.6%
菜肴风味	6.7%	6.7%	30.7%	36%	13.3%	6.6%
上菜效率	6.7%	0%	23%	37%	20%	13.3%

上表显示，虽然对酒店的餐饮状况表示满意的客户占多数，但还是有部分客户对菜肴风味和上菜效率存在不满，酒店对上述两方面应加强改进。

3. 服务质量评分的统计结果（见表2—5）

表2—5　　服务质量评分统计表

评分＼项目	1分	2分	3分	4分	5分
服饰外表	0%	0%	33.3%	33.3%	33.3%
礼貌谈吐	0%	0%	20%	46.7%	33.3%
服务水平	0%	6.7%	33.3%	40%	20%

上表显示，绝大多数客户对酒店的服务质量持肯定态度，这也充分符合酒店以质量和品牌赢得客户的策略。

4. 安全状况评分的统计结果（见表2—6）

表2—6　　安全状况评分统计表

评分＼项目	1分	2分	3分	4分	5分
安全状况	0%	0%	40%	13.3%	46.7%

上表显示，绝大多数客户对酒店的安全状况持肯定态度。

5. 康乐设施评分的统计结果（见表2—7）

表2—7　　康乐设施评分统计表

评分＼项目	1分	2分	3分	4分	5分	不清楚
康乐设施	0%	13.3%	53.3%	6.7%	6.7%	20%

上表显示，虽然大部分客户对酒店康乐设施的要求并不高，但也有客户抱怨网速较慢，还有部分客户反映没有使用过酒店的康乐设施。

6. 酒店交通状况评分的统计结果（见表 2—8）

表 2—8　　酒店交通状况评分统计表

项目 / 评分	1分	2分	3分	4分	5分
交通状况	0%	0%	20%	33.3%	46.7%

上表显示，客户对酒店地处市中心、交通便利的地理位置比较满意。

八、调查结论及对策

通过调查，绝大部分客户对酒店总体运营状况的满意度较高，比如客房的清洁状况、菜肴风味、服务人员的素质等，但是仍有客户提出酒店应在设施、餐饮及服务方面进行改进。在调查过程中，我们发现酒店因为无侧门，所有物品进出都必须通过大堂，这样既造成酒店自身环境的不协调，又影响了客户的进出，同时客户反映较多的是酒店部分设施陈旧的问题。

因此，建议在以下三个方面加大改善力度：

1. 采取多种形式全面宣传酒店的人文理念和企业文化，以不断提高酒店的知名度和美誉度。

2. 继续进行酒店设施的改造，不断使酒店的品位、档次得以升级。

3. 不断深化经营改革，采取各种激励措施，推进全员促销、优化客源结构。

资料来源：李雯编著:《酒店营销部精细化管理与服务规范》，2 版，北京，人民邮电出版社，2011。

重要知识点

1. 饭店市场调查的目的
2. 饭店市场调查的主要市场
3. 饭店市场调查的优先顺序
4. 饭店市场调查的计划方案
5. 市场调查问卷设计的程序
6. 市场营销调查报告的基本结构

模拟练习和实战训练

1. 你现在想要创办一家经济型酒店，在此之前你想先了解这一市场，请设计一下关于这一主题的市场调查问卷，调查该市场的营销环境及市场需求。

2. 请将你在上题中设计的调查问卷发放给周围的几位朋友，数量自行控制，收集完毕后，请撰写一份调查报告。

模块二 饭店营销环境分析

学习目标

- 了解饭店营销宏观环境因素
- 熟悉饭店营销微观环境因素
- 能够对饭店的营销环境进行SWOT分析

引 例

肯德基在香港的发展历程

20世纪70年代，香港市场的肯德基公司突然宣布多间家乡快餐店停业，只剩下4间还在勉强支持。到1975年，首批进入香港的美国肯德基连锁集团全军覆没。曾经为了取得肯德基家乡鸡首次在香港推出的成功，肯德基公司配合了声势浩大的宣传攻势，在新闻媒体上大做广告，采用该公司的世界性宣传口号“好味舔到手指”。凭着广告攻势和新鲜劲儿，一时间门庭若市，可惜好景不长，3个月后，就“门庭冷落鞍马稀”了，在世界各地拥有数千家连锁店的肯德基为什么唯独在香港遭此厄运呢？经过认真总结经验教训，发现是中国人固有的文化观念决定了肯德基的惨败。首先，在世界其他地方行得通的广告词“好味舔到手指”在中国人的观念里不容易被接受，舔手指被视为肮脏的行为，味道再好也不会去舔手指，人们甚至对这种广告起了反感。其次，家乡鸡的味道和价格不容易被接受。鸡是采用当地鸡种，但其喂养方式仍是美国式的，用鱼肉喂养出来的鸡破坏了中国鸡特有的口味。另外，家乡鸡的价格对一般市民来说还是承受不了，因而抑制了需求量。此外，美国式服务难以吸引回头客。在美国，顾客一般是驾车到快餐店，买了食物回家吃，因此，在店内是通常不设座位的；而中国人通常喜欢一群人或三三两两在店内边吃边聊，不设座位的服务方式难寻回头客。

10年后，肯德基带着对中国文化的一定了解卷土重来，并大幅度调整了营销策略。广告宣传低调，市场定价符合当地消费，市场定位于16岁至39岁之间年龄段的人。1986年，肯德基家乡鸡新、老分店总数在香港为716家，占世界各地分店总数的1/10，成为香港快餐业中与麦当劳、汉堡王、必胜客并称的四大快餐连锁店。

资料来源：http：//www.bohengyichuang.com/technology/417.html. 编者做过整理。

肯德基在香港的经历证明，市场犹如一匹烈马，只有了解它才能更好地驾驭它。营销人员要能够搜集到与营销环境相关的信息，而且要投入更多的时间去了解顾客和竞争环境，这样才能使营销战略适应市场中新出现的机遇和挑战。美国著名管理学家菲利普·科特勒认为市场营销环境是指影响企业的市场和营销活动的不可控制的参与者和影响力。具体地说，市场营销环境就是影响饭店企业的市场营销管理能力，使其能卓有成效地发展和维持与其目标顾客交易及关系的外在参与者和影响力。因此，我们认为饭店市场营销环境是指推动或影响饭店营销管理的各种饭店内部和外部因素组成的饭店生态系统。一般来说，饭店市场营销环境主要包括两方面的构成要素：一是宏观环境要素，二是微观环境要素。宏观环境直接影响和制约饭店的市场营销活动，而微观环境主要以微观营销环境为媒介，间接影响和制约饭店的市场营销活动。

第一节　饭店营销宏观环境

饭店宏观环境是指给饭店企业造成市场营销机会和形成环境威胁的外部因素，主要包括人口、经济、自然、技术、政治与法律以及社会与文化等因素，如图 2—1 所示。这些主要社会力量是饭店企业不可控的变量。

图 2—1　企业面对的宏观环境

一、人口环境

人口是构成消费市场的第一位因素。消费市场是由那些想购买商品同时又具有购买力的人构成的。饭店必须重视对人口环境的研究，密切注视人口特性及其发展动向，不失时机地抓住市场机会。当出现威胁时，饭店应及时、果断地调整营销策略，以适应人口环境的变化。人口因素需要关注的是人口总数、人口结构和家庭状况（收入、结构等）。

二、经济环境

经济环境关系到饭店消费市场状况及其变动趋势，包括直接和间接影响市场营销活动的经济环境因素两类。

直接影响市场营销活动的经济环境因素，主要包括：(1) 消费者收入水平，有人均个人收入、个人可支配收入、个人可任意支配收入3个衡量指标。收入的增加可以促进购买力的增强。(2) 消费者支出模式和消费结构。消费结构是指各类消费支出在消费总额中所占的比重。(3) 消费者储蓄和信贷情况。社会购买力与银行利率成反比关系，与信用消费水平成正比关系。

间接影响市场营销活动的经济环境因素，主要包括：(1) 经济发展水平。经济发展水平决定居民收入水平。(2) 地区与行业发展状况。这直接影响饭店的投资方向、目标市场以及营销战略的制定。(3) 城市化程度。

三、自然环境

自然环境是由饭店营销所处的地理位置、气候、交通条件等因素构成的。不同国家、不同地区的自然物质条件有差异，这些差异会影响社会经济发展水平，会引起人们的消费差异，从而影响饭店的营销活动。饭店营销活动应该考虑到当前社会自然资源日趋短缺、环境污染日益加剧，必须适应和注重绿色营销的开展。

四、技术环境

新技术引起饭店市场营销策略的变化。饭店企业要关注三方面的技术：第一，可以提供竞争优势的新技术；第二，会对消费者产生重要影响的新技术；第三，促进酒店设施现代化、为消费带来便利的新技术。目前，饭店营销要特别关注互联网及移动终端技术，研究年青一代消费群体由新技术带给他们的不一样的消费习惯，开发新产品、开拓营销新渠道，并利用新技术改善饭店管理，提高经营效益。

拓展阅读 2—5

喜达屋饭店集团的微信营销

喜达屋集团是全球最大的饭店及娱乐休闲集团之一，以其饭店的高档豪华著称。集团的品牌包括喜来登、圣·瑞吉斯、威斯汀、福朋、至尊精选、W饭店（W Hotels）、雅乐轩。现在，喜达屋已成为中国最大的五星级和四星级酒店运营商，在中国已开设63家酒店，中国成为仅次于美国的喜达屋第二大酒店市场。但在高端酒店竞争日益激烈的大趋势下，喜达屋集团希望通过随视传媒的网络营销经验帮助其提升服务优势口碑。

在传播前，随视传媒对喜达屋集团进行深入的调查，发现目前酒店用户具有网购习惯移动化的趋势，于是果断建议喜达屋集团看准商机，利用快速成长的移动客户端微信进行社会化营销，率先提出在微信平台开展真人客户服务，提供及时应答沟通服务，并通过微信，吸引更多的高端精英人群关注和加入SPG俱乐部，同时也为其会员提供更加尊享的移动化服务，争取在同类型酒店营销市场中占领先机。

随视传媒通过两大阶段实现招募粉丝到口碑分享、优化服务目标，占领了同类型酒店的营销先机。

第一阶段：资源整合，立体招募价值粉丝/会员

用喜达屋自有资源（酒店内宣传物料、官网、官方微博、百度搜索品牌专区等），以二维码作为导入口，吸引品牌兴趣粉丝；同时借助微信的周边功能覆盖酒店附近高价值用户，成为微信平台第一个同时运用“摇一摇”“附近的人”功能的企业。微信用户一旦与 SPG 俱乐部微信账号建立好友关系，不仅可以收到最新活动信息、酒店优惠、在线预订等服务，还有机会抽奖赢得澳门免费酒店住宿以及参与“欢享之夜”预订酒店赢积分活动。

第二阶段：动静结合，智能维护

静：内容吸引，口碑分享。贴合 SPG 会员尊贵身份和阶层品位，软性传递 SPG 酒店和会员活动，让每一条传递信息做到具有价值性而不是打扰。让微信好友在获得利益信息的同时，不断增强对 SPG 俱乐部以及喜达屋集团的品牌好感。为了更好地激发 SPG 好友在微信分享，前期招募期通过澳门免费酒店住宿大奖吸引，刺激和激发粉丝主动分享给自己手机及社交朋友。

动：真人客服。SPG 俱乐部官方微信实现与喜达屋强大的客服中心对接，率先实现真人化专业客户服务，让 SPG 尊享服务始终伴用户身边。

智能：定制化技术开发，智慧管理数据

1. 官方会员注册引导：开放官方微信接口，用户通过微信即可注册成为 SPG 俱乐部会员，让潜在需求在第一时间实现转化。

2. 关键词自动应答：基于微信公众账号的自定义接口开发，实现关键词自动应答信息的菜单式管理设置，实现精准、便捷的客服响应，优于现有公众账号后台手动管理。

3. 数据智能化管理：基于微信的消息接口开发，实现客人咨询提问批量导出、好友分组管理等多重数据管理技术，为品牌后续推广提供数据化支持。

从 2012 年 10 月中旬开始，运营上线 54 天，增加微信好友超 20 000 人，访问酒店会员活动网站超过 60 000 人，吸引新注册会员达 5 930 人，用户微信咨询超过 6 000 次，共达成 1 192 份意向订单。喜达屋集团是首家运用微信客服的国际酒店集团，品牌忠诚度、喜好度和体验度、参与度得到明显提升。

资料来源：http：//www.adsit.cn/html/2013/fashion_0401/213.html.

五、政治与法律环境

一个国家或地区总是会运用自己的法律行政手段干预社会经济活动。政治与法律环境是指企业和外部发生经济关系时所面对的各种法律、法规和政治经济政策。饭店企业

应该遵守的法律法规有《中华人民共和国食品卫生法》《中华人民共和国产品质量法》《中华人民共和国环境保护法》《中华人民共和国消费者权益保护法》《中华人民共和国合同法》《中华人民共和国妇女儿童权益保护法》等。

六、社会与文化环境

每个人都生长在一定的社会与文化环境中，并在一定的社会与文化环境中生活和工作，其思想和行为必定要受到这种社会与文化的影响和制约。饭店的市场营销人员应分析、研究和了解社会与文化环境，以针对不同的社会与文化环境制定不同的营销策略。这些社会与文化环境因素包括民族特征、文化传统、价值观、宗教信仰、教育水平、社会结构、风俗习惯等。

第二节　饭店营销微观环境

"供应商—饭店—营销中间商—顾客"这一链条构成了饭店的核心营销系统。一家饭店的成功，还受到另外两个群体的影响，即竞争对手和社会公众。因此，饭店的微观营销环境主要由饭店、顾客、竞争对手、营销中间商、供应商、社会公众组成。

一、饭店

营销经理是在饭店最高管理层领导下与饭店内各部门紧密合作开展工作的，因此，营销经理在制定决策时，不仅要考虑企业外部的力量，也要充分考虑企业内部环境，尤其在企业内部各部门本身是产品一部分的饭店业。

（一）饭店产品分析

饭店产品的特征是每一个营销人员首先要了解的，包括饭店规模、地理位置等六个方面。

1. 饭店规模有多大

（1）饭店建筑物占的区域。包括建筑面积，主体建筑长度、楼层数等。

（2）饭店最大容量。包括客房数、床位数、餐位数、车位数以及中餐厅、西餐厅、咖啡厅、酒吧的容量，多功能厅的数量及每个厅的规模等。

2. 饭店位于何处

（1）饭店所在地的人口规模。

（2）饭店附近的商业中心、旅游景点。

(3) 饭店附近的休闲娱乐场所。

(4) 饭店靠近的高速公路、国道、火车站或机场。

3. 什么时候营业最好

(1) 一年中营业最好和最差的分别是哪几个月。

(2) 一星期中营业最好的是哪几天。

(3) 一天中营业最好的是什么时候。

4. 饭店的客人是些什么人

(1) 商务客人比例。

(2) 会议客人比例。

(3) 家庭旅游者或休闲旅游者比例。

(4) 境外客人情况。

5. 饭店的情调如何

(1) 安静与高贵的气氛。

(2) 商业性饭店。

(3) 高消费饭店。

(4) 奇异而有趣的饭店。

6. 饭店实际设施如何

(1) 现代、清洁、时髦的饭店。

(2) 旧式的饭店，但经营很好。

(3) 相当现代化的饭店。

(4) 价钱便宜，但需要重新装修的饭店。

扩展阅读 2—6

饭店畅销产品分析表

饭店畅销产品分析表见表 2—9。

表 2—9　饭店畅销产品分析表

品名			
条件		项目	详细说明
目标区域	主要购买人群所在区域	异地	
		饭店周边	
		国外	
	渠道合作	饭店直销	
		网站	
		代销	
目标顾客	性别要求	男（多、少）	
		女（多、少）	

	年龄层	10 岁以下	
		11～20 岁	
		21～35 岁	
		36～50 岁	
		51 岁以上	
产品分析	畅销产品	产品内容	
		产品数量	
		产品特点	
		价格	
		不足之处	
		如何改进	
竞争对手	同类产品	同类产品性能	
		同类产品价格	
销售	促销	促销人员	
		销售展台布置	
		促销宣传方式	
其他条件			

（二）饭店各部门分析

饭店处理好内部关系有两层好处：一是确保各项营销计划得到有效执行，二是有利于保证产品质量。营销部经理要从营销绩效角度分析各部门的销售位序，以便更有效地分配营销努力。降低低位序部门的销售努力，也就减缩了相应的营销费用，有助于高位序销售利润的提高。饭店营销部经理还应在饭店一般营运作业中不断反省自问，所有营业部门是否都充分地实行了营业推广或改进。

饭店营销部经理对饭店各部门分析的内容包括：（1）综览所有部门，明确哪些部门的收益百分比最大，哪些部门的营业额已达到最高销售额，哪些部门最需要帮助。对于收益最佳的部门应使其推进达到最高销售额，不要让那些在营业额上处于赤字状况或接近赤字的部门拖累其他营业部门。（2）分别观察各个部门，什么产品销售得最好，什么产品销售得最多，获得最大纯利润的产品是什么，获得最高利润的产品是什么，什么产品不赚钱，是否可以放弃。（3）各个部门分析比较。将每一个部门的销售额进行分析比较，合理分配营销努力。

二、顾客

顾客是饭店的目标市场，既是饭店的服务对象，也是营销活动的出发点和归宿。饭店的目标市场有不同的分类方法：以购买规模分，可以分为个体消费者和组织消费者；以顾客出行目的分，可以分为度假旅游者、商务旅游者、会议旅游者、体育旅游者等。饭店要了解顾客的需要，分析自身的优缺点，识别出的缺点应尽可能予以改正；饭店还要识别出不同顾客群体的来源地和购买习惯，从地理区域分析饭店的顾客市场，并有针对性地进行营销推广，提高营销绩效。

三、竞争对手

每一家饭店都要分析自身的状况，比较它与竞争对手的相对产业地位。在饭店业中占有显要位置的大饭店集团所能应用的某些战略，对一些小饭店而言可能望尘莫及，但小饭店可以选一些能形成某些竞争优势的战略。营销成功的关键是比竞争者更好地满足目标市场的需要。需要了解竞争对手的信息见表 2—10。

表 2—10　　竞争对手信息对比表

竞争对手信息	竞争对手 1	竞争对手 2	竞争对手 3
基本情况			
房间数			
是否连锁			
星级			
开业时间			
最后装修时间			
是否参加网上预订系统			
至机场费用			
免费机场班车			
停车场			
酒店地址			
预订电话			
预订传真			
预订网址			
价格体系			
门市价格			
最好可用价格——旺季			
最好可用价格——平季			
最好可用价格——淡季			
商散协议价格——旺季			
商散协议价格——平季			
商散协议价格——淡季			
会议价格——旺季			
会议价格——平季			
会议价格——淡季			
团队散客价格——旺季			
团队散客价格——平季			
团队散客价格——淡季			
旅行社价格——旺季			
旅行社价格——平季			

续前表

竞争对手信息	竞争对手 1	竞争对手 2	竞争对手 3
旅行社价格——淡季			
自助早餐价格			
自助午餐价格			
自助晚餐价格			
加床价格			
网络价格			
合同有效期			
延时退房加收费用			
配送水果标准			
房间数量			
标准房型/可升级房型数量			
行政/商务房型数量			
套房数量			
公寓数量（带厨房）			
公寓数量（没有厨房）			
其他房型			
双床数量			
大床数量			
房间设施			
空调			
宽带费用			
无线网络			
打印机			
咖啡、茶			
熨斗			
餐饮			
餐位数			
餐厅名称			
大堂吧			
送餐服务			
酒吧			
其他			
会议设施			
总面积			
会议室数量			
会议室最大面积			
洽谈室数量			
娱乐			
SPA			
健身中心			
美容院			
网球场			
其他			
备注			

四、营销中间商

营销中间商是协助饭店推广、销售和分配饭店产品服务给最终顾客的企业，包括旅行社、旅游批发商与经营商以及饭店代理商等。在选择中间商时，饭店必须选择那些声誉好、能向顾客提供所承诺的产品并支付饭店费用的企业。随着电子商务的发展，饭店要特别注意电子商务中间商的选择，更重要的是，根据销售情况合理分配各中间商的销售规模。

拓展阅读 2—7

携格事件：供应商与分销商的话语权之争

被业内称为“1·16携格事件”的携程与格林豪泰的纠纷愈演愈烈，终于从“口水战”升格至对簿公堂。该事件从一开始就在业内广受关注，因为这并不仅仅是两家企业的利益之争，它暴露出酒店日益强烈的扩大直销份额的诉求与分销商希望强化对销售渠道控制之间的矛盾。

格林豪泰：钝刀割肉，莫如断腕求生

其实，这并非携程与格林豪泰第一次发生纠纷。2008年11月1日，为配合格林豪泰周年庆，中国移动12580向其会员推出“订格林豪泰酒店送免费早餐、水果”，共有63家格林豪泰旗下酒店参与。数日后，格林豪泰旗下酒店接到携程通知，要求立刻终止上述活动。随后，不少加盟酒店迫于携程压力，陆续退出。坚持参与活动的10余家格林豪泰酒店，于11月20日被携程“下线”。

这一次，格林豪泰不打算妥协，直指携程的“封杀”行为是“以自己市场支配地位，变相控制价格，以通过价格左右中介市场，阻碍了中介业和酒店业市场的健康发展”，并选择通过法律途径来解决与携程之间的纠纷。据悉，法院已受理此案，而携程方面也表示“不排除反诉格林豪泰”。

目前，在网上旅行预订领域，携程的地位无疑难以撼动。携程有1 400万会员，可提供全球134个国家的2.8万家酒店的预订服务，其单月酒店预订量已经超过100万间。艾瑞市场咨询发布的数据显示，去年携程的营收占到了网上旅行预订市场份额的57.1%，而排在其后的另外3家加在一起都不到市场的25%。此次格林豪泰酒店公开向分销商中的“执牛耳者”说“不”，是否过于冲动了呢？

借助网络分销对酒店来说是一把双刃剑，首都经贸大学旅游研究中心副主任李云鹏说，很多酒店在发展初期，需要借助携程这样的网络分销商，但当这些酒店发展到一定规模，客源也较多时，即会谋求扩大直销份额、逐渐降低对携程这样“酒店中介”的依赖，以获取更大的利润和自主权。但这就必然会与分销商产生矛盾。不少的酒店像格林豪泰一样存在与分销商的矛盾，可是迫于自身实力不够，无法振臂一呼。

携格矛盾在此时爆发并非偶然。金融危机之下，酒店业本已举步维艰，而通过传统渠道销售，还要给分销商支付相当于房价15%～20%的佣金，对酒店而言是笔不小的开支，因此，酒店对扩大直销份额的希冀也前所未有地强烈，毕竟能节约成本。

在李云鹏看来，格林豪泰选择挑战分销巨头在某种程度上可以看作一次“事件营销”，“人们可能因此会认为格林豪泰有气魄，有实力，从而增加对其的信心，继而成为格林豪泰的客人”。

中国订房联盟总经理王健不认同携程的“封杀”行为，他直言传统分销模式阻碍了酒店业的发展。“互联网应该为酒店营销带来益处，比如快捷、省钱。但按照现在的模式，酒店享受不到这些好处。”他还说，分销本身依附于酒店，酒店不与携程合作，还可以找其他渠道。现在有很多新手段，而且费用也比携程低。

携程：捍卫游戏规则，我的渠道我做主

对格林豪泰来说，此举是争取自己的生存空间，掌握经营上的主动权；对携程来说，则是要坚持自己定下的行业规则，维护自身的行业地位。而且，根据携程在业内推出的消费者价格承诺，若会员通过携程预订并入住酒店，会员价高于该酒店当日相同房型前台价，将在核实后进行相应积分及3倍差价现金补偿。因此，携程对于挑战规则者自是不能轻易放过，要以儆效尤。

佣金过高是酒店急于摆脱分销商的主要原因。2008年，携程全年的毛利率为78%，酒店预订营业收入总计7.64亿元，占其总收入的一半以上。有人认为，利润丰厚的携程应当降低佣金，助酒店度此经济严冬。但李云鹏认为，对携程这样的上市公司来说，拿出令投资者满意的业绩是最重要的。携程的盈利模式就是靠收取佣金，那么一个间夜收多少佣金才能够获得足以向股民和投资者交代的业绩？因此，佣金不是说降就能降的。

值得注意的是，去年，虽然携程酒店预订营业收入的增长主要来自酒店预订量的增长，但酒店每间夜佣金收入却略有降低。业内人士指出，高星级酒店加强网上预订服务以及经济型酒店大打“价格牌”，都影响了携程的利润增长。

除了上述理由之外，王健分析携程封杀格林豪泰更深层的原因是为其旗下的星程酒店做客源上的截流，因为如果格林豪泰的价格较低会影响星程。

未来格局：新模式挑战传统分销商

近几年我国酒店业发展迅速，但很多酒店自身销售能力不强，有些酒店50%以上的客源要依靠分销商，强势分销商自然就掌握了话语权。

李云鹏认为，从市场的角度看，携程已有先发优势。虽然不少酒店在逐渐培育自己的直销渠道，但并不是所有的酒店都有这样的实力。

酒店与分销商博弈，并非我国独有。几年前，美国两家实力强劲的酒店预订网站——Expedia.com和Hotels.com大约占去网上酒店预订60%的市场份额，拥有高达30%的利润率。为了遏制酒店预订网站的垄断趋势，万豪国际、希尔顿、凯悦等五大连锁酒店管理集团联合起来建立行业网站，并打出最优惠的销售价格。收费低廉的直销平台对酒店预订网站造成了冲击。

随着一批新的网络销售平台的迅速崛起，新的营销模式、相对低廉的价格，令携程无法再高枕无忧。中国订房联盟的预订量在国内酒店分销商中排在前5位，该公司CEO王健告诉记者，虽然中国订房联盟也是做分销，但他们的模式是搭建一个平台，上游的酒店与下游的旅行社均可免费加盟，订房联盟按照预订的"夜次"收取很少的平台使用费。"去哪儿"旅游搜索引擎的市场部负责人戴政向记者透露，这两年，"去哪儿"旅游搜索引擎的用户数增长了300倍。记者了解到，"去哪儿"通过技术手段搜索出几十家甚至上百家专业网站提供及时、有效而且精准的信息，人们可以货比三家，更理性地进行选择。目前，万豪、洲际、锦江之星等众多国内外知名品牌，都开始在"去哪儿""酷讯""途宝网""一起来"等旅游搜索引擎网站上直销。业内人士认为，这种模式将改变和细分传统网络平台的市场份额。

携格之争的最终结果现在还无法得知。"未来，酒店会采用更多元的销售方式，这个市场的规模总量很大，总量大，就允许多种模式共存。"李云鹏说。

资料来源：李玲：《携格事件：供应商与分销商的话语权之争》，载《中国旅游报》，2009-03-18。

五、供应商

供应商是向饭店业供应饭店产品和服务生产所需的各种资源的企业或个人。比如餐饮原料供应商、酒水供应商，会展产品中的展位设计商，营销培训咨询机构等。供应商对饭店营销活动的影响主要表现在：(1) 供货的稳定性与及时性；(2) 供货的价格变动；(3) 供货的质量水平。

六、社会公众

公众就是对一个组织完成其目标的能力有着实际或潜在兴趣或影响的群体。实际上，对一家饭店来说，如果把公共关系事务完全交给公共关系部门处理，那将是一种错误。饭店的全部雇员，从负责接待一般公众的高级职员到向财界发表讲话的财务副总经理，到走访客户的推销代表都应该参与公共关系事务。饭店的公众一般包括金融界、媒介、政府机构、公民行动团体、地方公众、一般公众和内部公众等。

第三节　饭店营销环境SWOT分析

市场营销环境分析常用的方法为SWOT分析法，即对饭店的优势（Strength）、劣势（Weak）、机会（Opportunity）和威胁（Threat）进行分析。

一、外部环境分析

外部环境分析其实就是机会与威胁分析。环境机会的实质是指市场上存在"未被满足的需求"，它既可能来源于宏观环境也可能来源于微观环境。随着顾客需求的不断变化和饭店产品生命周期的缩短，老饭店产品不断被淘汰，要求开发新饭店产品来满足顾客的需求，从而市场上出现了许多新的机会。环境机会对不同饭店是不相等的，同一个环境机会对这些饭店可能成为有利的机会，而对另一些饭店可能就造成威胁。环境机会能否成为饭店可把握的机会，要看此环境机会是否与饭店目标、资源及任务相一致，饭店利用此环境机会带来的利益能否比其竞争者更大。环境威胁是指对饭店营销活动不利或限制饭店营销活动发展的因素。这种环境威胁主要来自两个方面：一是环境因素直接威胁饭店的营销活动，如政府颁布某种法律，诸如《中华人民共和国环境保护法》，它对造成环境污染的饭店来说，就构成了巨大的威胁；二是饭店的目标、任务及资源同环境机会相矛盾。

二、内部环境分析

外部环境中的有利因素为企业提供了发展机会，要把握这一机会，饭店企业还需具备一定的经营能力和竞争能力。所以饭店企业要定期检查自己的营销、财务、组织等方面的优势和劣势。识别环境中有吸引力的机会是一回事，拥有在机会中获得成功所必需的竞争能力是另一回事。每家饭店都要定期审视自己的优势与劣势，这可通过"营销备忘录：优势/劣势绩效分析检查表"的方式进行，饭店可以利用这一格式（见表 2—11）检查自身的竞争能力。

表 2—11　　　　饭店优势、劣势检查表

<table>
<tr><th colspan="3">类型</th><th>现状</th><th>对策</th></tr>
<tr><td rowspan="19">概况</td><td colspan="2">位置类型</td><td rowspan="3">位置优势、劣势：</td><td></td></tr>
<tr><td>城市</td><td>乡村</td><td></td></tr>
<tr><td>城市中心</td><td>临湖</td><td></td></tr>
<tr><td>高速公路</td><td>滑雪场</td><td rowspan="3">存在的问题：</td><td></td></tr>
<tr><td>机场</td><td>公园附近</td><td></td></tr>
<tr><td>工业区</td><td>河边</td><td></td></tr>
<tr><td>郊区</td><td>风景区</td><td rowspan="2">位置相关经营机会：</td><td></td></tr>
<tr><td>其他</td><td></td><td></td></tr>
<tr><td colspan="2">饭店发展历史</td><td rowspan="7">设施状况：</td><td></td></tr>
<tr><td colspan="2">建筑开工年</td><td></td></tr>
<tr><td>其他建设</td><td>1</td><td></td></tr>
<tr><td></td><td>2</td><td></td></tr>
<tr><td></td><td>3</td><td></td></tr>
<tr><td></td><td>4</td><td></td></tr>
<tr><td colspan="2"></td><td></td></tr>
<tr><td>所有权更迭史</td><td></td><td rowspan="4">管理优势、劣势：</td><td></td></tr>
<tr><td>现有所有权年限</td><td></td><td></td></tr>
<tr><td>先前拥有者数量</td><td></td><td></td></tr>
<tr><td>现有管理公司的年限</td><td></td><td></td></tr>
</table>

续前表

类型			现状	对策
饭店设施	饭店客房数		优势、劣势：	
	单人间			
	双人间			
	套间			
	豪华套间			
	其他			

拓展阅读 2—8

饭店营销环境分析见表 2—12。

表 2—12　饭店营销环境分析

营销环境因素	饭店过去及现在所面临的营销环境打分	是否有利		SWOT 分析				营销措施
		无	有	优势	劣势	机会	威胁	
1	2	3	4	5	6	7	8	9
1. 饭店营销微观环境	+2，+1，0，−1，−2							
(1) 客源市场发展情况	+2，+1，0，−1，−2							
(2) 客人对饭店产品的满意程度	+2，+1，0，−1，−2							
(3) 典型消费者特征	+2，+1，0，−1，−2							
(4) 饭店供应商供货情况	+2，+1，0，−1，−2							
(5) 能源成本	+2，+1，0，−1，−2							
(6) 中间商客源提供的变化情况	+2，+1，0，−1，−2							
(7) 饭店面临的竞争形势	+2，+1，0，−1，−2							
(8) 劳务市场人力资源提供情况	+2，+1，0，−1，−2							
(9) 社会机构与饭店之间的关系	+2，+1，0，−1，−2							
(10) 资本结构与信贷信誉	+2，+1，0，−1，−2							
2. 饭店营销宏观环境	+2，+1，0，−1，−2							
(1) 国际国内政治形势	+2，+1，0，−1，−2							
(2) 政府态度及旅游政策制定	+2，+1，0，−1，−2							
(3) 客源国及目的地国文化特征	+2，+1，0，−1，−2							
(4) 客源地家庭结构趋势	+2，+1，0，−1，−2							
(5) 目标市场地位发展	+2，+1，0，−1，−2							
(6) 国际国内经济形势	+2，+1，0，−1，−2							
(7) 交通发展情况	+2，+1，0，−1，−2							
(8) 科技发展情况	+2，+1，0，−1，−2							
(9) 人口变化情况	+2，+1，0，−1，−2							
(10) 全国旅游发展形势	+2，+1，0，−1，−2							
(11) 当地旅游资源开发情况	+2，+1，0，−1，−2							

备注：

1. 第 1 栏列出的是饭店营销的环境因素。

2. 第 2 栏是有关营销环境因素对饭店营销的有利程度。请把第 2 栏“很有利+2，较有利+1，有利 0，较不利−1，很不利−2”中你认为最合适的数字圈起来。无法决定时，圈“0”。如果各项的累积分达 42 分，则营销环境对饭店很有利，饭店在此环境营销成功的可能性极大；积分达 21 分，饭店也较有可能成功；积分低于 21 分或得到负分，则说明饭店面临的营销环境对饭店不利，必须采取必要措施。

3. 第 3、4、5、6、7、8 栏中分别标出了饭店未来营销环境的变化情况及其带给饭店的影响。

4. 第 9 栏请写出饭店将要采取的营销措施。无论面临的是优势还是劣势，或是机会还是威胁，都应采取适当的营销措施，这样才能在自己面临的营销环境中求生存、求发展。

重要知识点

1. 饭店营销宏观环境因素
2. 饭店营销微观环境因素
3. 饭店营销 SWOT 分析法

模拟练习和实战训练

1. 以所在地为背景，假如你正准备进驻该地区，开办一家经济型连锁酒店，请分析一下所在地的饭店市场营销环境（包括微观营销环境和宏观营销环境），并用 SWOT 分析法分析一下你饭店的优势、劣势、机会和威胁。

2. 中共中央政治局 2012 年 12 月 4 日召开会议，审议通过了关于改进工作作风、密切联系群众的“八项规定”。“八项规定”的落实对饭店市场产生了极大的影响。请讨论这一政策变化将如何影响饭店尤其是高星级饭店的营销问题。

模块三 饭店目标市场确定

学习目标

- 掌握饭店市场细分方法
- 掌握目标市场选择方法
- 能够根据饭店特点进行目标市场定位

引　例

万豪国际酒店集团市场细分求发展

万豪国际酒店集团之所以能够在激烈的市场竞争中站稳脚跟，赢得客户的高度信赖，是因为通过市场细分发现市场空白、创建新产品、打造新品牌发挥了积极作用。

万豪国际酒店集团一直致力于寻找不同品牌间的空白地带，通过市场细分成功开拓了Fairfield、Countryard、Marriott、Marriott Marquis等一系列品牌，这些品牌酒店在分别满足销售员、销售经理、业务经理和高级经理等需求细分市场上取得了巨大成功。万豪国际酒店集团为品牌开发提供了有益的思路。对于一种现有的产品或服务来说，新的特性增加到什么程度才需要进行产品提升？到了什么程度才可以创造一个新的品牌？答案是：当新增加的特性能创造一种新的东西吸引不同的目标顾客时，就会有产品或服务提升或新品牌诞生。

万豪国际酒店集团宣布开发Springfield Suites这一产品的做法就是一个很好的案例。起初，万豪国际酒店集团将Springfield Suites的价格定在75～95美元，并计划到1999年3月1日时建成14家，在随后的两年内再增加55家。Springfield Suites源于Fairfield Suites。Fairfield Suites始创于1997年，当时，《华尔街日报》是这样描绘Fairfield Suites的：宽敞但缺乏装饰，厕所没有门，客厅里铺的是油毡，它的定价是75美元。现在的问题是：Fairfield Suites的客人可能不喜欢油毡，并愿意为“装饰得好一点”的房间多花一点钱。于是万豪国际酒店集团通过增加熨衣板和其他令人愉快的设施等来改变Fairfield的外观，并通过铺设地毯、加装壁炉和早点房来改善餐厅条件。通过这些方面的改进，Fairfield吸引了一批新的目标顾客——注重价值的购买者。但后来，万豪国际酒店集团发现，对Fairfield所做的提升并不总是有效的，因为价格敏感型顾客不想要，而注重价值的顾客对其又不屑一顾。于是，万豪国际酒店集团考虑将Fairfield转换成Springfield Suites，并重新细分了其顾客市场。通过测算，万豪国际酒店集团得到了这样的数据：相对于价格敏感型顾客为 Fairfield 所带来的收入，那些注重价值的顾客可以为 Springfield Suites 至少增加 5 美元收入。

万豪国际酒店集团通过创造出 Springfield Suites 这一产品，成功地将一种"使价格敏感型顾客不满"的模式转换成一种"注重价值的顾客喜欢"的模式。

资料来源：成荣芬编著：《酒店市场营销》，北京，中国人民大学出版社，2013。

饭店消费者人数众多，广泛分布于各个市场，有不同的需要、支付能力、消费态度和消费方式，任何饭店都不可能满足所有消费者的需要。每家饭店都应根据自己的特点，寻找适合自己经营的目标市场，有效分配和使用饭店的有限资源，提高经济效益。目标市场的确定是市场营销的起点。市场营销过程其实就是不断识别各个不同的顾客群，选择其中一个或几个作为目标市场，运用适当的市场营销组合，集中力量为目标市场服务，满足目标市场需要的过程。目标市场确定的理论，也称为 STP 理论，指企业在一定的市场细分的基础上，确定自己的目标市场，最后把产品或服务定位在此目标市场上，并制定适当的营销策略获得竞争优势。饭店目标市场的确定包括市场细分（Segmenting）、目标市场选择（Targeting）和目标市场定位（Positioning），这三个步骤是战略营销的核心内容，具体见图 2—2。饭店市场调查和市场营销环境分析是实施 STP 的依据。

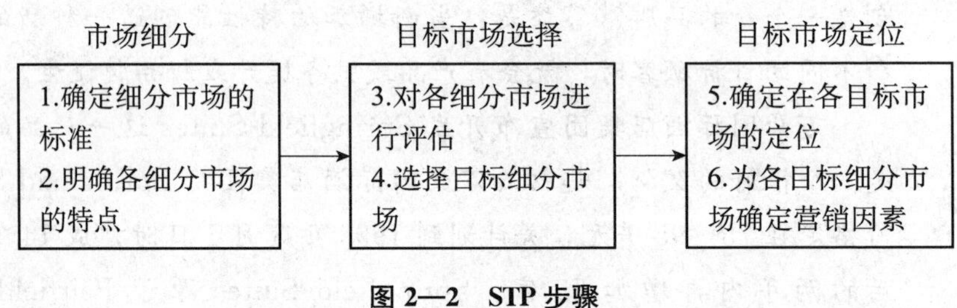

图 2—2 STP 步骤

第一节 饭店市场细分

一、饭店市场细分的概念

有些商品，比如白糖或汽油，其消费者的需求基本相同，对企业的营销组合反应比较一致，这样的市场比较容易经营，只要生产者知道市场需求规模，就能提供一定量的产品来满足市场。但饭店面临的不是一个简单的同质市场，商务旅游者、度假旅游者、休闲旅游者这些最终消费者和旅行社、航空公司、某大型企业这些购买饭店产品但并不是最终使用者的消费者，他们有不同的需求、不同的消费行为和不同的价值观，统配统销无法满足他们的需求。

市场细分的概念是美国市场学家温德尔·史密斯（Wendell R. Smith）于20世纪50年代中期提出来的。所谓市场细分，就是根据顾客需求上的差异把某个产品或服务的市场划分为一系列细分市场的过程。饭店市场细分就是将一个错综复杂的饭店异质市场划分成若干个具有相同需求的亚市场，以确定饭店目标市场的过程。例如，有些规模大、地理位置好、等级较高的饭店，若以商务旅游者和豪华观光度假旅游者为其目标市场，则它的主要经营活动和营销活动都应集中在这两个目标市场上。喜来登、希尔顿等酒店集团就把这两个细分市场作为主要的目标市场。另一些等级不高、地理位置欠佳的饭店，则常以团体包价观光旅游者为目标市场。

饭店市场细分可以帮助营销人员回答几个重要问题（5W1H）：（1）谁（Who），饭店针对哪些客源市场；（2）什么（What），这些客源市场中消费者需要什么样的产品和服务；（3）怎样（How），饭店如何进行营销活动来最有效地满足顾客的需要和要求；（4）哪里（Where），饭店在哪里宣传和推销自己的产品和服务；（5）何时（When），饭店在什么时候宣传和推销自己的产品和服务；（6）为何（Why），饭店要明确消费者行为的动机或影响其行为的因素，即消费者为何作出购买行为。

二、饭店市场细分的标准

如何寻找合适的细分标准，对市场进行有效细分，在市场营销实践中并非易事。比如，购买食盐的消费者可以分为男消费者和女消费者，但性别之分对购买食盐的行为并没有很大的影响，这种性别细分就没有意义。一般而言，有效的市场细分应遵循可衡量性、可达性、有效性、可执行性和反应性五个标准。

（一）可衡量性

可衡量性是指细分市场是可以识别和衡量的，即细分出来的市场不仅范围明确，而且对其规模和购买力大小也能大致作出判断。比如商务散客，饭店应该统计出客人的住宿人数、平均住宿天数、平均房价和销售额等，然后调查分析出这类客人对饭店产品和服务的要求。这样的市场细分才有意义。

（二）可达性

可达性是指细分出来的市场应是饭店通过努力能够使产品进入并对顾客施加营销的市场。具体来讲，该市场的大多数顾客可以通过一定媒体获得饭店信息，并可以通过一定的分销渠道购买到饭店产品。

（三）有效性

有效性是指细分出来的市场，其规模要大到足以使饭店获利。也就是说，市场细分时，饭店必须考虑细分市场上的顾客数量，以及他们的购买能力和购买频率。

（四）可执行性

可执行性是指饭店具备赢取这类市场的能力。例如某饭店发现有一个潜力很大的会议市场，但饭店没有会议设施也没有资金进行会议设施建设，那这个市场对饭店就没有意义。

（五）反应性

反应性是指细分出来的市场对饭店营销策略的变动应有不同的反应。如果该细分市场对营销策略组合没有反应，就不必对这一市场进行识别。

三、饭店市场细分的方法

将消费者市场分割成不同的购买者群体需要依据一定的因素（变量），这些变量对细分出来的消费者市场的营销非常有意义。饭店从这些变量中可以分析出相应购买群体相同的消费需求，帮助饭店进行有针对性的营销。

（一）地理变量细分法

地理变量细分法是指按顾客所在的地理位置、自然环境来细分市场。比如根据国家、地区、城市规模、气候、人口密度、地形地貌等方面的差异将整体市场分为不同的小市场。亚洲客人同欧美客人对饭店的需求存在许多差异：亚洲客人注重饭店的装修和设施设备，而欧美客人强调房间的整洁、卫生和舒适宜人；亚洲客人在外出旅游时，支出方面更多用于购物，而欧美客人则会选择下榻较高档的饭店，尤其是连锁饭店，住宿方面的支出高于亚洲客人；亚洲客人对大众娱乐活动情有独钟，而欧美客人则更喜欢到游泳池、网球场、健身房进行锻炼。

（二）人口变量细分法

人口变量细分法是指按人口统计变量，如年龄、性别、家庭规模、所处家庭生命周期的阶段、收入、职业、教育程度、宗教、种族、国籍等为基础细分市场。饭店顾客的需求、偏好与人口统计变量有着密切的关系。比如，只有收入水平较高的顾客才是高档饭店的顾客，政务客人一直是很多饭店非常重视的消费市场。再比如，年轻人喜欢追求新鲜的经历和感受，喜欢下榻新的饭店，享用新的设施，而年长者更关注情感需要和安全保障。人口统计变量比较容易衡量，有关数据容易获取，是饭店常用的市场细分依据。

（三）心理变量细分法

心理变量细分法是指按社会阶层、生活方式、个性、购买动机和偏好等与心理倾向和心理特征有关的变量为基础细分市场。社会阶层是指在某一社会中具有相对同质性和持久性的群体，他们在价值观、兴趣爱好和行为方式上有一定的相同性。同一住宿动机的人，在行为方式、消费水平、消费习惯上也有一定的同质性。例如：白领阶层和青年学生，他们的消费倾向就有明显差异；休闲度假旅游者和商务旅行者，他们对饭店产品的要求也不同。现在比较流行以年代区分社会群体，很重要的原因就是“70后”“80后”“90后”甚至“00后”有非常明显的时代特征。

（四）行为变量细分法

行为变量细分法是指以顾客对饭店品牌的忠诚度、购买数量、购买时机、购买方式、追求的利益和对饭店产品的了解程度等购买行为特征为基础进行市场细分。品牌忠诚顾客、团队客人、零散客人、长住房客人、网络购买客人、节日购买客人、淡旺季客人都会表现出不同的购买行为和对饭店产品的不同态度。以行为变量来细分的市场一般是饭店更容易把握的现有市场，其购买行为直接反映这一细分市场对饭店产品的偏好和需求规模，方便饭店更有效地采用不同的营销策略满足他们的需求。行为变量也是饭店最常用的市场细分变量。

饭店在运用细分变量进行市场细分时还要注意以下问题：

第一，市场细分变量值是动态的。市场细分的各项变量值不是一成不变的，而是随着社会生产力及市场状况的变化而不断变化的。如年龄、收入、城镇规模、购买动机等都是可变的。

第二，不同的饭店在市场细分时应采用不同的变量。因为各饭店的资源、财力和营销的饭店产品不同，所以采用的变量也应有所区别。

第三，饭店在进行市场细分时，可以采用一项变量，即单一变量因素进行市场细分，也可以采用多个变量因素组合或系列变量因素进行市场细分。

拓展阅读 2—9

度假饭店的客源市场

与暂住饭店不同，度假饭店主要服务于旅游市场中的度假和娱乐细分市场、以度假为导向的会议市场、公司会议市场和奖励旅游团体。度假饭店的客人通常是受度假饭店的声誉、饭店所在地的景物以及饭店提供的娱乐活动的吸引而前往某一特定饭店的。度假饭店是指向那些或是外出度假或是将出差与娱乐合二为一的个人、家庭和团体提供设施、服务和娱乐的饭店。因此，那些试图为度假市场以外的市场（比如会议市场）服务的度假饭店的发展，会议日程和其他业务活动的安排常常必须与娱乐活动的安排相协调。例如，接待会议团体的滑雪度假饭店的经营者发现，业务会议必须安排在清早，以便于那些愿意滑雪的客人能在上午不早不晚的时候去滑雪。

在客房出租率较低的时期，如周末和节假日，许多城市饭店成功地应用了度假饭店的概念来向当地顾客推销其设施。他们以折扣价格出售颇具吸引力的包价产品，其中包括豪华客房、香槟晚餐、鸡尾酒会、保健中心的使用权以及参加饭店提供的其他娱乐活动的特权等。饭店还重点推荐市内的娱乐设施或活动，如购物、剧院、美食餐厅、夜生活、文化景点——博物馆、美术馆、交响乐、歌剧等——以及其他能引起顾客兴趣的活动。在许多情况下，这些设施或活动是包括在包价价格中的。这些包价产品主要强调开心、放松和娱乐。

资料来源：［美］Chuck Y. Gee：《度假饭店的开发与管理》，北京，中国旅游出版社，2003。

第二节　饭店目标市场选择

市场细分揭示了饭店所面临的各种可供选择的细分市场。现在，饭店需要对各个细分市场进行评估，决定将多少和哪些细分市场作为目标市场。饭店对不同细分市场进行评估之后，就必须对进入哪些市场和为多少个细分市场服务作出决策。

一、饭店目标市场评估

目标市场是饭店决定要进入的市场，选择哪些细分市场进入，就需要对这些细分市场进行评估。一般而言，饭店考虑进入的目标市场应符合一定的标准和条件。

（一）目标市场足够大

饭店进入某一市场是期望能够有利可图的，如果市场规模太小或者趋于萎缩，饭店则难以获得发展。大型饭店都重视销售量大的细分市场，往往忽略销售量小的细分市场，认为不值得投入；而小型饭店则避免进入大的细分市场，因为过大则需投入的资源较多。饭店应该在自身资源和能力许可范围内，选择足够大的目标市场，为其提供充足的客源，保证其经济效益。

（二）目标市场有发展潜力

有的目标市场虽然目前不算大，但随着时间的推移和相关环境因素的完善，会有较大的发展，这会给饭店带来许多销售机会。饭店营销人员应分析本地区有较大销售潜力的细分市场，研究本饭店是否有能力接待顾客，以免忽视有潜力的细分市场。

（三）目标市场未饱和

目标市场未饱和是指该细分市场尚供不应求，竞争尚不激烈或未被竞争对手控制，本饭店还可以大显身手。未饱和的目标市场可以使饭店充分利用资源，发挥优势，开发新产品，满足消费者需求。饭店在选择目标市场时，要考虑竞争对手对其构成的威胁，应避免与竞争对手因选择相同的目标市场而发生直接冲突。

（四）饭店在目标市场有一定的招徕能力

营销人员应该分析本饭店设施和服务状况，考虑饭店是否有条件招徕各类细分市场的顾客。具体包括饭店能否满足顾客最重要的需要，有哪些没有满足，是否可以改善产品和服务去适应这种需求。明确饭店的接待能力是选择目标市场最重要的依据。

二、目标市场选择策略

饭店可考虑的目标市场选择策略有五种。

（一）密集单一市场

最简单的方式是饭店选择一个细分市场集中营销。通过密集营销，饭店更加了解该细分市场的需要，并在该市场树立良好的形象。但是，个别细分市场可能出现不景气的情况，或者某个竞争者决定进入同一个细分市场，因此密集市场营销的风险比较大，许多饭店宁愿在若干个细分市场中分散营销。

（二）有选择的专门化

有选择的专门化是指饭店选择若干个细分市场，其中每个细分市场在客观上都有吸引力，并且符合饭店的目标和资源，但各细分市场之间很少有或者根本没有任何联系，然而每个细分市场都有可能盈利。这种多细分目标市场可以分散饭店的经营风险，优于单细分目标市场。即使某个细分市场失去吸引力，饭店仍可继续在其他细分市场获取利润。

（三）饭店产品专门化

饭店产品专门化是一种产品导向的面对全市场的目标市场选择策略。饭店可集中提供一种饭店产品，向各类顾客销售这种饭店产品。通过这种战略，饭店可以在某个饭店产品上树立很高的声誉。但如果该饭店产品走完生命周期被市场淘汰，就会发生危机。

（四）市场专门化

市场专门化是指饭店生产不同产品以满足相同顾客群的需求，比如度假饭店、会议饭店等。销售人员被分配给指定的顾客，并且要满足这些顾客的所有需求。市场专门化经营的产品类型众多，能有效地分散经营风险。但由于集中于某一类顾客，当这类顾客的需求下降时，企业也会有收益下降的风险。

（五）完全市场覆盖

完全市场覆盖是指饭店用各种饭店产品和服务满足各种顾客群体的需求。只有大饭店集团才能采用完全市场覆盖战略。

三、饭店进入目标市场的策略

当选定目标市场后，饭店营销人员要考虑如何进入和经营好这一目标市场。常用的策略有三种。

（一）无差异市场营销策略

无差异市场营销策略是指将整个饭店市场作为目标市场，用单一的营销策略开拓市场，即提供一种饭店产品和一套营销方案吸引尽可能多的顾客。无差异市场营销策略只考虑顾客在需求上的共同点，而不关心他们在需求上的差异性。

无差异市场营销的理论基础是成本的经济性。提供单一饭店产品，可以降低成本；无差异的广告宣传和其他促销活动可以节省促销费用；不搞市场细分，可以减少饭店在市场调研、饭店产品开发、制定各种营销组合方案等方面的营销投入。这种策略比较适合于：（1）需求广泛、市场同质性高且能大量生产、大量销售的饭店产品；（2）新产品介绍期；（3）需求大于供给的卖方市场。

对于大多数饭店来说，无差异市场营销策略并不一定合适。首先，顾客需求客观上千差万别并不断变化，一种饭店产品长期为所有顾客所接受非常罕见。其次，当众多饭店都采用这一策略时，会造成市场竞争异常激烈，同时在一些小的细分市场上顾客需求得不到满足，这对饭店和顾客都是不利的。最后，容易受到竞争饭店的攻击。当其他饭店针对不同细分市场提供更有特色的饭店产品和服务时，采用无差异市场营销策略的饭店可能会发现自己的市场正在遭到蚕食但又无法有效地予以反击。正是由于这些原因，世界上一些曾经长期实行无差异市场营销策略的大饭店企业最后也被迫改弦更张，转而实行差异性市场营销策略。

（二）差异性市场营销策略

差异性市场营销策略是指将整体市场划分为若干个细分市场，针对每一个细分市场制定一套独立的营销方案。比如，饭店针对不同性别、不同收入水平的顾客推出不同品质、不同价格的饭店产品，并采用不同的广告主题宣传这些饭店产品，采用的就是差异性市场营销策略。这种营销策略适合于：（1）规模大、资本雄厚的饭店或饭店集团；（2）竞争激烈的市场；（3）产品成熟阶段。

差异性市场营销策略的优点是小批量、多品种、生产机动灵活、针对性强，使顾客需求更好地得到满足，由此促进饭店产品的销售。另外，由于饭店是在多个细分市场上经营，一定程度上可以降低饭店经营风险，一旦饭店在几个细分市场上获得成功，有助于提高饭店的形象和市场占有率。

差异性市场营销策略的不足之处主要体现在两个方面。一是增加营销成本。由于饭店产品品种多，因此管理和服务成本将增加。又由于饭店必须针对不同的细分市场开发独立的营销计划，因此会增加饭店在市场调研、促销和渠道管理等方面的营销成本。二是可能使饭店的资源配置不能有效集中，顾此失彼，甚至在饭店内部出现彼此争夺资源的现象，使拳头饭店产品难以形成优势。

（三）集中性市场营销策略

实行无差异市场营销策略和差异性市场营销策略，饭店均是以整体市场作为营销目标，试图满足所有顾客在某一方面的需求。集中性市场营销策略则是集中力量进入一个或少数几个细分市场，实行专业化生产和销售。实行这一策略，饭店不是追求在一个大市场上的角逐，而是力求在一个或几个子市场上占有较大的份额。这种营销策略适合于：(1) 资源并不多的中小型饭店；(2) 竞争比较激烈的市场。

集中性市场营销策略的指导思想是与其四处出击收效甚微，不如突破一点取得成功。这一策略特别适合于资源有限的中小型饭店。中小型饭店由于受财力、技术等方面的制约，在整体市场上无力与大饭店集团抗衡，但如果集中资源优势在大饭店尚未顾及或尚未建立绝对优势的某个或某几个细分市场进行竞争，则成功的可能性更大。

集中性市场营销策略的局限性体现在两个方面：一是市场规模相对较小，饭店进一步发展受到限制；二是潜伏着较大的经营风险，一旦目标市场突然发生变化，如顾客的趣味发生转移，或强大竞争对手进入，或新的更有吸引力的替代品出现，都可能使饭店因没有回旋余地而陷入困境。

第三节 饭店市场定位

目标市场确定后，饭店就需要在目标市场上进行定位。市场定位是指饭店在全面了解、分析竞争者在目标市场上的位置后，确定自己的产品如何接近顾客的营销活动。

一、市场定位的作用

市场定位在饭店市场营销中具有两方面的作用。一是有利于建立饭店及其产品和服务的市场特色，是参与现代市场竞争的有力武器。当前，饭店市场存在严重的供大于求的现象，众多饭店争夺有限的顾客，市场竞争异常激烈。为了使自己获得稳定的市场，防止被其他饭店的产品所替代，饭店必须树立一定的市场形象，以期在顾客心目中形成一定的偏爱。二是市场定位决策是饭店制定市场营销组合策略的基础。饭店的市场营销组合要受到饭店市场定位的制约。例如，假设某饭店决定提供优质低价的服务，那么这样的定位就决定了服务的质量要高，价格要定得低，广告宣传的内容也要突出强调饭店产品服务质优价廉的特点。也就是说，饭店的市场定位决定了饭店必须设计和发展与之相适应的市场营销组合。

二、饭店市场定位的目标

（一）确立饭店特色

饭店市场定位的出发点和根本目标是要确定饭店的特色。首先，要了解市场上竞争者的定位如何，他们提供的产品或服务有什么特点。其次，要了解顾客对饭店各属性的重视程度。显然，费大力气去宣传那些与顾客关系并不密切的产品是多余的。最后，还得考虑饭店自身的条件。有些饭店属性，虽然是顾客比较重视的，但如果饭店力所不及，也不能成为饭店市场定位的目标。

（二）树立市场形象

饭店所确定的特色是饭店有效参与市场竞争的优势，但这些优势不会自动地在市场上显示出来。要使这些独特的优势发挥作用，影响顾客的购买决策，还需要以饭店的特色为基础树立鲜明的市场形象，通过积极主动而又巧妙地与顾客沟通，激发顾客的注意与兴趣，求得顾客的认同。有效的市场定位并不取决于饭店怎么想，关键在于顾客怎么看。市场定位成功的最直接反映就是顾客对饭店及其产品所持有的态度和看法。

（三）巩固市场形象

顾客对饭店的认识不是一成不变的。竞争者的干扰或沟通不畅，都会导致饭店市场形象模糊，顾客对饭店的理解也会出现偏差，态度发生转变。因此建立市场形象后，饭店还应不断地向顾客提供新的论据和观点，及时矫正与市场定位不一致的行为，巩固市场形象，维持和强化顾客对饭店的看法和认识。

三、饭店市场定位的类型

市场定位是一种竞争性定位，它反映市场竞争各方的关系，是为饭店有效参与市场竞争服务的。

（一）避强定位

这是一种避开强有力的竞争对手进行市场定位的模式。即不与对手直接对抗，将自己置于某个市场的“空隙”，发展目前市场上没有的特色产品，开拓新的市场领域。这种定位的优点是能够迅速地在市场上站稳脚跟，并在顾客心目中尽快树立起一定的形象。由于这种定位方式市场风险较小，成功率较高，常常为一些饭店所采用。

（二）迎头定位

这是一种与在市场上居支配地位的竞争对手并列或“对着干”的定位方式，即饭店选择与竞争对手重合的市场位置，争取同样的目标顾客，彼此在产品、价格、渠道、促销等方面很少有差别。采用此策略有一定的风险，但这是一种更能激励饭店奋发向上的可行的定位尝试，一旦定位成功就会取得较大的市场优势。

（三）重新定位

重新定位通常是指对那些效益差、市场反应差的饭店进行二次定位。初次定位后，随着时间的推移，新的竞争者进入市场，选择与本饭店相近的市场位置，致使本饭店原来的市场占有率下降；或者，由于顾客需求偏好发生转移，原来喜欢本饭店产品的人转向其他饭店，市场对本饭店产品的需求减少。在这些情况下，饭店就需要对其产品进行重新定位。所以，一般来说，重新定位是饭店为了摆脱经营困境，寻求重新获得竞争力和增长的手段。不过，重新定位也可以作为一种战术，并不一定是因为陷入了困境，相反，可能是由于发现新的市场范围而引起的。

四、饭店市场定位的内容

饭店市场定位的目标是塑造饭店品牌在目标市场即目标顾客中的形象，使产品具有一定的特色，适合目标顾客的需要和偏好，并与竞争者的产品有所区别。饭店市场定位这一营销活动必须努力在公众和目标顾客的心目中占据明确的、独特的、深受欢迎的地位。

饭店市场定位的内容很多，主要有形象定位、产品定位、产品价格定位、消费群体定位、服务标准定位、销售渠道定位等。

（一）形象定位

形象定位是指饭店以何种形象面对目标市场，为消费者提供何种产品和服务，饭店的档次、星级等。具体内容主要包括饭店建筑外观和内部装修、饭店名称及其标准字体、饭店标志、饭店标准色等。所有这些视觉因素，直接影响人们对饭店形象的看法。饭店的建筑外观和内部装修应体现自身的风格特色；饭店名称宜正大平易，古怪、奇险的名称适用于较小的餐厅或特色旅馆；饭店名称应以标准字的形式或放大或缩小用于饭店广告牌、饭店用品及各种可以宣传的地方，标准字要能够与饭店的经营理念、经营思想、服务风格等相协调、统一；饭店标志宜造型单纯、图文明确、设计完善、标准统一，并将饭店的服务理念、企业文化等因素传达给消费者；饭店标准色是指饭店指定某一特定的色彩或一组色彩，运用于饭店各视觉传达设计的媒体上，如可口可乐的红色，洋溢着青春、健康、欢乐、向上的气息。

（二）产品定位

产品定位是指饭店为消费者提供何种类型的产品。饭店进行产品定位时，应强调三点：(1) 为饭店产品创造和培养一定的特色；(2) 详细说明产品能为目标市场消费者提供的各种利益；(3) 强调饭店产品与竞争对手产品的差异。为了明确饭店产品定位，饭店应该从饭店规模、服务水准、地理位置和是否属于连锁饭店集团四个方面进行产品分析，全面了解饭店产品，确定产品的长处和短处。比如按地理位置，饭店可以分为城市中心饭店、机场饭店、市郊饭店、风景区饭店等。这四类饭店各自的客源市场不同，经营重点和经营管理方式也不同。城市中心饭店有优越的地理位置，主要客源是商务旅游者，同时吸引团体旅游者、零散客人及小型会议客人。机场饭店一般位于机场附近，主要客源是商务人士、短时间停留的飞机乘客、因航班取消而推迟离开的客人、航班机组人员等。许多机场饭店除为客人提供客房、餐饮、宴会、陪同等服务外，还提供室内娱乐设施。

(三) 产品价格定位

价格是饭店营销组合中最为敏感的一个因素。营销人员如何制定饭店产品价格，是定高价以吸引少数客人，还是定低价以吸引大多数客人，这是饭店价格管理中需要解决的实际问题之一。在实践中，饭店产品的价格总是千变万化的，饭店营销人员会根据消费者欲望程度的变化调整饭店产品价格。在淡季，饭店可以采用低价，接待团队，扩大销售量；在旺季，提高价格而销售量不会减少或减少不多，饭店可以采用高价，接待商务散客，将销售价格定高。大量调查发现，休闲观光旅游者的需求价格弹性大，可采取折扣低价策略；而商务旅行者对价格不敏感，需求价格弹性不大，其需求主要取决于饭店所在地的经济发展状况，采取低价策略对增加销售量没有很大刺激，因此可采用高价策略。

(四) 消费群体定位

消费群体定位是指饭店以何种类型的消费群体作为自己的目标市场。消费群体按旅游目的可分为四类：

(1) 公务在身和参加会议的消费群体。这类群体的需求量受价格影响较小，但停留的时间一般较短。

(2) 观光旅游的消费群体。这类群体对价格比较敏感，旅游时间较长，但旅游次数要比公务旅行者少。

(3) 休假娱乐旅游的消费群体。这类消费群体以室外活动和娱乐为目的，喜欢参加体育活动、社交活动、舞会或晒太阳、看电影等，对价格变动非常敏感。

(4) 探亲访友的消费群体。这类群体的旅游目的比较单一，停留时间较长，对价格也比较敏感，其中一部分人不会使用宾馆饭店的客房和餐厅。按人数还可将这一消费群体分为团体和散客两类。团体消费者还可进一步分为旅游团体、协会会议团体、公司会议团体等，散客还可进一步分为单身旅客、夫妇、家庭旅客等。通常，饭店不会只选择某一类消费群体作为目标市场，而是根据其实际情况选择几类消费群体作为自己提供产品和服务的对象。

（五）服务标准定位

服务标准定位是指饭店以何种服务标准为消费者提供产品和服务。饭店的所有产品和服务都需要确定服务质量标准，这些标准应视饭店吸引哪种细分市场和饭店市场竞争地位而定。饭店的服务标准主要包括：（1）服务的态度标准：谦恭的、有效的关心。（2）服务的行为标准：SERVICE，即微笑（Smile）、出色（Excellent）、准备好（Ready）、看待（Viewing）、邀请（Inviting）、创造（Creating）和眼光（Eye）。（3）服务要满足客人个人需要的标准。（4）服务工作的指导方针：以顾客为中心，微笑、真诚、友好、专业地为顾客提供快捷服务。服务标准种类很多，有国家标准、行业标准等，饭店应根据自身实际，参照国家标准、行业标准等，制定出契合饭店实际和目标市场需要的服务标准。

（六）销售渠道定位

销售渠道定位是指通过何种渠道将饭店产品和服务传递给消费者。饭店的销售渠道有两种类型：一种是直接销售渠道，即产品直接从饭店销售给消费者；另一种是间接销售渠道，即饭店的产品经过中间商转移到顾客手中。旅游市场的分散性和空间距离及语言等方面的障碍，给间接销售留出了很大的销售机会。这些中间商包括：（1）饭店代理商，手续费约占每次销售的15%；（2）旅行社，佣金约占消费者支付额的8%；（3）旅游批发商，他们在客人未做任何预订之前就开始购买饭店的客房，而且是大批量地购买，可以获得饭店25%～40%的价格优惠；（4）饭店集团的预订系统，主要通过网络和电话帮助客人预订饭店；（5）各类旅游信息中心，除提供旅游、住宿、线路推荐等信息外，还提供饭店预订服务，每次预订收取一定的费用。而对众多的渠道销售成员，饭店应设计一套选择标准，对渠道成员进行选择、评估，确定饭店所需的渠道成员，形成理想的销售渠道结构。

拓展阅读 2—10

某阅读主题餐厅市场 STP 分析

顾客的需求多种多样，阅读主题餐厅的特性不能满足所有顾客的需求。因此，阅读主题餐厅根据自己的使命、目标任务、特色和资源条件，将这一庞大的需求市场进行细分，选择对自己最有吸引力的、可为之提供有效服务的市场作为目标市场，并在目标市场上将自己的营销组合优势进行定位，以便在激烈的餐饮行业的市场竞争中取得优势地位。

一、市场细分

阅读主题餐厅在进行市场调研时，首先对市场进行细分，分析从各个细分市场获取的利润及各细分市场需求的变化趋势、竞争情况和餐厅的能力，并决定取舍，选择最有利的目标市场。阅读主题餐厅运用系列因素法进行市场细分，见表2—13。

表2—13　　阅读主题餐厅市场细分

细分变量	目标市场特征
年龄	18～45岁，主要是25～45岁
收入	月收入为2 000～10 000元
职业	自由职业者、大学生、商务人士、艺术家，以白领为主
教育	教育层次较高，本科、硕士研究生学历为主
生活风格	闲适，喜爱阅读书籍报刊，喜爱幽静、高雅
阅读习惯	喜爱阅读文学类、经管类、思想人文类、地理类图书者为主
消费心理	求新，求愉悦，求档次
餐饮习惯	大多外出就餐，求舒适、卫生和口味；对餐厅的文化氛围要求较高

二、目标市场选择

阅读主题餐厅通过对大学生、白领人士做的市场调查以及综合餐厅的特色，认出餐厅应主要针对生活层次较高、有一定文化和学历层次的白领、大学生、商务人士这个细分市场来进行经营。

阅读主题餐厅的目标市场战略主要采用差异性营销战略。针对几类目标市场制定不同的市场营销组合策略。例如：针对白领推出商务套餐加当日财经报刊，设计适宜的谈判环境，提供聚餐的套餐等；针对大学生推出价格适中但营养丰富的餐点，在餐厅里布置出时尚的书文化环境，让喜爱书的顾客身心愉悦。

选址则定在有一定消费能力的白领的商圈。例如在长沙市范围内的五一广场、东塘、步行街等著名的商圈，人流量大，白领人士较多。他们都喜爱幽静的环境，且较多接受并喜爱主题餐厅，尤其是希望通过阅读来不断提高和完善自己，而平时又较忙，没时间看书。

三、市场定位

阅读主题餐厅的特点是有高雅的艺术氛围和阅读环境，对当代社会疲于职场应对的白领等商务人士追求完善的自我和情调的享受有很大的吸引力。

现代的快节奏生活、激烈的竞争，无形中会给人一种压力，人们就会想要寻找一个宁静的场合来让自己放松。阅读主题餐厅致力于营造一种和谐、宁静的就餐环境，提供给消费者一个安静、祥和的独处空间，就餐后，翻一本小说，品一杯咖啡或者一壶龙井，何其快哉！

▶ 重要知识点

1. 饭店市场STP理论
2. 饭店市场细分标准和方法
3. 饭店目标市场评估标准
4. 饭店目标市场选择策略

5. 饭店市场定位的目标

6. 饭店市场定位的类型

7. 饭店市场定位的内容

▶ 模拟练习和实战训练

1. 一家民营连锁饭店集团正准备在你的所在地进驻一家五星级饭店，你觉得该饭店要做怎样的市场细分？它的目标市场在哪里？它的市场定位是什么？

2. 结合第一题，请撰写一份所在地五星级饭店 STP 分析报告。

第三章 饭店营销策划

本章主要讨论饭店营销组合的设计和调整，学习如何通过饭店营销策划，把饭店可以控制的各种市场营销手段，即产品、价格、渠道和促销进行最佳组合，使它们互相配合起来，综合地发挥作用。饭店营销组合策划是制定饭店市场营销战略的重要基础，也是有力的竞争手段，还是协调饭店各部门工作的关键纽带。

模块一 饭店产品策划

学习目标

- 了解饭店产品和产品组合的概念及要素
- 熟悉饭店产品消费者体验的“3P”
- 掌握饭店新产品开发的程序

引 例

吉斯通度假酒店的经验

吉斯通度假酒店（Keystone Resort）位于美国科罗拉多州的吉斯通市。几年前，随着科罗拉多州的度假酒店之间争夺日趋老化的滑雪市场的竞争走向白热化，吉斯通度假酒店不得不对自己的产品和市场营销努力进行认真的评估。酒店开展了营销调研，并对客户资料进行了评估，发现下列因素对度假酒店的长期成功贡献最大：

- 丰富多彩的娱乐活动
- 精美的饮食
- 舒适、清洁的客房
- 良好的个性化服务
- 有吸引力的坐落位置（对不同类型的细分市场具有不同的意义）
- 组织有序的活动
- 价格与价值的对比（通过边比较边采购，谋求到最物有所值的度假酒店度假的现象日趋普遍）
- 同与自己的社会、经济地位相等或高于自己的人们接触的机会
- 文化景点及观光活动
- 家庭似的气氛
- 有吸引力的物质环境
- 气候

调查结果促使吉斯通度假酒店将自己作为一个全年营业的度假酒店来开发和促销，而不仅仅是另一个滑雪地而已。滑雪只是吉斯通度假酒店众多活动之一。夏季，客人可以在绿草如茵、可用于举行锦标赛的高尔夫球场上打球，可以远足、骑车或骑马穿越无数的草地和铺过的小道，可以在吉斯通湖上划皮划船和荡舟，还可以坐吉普车游览当地的旧采矿场。对于更具冒险精神的人，吉斯通度假酒店还提供热气球、漂流、帆船运动等活动。吉斯通度假酒店还十分关注对度假酒店的成功至关重要的其他因素。酒店的餐饮设施经过精心设计，可以

满足各种口味和经济实力的客人的需要。

吉斯通度假酒店的大多数广告都是针对特定市场——中上收入家庭市场和年轻的都市职业人士市场——而做的，并在推出前经过全面的测试。富裕而活跃的中高收入人士成为酒店夏季产品的目标市场，因为这批人健康、有活力，而且很可能还要活相当长时间。广告使得那些潜在顾客得以想象自己置身度假酒店中的情形，广告画面中是祖父、父亲、母亲和孩子在酒店设施中共享天伦的场景。客房虽然豪华，但价格定在顾客能够支付的范围内，特别是那些三天两夜的度假包价产品，更是物超所值。酒店在招聘员工时则尽力吸引和雇用友善的人。

吉斯通度假酒店的此番努力收效颇丰。酒店从只能勉强维持经营一跃成为全美第三大滑雪目的地。但酒店住宿和餐饮利润的40%～45%却是在不能滑雪的季节——6月至9月——获得的。尽管取得了成功，但吉斯通度假酒店仍然不断地改进酒店产品，并增开了一些夏季活动，如绿草节、辣椒烹饪比赛、摇滚乐音乐会等。

资料来源：［美］Chuck Y. Gee：《度假饭店的开发与管理》，北京，中国旅游出版社，2003。

所谓饭店产品策划，是指饭店制定经营战略时，首先要明确饭店能提供什么样的产品和服务去满足消费者的要求，也就是要解决产品策略问题。它是市场营销组合策划的基础。吉斯通度假酒店的经验说明，饭店成功与发展的关键在于产品满足消费者需求的程度以及产品策划正确与否。产品策划是饭店为了在激烈的市场竞争中获得优势，在生产、销售产品时所运用的一系列措施和手段，包括产品组合策划、新产品开发策划等。

第一节　饭店产品及产品组合

一、饭店产品

市场营销意义上的产品是指能够提供给市场并引起人们注意、获取、使用或消费以满足某种欲望或需要的任何东西。它包括各种有形物品、服务、地点、组织和想法。饭店产品可以理解为是顾客参与饭店活动整个过程中所需产品和服务的总和，是以提供饭店服务为核心利益的整体产品。

英国旅游学专家梅德里克（Medlik）认为，饭店产品由5个部分组成，每一部分都可能给顾客带来不同的感受和利益。

（1）地理位置：饭店地理位置的好坏意味着可进入性与交通是否方便，周围环境是否良好。

(2) 设备与设施：包括客房、餐厅、酒吧、会议室、娱乐休闲设施等。

(3) 服务：包括服务内容、方式、态度、速度与效率等。

(4) 形象：指客人对饭店设施、服务、地理位置与室内外环境等各种因素的印象的综合。

(5) 价格：价格既表示饭店通过其地理位置、设施与设备、服务和形象给予客人的价值，也表示客人从上述因素中所获得的满足。

饭店产品是服务产品，它具有无形性、差异性、不可储存性，其产品的产生与消费具有同步性。因此，饭店产品的打造并不由管理者计划决定，它需要消费者与提供者双方共同营造。

二、饭店产品的层次

饭店营销人员应该理解饭店产品的5个层次并对其进行运用。饭店产品包括基本产品与扩展产品，产品策划必须包括这两部分。基本产品是饭店服务存在的基础，包括核心产品和形式产品；扩展产品使饭店的基本产品区别于竞争者产品，包括期望产品、延伸产品和潜在产品。饭店营销就是要在5个层次满足顾客的需求。

(一) 核心产品

核心产品是指向顾客提供的产品的基本效用和利益，也就是顾客真正要购买的利益和服务。饭店的核心产品包括客房、餐饮、康乐等。不同的顾客对饭店核心利益的要求是不同的：对于在意价格的中转顾客来说，是便宜、清洁地过一夜；对于豪华等级的炫耀顾客来说，是享受体面与舒适的现代生活。在某假日饭店度过几天的假期，对于消费者来说，其意义并不一定是饭店的客房和食物，而可能是心灵解放、压力释放。

(二) 形式产品

形式产品是指核心产品借以实现的形式或目标市场对某一需求的特定满足形式。饭店形式产品可以理解为顾客获得或使用核心产品时必须存在的物品和服务，包括饭店的位置、建筑设计、装潢装修、设施设备、用品用具等，也包括饭店提供的各种服务项目，比如停车服务、预订服务、前厅接待服务、餐厅点单服务、贴身管家服务、VIP服务等。

(三) 期望产品

期望产品是指顾客购买产品时期望得到的与产品密切相关的一整套属性和条件。饭店的期望产品包括可进入性（地理位置和营业时间）、氛围（视觉的、听觉的、嗅觉的和触觉的方面）、顾客与饭店的互动（进入、消费和离去）、顾客参与以及顾客之间的互动等。比如，顾客正在饭店进餐，希望的是安静的环境，但附近餐桌有小孩在哭泣，这一定不是他所期望的。再如，大城市消费者压力大，希望到乡村度假饭店体会淳朴、轻松和自然，但乡村度假饭店在打造大都市的繁华氛围，就可能不能满足这类消费群体减压的需求。

（四）延伸产品

延伸产品也称附加产品，是指消费者在购买形式产品和期望产品时附带获得的各种利益的总和。如饭店中配备温泉中心或按摩中心、机场接送服务、代订机票车船票、卡拉 OK 等。延伸产品来源于对顾客需求的综合性和多层次的深入研究，要求饭店营销人员正视顾客的整体消费体系，注意因附加产品的增加而增加的成本顾客是否愿意承担，同时要注意顾客消费能否弥补饭店提供附加服务产生的成本。

（五）潜在产品

潜在产品是指现有产品包括所有延伸产品在内的、可能发展成为未来最终产品的处于潜在状态的产品。它指出了现有产品的演变趋势和前景，预示着饭店产品最终可能会有所增加和改变。

三、饭店产品组合

（一）饭店产品组合的含义

任何一个饭店产品都是由多种要素组合起来的，包括餐饮、客房、娱乐及各种服务，具有组合性特点。饭店产品组合就是指饭店根据目标市场的需要和变化，结合饭店的自身条件，决定提供给市场的全部产品线和产品项目的组合和搭配，即饭店的经营范围和结构。

1. 饭店产品线

饭店产品线是指相互关联或相似的一组产品。比如饭店餐饮产品线可以包括自助餐、商务套餐、零点、宴会、早茶等。

2. 饭店产品项目

饭店产品项目是指产品线中不同的品种、规格、质量和价格的产品。比如自助餐是餐饮产品线上的一种产品，它可包括自助晚餐、自助中餐、自助早餐。

（二）饭店产品组合策略

饭店产品组合由饭店产品的广度、长度、深度和一致性所决定。

1. 扩大产品组合的广度

广度是指饭店共有多少产品生产线，如饭店提供客房、餐饮、康乐生产线。扩大产品组合的广度比较适合大型饭店或饭店集团，以发挥饭店或饭店集团的资源潜力，提高效益、减少风险。

2. 延伸产品组合的长度

长度是指饭店产品线可以提供多少种不同项目的服务，如客房有标准间、大床房、商务房等，餐厅有中餐厅、西餐厅、酒吧等，康乐有桑拿、健身、网球等。延伸产品组合的长度就是在以上产品线现有服务项目的基础上再增加新的服务项目，比如在康乐项目中增加 SPA 服务等。

3. 增加产品组合的深度

深度是指产品线中每种产品所能提供多少服务内容，如桑拿有干蒸、湿蒸、擦背等。营销人员可以通过产品的差异性来增加产品组合的深度，以适应不同客人的需要，吸引更多的客人。

4. 注意产品组合的一致性

产品组合的关联性是指各条产品线在最终使用功能、生产条件、销售渠道或其他方面的关联程度。饭店产品组合相关性的高低，决定了饭店能在多大的领域内加强竞争地位和获得声誉。

（三）饭店产品组合原则

饭店产品组合设计需要遵循多方面的原则。

1. 适应需求

顾客的需求是饭店服务的基础，也是饭店经营活动的起点。研究顾客需求的目的是确定科学的服务结构。顾客需求结构一般包括四个方面：一是功能需求，这是顾客最基本的需求，比如饭店的餐饮产品解决顾客“饿”的实际问题；二是形式需求，是指顾客对饭店产品的质量、外观、构成、名称、方式等方面的需求，质量是这种需求的核心；三是价格需求，是指对饭店提供的产品合理收费的需求，以及在一定的价格波动空间内获得定价选择权的需求；四是外延需求，是指顾客希望获得附加利益和服务的需求，外延需求的核心是心理需求。为满足不同类型顾客的需求，饭店的产品可以以某类顾客的需求为目标进行产品组合，如会议组合产品、蜜月度假产品、奖励度假产品等。

2. 顾及成本

经济性是饭店经营和顾客消费的基本准则之一。饭店的服务设计必须考虑消费者的成本。对消费者而言，在获得某项服务时，其付出的成本主要包括：（1）货币成本，即消费者为满足需求、得到利益所耗费的货币价值；（2）时间成本，即消费者在得到和消费服务过程中所花的时间价值；（3）体力成本，即消费者在等待和使用服务中的体力支出；（4）精神成本，即消费者在购买和消费服务过程中所付的精神代价，如由于饭店某个环节的不周或员工态度的冷漠，以致发生争执而产生的烦恼。饭店应该对顾客的这些成本进行分析，根据饭店的实际情况，降低顾客成本，提高服务质量。

3. 保证品质

品质是指品位和质量，饭店产品必须保证有品位和高质量。有品位，即饭店提供的服务不能有失顾客的身份，而应凸显和提升顾客的身份和地位。高质量，即饭店提供的服务应使顾客有舒适和舒心之感。要达到这一要求，饭店服务必须做到“三个凡是”的“黄金标准”：凡是顾客看到的必须是整洁、美观的；凡是提供给顾客使用的必须是安全、有效的；凡是饭店员工，对待顾客必须是亲切、礼貌的。服务标准是饭店服务产品品质的保证之一，许多饭店都在这方面设计了许多保证品质的工作标准。

4. 注重特色

求新是人们普遍具有的一种心理，饭店服务产品的设计人员应注意和利用这种求新心理，使服务产品因其“新奇”“独特”而对顾客具有吸引力。由于饭店有形产品的相同性和相似性，饭店产品的差异化主要通过不同人的服务来形成。同时由于无形产品的特性，服务项目很容易被竞争对手模仿，创新便成为饭店永葆青春活力的源泉。饭店服务特色的塑造不仅仅在于服务项目的创新，还在于与当地文化或传统的有机结合。随着社会经济的发展，顾客的消费从追求质量的满足逐渐转向情感消费。情感消费，并不满足于传统意义的标准化服务，也并不以原有的价值标准来衡量与饭店的交换关系，而是一种以满足个人情感为特征的消费方式和行为。为此，饭店的产品组合设计必须关注顾客的情感诉求，注重满足顾客的精神需求，触及顾客的灵魂深处，使顾客感到具有价值感、社会归属感和满足感。此外，饭店产品组合设计应能引导和创造消费新趋势。

拓展阅读3—1

××饭店的组合产品

公务客人组合产品：客房里免费供应一篮子水果，免费提供软饮料，免费使用康乐中心的设施和器材，免费参加酒吧、歌舞娱乐活动。

会议组合产品：会议室，会议休息时间提供点心，会议期间提供工作餐，会议人员客房安排等，按每人一个包价优惠提供。

家庭住宿组合产品：双人房免费加儿童床，提供看管小孩服务，小孩可免费使用康乐设施，餐厅提供儿童菜单。

婚礼组合产品：豪华级京式或广式筵席，免费提供全场软饮料，四层精美婚礼蛋糕一个，以鲜花和双喜横幅隆重地布置婚宴厅，根据具体要求营造婚宴气氛，播放婚礼音乐，免费提供新婚套房（含鲜花、水果和香槟酒），免费提供美式早餐并送到客房。

蜜月度假产品：布置漂亮的洞房，免费提供床前美式早餐，免费奉赠香槟酒，客房里提供鲜花、水果篮。

周末组合产品：举办周末晚会、周末杂技演出等，娱乐性活动加上饭店食宿服务组合成价格便宜的包价产品。

淡季度假产品：7天或10天住宿和膳食以包价提供给客人，同时，为吸引客人策划组织客人免费享受娱乐活动。

特殊活动组合产品：利用饭店的设施和服务组织乒乓球、网球、保龄球比赛等活动，提高饭店的声誉及形象。

第二节　饭店产品中的消费者体验

所有产品，不论是商品还是服务都会提供给消费者一系列利益。消费者购买一项服务时，所购买的是该项服务所产生的一种体验。服务就是通过消费者的体验而为之提供的一系列利益。饭店产品中无形性服务的消费者利益组合非常多面，并且同一利益会同时来自不同的服务项目。从消费者角度看饭店，一部分是可见的，一部分是不可见的。饭店不可见的一面，如饭店的厨房或客房清洁部，为饭店的实体设施提供管理和服务，会影响可见的一面。可见的一面，或者说饭店客人的利益组合又可分为三部分（3P）：实际提供服务的饭店服务人员（People）、服务交互过程（Process）中的体验和服务交流发生时的无生命的饭店实体环境（Physical Evidence）。

一、饭店服务人员

饭店服务人员是客人服务体验的一部分，自然就纳入了饭店产品范畴。服务人员的感受与情感对客人而言是显而易见的，并会对服务体验产生正面或负面的影响。

（一）服务人员的重要性

服务人员是产品差别化的源泉。饭店要想在提供给客人一揽子利益或在服务生产系统方面做到与其他饭店完全不同，通常是很难的。某地的五星级饭店，其地理位置、客房设施、餐饮设施会有不同，但给客人带来的产品差别化一般不足以影响客人想要的产品利益组合。这些五星级饭店取得竞争优势的关键是服务水平，即如何进行服务。服务水平的差别化有可能来自工作人员的业务水平，有可能来自支持工作人员的硬件系统。研究表明，将一家五星级饭店与另一家五星级饭店区别开来的决定因素常常是服务态度。

（二）管理好客人与服务人员的交界面

饭店产品销售中有一个悖论，即高节奏和高销售额是与一种非友好的对客模式相联系的。饭店业务进行的繁忙程度是流露情感标准的信号灯。在正常或非繁忙时刻，对客人需求的处理可能是一种快乐之源。但在繁忙时，客人和服务人员都期望客人的需求能得到快速处理，在服务期间任何流露情感的努力都可能会被视为浪费时间。繁忙时刻的压力较大，因此发现繁忙时间段内对妨碍效率的个人表示出恼怒是特别合乎情理的。如何管理好客人与一线服务人员间的交界面，始终贯彻展现友好风范这一积极行为标准呢？

1. 理解服务人员的角色

服务人员的角色是将饭店与饭店所处的运营环境连接起来，即将从外部环境中收集的信息反馈给饭店，并代表饭店与外部环境交流，他们也是饭店的个人代表。饭店服务人员根据岗位不同，其角色在一个范围内分布，一端是“从属性服务角色”，另一端是“专业导向性服务角色”。从属性服务角色从属于饭店和客人，比如客房服务员、前厅服务员、餐厅服务员等；专业导向性服务角色，其专业技术或专业知识是饭店或客人想利用的，比如饭店的厨师、营销人员等。不管哪种角色，当角色期望与饭店总体服务导向或与服务人员的标准和价值观不一致时，就会产生冲突。

2. 管控服务人员面对的冲突

给一线服务人员尤其是从属性服务人员带来压力的冲突对于专业导向性服务人员也有一定的压力。这些冲突的来源多种多样。

(1) 不平等的困境。虽然说把客人放在首位很重要，但有时这会使服务人员感到被贬低或被歧视。如果客人故意表现出他们高服务人员一等，这种感觉就会更强烈。

(2) 感觉与行为。服务人员常常被要求隐藏自己的真实感情而在客人面前刻意表现出一种“形象”或“面孔”。这可能会给服务人员压力，尤其在服务人员不认同他或她要表演的角色时。

(3) 领地冲突。服务人员常常要努力确立自己的个人领地，并防范客人和其他服务人员的侵犯，以保持对领地的控制。侵犯这一领地可能会导致与服务人员自己给自己确定的角色相冲突。

(4) 饭店与客人。服务人员有时会接到互相矛盾的指示：一个来自客人，客人要求以特定方式提供服务；另一个来自饭店，饭店要求以另一种方式提供服务。客人、服务人员和饭店之间会形成“三角之战”，这需要以折中方式加以解决，但这种折中方式如果处理不当，就会使服务人员感受到极不公平的对待。

(5) 客人之间的冲突。当两个或多个客人有不同或对立的需求时就会产生这种冲突。例如，一个客人可能要求开窗，而另一个客人则可能要求关闭窗户。在这种情况下，服务人员常常必须担当仲裁员或裁判。这也许不在其职责范围，但这种超出其角色要求的情况会给服务人员带来额外的压力。

由冲突带来的工作压力会导致不满意、沮丧和跳槽倾向，员工面对这种压力，不会被动接受，而是会努力去减轻。员工可采用的策略有多种：(1) 避免接触客人；(2) 进入“人群处理模式”，即将客人当做无生命的物体而不是活生生的人处理；(3) 采用多种策略保持对服务交流的控制权，比如餐厅服务员建议点什么菜以及告诉客人得等多长时间等来争取控制权；(4) 当饭店与客人发生冲突时，站到客人一边，通过投诉对饭店的不满寻求客人同情来减轻压力。当服务人员角色压力带来的角色过分错位时，服务质量问题必然发生。

帮助服务人员避免角色过分错位的方式方法很多，包括：(1) 给服务人员适当培训，使之掌握与客人尤其是麻烦客人打交道的适当技巧，饭店也必须明确自己对常规客人和麻烦客人的立场；(2) 让服务人员掌握饭店对客服务制度及其相关条件的基本知识，并能为客人提供符合逻辑的解释，以提升服务人员面对客人质疑饭店产品（服务）时的处理能力；(3) 适当“培训”客人，使之了解应当期待什么，以及在给定情境下什么行为是适当的。

（三）通过人力资源政策营造良好的服务氛围

人力资源管理实践和服务氛围在服务质量和人员士气方面起决定作用。人力资源管理是高层管理者用于打造能够产生持续竞争优势饭店的主要工具。饭店把与客人接触的一线岗位尽可能设计得简单、明确，以保证尽可能多的人可以胜任。这使饭店陷入一个怪圈：招较少和知识层次较低的服务人员，客人得到较少、较次的服务，客人不耐烦和不满意，并向员工发泄，员工的积极性遭受挫折，服务质量继续得不到改善。要打破这一恶性循环，饭店的人力资源政策和人力资源管理实践需要做到以下几点：(1) 既要重视设施设备的投资，也要重视对人的投资，有时对人的投资更重要；(2) 使用技术手段来支持一线人员的努力，而不仅仅是监控或取代他们；(3) 不仅要重视经理人员和高层管理人员的招募和培训，也要重视销售人员和一线服务人员的招募和培训；(4) 各级工作人员的薪酬要与业绩挂钩，而不是仅针对高层管理人员。除教育和激励员工外，饭店还要为员工提供一种环境和氛围，并由此使工作人员全身心地投入饭店服务中。

二、服务交互过程

服务交互过程的核心是消费者的实时体验。这一交互过程可能发生于饭店提供的产品或环境中，但也不一定，比如饭店营销人员与客人的互动往往是在饭店之外的其他地方发生的。由于交互过程本身创造了消费者期望的利益，因此消费者可见的交互过程就构成了产品。

（一）饭店服务交互过程的重要性

顾客在饭店里得到的服务由两部分组成：一是作为过程的服务，二是作为过程结果或产出的服务。作为产出的服务指的是服务的最终结果，是顾客购买服务的基本目的。例如入住饭店，“产出”是住宿、饮食。顾客在获得这一产出的过程中，感知的不仅是产品，而且包括服务过程。饭店所提供的产品存在较大的同质性，产品可模仿性较强，为了在竞争中取胜，饭店必须以提高服务过程的质量来获得差异性。因此，提高服务交互质量，对于饭店提高市场竞争力具有十分重要的作用。

（二）饭店服务交互管理

饭店服务的交互管理不仅限于饭店内部服务行为的管理，还包括对内外环境的了解。其具体的管理内容包括以下7个方面。

1. 对市场需求的了解

由于服务不能储存，饭店难以采用库存的方法调节服务的供求，但许多饭店的服务需求却表现出明显的周期性。在需求高峰期，顾客蜂拥而至，这不仅大大增加了服务人员的劳动负荷和压力，同时，顾客也容易对服务环境产生不满，导致交互质量下降。如果饭店处理不当，会推迟下一个需求高峰期的到来，甚至导致永远无法迎接下一个高峰。饭店应深入了解市场需求，把握需求变化规律，通过合理配置服务人员、价格变动和其他促销手段来调整需求。

2. 现场服务的引导和监督

由于顾客直接参与饭店服务过程，服务过程的好坏直接暴露在顾客面前。做得好，顾客下次还会来且会带来更多的消费者；做得不好，他们不但会离去且会带来负效应的口碑宣传。顾客也是服务过程的合作者，他们的投入对服务的顺利进行至关重要。为了使那些比较复杂或新的服务项目合作成功，现场的监督和引导必不可少。当顾客遇到的一些问题超出一线员工的授权时，高级主管的出现会让顾客感到备受重视，有利于问题及时解决。

3. 服务补救

在饭店服务过程中，失误是难免的，重要的是在失误发生后，积极进行服务补救。首先是耐心听取顾客的抱怨，其次是诚恳地承认问题，向顾客表示歉意，最后是以最快的速度作出反应。最后一点很关键，说明饭店真正关心顾客的利益，想顾客之所想，急顾客之所急。有研究表明，如果顾客抱怨能够得到及时解决，企业可以留住95%的不满意顾客；而如果企业办事拖拉，虽然问题最终解决，但只能留住64%的不满意顾客。

4. 调动激励因素

由于交互过程的主角是一线服务人员和顾客，服务人员会将情绪带到交互过程中，进而影响交互质量，因此，内部员工满意度与顾客满意度具有相互影响的作用。行之有效的激励做法是扩展一线人员的工作空间，丰富他们的工作内容，增加他们的决策权，提供让他们接受更高层次培训的机会等，同时让他们深刻体会满意的顾客给他们带来的喜悦，从而进一步提高他们的工作满意度。

5. 听取顾客反馈意见，完善服务后续工作

顾客接受饭店的服务后，即使不满意，向饭店提出抱怨的人也很少，大多数顾客对不满意的服务保持了沉默。因此，饭店应采取有的放矢的反馈措施，例如：设置热线电

话，及时对顾客的抱怨进行沟通；定期进行顾客感知质量调查，为提高调查问卷回收率，可以采取奖励的办法，同时辅之以与顾客联谊、座谈、现场采访等方式，并对收集而来的信息分门别类和综合分析。这样不仅有利于客观了解顾客对饭店服务质量的评价，而且有利于服务质量的及时改进。

6. 竞争管理

服务质量低下往往是因为员工缺少紧迫感和危机感。饭店应该利用“鲶鱼效应”对员工进行竞争管理。比如，饭店在内部员工缺乏积极性时从先进饭店引入服务高手作为“鲶鱼”，给饭店的员工制造无形的影响力和压力，带动全员积极进取，不断提高服务质量。

7. 服务质量责任管理

有研究表明，顾客把消极经验传播出去的速度要比积极经验高出 12 倍。为避免或减少顾客的消极经验传播，饭店应建立质量责任中心，以服务质量作为考核每一责任中心业绩的重要依据，服务质量的高低以顾客满意度作为评价标准。一方面，每一名员工明确自己的授权范围，积极提高服务质量以创造更好的业绩；另一方面，发生服务失误能够明确责任，避免相互推诿，并以此为鉴，寻找服务交互过程中存在的问题，深入研究成因和性质，据以完善下一交互过程的质量。

三、饭店实体环境

饭店实体环境是饭店产品除服务人员之外的另一个重要有形展示，并会通过服务人员的体验对消费者产生相当大的间接作用。对于服务人员来说，实体环境是他们的私人工作环境，而环境总是会限制其行为的。在设计有形展示和实体环境时，应给予服务人员和消费者相应的重视，并将之作为饭店有形展示的要素。

（一）饭店实体环境的作用

饭店的实体环境可以起到多种不同的作用。它是传递给消费者的服务内容的重要组成部分，能对饭店提高运营效率发挥一定的作用，协调服务传递过程并构建传递框架。从更微妙的角度讲，实体环境可以促进客人与员工对其环境的适应。实践表明，统一的制服可以促进员工认同组织并影响客人对所提供服务质量的感知。实体环境还可以作为服务差异化的一种方式区别于竞争对手，并提升饭店在消费者心目中的形象，成为一种竞争优势来源。

（二）饭店实体环境的构建

美国学者比特纳（Bitner）从 3 个维度对实体环境进行了定义：周围环境，空间布局和职能，符号、象征和人造物。他认为这些是营销服务和运营管理者可用于创建景观服务模式的工具。

1. 周围环境

周围环境包括环境的背景特征，如温度、照明、噪声、音乐和气味等。作为一般规则，环境条件一定作用于人的五官，但是可能不会被消费者或服务提供商直接感觉到。正像饭店不可能提供所有的东西一样，饭店营造的氛围也不可能吸引所有的客人。因此，饭店在开发设施设备时，心中要有一个特定的目标市场。专家建议，在执行环境开发计划之前，应回答以下问题：

- 饭店的目标市场是什么？
- 目标市场通过服务体验想要追求什么？
- 什么样的环境因素能够增强购买者追寻的信念和情感反应？
- 这些相同的环境因素如何影响员工的满意度和饭店的运营状况？
- 提出的环境氛围开发计划能够与竞争者的环境条件进行有效的竞争吗？

归根结底，个体是基于他们对感官暗示的理解来感知饭店设施的。具体包括以下几个方面：

（1）视觉吸引力。视觉能比其他感官传递更多的信息给消费者，因而在营造饭店的环境氛围时，它应被视为适用于饭店的最重要的方法。视觉吸引力可定义为解读刺激的过程导致产生的一种易感知的视觉联系。吸引消费者的三种主要视觉化刺激因素是大小、形状与颜色。消费者根据视觉联系，如和谐感、对比感和冲突感来解读视觉刺激。和谐感指的是视觉上的协调一致，常与更宁静、更舒适和更正式的商业环境联系在一起。相比之下，对比感和冲突感则和激动人心的、令人高兴的非正式环境有关。依据所适用的视觉刺激对象的大小、形状与颜色以及消费者理解不同视觉联系的方式，人们就形成了对饭店的不同的感性认识。例如，看毕加索的《梦》，有些人会觉得颇具诱惑力，而有些人会觉得色彩杂乱、人物怪诞。

（2）声音魅力。声音魅力主要有 3 个作用：调节情绪、吸引注意（力）、通报信息。研究表明，音乐除了能使客人产生一种积极的态度之外，还会直接影响客人的购买行为。播放较快节奏的音乐会加速客人与雇员业务成交的进度，播放较慢节奏的音乐则会使客人不由自主地延长逗留时间。其他的研究还指出，当客人在进行高参与度的购买时，音乐会分散他（她）的心思。但研究同时发现，在低参与度购买过程中倾听音乐，则会使选择过程更加轻松。此外，饭店员工聆听背景音乐时心情就会感到愉快和满意，工作起来也就更富效率，而且背景音乐也会给客人提供更积极的体验。

（3）气味吸引力。公司的环境氛围会受到气味的强烈影响，令人喜悦、兴奋的香味总是会使客人情不自禁地延长在商店闲逛观游的时间，某些特别的香气还可以缓解人们的精神压力。保持饭店内部各场所的空气清新已经成为一种共识。

2. 空间布局和职能

由于服务交流环境是具有目的性的环境（也就是说，环境的存在是为了满足消费者的特定需求），因此空间布局和职能就会显得十分重要。空间布局指的是饭店布置和各种服务项目安排的方式，而职能指的是促进这些相同项目任务完成的执行能力。

3. 符号、象征和人造物

在饭店实体环境中有很多东西都适用于作为某种明确的或者不清楚的符号和标志，而这种符号和标志会将有关方面的情况转告给使用者。符号和标志既可以帮助消费者找到能通往周围环境的道路，又能够在宣传饭店的形象方面发挥重要作用。

从最通常的意义上讲，经营环境的物质特征为消费者适应其周围环境提供了必要的信息。消费者会从他们所处的环境中受到某种感染，环境设计可传递一些清晰的信号，并且能从根本上影响人们的行为。当消费者不能从实体环境中获取清楚、明确的指示信号时就会迷失方向。复杂、烦琐的运营程序会增加消费者对于“迷路”的恐惧感，而信号模糊、指示不清则会导致消费者产生误解或者对系统的实际运营情况产生怀疑。这些问题可部分地通过消费者的经验加以解决，但是对于新消费者则可能导致他们因耽搁时机而误事，并感到有些恼怒和失望。

第三节　饭店新产品开发

当今时代，唯一不变的事情就是变化，创新已成为时代发展的主旋律，大多数企业销售收入的三分之一是来自新产品及新服务。对饭店而言，开发新产品具有重要的战略意义，它是饭店生存和发展的重要支柱。饭店新产品开发一般需要经过八个步骤，如图3—1所示。

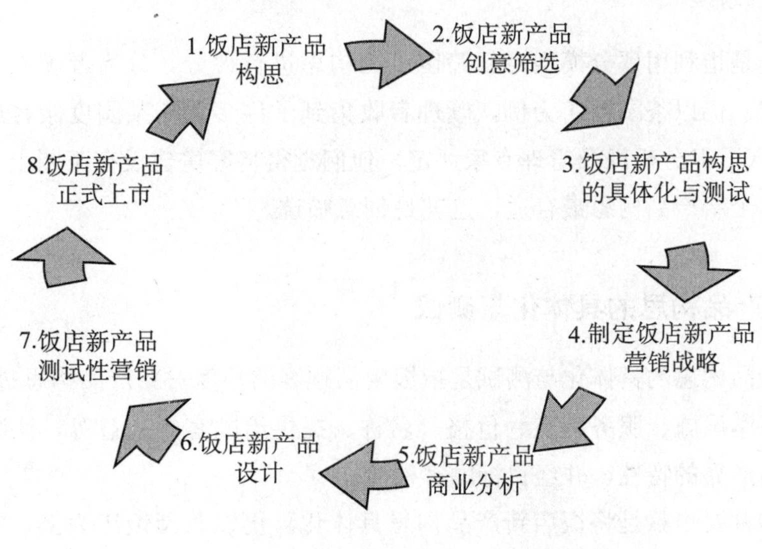

图3—1　饭店新产品开发的步骤

一、饭店新产品构思

进行新产品构思是饭店新产品开发的首要阶段。构思是对新产品进行设想或创意的过程。比如某茶园饭店欲利用其处于茶园胜地开发茶园度假客房服务，那么它需要就这一目的在全饭店甚至全社会范围内进行头脑风暴，收集有关这一新产品的构思；再如某饭店想改变现在的客房服务时间，打造全新的客房服务产品，这就是一个新产品的构思。

二、饭店新产品创意筛选

饭店新产品创意筛选是运用一系列评价标准，对各种饭店新产品构思进行比较判断，从中尽快地捕捉好的创意、舍弃差的想法的过程。

（一）成立筛选小组

创意的筛选若由个人或领导决策，失误的可能性很大。饭店通常需要设立或临时成立新产品创意筛选小组。小组成员需要财务、技术、生产、销售和营销等方面的专家与代表，在筛选人员的选配上，不仅要考虑他们各自代表的职能和部门，还须考虑筛选人员的评分能力和性格特征，筛选人员之间要做到性格互补。

（二）经验筛选

由筛选人员根据自己的经验来判断构思与饭店经营目标、生产技术、财务能力、销售能力是否相适应，把明显不适应的构思剔除，而将较接近者留下以做进一步筛选。

（三）评分筛选

评分筛选是指利用评分模型对粗筛留下的构思进行评分，分高者优先。评分筛选有各种评分模式。仍以茶园饭店为例，管理者收集到了许多关于茶园度假客房的创意，但经过饭店的 SWOT 分析以及管理专家评定，他们觉得将客房建设在茶园上方，并设置一个品茶区，这个新产品构思最合适，这就是创意筛选。

三、饭店新产品构思的具体化与测试

饭店新产品构思的具体化与测试是指饭店从顾客的角度对新产品构思进行详尽描述，描述产品的基本设施、服务特点、价格、名称、提供给顾客的利益等，让顾客能一目了然地识别出新产品的特性，并经目标顾客检验。

该过程的首要步骤是将饭店新产品构思具体化。仍以茶园饭店为例，首先，要收集现有的茶园饭店信息，以获得有关市场特征、竞争状况等更多信息；然后，根据客房建设于茶园之上及品茶区建设找出相像及具有模仿潜质的潜在竞争对手，通过与行业专家及潜在顾客的谈话来评估该构思价值；最后，从愿意合作且饭店住宿经验丰富的主要顾客那里获得有关茶园客房新产品构思的具体化建议，这些顾客不一定具有代表性，在某些情况下仅有少数样本的定性分析就可以归纳出如何使新产品构思具体化，而有些情况下则需要进行大样本调查才能使新产品构思具体化。

饭店新产品构思一旦具体化，就必须在一大群顾客中进行新产品概念测试。仍以茶园饭店为例，在使茶园客房这一构思具体化后，选择代表未来新产品目标市场的消费人群对新产品构思进行测试。主要是了解顾客对新产品概念的反应，并从多个新产品概念中选出最有希望成功的新产品构思，以减少新产品失败的可能性。同时对新产品的市场前景有一个初步认识，为新产品的市场预测奠定基础。找出对这一新产品概念感兴趣的消费者，针对目标消费者的具体特点进行改进，为下一步的新产品开发工作指明方向。

四、制定饭店新产品营销战略

茶园饭店的茶园客房构思在经过消费者测试后已基本成型，此时，需要制定饭店新产品营销战略来推出“茶园客房”这一饭店新产品。

营销战略报告书包含三个部分：第一部分描述目标市场、既定产品的市场定位，以及几年内要达到的销售额、市场份额和利润额目标；第二部分概述产品第一年的计划价格、分销渠道和营销预算；第三部分描述长期的预期销售额、盈利目标和相应的营销组合战略。也就是说，营销战略报告书要描述该茶园饭店的茶园客房的目标市场、既定市场定位及几年内要达到的销售额、市场份额、利润额等，并且概述茶园客房的营销渠道、营销组合产品及营销预算等信息。

五、饭店新产品商业分析

商业分析涉及对销售额、成本和利润前景的考察，旨在确定它们是否符合公司的各项目标，挖掘新产品的销售潜力。新产品的销售潜力是指当饭店的营销努力达到最大限度时可能实现的销售量。良好的新产品销售预测要考虑四大主要变量：潜在顾客的行为、竞争者的行动、环境的影响、饭店的新产品战略。

（一）潜在顾客的行为

谁将购买本饭店的新产品，即购买本饭店新产品的潜在顾客会有多少，是饭店对新产品销售进行预测要分析的首要因素。饭店须对顾客的购买行为进行分析，以此来判断本饭店新产品的可能销售量。潜在顾客对新产品的认识或接受程度不仅受新产品本身所提供利益的影响，而且饭店的品牌优势、营销努力及饭店形象等也将在很大程度上影响顾客的选择，从而影响饭店新产品销售量的大小。以茶园客房为例，该新产品的潜在客户会有多少呢？顾客在茶园客房消费的原因是什么？鉴于这些信息，茶园客房要如何打造自己的形象和品牌，如何提升自己的销售额呢？

（二）竞争者的行动

竞争者的介入会极大影响饭店新产品的销售，如竞争者改变其价格、投入新的促销或推出类似新产品等措施。竞争将使本饭店新产品的销售量下降。仍以茶园饭店的茶园客房为例，如果另一茶园饭店在距离该茶园饭店 1 千米内又开了一家茶园饭店，其茶园客房设置和该茶园饭店相差无几，但是价格却便宜很多，那该茶园客房的销售量必定会受到影响。

（三）环境的影响

宏观环境的变化自然也会影响饭店新产品销售的实现。如宏观经济不景气、顾客可支配收入下降或因国家出台新的政策、法规而影响新产品的销售。

（四）饭店的新产品战略

饭店新产品开发战略确定了饭店开发新产品的目标和手段。采取不同的新产品开发战略，如冒险战略、紧跟战略、进攻战略及防御战略，对市场份额的追求各不相同，因而预测新产品的销售潜力须结合饭店的新产品战略。

六、饭店新产品设计

饭店新产品设计过程是将构思概念转化为产品的具体形式，也就是应用相关的专业技术、理论，将拟开发的新产品概念具体表达为被生产过程接受的技术文件和图样的过程。

七、饭店新产品测试性营销

根据饭店新产品构思及设计，打造出小区域实体试运营，以检查饭店新产品实体能否满足顾客对产品核心利益的要求。进行新产品试运营，一方面可以验证饭店新产品的可操作性，对不适应运营的部分进行改进和修正；另一方面可以摸索和掌握饭店新产品开发的初步经验，为日后大规模运营创造条件。

试运营也是一种市场测试，是将产品和营销计划引入真实市场环境的阶段。尽管从饭店新产品构思到饭店新产品实体开发的每一个阶段，饭店开发部门都对新产品进行了相应的评估和预测，但这种评估和预测在很大程度上带有新产品开发人员的主观色彩。最终投放到市场上的饭店新产品能否得到目标市场顾客的青睐，饭店对此没有把握。只有通过市场测试将新产品投放到有代表性地区的小范围的目标市场进行测试，饭店才能真正了解该新产品的市场前景。

八、饭店新产品正式上市

经过试运营，当饭店决定大批量生产该新产品时，饭店必须做出 4 个方面的决策：

(1) 何时推出。首先面临的问题是引入新产品的时机是否合适。

(2) 在何地推出。饭店必须决定新产品的引入是局限在单一的地点，还是在一个地区、几个地区，甚至国际市场。能够有充分的信心、资本和生产能力将新产品向全国分销的饭店为数很少。相反，饭店往往会逐渐地、有计划地扩展市场。

(3) 向谁推出。在逐渐扩展的市场当中，饭店必须将其分销和促销活动对准最有发展前景的群体。在此前的市场测试中，管理人员应该已经对基本的前景有所把握。现在，他们必须重新识别市场，寻找早期使用者、经常使用者和意见领袖。

(4) 以何种方式推出。饭店必须制定一个把新产品引入所选定的市场的行动计划，并将营销预算投入营销组合中。

拓展阅读 3—2

沙漠度假酒店卖什么

位于智利北部的阿塔卡马沙漠，有一家高档度假酒店。酒店只有 52 间客房，平均收费 659 美元/人·夜，由“探险”酒店管理集团经营管理。酒店的卖点在于探险，它的目标市场是探险旅游者。酒店在旅游地为顾客组织了 35 种探险活动，这些活动包括：步行、远足、骑马、登山、攀岩、驾车探险远征等。根据探险游客的平均逗留时间，酒店推出了四天游 2 636 美元的包价项目。该包价包括四个晚上的住宿、四天的所有饮食及探险旅游活动费用，酒类另外收费。为了安全和管理，每项探险最多 10 人参加。每天在晚餐前，由顾客选择决定第二天的活动内容，酒店相应配上导游兼安全员。

在这遥远的沙漠里经营度假酒店，营造一种探险旅游的氛围是非常重要的。针对探险旅游度假者喜欢放松自己、享受宁静的特点，酒店客房里没有配备电视机和影碟播放机，只有卫星天线连接的电话。在阿塔卡马沙漠酒店听到的声音只有鸟鸣和夏天房间内天花板上老式风扇的呼呼声。

厨师长为探险游客准备了清淡、新鲜而可口的菜肴。新鲜的素菜、水果都是随着每天的航班运来的，当然这些成本也都计算在昂贵的房价内。

这家只有 52 间客房的度假酒店，虽然地理位置远在沙漠边缘，日常供应有着诸多不便，但它的产品、服务和设计的项目完全符合它的目标市场即探险旅游者的需求。所以，他们经营得很成功，业绩十分理想。

资料来源：刘剑飞、陈幼君主编：《酒店市场营销》，长沙，湖南大学出版社，2010。

重要知识点

1. 饭店产品的定义
2. 饭店产品概念的5个层次
3. 饭店产品组合的含义及原则
4. 服务人员面对的冲突
5. 饭店服务交互管理的内容
6. 饭店实体环境的构成
7. 饭店新产品开发的步骤

模拟练习和实战训练

1. 仔细阅读“拓展阅读3—2”，请回答：（1）沙漠酒店给客人提供了多少类服务项目？每类项目又有多少不同内容的品种？（2）尝试列出该酒店产品组合的分布图，观察产品的广度、长度、深度有什么特点，思考该酒店的经营成功与产品组合有什么联系。（3）为该酒店设计新的产品组合，并说明这样的组合有什么优势。

2. 你是否入住过经济型饭店和度假型饭店？作为顾客，你觉得经济型饭店、度假型饭店的产品构成有哪些不同？

3. 假定你是开饭店的，但是近段时间你发现你的饭店的入住率降低很多，你转悠了一圈发现在你的饭店附近新开了一家饭店，其在硬件上和你的差不多，但是饭店产品却非常多样，这时候你想给你的饭店产品进行创新。作为饭店老板，通过本模块的学习，你觉得你要怎样创新你的饭店产品？怎样制定你的饭店产品组合策略（包括产品组合广度、长度、深度等）？

模块二 饭店价格策划

学习目标

- 了解饭店定价的影响因素
- 掌握饭店定价方法
- 能够进行定价组合和定价策略优化选择

引 例

三亚某饭店××年春节期间的报价单

三亚某饭店××年春节期间的报价单见表3—1。

表3—1 三亚某饭店××年春节期间的报价单

房型：主楼区	房型：别墅区	2月8、15、16日	2月9、14日	2月10日—13日	连续入住8晚以上价格
庭院房	庭院房	780	1 280	2 080	1 480
山景房	山景房	880	1 680	2 780	1 980
	湖景房				
海景房	海景房	980	1 980	3 380	2 480
豪华套房		1 200	2 180	3 780	2 780
行政套房		1 780	2 480	4 180	
总统套房		19 088	19 088	39 088	

备注：

(1) 以上房价为净价，已含服务费，但不含RMB11/人·晚的政府基金。

(2) 增订早餐RMB108/位，2岁以下儿童早餐免费，3～11岁按照半价收取，12岁以上按全价收取。

(3) 加床：饭店提供的加床包括一张床、枕头、一套床上用品，以及房间洗浴用品，价格为RMB300/床·晚（2月8、9、14、15、16日）、RMB500/人·晚（2月10日—13日），婴儿免费。

(4) 以上价格预订须最少连续入住4晚方可给予，4晚以下暂不确认，并且须含有2月8、9、14、15、16日任一晚；若只预订中间4晚（2月7日—10日），在以上价格基础上上浮RMB500。

(5) 每天定时有饭店到三亚市区穿梭巴士，住店客人免费乘坐。

(6) 大年三十"年夜饭"提前预订价格为RMB100/位。

(7) 春节订房请在规定时间内预付全额房款，方视为确认有效用房，预付房款的预定不接受更改和取消。

价格是饭店营销组合的第二个组成因素，是影响客人选择饭店的主要因素之一。饭店价格制定得合理与否，直接关系到饭店需求量的多少和饭店利润的高低，并且会影响饭店营销组合的其他因素。那么，如引例所示的饭店价格，是如何制定出来的呢？其制定依据是什么？

第一节　影响饭店定价的主要因素

在制定产品价格时，必须较全面地考虑影响价格制定的众多因素。通常，影响饭店价格制定的主要因素包括营销目标、产品成本、营销组合策略、市场需求、竞争等，可将之归纳为内部因素和外部因素。

一、内部因素

（一）营销目标

由于受资源条件的限制，处于不同行业、有着不同规模或采用不同管理方法的企业往往制定不同的战略目标。营销目标作为企业总体战略目标的组成部分，规定了企业产品价格制定策略。不同时期，因为作为企业战略目标的营销目标不同，所以有不同的价格策略，甚至有不同的定价方法和技巧。通常，与企业产品价格制定直接有关的营销目标主要有以下几个：

1. 以获取当期利润最大化为目标

获取最大利润是市场经济条件下企业从事经营活动的最终愿望。利润最大化一般可以区分为当期利润最大化和长期利润最大化，这里所说的利润最大化目标是指当期利润最大化目标。在一定经营期限内要获得最大利润，必须考虑产品价格对市场需求量以及需求对产品成本的影响，还必须遵循一定的原则，如边际成本等于边际收益的原则来确定产品价格。

2. 以保持或扩大市场占有率为目标

以保持或扩大市场占有率为目标是指在保证一定利润水平的前提下，谋求最大的市场份额。从反映企业经营状况的产品竞争能力来看，市场占有率比其他指标更能说明问题。一般情况下，较高的销售额并不一定能带来较高的利润，而高市场占有率可以带来低成本，从而使企业获得较高的利润。

3. 以对付竞争者为目标

大多数企业对竞争者的价格都十分敏感，制定产品价格时，以竞争对手的产品和价格为参考，在分析企业的产品竞争能力和市场地位后再制定本企业的产品价格策略。

4. 以产品质量领先为目标

以产品质量领先为目标，即企业追求优质、高档的产品形象的目标。如果企业提供的产品在质量、性能和服务等方面与众不同、高人一等，产品自然可以收取较高的市场价格，并通过较高的价格收回高额的生产成本。丽思卡尔顿酒店集团采取的就是为其高成本产品收取高价格的策略，并成功捕捉到了豪华饭店市场。

5. 以维持企业生存为目标

当企业面临市场需求的巨大波动和强大的竞争对手，或经济滑坡、衰退或萧条即将到来以致受到破产威胁时，维持企业生存成了企业的首要目标。企业以维持生存为目标时，只能通过降低产品价格吸引顾客，这时只要能收回成本即可。特殊情况下，企业甚至可以以变动成本为产品价格的下限。

6. 其他目标

企业的营销目标还包括稳定市场、为新产品创造声势以及引起更多市场注意等。

（二）产品成本

产品成本是产品价格制定的基础，产品价格必须能够补偿产品生产和市场营销的所有支出，以及产品的经营者所承担的内部支出。产品成本是影响产品价格水平的重要因素。根据产品定价需要，可以从不同角度对产品成本进行分析。

1. 固定成本

固定成本是指在一定时期内不随着产品产量变化或销售量变化而变化的成本费用。如固定资产折旧费、管理人员工资以及办公费等。这些费用与产品产量的多少无关。但从长期看，当企业规模变化时，固定成本也是会变动的。平均固定成本，即单位产品所分摊的固定成本，则随产量的变动而变化。

2. 变动成本

变动成本是指在一定时期内，随着产品产量或销售量的变动而呈比例变化的成本费用，如原材料费用、生产工人工资、销售费用等。平均变动成本，即指单位产品的变动成本，它不会随产量的变动而变动，在一定时间范围内，它保持相对稳定。

3. 总成本

固定成本与变动成本之和就是总成本。平均固定成本和平均变动成本之和称为平均总成本或产品完全成本。企业在定价时，依据不同的成本，可能定出不同的价格或作出不同的决策。这些成本中，平均变动成本更适合作为价格决策的依据。而平均总成本则适用于核算企业的实际收益和利润。这些成本各自有其作用。

4. 边际成本

边际成本是指在原有产量的基础上，产品产量每变动一个单位（增加或减少一个单位），所引起的总成本的变动额（增加额或减少额）。企业研究边际成本的最大意义在于寻求最大利润的均衡产量和价格。企业可以根据边际成本等于边际收入的原则，确定最佳产量和最佳价格。

5. 机会成本

企业要为从事某项经营活动而放弃另一项经营活动，或利用一定资源获得某种收入而不得不放弃另一种收入，那么这个被放弃的经营活动所应取得的收益，即为正在从事的经营活动的机会成本。机会成本的分析对于企业在经营中正确选择经营项目、合理配置有限资源具有重要意义。

（三）组织方面的因素

最高管理层必须决定由组织内部的哪些人来设定价格。各个企业在对待定价问题上方式不一。在一些小的企业当中，设定价格的通常是最高管理层而不是营销部或销售部；而在一些大型公司当中，价格通常由公司的一个部门来设定，或者由地区或下属单位的经理根据总公司所制定的定价原则来设定。

二、外部因素

（一）需求因素

不同的顾客对于不同产品的价格的变化，会表现出不同的敏感性。通常，我们用需求价格弹性来衡量顾客对价格变动的敏感程度。需求价格弹性表明需求量对于价格变动的反应灵敏程度。产品的需求量变动与价格变动之间有着密切的关系。但是对于不同类型的产品，价格变动对需求量变动的影响程度有着极大的差异，即这些产品的需求价格弹性不同。需求价格弹性的大小，可以根据需求价格弹性系数来测定。需求价格弹性系数反映单位价格导致的需求量变化的量。如果用 E 表示需求价格弹性系数，其计算公式为：

$$E=\frac{\triangle Q / Q}{\triangle P / P}=\frac{\triangle Q}{\triangle P}\cdot\frac{P}{Q}$$

式中：Q——需求量；

$\triangle Q$——需求量的变动量；

P——价格；

$\triangle P$——价格的变动量。

一般而言，$E<0$，说明价格与需求量的变化方向是相反的。当 $|E|>1$ 时，表明价格弹性大；而当 $|E|<1$ 时，表明价格弹性小。

如果价格的微小变动导致需求变化很大，我们就说该需求是有弹性的。对于需求价格弹性大的产品，可通过降低价格来扩大销售量，提高销售收入。如果价格的微小变动几乎不导致需求的相应变动，我们就说该需求缺乏弹性。对于需求价格弹性小的产品，降低价格使销售量增加的幅度较小，提高价格使销售量减少的幅度也较小，所以提价可以增加销售收入。

当产品很有特色、质量很好、声望很高或排他性很强时，购买者就会表现得对价格的敏感度较低，比如优质品牌饭店。当很难找到替代品时，消费者对价格的敏感度也会降低，比如在旅游旺季时，消费者更容易接受高价格。下列因素会影响消费者对价格的敏感度：

（1）独特价值效应。给人造成一种你的产品与众不同的印象，消费者的价格敏感度会降低。

（2）替代知晓效应。如果不知道有替代品的存在，对价格的敏感度就会降低。

（3）商务支出效应。当由别人付账时，消费者就不会很在意价格。

（4）最终收益效应。当产品的价格占最终收益的很大成本比重时，消费者对价格会比较敏感。

（5）总支出效应。一个人在一种产品上支付越多，他对该产品的价格越敏感。

（6）沉没投资效应。购买者对他们实际正在使用的产品有投资时，会对价格变动不敏感。

（7）价格质量效应。消费者往往将价格与质量联系在一起，尤其是在他对产品没有任何先期经验的时候。

（二）市场竞争状况

1. 市场供求状况

商品价格与商品的供求状况有密切的关系，商品的供求推动价格的变化。一般而言，在市场供给不变的条件下，市场对商品的需求上升则价格上涨，市场对商品的需求下降则价格下降；商品供给增加则价格下降，商品供给减少则价格上升。另外，商品价格也同时推动市场供求关系发生变化。一般情况下，价格上升则需求减少，供给增加；价格下降则需求增加，供给减少。

2. 市场结构

市场结构对于产品的价格有着直接影响。在现代市场经济中，按照市场的竞争程度可以把市场分为四种类型，即完全竞争市场、完全垄断市场、垄断竞争市场和寡头垄断市场，不同市场结构下的市场价格表现出显著的差异性。

在完全竞争市场中，买卖双方都是价格的接受者，价格完全由市场供求关系决定；在完全垄断市场中，垄断企业完全操纵市场，有自由定价的能力。在现代市场竞争中，比较接近现实的市场形态是垄断竞争，即既含有独占倾向又有竞争的市场，在垄断竞争市场条件下，各个企业依靠自己的特色，各占据一方市场，形成相对的局部垄断，这使企业拥有一定的价格控制能力。在这种情况下，企业不是消极的价格接受者，而是对价格有影响力的决定者。在寡头垄断市场条件下，产品的市场价格不是通过市场供求决定的，而是由几家大企业通过达成协议或默契来规定的，即操纵价格或形成价格联盟。

（三）其他环境因素

企业定价时还必须考虑其他一些环境因素，如国家的政策法规、国内外的经济形势

（繁荣或萧条等）、货币流通状况（通货膨胀、利率等）、政府采购、新技术的诞生以及顾客的社会心理状态等。

第二节　饭店定价方法和策略

饭店的定价方法适用于饭店公开开列、要求客人支付的普通价格，即市场价；而定价策略是饭店产品销售时为促成销售而采取的策略。

一、饭店定价方法

（一）成本导向定价法

成本导向定价法是一种以产品的完全成本为基础、按卖方意图确定产品价格的方法。其主要理论依据是：在定价时，首先考虑收回企业在生产经营过程中投入的全部成本，然后考虑取得一定的利润。

1. 成本加成定价法

成本加成定价法是按饭店产品的成本加上若干百分比的加成额进行定价。计算公式为：

$$P=C(1+R)$$

式中：P——产品价格；

C——单位产品成本；

R——加成率。

例如，一瓶酒的成本为14元，餐饮部制定的成本加成率为200％，那该酒的售价为：

$$P=14\times(1+200\%)=42\text{（元）}$$

2. 目标利润定价法

目标利润定价法是根据企业所要实现的利润来确定产品价格的方法。这种方法一般是运用盈亏平衡点，反映不同销售量的总成本和总收入，并通过分析销售量、固定成本、单位变动成本、目标利润、价格之间的内在关系等，确定出能够实现目标利润的价格。其计算公式为：

$$P=V+(F+G)/Q$$

式中：P——产品价格；

V——单位变动成本；

F——固定成本；

G——要实现的目标利润；

Q——预期销售量。

例如，某饭店假设其固定成本是30万元，可变成本是每个客房100元，希望在1年内盈利20万元，根据市场调研，该饭店每年的顾客量为5 000人次，那么每间客房的售价为：

$$P=100+(300\ 000+200\ 000)/5\ 000=200\text{（元）}$$

采用目标利润定价法进行定价的关键是能否实现预期销售量，而预期销售量的实现，要受到产品的需求价格弹性和竞争者产品价格的制约。因此，在采用这一方法时，首先应明确所要实现的目标利润是多少，然后根据产品的需求价格弹性考虑各种价格水平对产品销售量的影响，最后将价格定在切实能够使企业目标利润得以实现的水平上。

（二）需求导向定价法

需求导向定价法是企业依据买方对产品的需求强度和对产品价值的认同程度来给产品定价的方法。它的突出特点是灵活、有效地运用产品的价格差异。同类产品的价格差异与产品的成本不是直接相关的，平均成本相同的同一种产品，其价格随市场需求的变化而变化。需求导向定价法包括两个主要的定价方法，即认知价值定价法和需求差异定价法。

1. 认知价值定价法

所谓认知价值，又称感受价值或理解价值，是指买方在观念上对产品价值的认同程度，而不是产品的实际价值。当产品的价格水平与买方对产品价值的理解和认识水平大体一致时，买方就会接受这个价格；反之，买方就不会接受这个价格，产品就会卖不出去。买方对产品价值的感受，主要不是由产品成本决定的。比如，一家经济型饭店的客房要100元，一家知名的经济型连锁饭店的客房要200元，因为它是知名的品牌，其认知度高；同一家饭店的海景房和非海景房的售价不同，这是一种典型的认知价值定价法的应用。

2. 需求差异定价法

需求差异定价法，是指企业根据市场需求在时间、数量、消费水平及消费心理等方面存在的差异来确定产品价格，以满足不同的需求，促进产品销售的方法。需求差异定价法主要有以下几种形式：

（1）按顾客差异定价。按顾客差异定价，即同一种产品以不同的价格销售给不同的顾客群。如饭店的协议价、团体消费优惠价等。再如，某假日饭店针对只要客房不需要餐厅设施的顾客提供更低价格的客房；某乡村饭店针对会议团体开设免费提供会议套房服务的客房，而价位只是普通客房的团购价，并免费提供饮食服务。

（2）按时间差异定价。按时间差异定价，即产品的价格随时间的不同而变化。如饭店设定的淡旺季价格、节假日价格等。

在实践中，采用需求差异定价法需要满足一定的前提条件：1）市场必须是可细分的，并且各细分市场需求有明显的差异；2）顾客不可能把低价买进的产品以高价转手倒卖；3）高价的市场上不可能有竞争者以低价竞销；4）实行需求差异定价法导致管理费用增加，增加的管理费用不能超过从实行需求差异定价法中获得的好处；5）需求差异定价法的形式必须合法，并能获得社会公众的认同。

（三）竞争导向定价法

在激烈竞争的市场上，企业为了应付竞争局面以争取顾客，常常采取竞争导向定价法。这种定价方法是通过研究竞争对手的产品价格、生产条件、服务状况等，以竞争对手的价格为基础，确定本企业同类产品的价格。竞争导向定价法的特点是产品的价格与产品成本、市场需求没有直接关系，而主要与竞争者的产品价格有关，企业产品的价格随竞争者的产品价格变化而变化。竞争导向定价一般分为两种：以竞争者平均价位定价和参考领袖者价位定价。前者往往避免竞争，后者以竞争为导向。例如，在市中心有三家五星级酒店，平均房价标准房为 1 000 元，则新开的酒店一般都会定价为 1 000 元，这就是典型的以竞争者平均价位来定价，从而避免竞争。

二、饭店定价策略

饭店产品的销售与工业品的销售，除产品与服务的差别外，另一个重要的差别是饭店产品属于招徕性销售，而工业品则可以进行分区域销售。饭店在进行定价时需要考虑本地市场竞争情况、饭店产品的需求价格弹性、消费者对价格的心理感受、本饭店产品的成本、需求购买力差异等。在经营实践中，饭店的定价策略主要有心理定价策略和折扣定价策略两种。

（一）心理定价策略

除经济因素以外，饭店产品以服务为主的特点，决定了其定价更需要关注顾客消费的心理因素。利用消费者的不同心理需要和对价格的不同感受，可以制定出不同的心理定价策略，常用的有尾数定价策略、声望定价策略和招徕定价策略。

1. 尾数定价策略

尾数定价迎合了客人对数字认识上的某种心理。比如 99 元与 100 元相差 1 元，但在顾客心里，它们却是不同层次的价位；另外，顾客常常会把零散的价格看作为较整数的价格，比如把 7 元与 11 元都当作 10 元来计算，把 13 元和 16 元都当作 15 元来计算，因此，当饭店调整价格时，应尽量控制在这样一个范围内；还有，尾数取整可以体现出饭店对自己产品的信心，因此饭店客房、娱乐设施经常采用这种定价法。

2. 声望定价策略

声望定价策略是指利用顾客仰慕名牌产品或产品生产销售企业的声望的心理来确定

产品价格的策略。采用这种策略时往往把产品的价格定得较高。声望定价策略尤其适用于产品质量不易鉴别的产品。饭店产品由于有生产与消费同时进行的特点，也很适合采用此定价策略。另外，由于顾客不容易区别不同品牌产品的质量，就会以品牌及价格来决定取舍，认为著名企业生产的产品质量理所当然更有保证，这也是著名连锁饭店品牌的较高价格更容易获得消费者接受的原因。特别要注意的是，一旦采用了声望定价，就不宜再降价，否则会使顾客对饭店产品和服务品质产生质疑。

3. 招徕定价策略

招徕定价策略是指企业利用顾客求廉的心理，将某几种产品的价格定得较低，以此作为吸引顾客的手段。有时，也将几种低价产品和高价产品捆绑一起销售。比如，入住××饭店的行政房，饭店免费提供次日早餐、晚间的足疗按摩、一定时间的 KTV，以及某餐厅提供特价菜。采用这一策略应该注意，作为招徕顾客的“引子”产品，一般应为受顾客喜爱的畅销产品，否则起不到吸引顾客的作用。

（二）折扣定价策略

1. 数量折扣

数量折扣是指按购买数量多少给予不同的折扣，数量越多，折扣越大，鼓励顾客购买更多的产品。大多数饭店都会对那些可能大量购买饭店客房的顾客给予特殊的价格，有时是在某一段时期内实行这种策略，有时是全年实行，饭店称这种价格为协议价。数量折扣有两种形式：一种是顾客单笔购买大量的饭店产品，达到一定数额后，饭店在原价基础上给予折扣；另一种是顾客一定时间内累计购买产品达到一定数额后，饭店给予一定折扣优惠。折扣优惠的形式可以是减价，也可以是提供额外的免费服务。

2. 季节性折扣

季节性折扣是指在需求低迷的时候对购买产品和服务的购买者提供的价格减让。季节性折扣使饭店得以在一年中维持稳定的需求。淡旺季或忙闲时段明显的饭店，季节性折扣是吸引淡季或闲时消费的重要手段。需要注意的是，饭店应充分考虑降价的幅度和降价后能否带来充足的客源，如降价幅度大但客源仍不足，则要考虑加强其他营销策略的采用；同时，降价不降质，否则会影响其他时段销售时饭店产品的口碑。

3. 现金折扣

现金折扣是指对约定日期付款或提前付款的顾客给予一定的折扣。比如，一些饭店在条款中注明“1/10，净价 30”，意思是说，如果顾客在与饭店成交后 10 日内付清款项，则饭店给予 10％的现金折扣，同时规定了最迟付款时间是 30 天。采取现金折扣的目的是减少饭店坏账、死账的现象，保证饭店资金周转。在运用现金折扣策略时，要认真研究合理的折扣率和付账时间，同时做好顾客档案记录。

拓展阅读 3—3

某饭店客房价格制定规范

相关政策：

基于当地的供求情况制定最合适的价格；价格政策需要定期回顾。

操作程序：

1. 标准

(1) 每年回顾两次。第一次在提交行动计划前，第二次在制定市场计划前。具体时间受饭店整个市场价格决定的影响。

(2) 参与回顾的包括常务副总经理、财务总监、前厅经理，其他饭店行政级别成员如需要亦可参加。

(3) 价格回顾要基于：1) 竞争对手分析；2) 客人的价值满意度。

(4) 需要与饭店的预算相对照。

2. 规范

(1) 饭店要比较竞争对手的价格政策并作出分析。

(2) 饭店要通过和竞争对手的比较分析，通过分析价格、市场占有率来确定自己在市场中的位置。

(3) 价格高低反映当地市场好坏，要随时回顾价格政策以适应随时变动的市场。

(4) 制定新的季度计划。

(5) 价格方案的最后通过必须得到常务副总经理的批准。

第三节 饭店价格实施

一、饭店的价格组合

饭店面对的市场不同，经营又有较明显的季节性，这使饭店可以以不同价格向客人销售同样的产品，确保饭店获得尽可能高的利润。饭店价格组合或价格结构通常由基本价格、优惠价格、合同价格等组成。

（一）饭店基本价格

这是指饭店价目表公开开列的、要求客人支付的普通价格。饭店客房标价及菜单上的标价均属于基本价或市场价。饭店基本价格的制定方法常见的有成本导向法、利润导向法和竞争导向法三种。

（二）饭店优惠价格

这是对饭店基本价格作出的各种折扣价格。通常，饭店在价格上的让步应在市场营销及其他方面获得应有的利益，这些利益足以补偿价格方面的损失。饭店日常采用的优惠价格包括数量折扣、季节性折扣、现金折扣等。

（三）饭店合同价格

合同价格也称批发价，它反映饭店给予中间商的优惠价。饭店中间商为饭店推销产品、提供服务并为饭店做宣传，由此从中获得利润。为此他们与饭店定期协商（一般一年一次），确定散客和团体的优惠价，使他们能将饭店产品以饭店市场价或低于市场价的价格销售给客人后仍有足够的毛利支付费用并获得利润。

二、饭店客房定价及销售限制

（一）客房定价

饭店销售的主要产品是客房、餐饮、康乐和会议服务等。相比较而言，餐饮中菜品、酒水的价格制定相对比较简单，比如，松鼠鳜鱼可以采用成本加成定价法，而烧乳鸽则可以采用认知价值定价法。但确定客房价格相对来讲要复杂得多，主要是因为：（1）房价更多地涉及投入资本和固定成本比例；（2）有关房价的决策通常要考虑饭店的使用期限；（3）客房具有不可储存的特点，未出租客房的价值是一笔绝对的损失；（4）房价需要考虑入住率、季节、房型以及市场因素等。目前饭店普遍在采用的客房价格类型有以下几种：

1. 季节房价

按照饭店经营的淡旺季，分别确定旺季最高（极限）价格、淡季最低（保本）价格、平季价格等。

2. 特别房价

特别房价专门针对某些特定的细分市场，如为常客、机组乘务员、政府官员、本饭店所属联号成员等订立的价格，包括商务价格和团队价格等。特别房价并非低价、折扣价，因为饭店可以为某些重要客户提供最好的客房，甚至是豪华套间，也可以根据常客的口味提供其喜爱的产品。

3. 免费住宿

这种免费消费是一种特优的档次，它的主要对象因饭店不同而各异。通常而言，饭店常为记者、专家提供此种优待，其他对象还包括诸如导游、名人、旅行代理人士等。

4. 白日价

白日价是为白天下榻饭店的客人（会议类客户、误机客等）所定的房价。此类房最长时限为 6 小时，要求在 18:00 前离店。这类房价可以使饭店客房在一天内租出两次，因此旺季时饭店的出租率可超过 100%。

5. 等待价

这类房价通常比标准房价低 30%左右，服务对象为未预订而需要等待空房的客人。除此之外，夜晚 10:00 以后要求入住的客人也可享受这种优惠。

6. 预付价

预付价是指饭店为鼓励尽早付款、加快现金流动而采用的一种奖励性价格。凡预付房租者，可享受一定的优惠。如果客人取消预订，则不会收到退款。这种价格能保证饭店不因客人取消预订而遭受经济损失，但客人会有一定风险。

不管是什么房间类型的价格，恰当的定价应当坚持以下两条原则：第一，客房价格必须足以负担各种费用、投入资本以及保证目标利润；第二，客房价格必须对饭店的目标市场具有足够的吸引力。

拓展阅读 3—4

某度假饭店房价种类

某度假饭店房价种类见表 3—2。

表 3—2　某度假饭店房价种类

分类依据	价格种类	表现与用途
按客人类型	标准价	门市价或挂牌价
	公司价	合同价
	团队价	与旅行社签约
	会议价	与主办单位签约
	长包价	与长住客签约
	小包价	观光价
	家庭租用价	带小孩家庭租住
按租用时间	淡季价	
	旺季价	
	平季价	
	白日价	
按住人情况	单开房价	单间客房住一人
	双开房价	单间客房住两人
	加床费	标准客房加一床
	保留房价	临时外出或预订未到
	特别折扣	特殊优惠价

（二）折扣房价的销售限制

饭店在制定完产品价格后，应该在实际的经营过程中实行，并坚持价格的诚实性和连续性。但为提高饭店经营利润，有必要在特别时段对执行优惠价格的房间进行销售限制。

1. 限制房价

饭店限制房价的目的是提高饭店的实际平均房价。如果饭店根据预测，将来某一时期的客房出租率会很高，饭店的经营决策人员就可能会限制自己客房的最低租价和特别房价。饭店对自己客房的限制一般有：只出租最高房价的客房，不出租最低房价的客房；不接待旅行社的包价团体客人；前台决不打折，只接待住一天的客人等。

2. 团体房价限制

团体房价限制是饭店前厅部和营销部的职责。饭店的营销部应该逐日预测团体顾客的人数以及他们的需求量，并及时将预测的结果报告给团体营销有关人员。一旦团体房价限制确定，营销部就应该说明限制团体房价的日期，或是哪一种房价的客房可以接待团体客人。如果饭店任意限制团体房价，会对饭店产生负面的影响，甚至破坏饭店房价的诚实性，在顾客群中产生消极的影响，有损饭店形象的树立。

三、饭店价格调整

饭店产品价格制定后，由于客观情况的变化，要对价格进行调整。

（一）饭店主动调整价格

1. 降价

由于饭店市场环境的变化，饭店往往会采取降价销售的方法。一般来说，饭店降低产品价格的主要原因是市场上的饭店产品供大于求，对消费者的总接待能力过剩，即使加强促销、改进产品质量以及增加服务多样性等仍然不能见效。当饭店的生产与服务成本下降时，饭店也会通过降价来控制市场，从而扩大市场的占有率。

作为饭店来说，在进行降价竞争时要考虑的问题是：

（1）饭店如果降低价格，是否可以真的使自己的销售量增加；

（2）当多数饭店都降价时，可能会爆发大规模的价格战，对自身是否有利；

（3）饭店的价格一旦下降，对于一些顾客，尤其是第一次光顾的顾客，可能会产生其档次低下的印象；

（4）一旦降价，回升产品的价格并非易事。

在饭店销售不景气的情况下，一味地降低产品价格是一种短视行为。在不得不降价的时候，要事先进行周密的可行性调研和分析。

2. 涨价

涨价是饭店主动调整价格的另一种形式。一般来说，涨价会引起中间商的不满，也会给饭店营销人员的工作带来压力。饭店涨价成功会使饭店利润大大增加，所以仍有许多饭店坚持涨价策略。

饭店坚持涨价的主要原因有：

(1) 通货膨胀。由于通货膨胀，饭店的各种费用必然增加，这就迫使饭店不得不涨价。

(2) 饭店产品的供不应求。由于消费者对饭店产品需求量的增加，饭店为了追求高利润也会涨价。

(3) 饭店产品的改进。由于饭店重新装修，更换了设施设备，增加了服务项目，使产品的质量提高了，因此产品的价格也相应地提升。

(二) 对竞争者价格变动的反应

饭店经常会由于其他饭店改变价格而不得不考虑自己的价格问题。在应付这种价格竞争时，饭店一般会有三种选择：

1. 价格跟进

价格跟进也就是说饭店随行就市，采用这种方法来保持在市场上的地位。

2. 保持价格不变

保持产品价格不变，把钱花在给顾客增加利益上，这样会使顾客更为高兴，往往比低价经营更合算，而且能更好地在顾客中树立良好的形象。

3. 采取与竞争对手相反的价格策略

一些饭店在面对竞争对手的价格竞争时，会审时度势，采取与对手相反的价格策略，并同时配合其他的营销组合因素，与竞争对手进行竞争。

拓展阅读 3—5

某饭店房价折扣管理规定

1. 免费房由总经理、副总经理批准。

2. 凡合作旅行社总经理住店，可按门市价对折优惠，不另收服务费；副总经理住店，可按门市价六折优惠，不另收服务费。但预订单必须由销售部经理或副经理签批。

3. 合作旅行社陪同房房价规定：

- 除旅行社陪同外，其他国内旅行社人员住店房价最低限额不低于旅行社陪同价，并须由销售部正、副经理批准；
- 旅行社团队及散客的房价按饭店统一的对外协议价执行，低于协议价须总经理或主管销售的副总经理批准。

4. 原则上行政楼层无折扣优惠，特殊情况下，销售部、前厅部正副经理和行政楼层经理最高折扣权限为八折。

5. 门市价折扣权限：

·销售部、前厅部正副经理40%折扣；

·销售部、前厅部经理助理30%折扣；

·前厅部预订、接待、大堂经理、销售代表20%折扣；

·根据淡季推销要求，在前厅部经理指令规定期限内，预订、接待、机场代表10%折扣。

6. 特殊情况需升级所开房间时，必须由接待组主管和大堂经理批准并注明升级原因。

7. 除上述销售部、前厅部有关人员外，其他人员均无房价折扣权。

重要知识点

1. 影响饭店定价的主要因素
2. 饭店定价的方法
3. 饭店定价的主要策略
4. 饭店价格组合的构成
5. 饭店客房价格类型
6. 饭店产品价格调整

模拟练习和实战训练

1. 分析引例中的价格，其制定依据是什么？

2. 假设你是我国某饭店集团在你所在地区的产品经理，拥有饭店产品的定价权，结合所在地的实际情况，你会采取怎样的定价方式？在定价前你会考虑哪些因素？为了更好地推广你的饭店，在原先的基础上，结合本模块内容，你会选取怎样的价格组合策略？你选择这样的组合策略的主要原因是什么？

3. 今天你打电话到一家饭店预订了4个房间，但是由于你们临时有事没能入住，饭店房间空置了，但是你们第二天仍入住这家饭店，你觉得这家饭店在这个过程中有没有损失？

模块三 饭店渠道策划

学习目标

- 了解饭店分销渠道的构成
- 能够对销售渠道进行设计和选择
- 能够对销售渠道进行有效管理

引 例

2012年中国酒店销售渠道分析

2012年全国酒店客房销售渠道中，通过直销和分销售出的间夜量分别占55.1%和44.9%。总体而言，直、分销渠道销量占比均衡，直销比例略高。

酒店直销各渠道中，协议客户销量占比最高，占直销渠道的37.1%，这部分销量主要来自企事业单位和公关会展公司；排在后边的渠道依次是自有会员、前台散客和自有预订系统，共占直销渠道的58.2%。此外，业主预留房、出租车大巴送客、搜索引擎推广等贡献少量销量，占比为4.7%。

分销渠道以OTA和旅行社团客为主。其中，OTA地位显著，占分销总量的65.1%；旅行社团客是第二大分销渠道，占比为26.5%；分销新型模式占比为7.7%；全球分销系统（GDS）仅占0.7%。

近年来，市场上出现众多酒店新型销售模式。直销新模式主要有淘宝直营店、搜索引擎营销和移动应用客户端三种模式。分销新模式有团购、尾房、惠选和反向竞拍等。上述新型模式一经推出便引起市场反响，用户体验需求较强。以团购为例，团购在酒店行业中普及速度最快，低价销售模式更易吸引中低档、经济型连锁等面向价格敏感型人群的酒店开展。另外，尾房模式主要在国内中低档酒店和酒店式公寓中应用更多。与前两种模式不同，惠选模式帮助酒店"埋名"销售剩余客房，更多应用于中高档酒店。然而，酒店方面对新模式尤其是分销新模式大都持谨慎态度。新模式的确可以帮助酒店消化剩余客房，提高出租率；不过酒店获得的利润较低，客源不稳定，仅作为一种补充性渠道。

资料来源：艾瑞咨询，2012年中国酒店销售渠道研究报告。

饭店销售渠道是饭店营销组合的第三个要素。销售渠道策划是指饭店企业在将自身产品送抵最终消费者之前，建立起来的与各类分销商之间的贸易关系、成本分摊和利益分配方式的综合体系。饭店制定销售策略的目的是让产品更顺畅地到达顾客手中，既要保证销售成本低廉，又要保证顾客对饭店服务的日期、数量、疑难咨询等方面的要求。在产品日益丰富的情况下，销售政策可能变得越来越难制定，因为相对于产品和品牌的数量，分销商则显得稀少，因而后者拥有了大量讨价还价的权力，力图从饭店那里获得更大的利益分成比例。

第一节　饭店销售渠道构成

一、销售渠道的概念和作用

（一）销售渠道的概念

饭店销售渠道是指饭店产品和服务从饭店向顾客转移取得饭店产品和服务的所有权或帮助转移其所有权的所有企业和个人，主要包括中间商、代理中间商以及处于渠道起点和终点的饭店与顾客。在商品经济中，饭店产品和服务必须通过交换发生价值转移的运动，使饭店产品从一个所有者转移到另一个所有者直至顾客手中，这称为商流。伴随着商流，饭店产品和服务从饭店到达顾客手中，便是销售渠道或销售途径。全球化趋势、竞争和现代信息技术的发展，加上饭店产品的不可储存等特征，使得饭店销售越来越重要。

（二）销售渠道的作用

销售渠道执行的任务是将饭店产品和服务从饭店转移到顾客，它弥补了饭店产品和服务与顾客在时间、地点和持有权等方面的缺口。销售渠道成员执行了一系列重要的职能。

1. 反馈市场信息

销售渠道收集并反馈饭店制定计划和进行销售所必需的各种信息。中间商作为饭店与顾客双方的桥梁，除将饭店产品销售给消费者外，也负责向饭店和顾客提供市场和产品服务等双方感兴趣的信息，促进饭店与顾客之间的沟通和了解。合理、有效的销售渠道将使饭店及时、准确地获得相关的市场信息。

2. 加速商品流通

中间商帮助饭店进行关于饭店产品和服务的说服性沟通，促进饭店产品和服务的销售，为饭店开拓更广阔的市场。饭店只有合理地选择和利用销售渠道，才能将产品低成本、高效率地销售给最终消费者。饭店应当为中间商的促销提供相应的材料，如宣传手册等。

3. 提高饭店营销效率

如果离开中间商构成的分销渠道的支持，由饭店直接将产品销售给顾客，在相同的市场占有率下，将极大地增加销售成本，或者相同的营销投入下获得的销售成绩将大大下降。

4. 有成为饭店顾客的潜力

中间商在获得顾客预订要求后，向饭店预订客房和其他服务。在有些饭店客房紧缺的地方以及饭店营业旺季，中间商为了保证能获得预订的客房，也采取预先向饭店采购批量客房，然后组织客源的做法。

二、销售渠道的类别

按销售渠道中是否有中间环节，可以将饭店的销售渠道划分为直接渠道和间接渠道。

（一）直接渠道

直接渠道是指饭店不通过中间商环节，将产品直接销售给最终消费者或用户的销售渠道，也称为直销渠道。此时，饭店客人直接预订或直接进入饭店住宿或进行其他消费，饭店的生产和销售都由饭店直接完成，即直销，属于零级渠道。

直接渠道的优点是销售及时，易于了解市场信息，便于饭店维护与顾客的稳定关系。直接渠道的不足之处是饭店必须承担销售所需的全部人力、物力和财力，在市场相对分散的客房产品销售上会给饭店带来较大的负担；更重要的是，饭店失去中间商在销售方面的协作，给客房产品的价值实现增加了新的困难（比如饭店没有组织会议的专业能力等），目标顾客的需求难以得到及时满足。有关饭店人员推销部分将在本章模块四进行讨论。

（二）间接渠道

间接渠道是指饭店利用各种不同类型的中间商，包括旅行社、代理商、企业协会等把产品销售给消费者或用户的销售渠道，也称为分销渠道。在分销渠道中，客人通过某种媒介的推荐入住或预订饭店客房、购买饭店其他产品。间接渠道包括一级、二级和三级渠道，中间商参与和介入了商品的交换活动。

中间商在饭店产品销售的起点与饭店相连，其终点与消费者相连，从而有利于调节生产与消费在品种、数量、时间与空间等方面的矛盾。因为饭店缺乏直接销售产品的财力和经验，采用间接渠道能够充分利用中间商在市场已有的广泛业务关系以及人力、物力、财力等，以较高的效率和准确性向目标市场提供产品，既有利于满足目标顾客的需求，也有利于饭店产品价值的实现，更能使产品得到广泛销售，巩固已有的目标市场，扩大新的市场，获得高于直接销售所取得的利润。

三、饭店分销渠道的主要中间商

饭店间接销售渠道成员很多，常见的有旅行社、中间代理商、饭店协会、互联网平台、航空公司、会议组织者等。渠道成员的选择也应根据饭店目标市场的不同来进行。如地处旅游景区附近的饭店，远离客源，就要重视间接销售渠道，与旅行社、旅游组织机构联系，争取从他们那里得到更多的客人；商务团体市场，可利用网络商务公司、会议组织机构等；散客市场可利用网络渠道，通过网络将饭店的最新资料和促销信息发布出去，触及全球客源市场和更多的销售渠道，引导和培养更多的潜在消费群体。

（一）旅行社

旅行社是为旅行者安排旅游服务及出售旅游路线的机构。它直接与消费者联系，出售各种线路的团队旅游、包价旅游、散客旅游等形式的最终旅游产品。目前，我国根据旅行社经营业务范围将旅行社划分为国际旅行社和国内旅行社两大类。这两类旅行社实际上兼有旅游批发商、旅游零售商、旅游经营商的职能。旅行社是饭店最主要的客源组织者，是饭店最可靠的中间商。一般饭店要给予旅行社25％～45％的价格优惠，如果旅行社组织的包价旅游包括饭店内膳食，通常还可以从饭店得到总包饭价格10％的佣金。

（二）饭店代理商

饭店代理商是替饭店进行销售宣传并接受客人预订的组织和个人。饭店代理商一般要从每次推销中收取一定的手续费，约占每次销售额的15％。国际上主要旅游客源国都有饭店代理机构，他们是独立的经营组织，主要业务是同时为世界各地的饭店进行某一地区的销售工作。他们掌握这一地区的市场情况，熟悉那里的重要客户和中间商，因而能较经济而有效地搞好该地区的销售工作。饭店可以在重要目标市场建立合适的销售代理机构，这比饭店自已在那里设立销售机构更为有效而经济。

（三）各类协会和会议组织者

一些企业和社会团体为了增强自己的竞争实力和行业中的话语权，会自发地组成各类协会，他们可以联合起来进行产品推广、业务交流等活动，这些活动很大一部分需要利用饭店的客房、会议、餐饮等产品，是饭店大宗销售的重要客户之一。另一个帮助饭店完成大宗销售的间接销售渠道是会议组织者。目前专业会议组织者（PCO，Professional Conference Organizer）还处于初始发展阶段，数量较少，但国内的会议市场处在高速发展中，PCO及其上游的会议组织者，是饭店值得关注的中间客户群体。

（四）航空公司或其他交通运输公司

航空公司也为饭店输送客源，是饭店重要的销售渠道。以航空公司为依托互荐客源，便可把住宿市场和旅行市场结合起来。其他交通设施的办事机构，如出租汽车公司、铁路服务处等，也可成为饭店的销售渠道。

（五）第三方分销网站

OTA（Online Travel Agent，线上旅行代理商）分销渠道通常被认为是利润率最低的渠道，但该渠道在触及更多不了解饭店品牌的消费者方面发挥着极为重要的作用。饭店和OTA之间的合作关系很有效，但所有关系往往都是建立在不平等的基础之上的。这一渠道有以下几类：

1. 电子商务交易平台网站

该第三方网站提供一个信息平台，力图为加盟平台的饭店提供自主营销的管理和各种技术支持，供饭店开展网上业务，有较先进的订房系统和票务系统。代表性网站有携程旅行网、艺龙旅行网等，其他的包括驴妈妈、途牛等自助旅行网站等。

2. 虚拟连锁特许经营网站

该网站通过免费特许加盟的方式，使所有加盟的饭店能够使用其销售网络，向终端顾客提供饭店房间，而每一家饭店的客房资源和销售资源可以实现共享，也可以从任何一家连锁饭店销售中获取相应收益。就该模式而言，代表性企业有北京万万家酒店商务软件有限公司，该公司就是以网络实现客房资源整合、客人资源整合、销售资源整合的。

3. 团购网站

所谓团购网站，就是团购的网络组织平台，就是互不认识的消费者借助互联网的“网聚人的力量”来聚集资金，加大与商家的谈判能力，以求得最优的价格。根据薄利多销、量大价优的原理，商家可以给出低于零售价格的团购折扣和单独购买得不到的优质服务。饭店产品，包括客房、餐饮等产品也是团购网站的团购产品之一。目前比较知名的团购网站有美团网、糯米网等。

4. 移动互联网和社交媒体

移动渠道在旅游业的普及度不断提升，这主要是由功能更强大的智能手机设备以及优化版的移动APP和移动版网站产生的阶梯效应（Stair Step Effect）所驱动的。旅游业由此所获得的益处是：旅行者能更轻松地在路上搜索和预订产品。在这方面，饭店可以学习一些成功的旅行分销商的运作方式，在较小屏幕尺寸里提供简洁明快的产品信息。

饭店除了可以选择以上几种渠道成员外，还可以选择其他的渠道成员，如旅游信息中心、旅游局、旅游协会等及其网站，这些组织也会或多或少地为饭店提供客源。

第二节 饭店销售渠道设计

一、影响销售渠道设计的因素

饭店销售渠道选择包括两个层面：第一个层面是直接渠道和间接渠道的选择，确定两者的产品销售比例分配；第二个层面是间接渠道中间商的选择和销售产品的比例分配。影响销售渠道选择的因素很多，饭店在选择销售渠道时，只有对下列几方面的因素进行系统的分析和判断，才能作出合理的选择。

（一）产品因素

1. 产品价格

一般来说，饭店产品单价越高，越应注意减少流通环节，否则会造成销售价格的提高从而影响销路，这对饭店和顾客都不利。而单价较低、市场较广的产品，则通常采用多环节的间接销售渠道。

2. 产品性质

由于饭店产品具有无形性、不可储存性和位置的不可转移性等特征，使得饭店在销售时面临许多困难，因此饭店应该尽量多地使用不同的销售渠道来销售其产品。超额预订是多渠道销售的结果，也是饭店应对产品不可储存和预订高放弃率的合理手段。

3. 新产品

为尽快地把新产品投入市场，扩大销路，饭店一般重视组织自己的推销队伍，直接与顾客见面，推荐新产品并收集顾客意见。如能取得中间商的良好合作，也可考虑采用间接销售形式。

（二）市场因素

1. 购买批量大小

购买批量大，多采用直接销售，以取得尽可能大的销售利润；购买批量小，如散客销售，除通过自设销售部门销售外，多采用间接销售。这就是饭店为什么要有专门的销售人员负责向旅行社或大型公司销售其产品的原因。

2. 顾客的分布

若饭店市场分布比较集中，则适合直接销售；反之，则适合间接销售。饭店的餐饮、会议产品主要集中在本地市场，相对来讲，直接销售比较大宗的婚宴或其他宴请产品、会议产品效益会更好。

3. 潜在顾客的数量

若顾客的潜在需求多、市场范围大，需要中间商提供服务来满足顾客的需求，宜选择间接销售渠道。若潜在需求少，市场范围小，饭店则可直接销售。

4. 顾客的购买习惯

顾客的购买习惯有较大的差异，饭店应该根据目标市场的消费习惯而有选择地进行销售渠道决策。

(三) 饭店本身的因素

1. 资金能力

若饭店本身资金雄厚，则可自由地选择销售渠道，可建立自己的销售网点，采用产销合一的经营方式，也可以选择间接销售渠道。若饭店资金薄弱，则必须依赖中间商进行销售和提供服务，只能选择间接销售渠道。

2. 销售能力

若饭店在销售力量和销售经验等方面具备较好的条件，则应选择直接销售渠道；反之，则必须借助中间商，选择间接销售渠道。另外，饭店如能和中间商进行良好的合作，或对中间商能进行有效的控制，则可选择间接销售渠道。若中间商不能很好地合作或不可靠，将影响产品的市场开拓和经济效益，则不如进行直接销售。

3. 可能提供的服务水平

中间商通常希望饭店能尽可能多地提供广告、展览、培训等服务项目，为销售产品创造条件。若饭店无意或无力满足这方面的要求，就难以达成协议，迫使饭店自行销售；反之，若饭店提供的服务水平高，中间商则乐于销售该产品，饭店则可选择间接销售渠道。

(四) 经济收益

不同销售途径经济收益的大小也是影响选择销售渠道的一个重要因素。对于经济收益的分析，主要考虑的是成本、利润和销售量 3 个方面的因素。销售费用和价格分析是两种常用方法。

1. 销售费用

销售费用是指产品在销售过程中发生的费用。饭店企业产品的销售费用包括广告宣传费、陈列展览费、营销中间商经费等。一般情况下，减少流通环节可降低销售费用，但减少流通环节的程度要综合考虑，做到既节约销售费用，又要有利于饭店产品的销售。

2. 价格分析

目前，饭店销售给中间商和最终顾客的价格一般是不一样的，此时的价格分析主要是指进行经济收益的比较。主要考虑销售量的影响，若销售量相等，直接销售多采用零售价格，价格高，但支付的销售费用也多；间接销售价格低，但支付的销售费用也少。究竟选择什么样的销售渠道，可以通过计算两种销售渠道的盈亏临界点作为选择的依据。当销售量大于盈亏临界点的数量，选择直接销售渠道；反之，则选择间接销售渠道。在销售量不同时，则要分别计算直接销售渠道和间接销售渠道的利润，并进行比较，一般选择获利多的销售渠道。

二、饭店销售渠道选择策略

选择高效的饭店销售渠道之前，先要确定渠道计划工作的目标。饭店吸引合格的渠道成员的能力是有差别的。一些知名的饭店付款及时，并且能够保证预订，它们要想获得饭店中间商的支持是相对容易的；而一些新开业的或知名度较弱的饭店就比较难一些。在渠道目标确定之后，饭店就要开始利用渠道选择策略选择销售渠道。

（一）直接渠道和间接渠道选择策略

当饭店产品的消费者购买进行频率低，但购买量大时，饭店往往采用直接销售策略。因为消费者为了谋求供应关系相对稳定，加上具体交易时，产需双方往往需要较长时间的协商谈判才能达成协议，所以直接销售途径比较适宜。饭店的婚宴产品和部分会议产品之类的大宗交易一般选择直接渠道。在商务客流和旅游散客比较充沛的地方，饭店竞争比较温和时，通过前台直接销售的客房比例应安排得比较高，以保证获得较高的利润。

（二）长渠道和短渠道选择策略

渠道长短是指饭店产品销售经过的中间商的个数，选择中间商的环节多的销售渠道称为长渠道，环节少的渠道称为短渠道。长、短渠道的选择，主要看中间商的销售能力，包括它的推销速度、经济效益、市场信息等。中间商的销售能力强，需配置的中间商环节就可减少；反之，为保证市场的产品覆盖面，就要加长营销渠道。

（三）宽渠道和窄渠道选择策略

渠道的宽窄取决于每个渠道层次使用中间商的个数。在客源不太丰富而且十分分散的地方，渠道宽能保证一定的客源；在客源丰富且相对集中的地区，自然要选择窄渠道。在决定渠道宽窄时，有 3 种方案可供选择。

1. 垄断式（独家）销售渠道

即在优先的几家中间商中，挑选一家作为销售代表。对于产品具有某种特殊性的饭店，往往采用这种模式，并希望经销商能因此更积极地推销，以提高产品声誉，提升利润率。

2. 覆盖式（密集）销售渠道

即为方便客人购买，选择尽可能多的中间商推销自己的产品。这一策略比较适合于与本地大多数饭店提供一样产品的饭店，或者在开业初期使用此策略以期快速扩大市场覆盖面的饭店。

3. 择优式销售渠道

即选择少量优秀的有实力、有信誉的中间商来推销饭店产品。这一策略能稳固饭店的市场竞争地位，并促进与挑选出来的中间商建立良好的合作关系，获得足够的市场覆盖率。这一策略有助于饭店维护饭店产品的品牌信誉，形成比较固定的消费群体。

饭店市场销售渠道策略有很多种，到底选择哪一种，要根据不同饭店的市场重点而定。但渠道策略一经选定并不是一成不变的。由于饭店市场随政治、经济、科技等因素不断地发生变化，因此为适应市场，饭店必须具备一定的灵活性，在不同时间根据市场选择不同的销售渠道，创造最大的市场占有率。

三、饭店销售渠道设计原则

饭店销售渠道设计要遵循 3 条原则，即经济性原则、可控性原则和灵活性原则，其中最重要的是经济性原则。

（一）经济性原则

每一种销售渠道都将有不同水平的销售量和成本。渠道成员的业务量带来的收益必须能够抵消支付和支持渠道成员的支出。这些成本包括直接成本和机会成本。饭店应该把营销系统的规模限制在能够维持的水平上，而且饭店还要定期评价渠道成员的绩效。一般是比较每个方案可能达到的销售额及费用水平，包括：(1) 比较由本饭店推销人员直接推销与使用销售代理商，看哪种方式的销售额水平更高；(2) 比较由本饭店设立销售网点直接销售所花费用与使用销售代理商所花费用，看哪种方式的支出更大。

（二）可控性原则

饭店对销售渠道的选择不应仅考虑短期经济效益，还应考虑销售渠道的可控性。一般来说，采用中间商可控性小些，饭店直接销售可控性大；销售渠道长，可控性难度大，销售渠道短，控制比较容易。在选择中间商时，则要分析该企业债务偿还能力并查明其是否有过拖债赖账的现象。饭店只有选择信誉好的中间商作为合作伙伴，才有可能减少不必要的损失。饭店必须进行全面比较、权衡，选择最优方案。

（三）灵活性原则

饭店在选择销售渠道时应充分考虑其对市场的灵活性。首先是地区的灵活性。在某一特定地区建立商品的销售渠道，应根据该地区的市场环境、消费水平、生活习惯等作出灵活的决策。其次是时间的灵活性。如果饭店同所选择的中间商的合约时间过长，而在此期间，其他销售方法如直接销售更有效，但饭店不能随便解除合同，这样饭店选择销售渠道便缺乏灵活性。因此，饭店在选择和设计销售渠道时必须考虑销售渠道和环境的灵活性和时间的可调整性。

拓展阅读 3—6

某饭店与团购网站合作工作流程

1. 团购网站市场调研。

2. 策划团购产品。

3. 制定团购网站开发计划。

4. 制定产品在团购网站的上线计划。

5. 按计划洽谈团购网站。

6. 确定团购合作模式。

7. 签署团购协议。

8. 按网站的要求准备团购产品的文字和图片资料。

9. 确认团购网页信息的准确性。

10. 组织饭店内部各部门召开项目协调会。

11. 下发团购项目需要饭店内部各部门配合及准备的相关事宜。

12. 配合财务指定内部操作流程（操作流程由财务部门下发）。

13. 制作项目说明书。

14. 培训团购兑换操作人员。

15. 为团购兑换操作人员指定班次。

16. 培训饭店宾客服务中心工作人员及接听团购客人咨询电话工作人员。

17. 培训团购产品消费场所的相关服务人员。

18. 设计并印刷饭店团购产品的相关宣传品。

19. 派发饭店团购产品的相关宣传品。

20. 短信群发团购信息。

21. 扮演消费者角色，体验团购消费全过程，查找漏洞并进行补漏工作。

22. 正式启动团购项目，监控兑换及消费全过程中，上报产品实时销量，并将进展上报总经理。

23. 关注饭店针对团购项目中各环节的服务质量，同时关注团购客户在网站上及其他信息发布渠道中的团购评价，如有投诉需第一时间处理。

24. 配合财务部做好饭店团购网站的项目结算工作。

25. 深度开发合作网站，针对饭店的可利用渠道进行深度渠道嫁接。

26. 项目执行完毕，形成总结上报总经理，需阐述取得的成绩与不足，并提出优化建议。

第三节　饭店分销渠道管理

分销渠道不仅仅是由各种流程连结起来的企业的集合，它们是复杂的行为系统，在这套系统中，人与企业相互作用实现目标。一些系统由松散组织起来的企业之间的正式联系组成，其他一些系统则由具有很完善组织结构的正式联系组成。渠道系统并不是静态的，许多新的类型不断涌现，也不断演化出新的渠道系统。饭店的分销渠道管理包括：分销渠道的开辟、确定各分销渠道销售份额和饭店与中间商的利益分配、对分销渠道和中间商进行绩效评估、分销渠道和中间商的维系与调整等。

一、渠道成员的选择

渠道成员对饭店而言也是客户。由于饭店的中间商数量众多，规模、实力、经营特点都有所不同，因此饭店需要仔细了解中间商的相关信息（如行业背景、信用情况、资金、业务技术、经营水准等）进行综合评价。需要指出的是，尽管饭店为选择中间商设定了一定的原则和标准，但中间商是独立机构，有时决定权并不掌握在饭店手中，尤其是那些规模大、实力强、信誉好的中间商。

（一）中间商的销售能力

中间商的营销经验和能力与市场反馈搜集能力对饭店产品的销售影响很大，最接近饭店目标顾客的中间商是优先选择。一个优秀的中间商能利用有效的营销手段鼓励顾客购买，且拥有成熟的销售网络，不仅便于顾客购买，还能及时向饭店反馈最新的市场信息，如客人的偏好流向、旅游发展趋势等，为饭店制定正确的营销策略提供更有效的依据。

（二）中间商的经营范围和形象

饭店拟合作的中间商应有饭店产品的目标市场，或者愿意去开拓此类目标市场。比如饭店有东南亚旅游市场这一目标市场，那么选择以经营东南亚旅游市场为主的旅行社是比较理想的。另外，如果饭店追求高质量、高品位的形象，那么选择中间商时就要仔细甄别。由于饭店产品往往只是中间商销售的旅游产品的一部分，因此，同时要对中间商销售的产品进行选择，以确保中间商的目标市场的品位与饭店形象一致。

（三）中间商的实力和诚信度

中间商的经营规模、财务调度能力好坏、诚信状况是否良好都是饭店必须考虑的内容。通过中间商的经营规模，饭店可以预测它能为其带来多少预订量和销售额。通过中间商的财务状况，饭店可以了解其抗风险能力，中间商的财务状况不佳会影响饭店回款甚至有可能变成坏账、死账。中间商的诚信也很重要，尤其是面对海外中间商时。对于海外中间商，最好有一个我国驻外机构或其他机构的信誉调查，确保良性合作。

二、渠道成员的管理

（一）中间商管理要点

选定中间商开展代理业务过程中，饭店应加强日常的渠道管理和控制，以促进友好、和谐的合作关系，减少渠道摩擦与冲突，取得相对理想的营销效果。

1. 明确责、权、利

在合作谈判达成后，应以书面形式确认饭店和中间商双方的责、权、利划分。明确促销由谁负责，佣金标准是多少，怎样结算等，以免由于职责不清，导致日后合作产生阻碍。

2. 划分市场区域

对各渠道成员的市场区域应有划分，以避免各渠道成员之间因争夺市场发生摩擦、冲突，而有的空白市场却无人开发，影响销售效果。这种“内部冲突”的另一个负面影响是会令顾客对饭店的经营水平和能力产生怀疑。在市场竞争激烈时，尤其应该明确划分市场范围。

3. 确定销售目标

与中间商商议确定合作目标，主要是销售目标。所有合作目标应该是可以度量的，以供饭店进行渠道业绩评价，同时也供中间商审视与饭店的合作情况。

4. 监测合作进展

饭店的营销计划应包括各渠道的营销成本预算、资源分配及合作关系维护的时间进度安排等，以保证促销组合在各渠道统一、有序地推进。饭店还应对各渠道成员与饭店相关的每项活动的进展情况进行记录，以确保饭店产品保质保量地完成销售。

5. 营造合作氛围

饭店应与各渠道成员建立常态化的沟通机制，营造良好的合作氛围。经常性的交流可以及时发现问题，避免渠道摩擦恶化升级。真诚的合作意愿是饭店与中间商合作的基础。遇到不同意见，应本着尽可能实现“双赢”的原则共同协商解决。

（二）中间商的评估和激励

1. 中间商评估

饭店必须定期对中间商的绩效进行评估，也就是说，对照合作协议和饭店制定的相关考核标准，饭店定期检查、衡量中间商的表现。这些标准包括：现有销售额、销售指标完成情况、平均月销售额、目标利润、占同类中间商销售额比例、与饭店宣传及培训计划的合作情况以及对顾客的服务表现等。在这些指标中，最重要的是销售指标，它表明了饭店的销售期望。经过一段时间后，饭店可公布对各个中间商的考核结果，目的在于鼓励那些销量大的中间商继续保护声誉，同时鞭策销量小的中间商努力赶上。饭店还可以进行动态分析比较，从而进一步分析不同时期各中间商的销售状况。

2. 中间商激励

饭店在选择确定了中间商之后，为了更好地实现饭店的营销目标，促使中间商与自己合作，还必须采取各种措施不断对中间商给予激励，以此来调动中间商经销饭店产品的积极性，并通过这种方式与中间商建立一种良好的关系。激励职能包括的主要内容有：研究分销过程中不同分销商的需要、动机与行为，采取措施调动分销商的积极性，解决分销商或分销执行者之间的各种矛盾等。

激励中间商的方法很多，不同饭店所用的方法不同，就是同一饭店，在不同地区或销售不同产品时所采取的激励方法也可能不同。一般而言，饭店对中间商的激励首先体现在向其提供价廉物美、适销对路的产品上。其次是合理分配利润。饭店与中间商一定程度上是利益共同体，因此必须共同承担风险，合理分配利润，否则中间商就没有销售积极性。对销售指标完成得好的中间商在下一年度给予较高折扣或返回一定比例的佣金，对未履行渠道责任的中间商则给予制裁，比如预订优先等级下调直至中止合作关系等。

对中间商的管理不应仅从饭店自己的角度出发，而要站在中间商的立场上纵观全局。通常，饭店抱怨中间商不重视某些特定品牌的销售，缺乏产品知识，不认真使用饭店的广告资料，不能准确地保存销售记录。但从中间商角度，其认为自己不是饭店雇佣的分销环节中的一环，而是独立机构，自定政策不受他人干涉，其销售得好的产品都是顾客愿意买的，不一定是饭店叫其卖的。也就是说，中间商的第一项职能是顾客购买代理商，第二项职能才是饭店销售代理商。饭店若不给中间商特别奖励，中间商不会保存销售各种品牌的记录。所以，饭店要考虑中间商的利益，通过协调进行有效控制。

三、分销渠道的调整

市场营销环境是不断发展变化的，原先的分销渠道经过一段时间后，可能已不适应市场变化的要求，必须进行相应调整。一般来说，饭店应从三个方面对分销渠道进行调整。

（一）增加或减少分销渠道中的个别中间商

由于个别中间商经营不善等原因造成饭店产品销售下降，影响整个渠道效益时，可以考虑对该渠道中间商进行削减，以便集中力量帮助其他中间商做好工作，同时可重新寻找几个中间商替补。某渠道饭店销售下降，有时可能是由于竞争对手的分销渠道扩大，这时就需要考虑增加中间商数量。

（二）增加或减少某一个分销渠道

当饭店通过增减个别中间商不能解决根本问题时，就要考虑增加或减少某一个分销渠道了。当某种分销渠道的效益不理想时，饭店可以考虑在全部目标市场或某个区域内撤销这种渠道模式，而另外增加一种其他的渠道模式。但在增减某种模式时，也要进行相应的经济分析，并注意其他渠道成员的反应。

（三）调整整个分销渠道

这是渠道调整中最复杂、难度最大的一个环节，因为它要改变饭店的整个渠道策略，而不只是在原有基础上作增减。例如，放弃原先的直销模式，而采用代理商模式；或者建立自己的分销机构以取代原先的间接渠道。这种调整不仅是渠道策略的彻底改变，而且产品策略、价格策略、促销策略也必须作相应调整。

总之，分销渠道是否需要调整、如何调整，取决于其整体分销效率。因此，饭店不论进行哪一层次的调整都必须作经济效益分析，看销售能否增加，分销效率能否提高，以此鉴定调整的必要性和效果。

拓展阅读 3—7

Preferred Hotel Worldwide（PHW）运作规程

世界首选饭店组织（Preferred Hotel Worldwide，PHW）是一个非营利组织，始创于1968年，旨在为各个独立饭店提供统一的市场，以便和连锁饭店抗衡。该组织最初是一个介绍预订网络，通过这个网络，各会员饭店相互介绍其重要客户。由于介绍服务与其声誉紧密相关，因此PHW已不仅仅是一个介绍预订网络，但是PHW在市场推销和广告中所作出的承诺，还要靠每一位饭店会员的质量保证。因此所有加入PHW的饭店仅仅受邀请还不够，还需具备实实在在的条件。需要说明的是，尽管PHW有技术成熟的预订网络系统，但是加入该组织与加入一个一般的预订系统并不相同。PHW更注重强有力的推销和公共关系计划，以及可观的管理效果，并且各会员要联合起来支持这些计划的实现。PHW设有董事会和资格评审委员会，这些机构的职位由会员饭店的总经理以及会员饭店的代表担任，因此，PHW受制于各会员单位，它的正常运转要靠其会员饭店在各个领域的积极参与。

PHW的入会费用是相当高昂的，但是如果会员饭店积极推销该组织的每个成员，那么，这笔花销将很容易从饭店的投资收益中得到补偿。PHW的原则是将会费收入的75%以广告和市场推销的形式返还给各个会员。如此一来，各会员饭店越是按PHW会员的特征宣传自己，就越容易被公众认可。

一、入会最低标准

以下所述会员最低标准对现在有的和欲加入的饭店均适用。

（一）会员饭店必须符合关于豪华饭店的定义

以下是各标准中最基本的几条：

(1) 会员饭店必须与PHW标准及调查审核清单的90%以上相符。标准及调查审核清单的内容包括：饭店所在地、饭店的位置和建筑、餐饮质量和服务、客房的布置和设施、客房经营与管理的总体状况、饭店的运营时间及管理经验、执行质量保证准则及管理经验。

(2) 在美国、加拿大及波多黎各，成员饭店至少是“MOBLL旅游指南”（MOBLL TRAVEL GUIDES）所述的四星级或“AAA旅游丛书”（AAA-TOUR BOOKS）所述的四星级以上的饭店。

(3) 基于各方面因素的考虑，对于新开业饭店、正在建设中的饭店以及更新改造的饭店，虽然一时无法达到PHW的所有标准，但如果能保证一旦完工即全部达标，那么成为试用会员也是允许的，试用期从获准日开始。

（二）会员饭店必须符合PHW独立饭店的标准

(1) 饭店的名称中不得包含任何其他连锁、团体、集团饭店的词语、象征、商标或其他同类标志。如果店名已包含这种标志，那么：第一，所有相关饭店都符合PHW关于豪华饭店的标准；第二，这种涉及其他连锁、团体、集团饭店的词语、象征、商标或其他标志没有被用于别处两个以上饭店的店名中。

(2) 如果饭店的所有权或管理权与其他饭店有关，那么PHW的机密事务在任何时候都向其他非会员单位的饭店保密。

二、会员规则

PHW所有的会员都必须遵守一定规则，方能使PHW正常运转，并且尽可能开发PHW的市场，提高知名度，使其所有会员受益。规则如下：

(1) 会员饭店要遵守由董事会认可的质量保证准则。

(2) 会员饭店要保证与PHW标准和目标相协调的运作水平。

(3) 会员饭店要遵守规程、会员协议和其他PHW的规定。

(4) PHW的会员在一切广告中均有义务把PHW的标语以指定的形式摆放在显著位置。（在当地的餐饮广告中，PHW的每个会员可以用广告来明确自己的会员资格并保持饭店的特性。）

(5) 会员饭店必须将PHW提供的受欢迎饭店名录展示在大堂和客房中。

(6) 在预订和结账时，会员饭店必须接受美国运通卡。

(7) 会员饭店必须把PHW提供的椭圆形铜制标牌在建筑物外面及大堂中展示以亮明身份，并满足PHW与运通公司的协议，这个协议旨在使PHW在世界范围内赢得市场和特许优惠。

(8) 会员饭店至少要在大堂中展示一次PHW的会员名单，名单由PHW提供。

(9) 位于北美的会员要参与DALTA航空公司“老乘客”计划，其他会员有选择自由。

(10) PHW扩展其广告业务预算的途径之一是互惠式广告合同（也称应付账单）：将现有房间折价与广告费相抵。PHW的会员都要配合这一方案的执行，在有空房时可以通过预订来了结应付账单合同。PHW将按25%的比率补偿会员饭店。

(11) 在有空房时，会员饭店要向6位PRC卡（Preferred Recognition Card）持有者（已退休的前PHW管理者）提供免费住宿。

(12) 各会员饭店欠PHW的费用应在规定的30天内偿还，对逾期未交款者，每月收取1%的利息，如果欠款在90天内仍未交齐，则做自动退会处理。

(13) 会员饭店应备有电报、电传或其他被认可的通信设施。

(14) 会员应就来自旅行代理商的散客预订付给代理商一定比例的佣金。

三、申请程序

(1) 填写饭店资产情况及简要调查表并寄到PHW执行办公室，由董事长或标准评定委员会主席审阅此卷，并决定是否邀请饭店提出申请。

(2) 如果饭店接到邀请，可将填写的申请书签字，注明日期，加盖印章后寄到执行办公室。下列材料应与申请书一并寄出：1）相关材料的复印件，包括宣传资料、菜单，最重要的是幻灯片；2）2 750美元用于调查而不予退还的申请金。

(3) 收到申请金，PHW就开始考虑饭店的申请，并安排两次不定期检查。一次由PHW的总经理检查，一次由来自独立团体的评估员检查，检查所需费用从申请金中支付。

(4) 两次检查结果将提交PHW会员和标准评定委员会。如果检查结果是肯定的，那么PHW从饭店邀请一名代表参加“会员标准评定委员会”的一次季节性会议。经过该委员会的推荐后，董事会将作出最后裁决。如果董事会作出肯定的答复，那么饭店的有关资料由委员会审核。这一过程需要30天。

四、会员费用

（一）申请金

申请金为2 750美元，用于对候选饭店的检查和申请审核费用。

（二）起始金

起始金为每间房50美元，从1万美元收起，最多2万美元。从接纳入会起交纳此金。

（三）会费

会费于每年1月1日分两次等额交清，PHW的财政年度从10月1日起至下一年度9月30日止。新会员在最初60天可免交费用，会费最多收650间客房的费用，美国、波多黎各地区每年每间客房80美元。

（四）预订金

会员饭店可以在PHW预订中心预订，一般提前1个多月收到预订发票，在同一系统预订后又取消可不付费，但要对没有履行的预订付款。在 PHW 网络预订，北美成员交 10.25 美元，国际会员交 12.75 美元，收到发票后应交齐所有费用。

（五）评估金

在市场计划中，PHW 为通过出版界的广告获得更多客源建立了评估基金。按 1989 年 PHW 成员会议决定，所有美国、加拿大、亚太成员每年每间客房评估价为 40 美元（最多 400 间客房），共 2 年。10 月 1 日以后接纳入会的成员按比例折算收取。

（六）团体预订费用

团体在成员饭店预订 11 套以上的客房，而且这个预订来自 PHW 预订中心，饭店要在团体日程排定到达后的 1 个月上交房间总收入的 5%。如预订不实现，则成员从收到的发票的数额上扣除 5%的费用作为补偿。

UTELL 国际预订系统代表 PHW 在世界范围内设有 35 个预订部。加入 PHW 的成员都是 UTELL 的一员，每位成员要收至少 720 美元的预订金。UTELL 不对享受此项服务的个体成员收取预订服务费用，但对 UTELL 的预订收取一定比例的佣金。

（七）销售部集会费用

销售部每年举行一次促销方面的集会。无论饭店是否派代表出席，都要负担该会所需费用，平均每次集会每个饭店付 700～800 美元。主办饭店可免。

五、会员收益

（一）广告

PHW 将用 180 万美元在 24 个美国消费者杂志、20 个世界旅行商贸杂志上做广告。PHW 为成员们提供客源和团体合作项目。这种合作由 PHW 出资、合作饭店捐款。这样做有两方面的好处：成员饭店获得一个行之有效的扩大影响的途径，PHW 也因此声名鹊起。

（二）合作广告

会员信可的两种选择——全国性和地区性华尔街期刊广告活动。PHW 提供 1/4 的资金，其他由合作伙伴分担。对 PHW 的多数成员来说，商务旅游者是最主要的客源市场，所以 PHW 选择华尔街期刊。全国性华尔街期刊广告费为 10 000 美元至 15 000 美元。

（三）团体合作广告

这一项目为那些愿在 PHW 帮助下推进团体商务和会议的成员设置。合作者集资在诸如《会议新闻》《集会与交流》等刊物中加入广告插页。参加这一项目所需资金视合作者而定，一般为 5 000 美元至 6 000 美元。

（四）名册

每年 10 月，PHW 印制及邮寄名册的费用由市场推广资金支付。该名册在世界每一个成员饭店的客房中展示（这是对成员的要求之一），并在展销会、促销过程中应要求通过邮寄分发。

（五）展销会

PHW 认识到，有选择地在与旅游界有关的展销会上出现是开发市场的好机会。展销会为成员和PHW提供了一个提高知名度的机会，每次展销费用在各参加者之间均分，PHW也算一份。每份为1 200美元至2 000美元，这要根据展销地点而定。

（六）促销

PHW每年与DELTA航空公司组办一系列联合促销活动。它们在PHW成员最主要的客源市场中开展。这是一个合作项目，当促销在某个成员饭店中进行时，每个饭店花费在1 000美元左右。当促销不是在成员饭店中进行时，可能要付2倍以上的费用。

（七）团体介绍促进项目

这个项目由PHW的销售部开发，旨在促使成员饭店之间更多地相互推荐PHW。这个项目将收取实际房费收入5%的佣金，以便付给主要的推荐者。佣金在团队结账后10天之内付出。是否参加这一活动由各成员自行决定。

（八）"老乘客"项目

PHW参加DELTA航空公司的"老乘客"活动。一个住在PHW成员饭店的"老乘客"可获得一笔旅行津贴，就可直接兑换成津贴证明书。这一活动是为了那些一年至少出游10次，现在也许正在住一个PHW成员饭店的商务旅行者而设计的，目的在于使他们与PHW和DELTA建立起密切的关系。

（九）UTELL预订

PHW成员饭店在美国以外由UTELL代表预订。通过一个预订系统，PHW成员在世界各地有29个技术先进的预订处，与全球16家主要航空公司直接联络。此外，PHW成员还可以通过SHARA公司与另外31家航空公司联络。对于取消、缩短逗留时间、不到的预订均不收费。

（十）北美预订处

PHW的预订中心提供预订及信息服务。24小时电脑操作的航空预订（占PHW总交易的82%）可以数秒内确定，而且PHW成员无须为取消的预订付费（如果提前24小时在原预订系统中取消的话），可以在预订确定后下一个月再付款。提前12个月的预订服务免费，而且可以通过免费长途电话预订。

资料来源：刘剑飞、陈幼君主编：《酒店市场营销》，长沙，湖南大学出版社，2010。

重要知识点

1. 饭店销售渠道的主要中间商
2. 饭店销售渠道设计的影响因素
3. 饭店销售渠道设计原则
4. 选择饭店中间商的标准
5. 饭店中间商的管理要点

模拟练习和实战训练

1. 选择饭店的一个分销中间商，介绍该中间商的基本情况。

2. 假设你是一家刚开张饭店的市场营销部经理，结合所学理论知识，你觉得你的饭店销售渠道主要有哪些?

3. 身为饭店市场营销部经理的你出差开会，参会者主要是你的同行。但是你发现你的同行都在和旅行社交谈他们新推出的产品组合，而你所在的饭店以前没有设计过这样的产品组合。此时，你的老总要求你马上设计出一份针对各类销售渠道的渠道产品组合方案，你会怎么做? 只考虑旅行社这一渠道吗?

模块四 饭店促销策划

学习目标

- 理解饭店四种市场促销工具的特点和具体操作方式
- 能审时度势地制定饭店市场促销策略组合

引 例

如何决定海外广告计划和创意设计

AH 饭店客人九成以上来自海外，故指定了一家海外广告公司 M 做总代理，负责操作 AH 饭店全部海外广告事宜。AH 饭店上任不久的公关部经理得到公关销售总监指示，尽快研究并提出下年度广告计划，预算总额和今年一样。公关部经理立即发出传真告诉 M 公司，AH 饭店下年度海外广告总预算（包括总代理和创意制作费）仍为 20 万美元，要求 M 公司据此尽快提出下一年度全年广告刊出计划及相应的广告创意设计。M 公司很快回电，请 AH 饭店确认是否与今年一样需做 5 种广告，即饭店形象广告、商务消费广告、旅游行业广告、会议宴会广告、特惠价广告。AH 饭店公关部经理查阅了今年的海外广告档案，发现今年也是这 5 种广告，立即回复确认这 5 种广告。一周后，M 公司传来 5 种广告在海外媒体上的全年广告计划及 5 种创意设计草案。公关部经理审核了广告计划和设计草案并与今年的广告计划比较，发现差异不大，然后又向销售部、财务部、工程部核查，发现明年饭店也没有新的装修改造计划。因此，她认为明年的市场推广重点应该与今年一样，进而推断 M 公司传来的计划是可行的。但在她向公关销售总监汇报完后，公关销售总监向她提出了两个问题：一是 AH 饭店的传统客源地现在发生金融危机，明年最多只能从该地区获得 20%的客源（原来可获得 40%以上）；二是主要客源地客源下降，不仅要吸引豪华档宾客，也要设法吸引一些普通客人。因此公关销售总监提出此广告计划需要调整，不予批准。

资料来源：李任芷主编：《旅游饭店经营管理服务案例》，北京，中华工商联合出版社，2010。

促销策略是市场营销组合的基本策略之一，也称为沟通策略。促销是指企业通过人员和非人员的方式，沟通企业与消费者之间的信息，引发、刺激消费者的消费欲望和兴趣，使其购买企业产品的市场营销活动。促销的本质是信息沟通。不论企业产出的是产品还是服务，确立促销战略时所需要遵循的模式都是相同的（如图 3—2 所示）。第一步是为整个促销组合确立目标受众和一个清晰的目标。促销组合有时是指营销人员可运用的一系列沟通工具。营销人员需要将促销组合的各要素组合在一起来制定营销计划，同样，他们也需要为营销计划选择最适当的构成要素。促销组合的传统因素可分为四大类：媒体广告、宣传与公关、销售促进和人员推销。

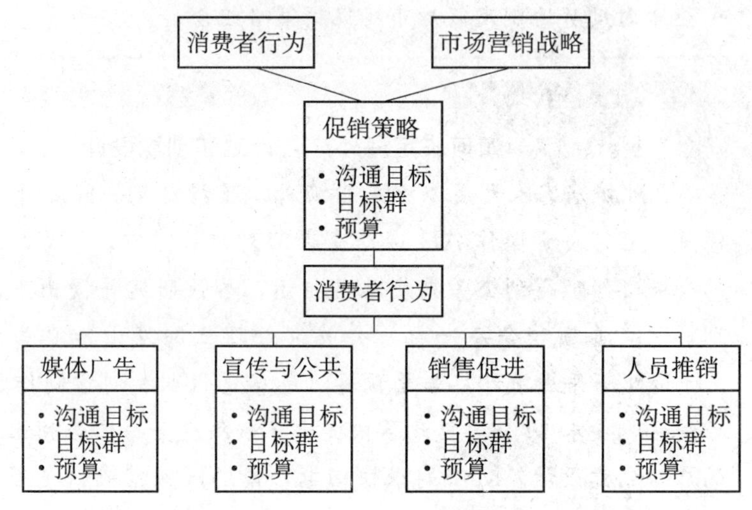

图 3—2　促销策略过程

第一节　媒体广告策划

饭店广告是指饭店通过一定形式的媒体，以支付费用的方式向目标市场传递有关饭店的信息，展示饭店的产品和服务，以达到影响公众购买的目的。广告是饭店促销组合中的重要组成部分，它的作用是潜移默化和长期的。

一、广告媒体的种类和特点

广告媒体，也称广告媒介，是广告主与广告接受者之间的连接物质。广告媒体并非一成不变，科技进步使得广告媒体的种类越来越多，并表现出不同的特点。

（一）电视

电视作为广告媒体出现于 20 世纪 40 年代，因其图文并茂的优势发展很快，成为最重要的广告媒体。其优点是：(1) 声形并茂、视听结合，广告形象生动、逼真、感染力强；(2) 宣传范围广，影响面大；(3) 宣传手法灵活多样，艺术性强。其缺点是：(1) 时间性强，不易存查；(2) 制作要求和费用都比较高；(3) 因播放节目和广告多，易分散受众的注意力。电视已成为人们文化生活的重要组成部分，但饭店的电视广告较少，一般只在开业初期或者实力较强的连锁集团用于传播品牌。

（二）报纸

最近几年，报纸受互联网的冲击比较大，但在传统市场上仍保留相当地位。其优点是：（1）作为传统大众媒介之一，影响较广，其市场面取决于发行量；（2）传播迅速，可及时传递有关经济信息；（3）简便灵活，制作方便，费用相对较低；（4）便于剪贴存查；（5）可信度高。其缺点是：（1）因报纸登载内容庞杂，易分散对广告的注意力；（2）印刷不够精美，吸引力不够；（3）广告时效短，只能维持当期效果。采取报纸进行饭店广告，适合发布通知性广告，即开业、试营业庆典以及新产品介绍等。

（三）杂志

这种广告形式被不少饭店营销人员所采用。其优点是：（1）广告宣传对象明确，针对性强；（2）杂志有较长的保存期，读者可以反复查看；（3）杂志发行面广，可以扩大广告的宣传区域；（4）印刷精美，能较好地反映形象，易引起读者的注意。其缺点是：（1）发行周期长，灵活性差，传播不及时；（2）读者相对少，传播不广泛。相对较低的费用和针对性的市场可以帮助营销人员在预算约束下获得较理想的饭店情感传导。

（四）电台广播

电台广播是一种听觉媒介，其优点是：（1）传播迅速、及时；（2）制作简单，费用较低；（3）具有较高的灵活性；（4）听众广泛，不论男女老幼、是否识字，均受其影响。其缺点是：（1）有声无形，印象不深；（2）时间短促，转瞬即逝，不便记忆存查。一般比较适宜针对交通工具尤其是出租车上的乘客采用这一广告形式。

（五）互联网和移动互联网

将一种传播媒体推广到 5 000 万人，收音机用了 38 年，电视用了 15 年，而互联网仅用了 5 年。网络媒体有其得天独厚的优势，表现在：（1）传播范围广，并可跨越时空；（2）内容详尽，可交互查询，互动性和针对性强；（3）广告效果易统计，并可获得真实、准确的市场反馈；（4）广告费用低。其不足之处是：（1）互联网的虚拟性致使广告效果受到一定影响；（2）互联网广告和信息的丰富性，易分散浏览者的注意力；（3）受众对象接受广告需要具备网络条件。互联网广告适用于商务人群和青年群体，可以与饭店的促销和预订服务结合。

（六）户外广告

户外广告通过户外的道路指示标牌、建筑物、交通工具等对自己产品和服务进行宣传。其优点是：（1）醒目，易引人注意；（2）复现率高，能够对目标顾客反复宣传；（3）制作费用较低，后续投入少，并可以保持较长时间。其缺点是：(1) 宣传市场小；(2) 广告内容和形式比较简单。

(七) 邮寄

邮寄包括两类，一类是直接邮寄，另一类是发送电子邮箱。邮寄是指通过把饭店商业性信件、宣传小册子、饭店新闻报、明信片等的邮递或将相关信息发送至客人电子邮箱来为饭店做宣传广告。邮寄广告的优点是：(1) 对象明确，有较强的选择性和针对性；(2) 提供的信息全面，有较强的说服力；(3) 具有私人通信性质，容易联络感情。其缺点是：(1) 反复邮递夹有宣传品、优惠券、反馈卡的信件，会造成较高的促销费用；(2) 对饭店而言，创造出有吸引力的邮件和信函是难事；(3) 宣传面较小并有忽略某些潜在消费者的可能。邮寄广告一般以饭店的顾客数据库为基础，通过分析和筛选进行有针对性的投递。

二、饭店广告决策

饭店在做广告之前必须进行仔细决策，从花费多少广告费，确定使用哪类广告宣传方法，传播哪些信息，直到媒体的选择和广告效果的评价，饭店营销人员都要做到心中有数。

(一) 广告目标决策

饭店的广告目标必须在相关的目标市场策略、市场定位以及其他营销组合因素决策的基础上或是限制下确定。饭店广告的目标主要有三种类型。

1. 告知型

这种广告主要适用于饭店产品市场开拓的初始阶段，具体分为两种情况：(1) 介绍饭店的新产品或新服务，比如饭店服务项目的基本内容、价格，以及可能给饭店顾客带来的某种利益等，从而触发潜在顾客的购买需求；(2) 宣传饭店的市场地位以及对顾客所采取的便利措施，以树立良好的市场形象。

2. 劝导型

这种广告主要用于饭店的产品和服务与同类产品展开竞争的阶段，具体分为两种情况：(1) 进攻型，就是突出饭店产品和服务的优势特征和利益，激发消费者的选择性需求来购买饭店产品，并使他们对本饭店产品产生偏爱；(2) 防守型，就是饭店努力去改变顾客对本饭店产品和服务的不利印象，抵消或削弱对手的市场形象。

3. 提醒型

这种广告主要适用于饭店产品的成熟期。饭店要随时提醒自己的顾客保持对本饭店产品和服务的记忆，尤其是在饭店经营的淡季，以使本饭店获得尽可能高的市场知名度。

另外，饭店适时地提醒消费者购买的时机、购买的地点，以促使有意购买者去完成购买行为，并同时刺激老顾客重复购买饭店产品的欲望。

（二）广告预算决策

1. 量力而行法

这种方法就是饭店能够支付多少广告费用就拨款多少，简单省事，但受饭店财力的影响而变化较大，使得饭店的广告宣传工作难以规划，也难以应对市场情况的变化。另外，使用这种方法，难以保证与饭店广告目标相一致的投入，也就会影响饭店广告目标的实现。

2. 销售百分比法

这种方法是饭店按照预测销售额的一定比例作为饭店的广告预算费用，比例为1%～2%。其最大的优点是饭店广告费的多少有保证，还可以促使饭店各层管理人员树立广告成本、营业额和营业利润之间的有机联系。但在理论上，这种因果倒置的广告预算安排，其前提是假设饭店营业额的实现，没能考虑饭店营业额可能的增长或下降。在市场环境变化比较大时，这种预算方法会缺乏应变能力。

3. 竞争比较法

这种方法是指饭店根据饭店对手的广告规模来确定自己的广告宣传规模和程度。其方法和思路是假定其竞争对手的广告费用预算具有全行业代表性，可以反映行业的一般规律。但是这种方法由于饭店与饭店之间的知名度、规模、形象都有较大差别，不做具体分析而盲目跟随不一定能给饭店带来应有的广告效果。

4. 目标任务法

这种方法是指饭店根据广告目标确定究竟要规划哪一些广告活动，按照这些活动所需的需求来核算成本。这是常规情况下相对科学的一种广告费用预算方法。但其问题是在饭店产品开拓市场的过程中可能会因为战线拉得过长、筹资困难等原因而无法保证预算经费。

（三）广告信息决策

饭店广告信息的内容应该具有真实性、针对性、创造性、简明性、艺术性和合法性等特征。信誉是命脉。广告作为一种宣传手段，直接关系到饭店及其产品在顾客心目中的形象。因此，饭店广告的内容必须是真实的，不可以浮夸、欺骗或是攻击他人。

饭店广告的主要目的是促进销售，因此，饭店广告必须针对目标顾客的心理特征、消费偏好等来选择、设计广告方案，突出饭店广告的主题。创造性是确保饭店在市场竞争中可以占上风的重要因素之一，饭店的广告无论在内容还是形式上都应该具有多样性，应该独具特色，以增强自己的广告吸引力，切忌千篇一律、陈词滥调。为了节省饭店的宣传费用，广告还应该简明扼要，在有限的版面输出尽可能多的信息。另外，所输出的信息还要适应顾客的视觉、听觉以及记忆的能力，决不能做得太专业而让消费者理解不了，或是太粗俗而让人不能接受。为了引人入胜，饭店的广告还应在内容上给人以知识和美的享受，在形式上则力求图文并茂，声、视效果俱佳，并且要具有艺术感染力。最后广告在内容、项目、形式上都必须遵守国家相关政策法规，饭店特殊的产品和荣誉应依法附有权威机构的证明。

（四）广告媒体决策

广告媒体决策就是寻找最佳成本效益到达饭店目标受众的传播媒介。上文提到的广告媒介都有其适用性和局限性，饭店应该根据广告目标选择合适的广告媒体。此外，饭店在选择广告媒体时应考虑以下 4 个方面的因素：（1）饭店目标顾客的媒体视听习惯；（2）饭店产品的定位；（3）饭店广告信息特点，实效性强的饭店产品信息要求采用传播速度快的媒体；（4）饭店的广告预算。

第二节　宣传与公共关系管理

饭店进行宣传与公共关系活动的目的有两个：一是利用公共关系活动来解决饭店与社会公众之间存在的交流问题，以便塑造饭店的良好社会形象；二是通过公共关系活动来避免或克服饭店在经营过程中不良后果的发生。良好的公共关系活动，可以使饭店加强与社会公众的联系，可以提高饭店的知名度，有助于饭店的信誉和良好形象的树立，并通过社会舆论影响市场上消费者的购买行为，为饭店销售创造条件。

一、公共关系的对象

（一）消费者

消费者满意是饭店一切活动的最后环节。饭店首先要使目标消费者或潜在消费者对本饭店产生良好的印象，以良好的饭店形象和信誉吸引消费者。饭店应从三个方面做好工作：（1）为消费者提供优质产品和服务，这是建立良好公共关系的首要条件和根本保证。（2）与消费者定期进行有效的沟通，收集消费者信息。目前比较流行的是开展“消费者教育”活动，即通过免费杂志、讲座、组建消费者俱乐部和培训班等方式，对目标或潜在消费者进行引导和教育。（3）正确处理与消费者的纠纷，避免与消费者正面争吵。如果消费者的投诉合理，在确认后应及时处理，使消费者感觉到受尊重，即使出现一些不能解决的问题，也应耐心解释，争取消费者的谅解，化解矛盾。

（二）供应商和销售商

为保障饭店正常的生产和销售，饭店要与供应商建立良好的关系。要时刻关注供应商和销售商，通过一系列公共关系活动保持双方的信息互换和友好关系，使饭店在生产、销售环节保持优势地位。

（三）新闻媒体

新闻媒体是饭店最特殊的公众，饭店的公共关系活动通常要借助一定的宣传媒体向外界发布，以扩大活动影响力。对待媒体的负面报道，饭店要冷静、谨慎，首先要认真核实新闻报道的内容，迅速查清事实真相。如果是饭店的问题，要尽快改正，并将改进后的情况及时通报新闻媒体，消除不良影响。如果新闻报道有失偏颇，与事实不符，饭店要立即通过新闻媒体说明真相，或举办新闻发布会澄清事实，并可要求发布不实报道的新闻媒体做出公开更正，以免影响饭店形象。

（四）政府部门

饭店的生存和发展离不开政府的支持和帮助，饭店必须经常与政府部门沟通，及时了解相关政策、规定，并使之尽量有利于本饭店或饭店业的发展。

（五）社区

社区是指饭店所在地的区域范围。饭店要与所在地的企业、学校、医院、团体、居民等发生各种各样的联系，积极支持社区公益活动和经济建设，以此获取社区的理解，为饭店的发展提供多方面的便利条件。

（六）竞争者

处理好与竞争者的关系也是饭店公共关系工作的重要环节。那种“同行是冤家”的狭隘思想已经无法在现代市场经济环境中通行。双方的殊死拼争，其结果往往是两败俱伤，不如携手共进，实现双赢。

（七）饭店内部员工

在饭店内部，做好员工的思想工作，增强员工的凝聚力和团队精神，对企业来说同样是至关重要的。饭店可以通过一系列方法做好饭店内部公关，具体包括：(1) 通过建立内部网络、交流平台，发行内部刊物等，宣传饭店优秀文化，培养员工的自豪感、归属感；(2) 定期举办各类集体活动，如旅游、参观、聚餐、文体活动等，融洽员工之间的关系。

二、宣传的工具

（一）借助公关广告

通过公关广告宣传，树立饭店形象。公关广告的形式和内容可以概括为三种类型：

(1) 致意性广告，即向公众表示节日致庆、感谢或道歉等；(2) 倡导性广告，即率先发起某种社会活动或提倡某种新观念；(3) 解释性广告，即就某方面情况向公众介绍、宣传或解释。

(二) 举办各种会议或社交活动

饭店定期或不定期地召开新闻发布会、座谈会、答谢会、联欢会等，借此来密切饭店同社会知名人士和代表的友好关系。

(三) 参加或举办社会公益活动

饭店可以投入一定时间和金钱来参与或举办一些公益活动，来支持社会的公益事业，同时提高饭店或饭店集团在公众中的形象。

(四) 举办专题活动

通过举办各种专题活动来扩大饭店的影响力，包括举办各种庆祝活动，如店庆、开业典礼等；开展各种竞赛活动，如知识竞赛、技能比武、评奖评优等。

(五) 散发书面资料

广泛借助书面资料联系和影响目标市场，包括宣传折页、店报、小册子、刊物等。

(六) 编辑视听材料

拍摄编辑诸如微电影、幻灯、录像、录音等，在饭店网站或向参观者介绍饭店时播放，能更高效地介绍和展示饭店产品及品牌。

(七) 利用自身媒体

创造使公众能迅速辨认饭店的视觉身份标志，广泛使用于饭店的招牌、业务名片、办公用品、客用品、工作人员制服、车辆等永久性媒体上，强化饭店的识别度。

三、饭店公共关系活动的程序

饭店在开展公共关系活动时，为了使活动能够顺利进行，达到饭店预期目的，通常会遵照一定的程序来进行。

(一) 开展公众调查

收集、了解目标市场公众对本饭店的意见和态度，分析饭店及其服务在社会公众中的形象和知名度，从而总结教训和经验，及时发现饭店经营中存在的问题。

（二）制定公关目标

饭店利用公共关系活动可以实现树立饭店形象、提高饭店声誉和知名度、谋求社会公众的理解和支持，并巩固饭店与他们之间的关系等目标。饭店在进行公共关系活动之前，只有制定一个明确的目标才能使其顺利地进行下去。

（三）选择公共关系执行方式

饭店在确定了目标之后，就应该根据公关目标要求，结合各地消费者的具体情况和饭店的实际选择公共关系活动的方式，选择时要注意利用公共的或饭店自身的各种公关时机，比如饭店周年庆典等。

（四）饭店公共关系活动实施

饭店公关人员在实施公共关系活动时要考虑仔细，确保活动顺利、有效地进行，并能根据做好的突发事件的应对预案对突发事件迅速采取措施予以解决。

（五）饭店公共关系活动的评价

由于饭店公共关系活动是一种长期的、间接的促销活动，因而其活动的效果衡量有一定困难。一般来说，饭店可以采取公众调查法和媒体统计法进行评价。公众调查法是利用调查表、电话调查等方式了解公众对公共关系活动的看法；媒体统计法是指利用公共关系活动在各类媒体上的展露次数来进一步分析和评价公共关系活动的成果。

拓展阅读 3—8

××饭店赞助活动操作流程

一、活动目标

（1）争取媒体的报道宣传。

（2）扩大饭店品牌的知名度。

（3）为饭店树立良好的公众形象。

二、赞助活动操作程序

（1）选择赞助对象。

（2）预测活动效果。

（3）拟订活动方案。

（4）报相关领导审批核准。

（5）联系赞助对象。

（6）邀请媒体。

（7）酒店代表出席活动。

（8）跟踪活动效果。

三、关键问题

(1) 饭店可以赞助的活动包括文化活动、教育事业、残疾人事业等，实际工作中需要根据饭店的经营需要和社会影响程度确定。

(2) 根据赞助活动内容、赞助形式、所需费用、活动影响等，公关主管要对赞助活动的效果进行预测，并拟订赞助活动的可行性方案，报营销部经理审核后报总经理审批。

(3) 公关主管在组织做好赞助对象联系工作之前，要事先落实好具体的时间、地点、赞助方式、会场或场地布置以及赞助活动参与人员等事宜。

(4) 提前联系并邀请新闻媒体和记者，发放赞助资料、宣传材料，并具体核实参与人员。

(5) 安排饭店领导讲话与记者提问等活动环节，举行正式赞助资金或实物的交接仪式，完成赞助活动。

(6) 赞助活动结束后，公关主管要及时安排市场调研专员、公关代表做好媒体报道的跟踪工作：1) 监测参与活动的新闻媒体是否发出与赞助活动有关的新闻稿；2) 评价稿件内容是否符合饭店的赞助目标；3) 收集所有与本次赞助活动相关的新闻稿，并加以整理归档。

第三节　销售促进

销售促进也称营业推广，它是企业用来刺激早期需求或强烈的市场反应而采取的各种短期性促销方式的总称，也就是一般意义上理解的促销。饭店的销售促进是饭店企业对目标市场进行营销沟通的有效手段之一。

一、饭店销售促进的种类

促销以其直观性和灵活多样性成为企业一种十分强大而有效的市场营销工具。现在大多数饭店采用的住店客人免费早餐就是促销形式之一。一般来讲，销售促进大多是短期或临时的，并往往带有馈赠或奖励性质。根据促销对象的不同，销售促进有针对顾客、针对中间商和针对销售人员三种类型。

(一) 针对顾客的促销形式

1. 赠品或礼物

饭店通过赠送纪念品或是礼物的方法进行促销，如向顾客赠送印有饭店标识的小礼物、卡片等；“满就送”是现时促销采用的很广泛的方式之一。

2. 抽奖

顾客购买饭店的产品或服务就可以参加抽奖，比如每年圣诞节期间一些饭店就会举办大型现场抽奖活动，中奖客人可以获得饭店免费的高档礼物，或是入住饭店总统套房一天等。

3. 赠送折价券

赠送折价券是吸引回头客的一种做法，折价券不可兑付现金，但可以在下次消费时冲抵相同金额的现金。这是吸引回头客业务的一种有效形式。

4. 免费试用

免费试用一般被餐厅或饭店的娱乐场所所采用，通过品尝新菜或是尝试新的娱乐设施进行促销。

5. 会员卡

顾客缴纳一定的会费或是饭店消费到一定金额后即成为会员，可以享受一些异于普通顾客的待遇。这也是吸引回头客业务的一种有效形式。

6. 优惠价

饭店以一定的优惠价格提供产品和服务。

7. 联合促销

这类促销是指将某一产品或服务与另一企业的产品或服务共同进行促销。一般而言，可以是饭店和知名餐厅、饭店或旅行社、景区景点、航空公司等单位联合促销，从而提升饭店和联合单位的知名度，同时降低促销成本。

（二）针对中间商的促销形式

1. 现金折扣/折让

根据饭店和中间商的协议，在房费、餐饮、娱乐等方面予以一定的减免。比如饭店给予旅行社 5～6 折房价优惠。

2. 广告津贴

饭店通过与中间商的联合广告形式促销产品，以广告津贴的形式补贴中间商。

3. 赠品

饭店给中间商一定的赠品予以奖励，一般采用赠品印花形式，达到一定销售量即兑付赠品。

4. 旅游交易会、展览

饭店通过送中间商参加一些交易会或者展览活动，对中间商进行促销。

（三）针对销售人员的促销形式

1. 销售竞赛

组织销售人员之间或是小组间的销售竞赛，达到一定目标予以物质或精神奖励。如评选月度、季度或年度最佳销售人员，颁发证书和奖金。

2. 销售奖励

奖励形式有奖金、奖品、免费旅行等。现在许多饭店每年都会组织优秀的销售人员进行免费国内外饭店考察和旅行。

二、饭店销售促进的设计实施

饭店销售促进的具体实施需要由制定促销目标、选择促销工具、制定促销计划、促销计划的测试与实施、促销效果评估五个步骤组成。

（一）制定促销目标

制定促销目标就是要明确促销的对象是谁，要达到什么目的。只有知道目标是谁才能有针对性地制定具体的促销方案。比如，是为培育忠诚度还是为鼓励大批量购买？培育顾客忠诚度强调的是顾客长期需求的培养而不在量上的短期增长，因此饭店产品的品位是促销的核心。

（二）选择促销工具

促销的方式很多，但如果使用不当，则会适得其反。促销得法的关键是选择合适的促销工具。企业一般要根据目标对象的接受习惯和产品特点、目标市场状况等来综合分析选择促销工具。饭店产品促销工具包括样品、赠券、组合产品、赠品、顾客答谢、竞赛、抽奖和游戏等。

（三）制定促销计划

制定促销计划要求营销人员作出各种其他决策。首先是必须确定激励程度和参与条件。一般而言，激励程度越高，参与的人数越多，但鉴于促销成本限制，激励要有个最高限度；同时为保证促销效果，需要确定激励的最低限度。确定参与条件是因为有些激励可以人人参与，而有些只供有限群体参与，以保证促销目标的实现。其次是营销人员必须确定如何贯彻实施这项促销计划。最后是营销人员必须作出这次促销的预算。

（四）促销计划的测试与实施

在可能的情况下，饭店应该对促销的各种工具进行测试，以便弄清楚它们是否合适，所确定的激励程度是否适中。面对消费者的促销计划是很容易进行测试的，同时，饭店还应该为每一项促销计划制定实施方案。

（五）促销效果评估

促销最终效果的评估非常重要，但很多企业都未能对促销结果进行有效评估，主要是评估需要考虑的因素导致结果不全面。对促销前、促销中、促销后的销售额进行比较是最常用的定量方法之一，但有时很难区分是市场因素还是促销因素，需要仔细分析。

拓展阅读 3—9

××饭店圣诞促销活动方案

一、活动主题

神奇圣诞、飞天狂欢。

二、活动目的

以娱乐项目带动饭店经营收入的全面提高，提高饭店的知名度。

三、活动时间

____年____月____日至____年____月____日。

四、活动地点

饭店餐饮大楼二楼歌舞厅、三楼酒吧。

五、活动内容

1. ____月____日至____月____日指定啤酒特惠专场。活动期间，二楼歌舞厅的××牌啤酒____元/半打，三楼酒吧××牌啤酒一律____元/半打。注意，本活动可联系酒水供应商提供活动所需费用的赞助。

2. 公关处设计并派发圣诞节贺卡。每张圣诞节贺卡可附送一张免费 KTV 包房消费券，有效期为____年____月____日至____年____月____日（12 月 24 日至 26 日、1 月 1 日除外）。于 12 月 24 日和 25 日光临本饭店餐饮大楼二楼歌舞厅、三楼酒吧的客户，将会收到饭店派送的 1 份圣诞节大礼包。

3. 饭店将于____年____月____日至____年____月____日（12 月 24 日至 26 日、1 月 1 日除外）举办 KTV 消费满即送大礼活动。具体活动内容如下：

(1) 凡客户在 KTV 消费满 200 元（含 200 元）以上，即赠送指定啤酒半打与圣诞节礼品包、新年台历各 1 份。

(2) 凡客户在 KTV 消费满 200～500 元（含 500 元），即赠送指定啤酒 1 打与圣诞节礼品包、新年台历各 1 份。

(3) 凡客户在 KTV 消费满 500 元以上，即赠送指定啤酒 1 打与圣诞节礼品包、新年台历各 2 份，或指定啤酒 2 打与圣诞节礼品包、新年台历各 1 份。

4. 饭店于平安夜（12 月 24 日 23:00）在餐饮大楼的三楼酒吧开展圣诞节福星评选活动。12 月 24 日当天，饭店将于商务中心商场设置圣诞节服务售卖点，客户可自由选购，参加福星评选。评选办法如下：

(1) 12 月 24 日当天，所有消费半打指定啤酒的客户可获得 2 张选票，多买多得。

(2) 圣诞节福星评选活动在12月24日23:00正式开始，参加评选的客户进入酒吧，由现场其他客户参与评选。如果谁获得的选票最多，谁就成为当晚的圣诞节福星，可获得由饭店提供的圣诞节大奖（具体奖品待定）及1打指定啤酒。

5. 饭店于12月25日20:00在餐饮大楼的二楼歌舞厅举办欢乐圣诞节游艺活动。活动内容如下：

(1) 套圈游戏：地上摆放啤酒、彩喷、圣诞节礼品包、公仔等，由客户于4米外抛掷套圈，套中即奖。

(2) 夹玻璃球游戏：客户在规定时间（30秒）内，夹完盒内玻璃球，即可领奖。

(3) 掷色子擂台赛游戏：由保安部选派保安1名，穿戴圣诞节服饰作为擂主，以半打啤酒、圣诞节礼品、彩喷、公仔为守擂资本；客户可用获赠啤酒或圣诞节礼品作为打擂资本，上前与擂主打擂，赢者即获得相应的奖品，输者输掉打擂资本。

六、需要其他部门协办的事宜（见表3—3）

表3—3　　需要其他部门协办的事宜

时间	具体事由	部门	负责人
12月6日	圣诞节礼品的购买	采购部	
12月10日	外围灯饰的安装	工程部	
12月8—10日	圣诞节贺卡的印刷	营销部公关处	
12月8—10日	礼品盒包装及摆设	康乐部	
12月8—10日	圣诞节场景布置	营销部公关处	
12月10日	圣诞节灯饰安装	工程部	
12月15日	圣诞节广告喷绘	营销部公关处	
12月24日	圣诞节福星评选	营销部公关处	
12月24日	圣诞节礼品的摆卖	前厅部商场	
12月24日	圣诞节游艺活动	保安部	
12月24日	圣诞老人、天使	保安部	
12月24日	圣诞节倒计时活动	康乐部	

第四节　人员推销

人员推销是一种传统的促销方式，但也是一种强有力的、可靠的销售手段。饭店销售人员与饭店顾客或潜在顾客接触、洽谈，将他们不熟悉、价格昂贵的饭店产品（会议设施、多功能厅、宴会厅等）进行更具个性化的沟通展示，在信息爆炸的现代社会仍不失为一种行之有效的销售方式。

一、推销的基本原则

推销是一门科学，也是一门艺术，要做好推销工作，推销人员必须领会和遵循一些推销的基本原则。

（一）满足需要的原则

顾客之所以购买某种商品或服务，是为了满足某种需求。优秀的推销员不应该单纯地向顾客推销产品，还应该借助于所推销的产品，想方设法地唤起并刺激顾客，使他们为满足其现在或将来的需要而产生购买欲望。只有以顾客为中心，把顾客的需要放在第一位，才能适应市场变化，提供满足顾客需要的产品或服务。产品越是符合顾客的基本需要，销路也就越好。

（二）互利双赢的原则

推销的实质是交换，其结果是要使买卖双方都能获取达成交易后的利益，这就是互利。这就要求在推销过程中，推销员以交易能为双方都带来较大的利益或者为双方都减少损失为出发点，不能从事伤害任何一方或给任何一方带来伤害的推销活动。任何推销工作都应该以符合商业道德为标准，以互利双赢为原则，只有这样才能使销售事业得以长期发展。

（三）讲求信用的原则

任何企业和推销人员，要想取得顾客的信任，必须以诚信为基础，千万不要为了引诱顾客订货而向顾客许下不能履行的诺言，这样做产生的后果不堪设想。推销人员的社会行为既代表本人的形象，也代表本企业的形象，是饭店“流动的品牌”。推销人员只有兑现承诺，以诚信为基础，才能树立良好形象，取得消费者的信任。

（四）明确可信的原则

推销是一种十分讲究技巧和方法的劳动，需要与顾客进行良好的沟通，使顾客愿意接受推销人员的拜访，充分了解推销人员的推销意图，有效解决顾客异议，使顾客对推销人员及其产品建立信心。一个成功的推销人员必须坚持诚实的态度，以事实为依据，因势利导，说服顾客自愿购买推销的商品。

二、人员推销过程

推销要想成功，不仅需要推销人员在推销过程中遵循专业的推销流程，还需要在推销过程中运用恰到好处的推销技巧。

（一）寻找客户

寻找客户是任何销售成功的基础，但在芸芸众生中确定你要走访的客户是一件很难的事。对于大多数销售的产品或服务来说，二八定律都成立。也就是说，商品80%的销售额来自这种商品所拥有的20%的客户。

1. 目标客户应具备的条件

作为目标客户，至少应该具备有钱、有权、有需求三个条件。

（1）有钱（Money）。即客户要有购买能力。对于一个月薪只有3 000元的普通白领，向他推销五星级饭店的婚宴，尽管客人会很想买，但他的经济实力会极大地降低他的购买可能性。

（2）有权（Authority）。即所选的客人要有决策权。有些人或部门是想要买饭店的产品而且也有钱，但他们没有决策权，向他们推销并不能达成交易。

（3）有需求（Need）。即客人有购买意愿。将宴会产品推荐给旅游团队客人，交易达成的可能性也是极低的。

2. 目标客户锁定程序

（1）从大处着眼，圈定推销客户所在范围。根据饭店市场定位分析对应的细分市场，确定主要客户群分布在哪个社会层面上，进而根据这些客户的特点粗略地拟定推销的场所和时间。比如对旅行社客户进行推销时，高星级饭店一般会选择标准较高的旅游团队产品，并通过对合作旅行社的有计划拜访来促进销售。

（2）对客户进行分类，选出最有希望的客户。对推销人员而言，饭店客户分类有两个层次：第一层次是饭店层面的分类，一般分为旅行社客户、商务客人、会议客户、宴会客户四类；第二层次是根据潜在客户信息和销售经验，将客户分为有明显购买意图、有一定购买意图和对购买尚有疑问三类，拜访重点放在前两类上，尽可能命中第一层次客户类型中前20%的客户，提高推销工作效率。

3. 寻找目标客户的方法

（1）普遍寻找法。这种方法也称为逐户寻找法或地毯式寻找法，就是在销售人员特定的市场区域范围内，针对特定的群体，用上门、邮件或者电话、电子邮件等方式对该范围内的组织、家庭或者个人无遗漏地进行寻找与确认。

（2）广告寻找法。这种方法是通过向目标顾客群发送广告，吸引顾客上门开展业务活动或接受反馈以拓展客户群体的方法。邮寄广告是饭店经常采用的方式之一。

（3）介绍寻找法。这种方法是推销员通过他人的直接介绍或提供信息进行顾客寻找，可以通过熟人、朋友等社会关系，也可能通过饭店的合作伙伴、客户等，由他们进行介绍，主要方式有电话介绍、口头介绍、信函介绍、名片介绍、口碑效应等。

（4）资料查阅寻找法。这种方法是销售人员通过资料查阅寻找客户，这可以通过先期的客户研究，了解客户的特点、状况，采取有针对性的策略。销售人员最常用的资料是饭店自身的客史档案，其他常用的资料包括：有关政府部门提供的资料、有关行业协会的资料、国家和地区的统计资料、企业黄页、工商企业目录和产品目录，电视、报纸、杂志、互联网等大众媒体，客户发布的消息、产品介绍、企业内刊等。

（二）拜访客户

1. 拜访客户应遵循的原则

（1）利益和友谊兼顾。这是销售人员客户拜访的基本原则。也就是说，销售人员在进行销售洽谈时既要为实现饭店和自身的经济利益而采取各种策略，又要把达到这一目标建立在不损害他人利益、共同发展的基础之上。

（2）谋求一致。要保证销售洽谈的顺利进行，还应确定正确的洽谈方针——谋求一致，设法谋求饭店与顾客之间的共同利益，使买卖双方互惠互利。

（3）诚挚友好。营造诚挚友好的洽谈氛围，为正式洽谈铺平道路。只有在和谐的气氛中，才能开诚布公地交谈。

（4）冷静自然。沉着冷静，自然适时地切入正题，防止感情用事。当销售人员与顾客之间初步建立了和谐友好的气氛后，销售人员应巧妙地把话题转入正题，提出面谈内容。

（5）正视拒绝。被拒绝是令销售人员最头疼却又不可避免的敌人。要正视拒绝，并做好心理准备，让自己在受到挫折时也能泰然处之，妥善处理。

2. 拜访前应充分熟悉饭店产品

了解产品是推销成功的基础。只有了解自己的产品，才能详细地向顾客说清楚产品的功能特质，回答顾客疑问，促成交易。

（1）了解饭店产品的基本特征。饭店产品的基本特征包括饭店客房、餐饮、会议、娱乐产品的各种小类的名称、核心利益、服务特征、环境特色、价格等。了解饭店产品的基本特征是推销人员的基本功课。

（2）全面掌握饭店的情况。对顾客而言，推销人员代表着饭店，因此推销人员要全面掌握饭店的基本情况，以便回答顾客可能提出的有关饭店的问题。这些情况包括饭店的长远发展目标、饭店承载的社会责任、饭店的历史沿革以及过去取得的重大成绩、最近的重大举措及其意义、主要管理人员姓名等。

（3）熟知竞争对手的相关信息。推销人员在进行产品推销时，竞争对手也在做相同的工作，有需要的顾客也会对类似的饭店进行比较，推销人员要了解竞争对手的产品、价格等相关信息，以帮助顾客作出正确的选择。

（4）不断了解产品和顾客需求动态。推销人员对产品和顾客需求的了解是一个动态的过程，只有不断累积产品知识并努力学习推销技巧，产品蕴含的价值才能最大限度地满足客户的需求。

3. 拜访程序设计

（1）拜访客户前。

1）确定访问时间和地点。一般要事先打电话联系进行拜访预约。致电时间要求安排在对方正常上班时间内（一般选择周一至周五的上午 9:00—11:00 和下午 2:00—5:00）。若有对方的办公电话，原则上不要打对方的手机。确定拜访地点时首先是要照顾客户的要求。最主要的约见地点是办公室，其次是住居地和一些公共场所。

2）充分做好拜访前的准备工作，了解客户的基本情况，准备拜访必备的资料，规划好出行路线和交通工具等。

3）每次出门前检查自己的仪表是否整洁，是否符合职业要求。

（2）拜访客户过程。

客户拜访时必须准时到达，提前时间太多可稍事等候。

1）到达客户办公室后轻轻敲门，经客户同意后方可进入办公室。

2）自我介绍，双手递上名片，语言礼貌、规范。（例如："杨经理，我是您部门李先生介绍来的。""这是我的名片，感谢您在百忙之中能抽时间见我！"）双手接过客户名片，并按名片称呼客户的姓名和职务。

3）简单明了地说明来意，并说明不会占用客户过多时间，以避免一开始就被拒绝。例如："杨经理，今天我是专门来向您了解贵公司对我们饭店产品需求情况的。通过对你们的计划和要求的了解，我们可以为你们提供更符合需要的会议产品，我不会占用您太多时间，您看可以吗？"

4）递上饭店的宣传材料，比如宣传册、饭店服务产品介绍、价目表等；介绍饭店的设施和服务，表示欢迎客户光顾饭店，并承诺给予优惠照顾。

5）可按问卷或有针对性地询问客户客源情况和需求情况，为客户提供优惠条件和价格，并征询客户是否愿意签订合作协议。

如果客户当场表示同意，则将准备好的协议递给客户，供客户审阅；如果无异议，则双方签字盖章，确认无误。

如果由于客户的要求不能马上满足等原因不能当场签下协议的，要将客户的要求进行简单总结，确保清楚、完整，并得到客户的同意。例如："杨经理，今天很高兴从您这儿了解到这么多宝贵信息，真的很感谢！您今天所谈到的内容：一是关于……二是关于……三是关于……你看是这样吗？"

6）如果带有礼品，则赠送客户一份，表示感谢。

7）与客户告别，表示期待客户光临饭店或下次再谈。

（3）结束拜访后。

1）将拜访情况汇总后，做好工作记录。

2）及时、准确地巩固访问中获得的成果，如果有预订或协议，则就尽快地将预订或协议书通知预订处、财务部、餐饮部等。

3）建立客源单位的档案，写明单位名称、性质、通信地址、电话号码、传真号码、提供客源数量、财务信誉、消费状况、取消更改情况，以及主管人员姓名、爱好、生日等信息。

4）对需要跟踪的客户要做详细记录，并制定新的拜访计划，便于查询。

（三）达成交易

客户拜访有时是为了联络感情，有时是为了达成交易。一般情况下，达成交易的拜访（也可称为谈判）可能要不止一次。

1. 谈判准备

（1）客户相关信息。比如旅行社的规模、性质、注册资金、公司战略与企业文化、经营业绩、旅行社竞争对手情况、此次谈判目标等。

（2）客户主要管理者的性格特征、爱好、社会关系、谈判风格、宗教信仰等。

（3）明确谈判目标，包括谈判的最高目标、中间目标和最低目标。

（4）根据已掌握的信息，制定谈判策略。

（5）选择恰当的谈判地点。

2. 谈判实施

（1）谈判提问。

1）注意提问适用的情境。销售人员一般在三种情境下使用提问：一是对对方所阐述的意见给予反馈；二是通过提问促使对方按照自己设定的方向思考问题、回答问题；三是通过提问引起对方的注意，进而摸清对方的需要，掌握对方的心理，表达自己的思想。

2）选择恰当的提问方式。销售人员根据不同的谈判目标，可以采用不同的提问方式。

a. 引导式提问。在提问时同时给被问者以强烈的暗示答案供其选择，对方一般毫无选择地按提问所设计的答案作出回答。例如："这样的价格对双方都非常有利，您说是吗?"

b. 坦诚式提问。进行一种推心置腹的友好提问。提问者一般站在对方的立场上，设身处地地为对方考虑后提出问题。这种提问能创造出良好的气氛。例如："请您告诉我，您可以接受的价格底线是多少?"

c. 选择式提问。也称封闭式提问，将自己的想法直接向对方说明，迫使对方在限定的范围内选择答案。例如："依照协议，您认为是采用现金支付还是支票支付?"

d. 跳跃式提问。在提问时打破常规，采用一种跳跃式的思维提出问题，目的在于对付早有准备的、富有经验的对手，打乱其思路。

e. 证实式提问。针对对方的回答重新问问题并进行二次验证式提问，目的是表明对方的这一观点引起了自己足够的重视，并适时挖掘新信息。例如："您认为我们的服务质量不够，但在价格上，我们认为较之于其他同类饭店，我们已经足够优惠了，您说呢?"

f. 模糊式提问。这种提问主要用来套出对方的话或干扰对方的思维。例如："您的报价怎么回事?"

3）提问应注意的事项。

a. 要以诚恳的态度提问，不可盘问、威胁、讽刺、审问。

b. 不应对对方的动机、信誉、诚意等提出指责性的提问。

c. 不可重复、连续提问，更不可责问对方。

d. 掌握恰当的语速，语速太快容易使对方认为销售人员缺乏耐心；语速太慢则表示无时间概念，谈判太沉闷。

e. 初次见面谈判，提问应先征得对方同意，或借助一些礼貌用语打开局面。

f. 所提问题要清楚，围绕谈判内容提问，并要尽量根据前一个问题的答复构造下一个问题。

g. 杜绝威胁性提问、讽刺性反问、盘问式和审问式发问。

h. 根据拟订的草稿进行提问，本着先易后难的发问程序提问。

i. 当对方正在阐述问题时，不要打断对方，可把想到的问题写下来，等待合适的时机再进行提问。

j. 在谈判休会的时间里利用和对方闲谈，探求有关情报，为再次发问做准备。

k. 提出问题后应闭口不言，等待对方的回答。这种沉默会给对方造成一种无形的压力，迫使对方通过回答来打破沉默。若对方的回答不够完整或顾左右而言他，销售人员应采用适当的语气继续追问。

（2）谈判拒绝。在谈判过程中，销售人员要学会说“不”，如果不善于拒绝，则有时难以维护饭店的利益。

1）善于运用拒绝的借口。这些借口包括：为饭店的政策所禁止，无法得到更详细的资料，以某种借口暂时拖延，解释自己的顾虑（如为防止外泄商业机密等）。

2）选择恰当的拒绝方式。为保持良好的交谈氛围，销售人员还应选择恰当的拒绝方式。包括：

a. 自我陈述式拒绝。以陈述自己不同的想法和期望、阐明自己的感觉和理解等方式代替直接的拒绝和批评，让对方明确自己的意见和建议。

b. 无能为力式拒绝。表示自己没有能力满足对方的要求。

c. 寻找借口式拒绝。借助比较合理的借口拒绝对方的要求。

d. 肢体语言式拒绝。用肢体语言表达否定的态度，比如轻轻摇头或皱眉等。

e. 盘诘反问式拒绝。对于一些明显不合理的要求，可采用严肃认真的反问予以拒绝。

（3）谈判让步。销售人员在谈判中要注意以下让步策略：

1）控制让步速度。不要让步太快，因为双方等得越久（前提是这种等待要让双方明显觉得有希望），就会越珍惜获得的让步，不至于得寸进尺。

2）掌握让步的限度。同等级的让步是没有必要的，比如对方提出让步10%，则我方可以让步5%，此时若我方也让步10%，则这种相互的让步毫无意义。

3）明确让步的性质。不作无谓让步，每次让步应从对方获得某些利益或达成某种目的。

4）清楚让步的次数。不要忘记自己的让步次数，一般来说，以让步3次为佳。

5）掌握让步的主动性。一般在较小的问题上可先主动让步，但在重要问题上要尽量让对方先让步。

6）把握让步的心理要求。接受对方的让步时，既不要作出相对的、交换式的让步，也不要感到不好意思或有罪恶感。

(4) 谈判结束。在谈判结束时，销售人员要采用一些策略，尽快促成合作谈判的达成。

1）优惠劝导策略。向客户提供某种特殊的优惠，尽快促成对方同意谈判条件，从而结束谈判。例如："本饭店可以为您提供……优惠。"

2）期限策略。向客户说明某一方面的优惠活动的截止日期，以便促成合作。例如："截至本月 12 号，本饭店订房 8.5 折优惠活动就结束了，如果过了这个日期再签订合同的话，这个优惠就不能享受了。"

(四) 跟进订单

会议、宴会协议签订后，销售人员应提前 10 天填写预订单，并对订单的落实持续跟进。对旅行社和协议单位的预订单，为防止订单流失，要进一步跟进预订订单，落实订单内规定的接待事项。

1. 查看订单

查看订单要仔细，不能漏掉任何细节，特别是客户的需求部分。

2. 接待落实

(1) 填写"内部预订通知单"。

(2) 通知接待部门落实预订事项。

3. 回复客户

(1) 在各项预订接待得到落实后，及时回复客户。

(2) 可通过电话或填写"订房通知单"传真回复客户，也可在客户传真件上签署确认回复客户。

4. 变更

(1) 客户若有更改、取消，应及时通知有关部门。

(2) 填写"内部预订通知单"确认。

5. 客户投诉

(1) 客户在消费过程中若有较大投诉，应及时通知有关部门并报告营销部经理。

(2) 若解决不了，应尽快向总经理办公室请示处理。

6. 资料归档

将原始、变更的预订单以及投诉处理资料等整理归档。

7. 不可抗力因素造成不能按客户要求完成的服务

由于不可抗力因素导致不能按客户要求提供服务时，销售人员要立即通知客户，做好解释工作，尽量与客户达成谅解。若客户要求赔偿，应尽快汇报给营销部经理。若事件重大，就由营销部经理请示总经理处理。

（五）客户维护

1. 跟踪服务，征求意见

（1）客人离店后，及时与预订人或经办人联系，感谢对方安排客户入住饭店。

（2）询问客户对饭店的反映，征求客户意见，进行详细记录，在营销会议上报告客户的反映。

2. 客户关系维护

（1）经常与新、老客户以拜访电话、传真、邮件等形式保持密切往来。

（2）逢年过节和客户的某些纪念日，以手机短信、电话等方式表示祝福。

（3）及时关注各家协议单位的情况，分析对将来双方合作可能会产生的影响。

重要知识点

1. 饭店广告媒体的种类和特点
2. 饭店广告决策的步骤
3. 饭店公关的对象
4. 饭店公共宣传的工具
5. 饭店公共关系活动的程序
6. 饭店促销的种类
7. 饭店促销实施的步骤
8. 饭店人员推销的过程

模拟练习和实战训练

1. 今年是你的饭店成立十周年，你希望采取一些饭店促销组合来推广你的饭店的产品，你要怎样设计你的促销组合方案呢？简单列举下你的方案所要覆盖的因素。

2. 你的饭店刚刚进驻本地，为了推广你的饭店品牌，你要疯狂促销吗？如果不，你会如何推广你的饭店？你觉得你所采用的方法是饭店促销还是饭店营销？

3. 假如你的目标单位已经和其他饭店签订了协议，你要怎样实现与这家单位的签约呢？你觉得你所实施的活动是销售活动还是市场活动？

第四章 饭店营销控制

本章主要讨论饭店营销的预算、计划、绩效控制以及顾客关系管理。营销预算是饭店营销运作的核心，营销计划是饭店营销的战术计划，营销绩效控制则通过饭店对营销活动过程每一个环节的跟踪管控，确保营销绩效的实现。本章学习如何通过预算、计划、绩效管理方法，结合优质的顾客关系管理策略，实现饭店营销目标。

模块一 饭店营销预算

学习目标

- 了解饭店营销预算的作用、编制营销预算应考虑的因素
- 掌握饭店营销预算的构成、预算的格式、预算的编制方法
- 熟悉饭店运营中预算偏差的纠正方法

引　例

美国某酒店2015年数字营销预算计划

某酒店决定将OTA整合到全面分销策略当中，同时将49%的营销预算转向数字营销，目标是拉动直接在线预订量的增长。数字营销预算集中在三个主要方面：(1) 核心数字营销活动；(2) 业务需求拉动的数字营销活动；(3) 资本投资、咨询和运营活动，包括网站的重新设计和升级、日常的网站运营、营销活动管理和专业拓展。具体数字预算比例分配见表4—1。

表4—1　某酒店具体数字预算比例分配

序号	预算项目	预算比例
1	核心数字营销活动	
(1)	SEM	25%～30%
(2)	SEO	8%～10%
(3)	TripAdvisor的“Show Prices”点击付费广告项目	5%～10%
(4)	SoLoMo	3%～5%
(5)	手机网站和手机营销	5%～8%
(6)	针对平板电脑的网站	2%～3%
(7)	电子邮件营销	2%～4%
(8)	在线视频	2%～4%
(9)	再营销和客户重新定位	4%～8%
(10)	声誉管理	2%～3%
2	业务需求拉动的数字营销活动	
(11)	针对多种业务的多渠道营销活动	15%～25%
3	资本投资、咨询和运营活动	
(12)	网页重新设计＋CMS技术升级	15～25%
(13)	咨询和营销活动管理	8%～10%
(14)	网站分析和营销活动效果追踪	2%～3%
(15)	网站运营	2%～3%

营销预算是饭店经营预算的重要组成部分，直接关系到饭店营运的效率和效益，其重要性不言而喻。任何一个负责饭店营销事务的最高管理者都会花相当多的时间和精力

去审核、评估、最终确定提交给饭店最高管理层的年度营销预算，在预算通过审查批准后，对该预算内容承担直接责任。饭店营销预算是饭店市场营销部门预先制定的各项收入、支出的计划。它是饭店营销计划的数据部分，与饭店其他部门预算共同构成饭店总体预算。营销预算直接影响饭店的营销工作能否顺利开展以及成果如何。那么，饭店营销预算一般包括哪些基本内容？该如何编制营销预算？如果在饭店运营过程中，营销实际与预算出现偏差，该怎样纠正呢？

第一节　饭店营销预算的构成

营销预算通常是饭店最早要确定的预算项目，是饭店营运的重要控制工具。营销预算一旦获准执行，意味着营销最高管理者对该预算承担直接责任，也是对管理层的承诺，并且一般情况下不会改变，除非更高级别的管理者认为由于某种特殊的原因需要修改、重新审批，或者在制定该预算时面临的环境已经有了巨大的变化，现有的预算不再适用。

一、营销预算的特点

一个好的预算，其数据必须能反映饭店营销战略、营销工作目标以及资源和工作的配置情况。通过检查营销预算的执行情况，发现计划与实际工作中的不足，从而有利于饭店调整经营决策、改进经营管理。营销预算有三个方面的特点。

（一）营销预算服务于饭店经营战略

营销预算是饭店执行经营战略的重要环节，是饭店经营战略的细化，它直接表现出为经营战略服务的特征。比如饭店的经营战略决定饭店将进行客源结构调整，扩大在某个市场领域的影响力，追求更高的市场份额，那么，该年度以及以后若干年度营销预算就应该体现这一特征，销售收入要增加，同时用于进一步扩大市场份额所需要的资源也应该增加。

（二）营销预算制定饭店营销工作的目标

营销预算制定饭店营销工作的目标，并通过销售额、利润率、市场份额、客房出租率、预期平均房价等量化指标反映出来。在预算的编制中，这些指标又具体按不同的部门（如客房销售、餐饮销售等），不同的市场（会议、旅行团体、商务散客等）进行分解，使之变成具体的工作目标。由于这些计划指标将影响到酒店整个人、财、物资源的配置和管理，因此预算指标必须建立在饭店自身实力以及未来市场的准确预测基础上，必须采用正确、适宜和最新的资料，以使预算指标切实可行。从另一个角度讲，营销预算也是协调各个部门工作的重要工具，一旦相关部门发现与营销预算存在不协调之处，都必须提交讨论解决。

（三）营销预算是饭店评价营销部门工作绩效的标准和依据

营销部门制定出营销预算后，会把总体的营销预算进行细化，分派到更下一级的预算单位，因此它也是营销部门内部的工作绩效评价标准。一般来说，至少每月评估一次，主要是观察预算指标与实际执行的对比情况，如果存在差异，要对差异进行分析，并找到解决的方案，因此营销预算同时也是一种控制工具。利用营销预算作为标准来实施工作的控制，也是管理的重要手段。

二、营销预算的构成

营销预算分广义的营销预算和狭义的营销预算两类。广义的营销预算通常有销售收入预算、销售成本预算、营销费用预算三个部分，狭义的营销预算是指营销费用预算。饭店的经营预算除了这三个部分以外，还有行政管理费用预算、研究开发费用预算、税务预算等指标。作为完整的经营预算，还应该有资本预算、预算资产负债表、预算现金流量表等。

销售收入预算最为关键，但存在不确定性。影响销售收入的因素很多，国内外经济环境、国家政策、消费者可支配收入、竞争形势等都会对销售收入产生间接或直接影响。饭店是个综合性企业，不同部门的产品差异很大，受到影响的程度也存在较大差异。但是无论如何，必须对收入进行尽可能准确的预算，所以我们在进行预算时需要先确定一些基本的原则和条件假设，在这样的前提下，预测收入应该是多少。在饭店的实际运营中，销售收入的预算分别由各接待部门如客房部、餐饮部等直接创收部门编制。

销售成本预算似乎是可以由标准的材料和人工成本结合产品销售数量计算得来，但是对客房部、餐饮部等生产部门而言，要复杂很多。销售预算必须列清楚每种规格产品的销售数量预算，这样生产经理才可以做出销售成本预算。一般来讲，生产经理做出的销售成本与营销预算计算出来的销售成本会有所不同，这主要是产品的库存状况造成的。同时，在生产经理的概念里面，组合成产品的各种材料还需要有一定的库存，这些对成本和现金流都会有影响。在饭店的实际运营中，销售成本预算由各部门根据实际工作情况编制。

狭义的营销预算，也就是营销费用预算，可以分为市场费用预算和行政后勤费用预算两大类。市场费用是为了取得销售所产生的费用，比如广告费用、推销费用、促销费用、市场研究费用等，而行政后勤费用主要是指订单处理费用、顾客投诉处理费用、后勤人员薪酬等。行政后勤费用因为主要是与市场营销有关，所以也被列入营销费用。饭店营销预算也是由这两部分构成。

（一）市场费用预算

市场费用预算包括：

（1）饭店订房系统入网费。

（2）促销活动费。

（3）市场调研费。

（4）国内外销售旅行差旅费用。

（5）广告促销费。包括：1）直接邮寄费。包括通信录、信封、写信、签字或由其他机构代理完成这类性质工作产生的费用。2）广告费。包括广告制作费以及在报纸、杂志、户外、电视和电台等媒体做广告的费用。媒体费是广告中最大和最重要的部分。3）销售点促销用品费。促销用品费包括特别账单卡、特色菜单补充目录、陈列展示品的制作费用等。4）杂项。如复印、印刷、交通费用等。

（二）行政后勤费用预算

行政后勤费用预算包括：

（1）营销部工作人员的工资福利。工作人员是指营销部所有的管理人员、营销人员、公共关系人员、秘书以及临时工、合同工；其工资福利包括工资、奖金、保险费、养老费以及给本部门提供食品饮料的费用等。

（2）办公费用，如使用的印刷表格、文具办公用品、销售手册等。

（3）通信费用，电话、电传、传真、信函及其他邮资费用。

（4）饭店宣传资料小册子和特色菜单等费用。

（5）交际费，包括经理、营销人员和其他员工的交际费。

（6）其他各项支出，如陪同餐费、制装费、培训费等。

三、饭店营销预算的格式

饭店营销预算的格式见表 4—2 和表 4—3。

表 4—2　　市场费用预算

费用		一月	二月	三月	一季度	四月	五月	六月	二季度	七月	八月	九月	三季度	十月	十一月	十二月	四季度	全年
饭店订房系统入网费																		
促销活动费																		
市场调研费																		
旅行推销（本地）																		
旅行推销（外地）																		
广告费用	直接邮寄费																	
	代理制作费																	
	报纸																	
	杂志																	
	电视与广播																	

续前表

		一月	二月	三月	一季度	四月	五月	六月	二季度	七月	八月	九月	三季度	十月	十一月	十二月	四季度	全年
广告费用	其他媒体																	
	销售点促销费																	
	杂项																	
	电话费																	
	邮资费																	
	资料费																	
	交通费																	
	印刷和复印																	
	其他																	
市场费用总额																		

表 4—3 行政后勤费用预算

费用		一月	二月	三月	一季度	四月	五月	六月	二季度	七月	八月	九月	三季度	十月	十一月	十二月	四季度	全年
工资																		
奖金																		
福利																		
总工资和福利																		
其他费用	办公用品																	
	待客用品																	
	清洁用品																	
	纸张																	
	文具																	
	通信																	
	电话与电传																	
	邮资和电报																	
	订阅费																	
	交际费（经理）																	
	交际费（营销人员）																	
	交际费（其他人员）																	
	小册子																	
	杂项																	
	陪同餐费																	
	制服																	
	培训																	
其他费用总额																		
行政后勤费用总额																		

行政后勤费用有一定的常规性和延续性，因此以预算表格的形式一般就可以完成。但市场费用预算由于涉及营销活动，因此往往需有活动内容和方案进行补充和佐证，而这往往是整个营销预算制定的焦点。活动内容和方案、活动所需要的费用越详细，将来对费用的控制越具有针对性，对于以后操作层的具体执行也越明确。

拓展阅读 4—1

数字营销预算计划要素

数字营销是使用数字传播渠道来推广产品和服务的实践活动，从而以一种及时、相关、定制化和节省成本的方式与消费者进行沟通。数字营销包含很多互联网营销（网络营销）中的技术与实践，但它的范围要更加广泛，还包括很多其他不需要互联网的沟通渠道。因此，数字营销的领域就涵盖了一整套元素，如手机、短信/彩信、显示/横幅广告以及数字户外广告等。这种有助于提高线上、线下直接销售的营销，其预算计划应包括三个主要方面：

1. 核心数字营销活动

核心的数字营销活动的预算投入应包括经过证明的、真正能带来较高投资回报率的营销活动，无论它是每月进行的活动还是每年进行的活动。具体包括：在百度、去哪儿、驴妈妈上进行搜索引擎营销（SEM，是酒店在线直接分销渠道的关键驱动力量，包括手机 SEM）、搜索引擎优化（SEO，让顾客在定位酒店或周边酒店时可以获得本酒店更独特、更有价值的信息，包括 APP）、电子邮件营销、声誉管理等。

2. 业务需求拉动的数字营销活动

酒店经营者应该根据具体业务需求来制定这方面的预算，而不是依靠广告拉动。其他应该考虑的因素包括：季节性、能为酒店带来业务的区域性活动或顾客需求细分领域（如会议或团体计划、家庭旅游或婚礼）。为吸引更多的周末预订或吸引更多的来自家庭旅行者的业务等，在进行多渠道营销活动时就要考虑网络营销，并在预算中予以安排相关费用。值得注意的是，由于数字行业以更快的速度在发生变化，因此酒店经营者不可能在任何时候都能把需要进行投入的新领域整合到预算计划中。

3. 资本投资、咨询和运营活动

资本投资、咨询和运营活动的预算计划包括维持酒店网站正常运作的必要因素，例如网站的重新设计和优化、技术升级以及其他活动。这些活动虽然不能产生直接收益，但它们对酒店的成功发挥着必不可少的作用，这些活动还包括咨询、分析和系统托管。如果没有在这些方面投入足够的资源，那将会损害预算计划中其他活动的效果。

第二节　饭店营销预算的编制过程

一、饭店营销预算应该考虑的因素

（一）饭店当年的战略目标

饭店的营销预算是为饭店的战略目标服务的。好的营销预算中的市场费用预算需要配套相关的营销活动，而这个营销活动必须与饭店该年度的战略目标相匹配。因此，饭店营销预算必须考虑饭店的战略目标要求。饭店营销人员根据饭店战略目标要求，分析饭店面临的内外环境，结合饭店自身的资源提出营销规划的年度目标。营销预算直接服务于营销年度目标的实现。

（二）饭店的财务经营情况

编制营销预算的决定性因素是达到营销目标所必需的费用。从市场营销部门的角度看，可使用的营销预算越多，则用于市场促销和推销的支出越多，能够带来的市场推销效果也可能越好。但是，饭店是一个整体，必须考虑其他部门正常运转所需的支出，保持各部门的预算平衡，同时必须考虑营销预算能带来足够的收益。此外，饭店的财务更是影响预算的重要因素。不论饭店是大是小，它所掌握的人力、物力和财力都是有限的，因此，营销预算的大小必须在饭店财力所能承担的范围之内，不可能无限提高。这就需要饭店营销部门同财务部门一起来研究、确定营销预算的额度。

（三）饭店的市场和竞争形势

饭店营销预算主要用于开发市场和进行销售活动，市场和竞争形势必然对营销预算支出总额和预算项目的具体分配产生影响。饭店在市场客源充足、竞争对手少的情况下，用于营销的预算就相应较少；而在市场客源短缺、竞争激烈的形势下，为了尽可能占有更多的市场份额、提高饭店客房和其他设施的使用率，必须投入较多的资金用于市场的开发和新产品的推广以及促销活动。

预算资金只有进行合理的配置才能获得最佳的收益，而预算资金的配置必须以市场分布特点和竞争态势为基础。饭店如果以稳定客源和提高收益为目标，则必须将营销预算资金重点投到主要的客源市场。对于市场容量和潜力巨大且竞争激烈的市场，饭店应投入较多的预算资金开展重点促销活动，以获得竞争优势。

（四）饭店产品的生命周期

因为饭店产品有介绍、成长、成熟和衰退四个生命周期，每一个生命周期的营销策略和方法都不尽相同，所以其营销预算也应随之相应配置。

1. 在产品的介绍阶段

在产品的介绍阶段，由于需要进行大量的宣传推广工作以打开市场和销路，因此，营销的预算额也相应较大，有时饭店需拿出当年营业收入的10%、15%甚至更多，用于支持营销活动。

2. 在产品的成长期

在产品的成长期，因为介绍期的促销所起的作用，加上市场已经打开，所以相比介绍期来说营销活动不多，营销费用相应较低。

3. 在产品的成熟期

当产品进入成熟期时，由于市场竞争十分激烈，为保持市场份额，各饭店都进行各种各样的市场营销活动。大量的促销、强有力的人员推销、高额的佣金都需要较多的营销预算资金作保证。

4. 在产品的衰退期

当产品走向衰退期时，客源市场主要是一些稳定的客源，许多竞争对手业已退出该产品市场，因此，饭店无须在该产品上进行过多的营销活动，营销预算也应相应下降，这时，主要应将营销资金配置于稳定老客户的销售工作方面。

二、营销预算的编制过程

如同所有的工作一样，制定营销预算也有组织和流程。预算的组织通常是财务部门的预算小组，它要负责预算编制的表格制定、预算编制的目标假设、协调各部门的预算，并且要汇总预算进行平衡、与饭店的目标进行比较，同时承担预算的修订工作；除此之外，对营销预算的审批，通常由高级管理人员组成，如首席执行官（CEO）、营销主管和财务主管。营销预算的编制过程通常包括四个步骤。

（一）原始预算的提报

营销主管在饭店预算部门制定的预算原则之下，组织下属部门和人员开始制定预算。完全由下而上的预算，经常会发现销售收入和市场份额定得过低，而相应的费用却定得很高；而完全自上而下的预算，一级经理常会有抵触，并且因为没有参与预算制定过程而心存抱怨，认为是强加给自己的目标。比较理想的做法是两者有效的结合。一般来说，制定营销预算的时候，本年度的预算业绩应该优于上一个年度的预算业绩。

（二）协商

协商在两个层面上发生。首先发生在营销层面。高级营销经理就下属（部门）提出的预算进行审查复核，并提出意见，这些意见当然要与饭店的预算指导原则和追求的目标吻合。值得注意的是，对预算的修改意见应该与下级部门协商并取得一致，让下级部门和人员理解修改的理由是充分的，双方交换的数据和信息是可靠的。然后是饭店层面的协商。公司的 CEO、财务主管也会对营销主管制定的营销预算结果存有异议，同样的协商过程会再次发生。这样的协商过程经常不可能完美，无论如何，下级经理不情愿地接受上一级经理预算目标的情况时有发生，高明的预算批准者会在产生这种情况时保持合理的“度”，保证预算目标既有挑战性和可达到性，又能够发挥饭店营销人员的营销潜力。

拓展阅读 4—2

公关费用预算表

某公司公关费用预算表见表 4—4。

表 4—4　某公司公关费用预算表

编号：　　　　　　　　　　　　　　　　　　　　　　　　　　月份：____月

公关活动名称			活动时间		
预算费用					
接待费用			会议成本		
宣传成本			广告成本		
人工成本			媒体费用		
管理费用			活动经费		
合计					
营销部经理		财务部经理		总经理	

（三）复核和审批

在做出最终批准营销预算之前，饭店会对所有部门的预算总量进行检查和平衡，以便保证营销预算的可执行性。例如：需要检查生产部门的成本预算是否与营销部门的销售量预算相适应；财务部门是否可以提供相应的资源来保证营销计划得以实行；营销部门提供的现金流量是否足以维持公司的营运，如果不够，财务部门应该采取什么样的筹措资金的办法；等等。

（四）对营销预算的修改

年度营销预算一经批准之后，一般情况下饭店不会允许进行修改。但是也有不同的例子。日本企业为全年做预算，但是高级经理只批准前 6 个月的预算，后 6 个月的预算在开始之前的一个月会做出修改和正式审批。营销预算既然在审批之前进过了反复的修改和审查，那么以后就不应该被允许随便修改，除非经营环境发生了很大的变化，维持现有的预算已经没有任何意义。比如 2008 年的“国际金融风暴”严重影响了我国酒店业的入境客源市场，有些饭店就对营销预算做出了及时的修改：有的是调高收入目标，有的是调低收入目标；有的是追加国内市场营销费用预算，有的是减少营销投入。还有，在制定营销预算时盲目乐观，或者过于悲观，导致在销售收入远远达不到或者会被大幅超过的情况下，为了使营销预算进一步发挥控制功能，进行修改也是必要的。

第三节　饭店营销预算的编制方法和运营中偏差的调整

一、饭店营销预算的编制方法

编制预算的核心在于确定各项费用的具体数额。而如何确定这些数额，各个饭店有不同的做法，其中使用较多的有：

（一）经验推断法

不少饭店营销经理在编制销售预算时，都是以饭店当年各项费用项目的实际开支数为基础，然后预测计划年度各项费用可能发生的增减变动，来确定它们的增减数额。该方法简单易行，适用于经营比较稳定的饭店。但是，过去的数据不一定完全反映未来的经营情况，尤其是在饭店市场波动较大、竞争激烈的形势下，采用这种方法容易造成预算额的不准确，甚至会出现将过去的错误延续到今后的现象。

（二）量力而行法

量力而行法是指按饭店所能拿出的资金数额来编制。该方法在饭店的广告中比较多见，也就是说，在其他市场营销活动优先分配经费后，尚有剩余部分就供广告之用。这种预算方法考虑了饭店的财力情况，但却忽视了广告的目的在于促进销售，而预算时必须考虑需要多少营销费用才能达到销售的目标。

（三）行业比率法

行业比率法是指根据同行业的标准确定营销预算总额。采用行业比率法，饭店只要稍微结合本饭店的实际情况，参照同行业的相应费用，就可确定自己的营销预算。但是，这种行业比率法也许并不适用于本饭店，主要原因是不同饭店的差异很大，星级、城市、地理位置等都影响饭店的营销业绩，行业费用很难成为标准的参照对象。

（四）竞争对等预算法

竞争对等预算法在国外又称作“复制猫法”，是指饭店对照竞争对手的营销开支来决定自己的营销开支，以保持竞争上的优势。许多饭店都喜欢根据竞争者的营销预算来确定自己的营销预算，造成与竞争对手旗鼓相当、势均力敌的对等局面。这种方法简便易行，但与行业比率法一样，它忽视了各个饭店具有的特殊性。由于各饭店的信誉、产品和服务、经营机会以及营销目标和销售力量并不完全相同，某一饭店的营销预算不一定是其他饭店的比照，因此，同样的营销费用支出并不意味着就能带来同样的效果。

（五）销售百分比法

销售百分比法，即饭店按客房销售额（或总销售额）的百分比来计算和决定营销开支。也就是说，饭店按照每100元销售额（本计划期销售实绩或预算期预计销售额）需要多少营销费用来计算和决定饭店营销预算。其优点是将销售收入与预算紧密地联系起来，并将营销费用控制在一定水平上，这一营销费用理论上讲能够使饭店获得相应的利润。其缺点一是颠倒了销售收入和营销结果之间的因果关系，使营销活动受制于营销预算，容易使饭店失去有利的市场营销机会；二是销售百分比法会导致营销预算随每年的销售波动而增减，容易造成营销费用分配不合理，有的年份可能营销费用太高，而在经营形势不佳、需要大量营销预算时，却无法得到相应资金。

（六）目标任务法

目标任务法是指饭店编制营销预算时，先根据营销目标，决定为达到这种目标而必须执行的工作任务，然后估算执行这些工作任务所需的各项费用，这些费用的总和就是营销预算。饭店在编制总的营销预算时，要求每个营销经理准备一份营销预算申请表，尽可能详细地限定其营销目标，该目标最好用数字表示。例如提高商务散客预订量18%，列出为实现该目标所必须履行的工作任务；又如开展商务促销拜访商务机构900家等，并估算完成上述工作任务所需的全部费用。这些费用之和就是各个营销经理的经费申请额，所有营销经理的经费申请额即构成饭店总营销额。

由于这种方法在逻辑程序上具有较强的科学性，因此为众多的饭店所采用。这种方法的不足之处在于它没有从成本的观点出发来考虑某一营销目标是否值得追求这个问题。例如，饭店营销目标是下一年度将客房出租率提高20%，而这所需的广告及促销费用也许会比实现该目标所带来的利润高出许多，从经济角度上讲这是得不偿失的。如果饭店事先进行成本效益分析，然后选择有利的目标付诸实现，效果会更好。

（七）零基预算法

这种方法与目标任务法在实际操作上很相似，其特点是对于任何一个预算（计划）期，任何一项费用的开支数，都不以过去和现有的基础为出发点，即不考虑当年的费用开支水平，而是一切从零开始，将下一个预算期作为独立的经营周期，根据各项费用是否必要，能否达到最佳的经济效果来决定其预算费用水平。采用零基预算法，所有的费用都与预算年度的各项营销活动紧密相连，而各项营销活动的计划是在对饭店的营销优势以及经营机会和挑战进行分析后作出的，这样能够保证各项费用得到最佳配置。但这种方法只有进行大量的调查研究和细致的工作才能应用。

采用零基预算法进行预算，大致有 3 个步骤：(1) 饭店营销计划人员根据营销战略计划编制具体的行动方案，以及各项活动需要的费用数额；(2) 对每项行动方案进行成本效益分析，将其花费与可能收益所得进行比较，评定各项行动方案优劣，并据此排定优劣顺序；(3) 根据排列次序，结合可动用的资金来分配营销预算资金。

二、饭店运营中营销预算偏差的调整

实际运营与预算出现正负偏差是很正常的，任何计划都不可能做到百分之百精确。正偏差表明实际营运好于预期，而负偏差则正好相反，如表 4—5、表 4—6 所示。

表 4—5　　销售偏差　　单位：元

	计划销售额（3 月）	实际销售额（3 月）	差额	差额百分比
团体市场	40 000	35 000	5 000U	12.5%U
散客市场	80 000	85 000	5 000F	6.25%F
会议市场	40 000	30 000	10 000U	25%U

说明：F 为正偏差，U 为负偏差。

表 4—6　　预算偏差　　单位：元

	预算支出额	实际支出额（本月）	总支出额	节余
广告	3 000 000	500 000	1 800 000	1 200 000
人员推销	1 000 000	110 000	650 000	350 000

作为管理人员的营销经理，其主要工作便是对出现的偏差实施处理。

(一) 找到出现偏差的原因

(1) 是不是预算所定目标过高或过低?

(2) 是不是经营环节中出现了问题或市场发生了大的变动?

(二) 采取相应的行动

在找到偏差的基础上采取相应的行动：

(1) 如果是预算目标不符合实际状况，应及时加以调整。

(2) 如果是由于自身工作失误，便需尽快纠正错误。

(3) 如果是由于市场发生突然变化造成营业额大幅度上升或下降，则需对原有的预算进行大幅度调整，以适应新的形势。

拓展阅读 4—3

××酒店前厅部、客房部开业销售预算、成本预算及经营

名称：客房

功能：客住场所

地点：主楼 6～18 层

营业时间：全天 24 小时

所有房间的出租，以次日 14:00 为结算日并当一天房租计算；凡超过 14:00 起至 18:00止，按多租半天的房费计算；凡超过 18:00 起，按多租一天的房费计算。

服务电话：内线：________ 直线：________

客房数量：211 间

（一）房务部销售预算

房务部销售预算见表 4—7。

表 4—7　　房务部销售预算

名称	数量	标价（元）	售价	出租率（天）	营业收入/天	年销售额（按 300 天计算）	备注
标准双间	83	320	208	65%	11 222	3 366 480	6.5 折
标准单间	40	320	208	65%	5 408	1 622 400	6.5 折
商务标间	40	398	258.7	65%	6 726.2	2 017 860	6.5 折
标准三人间	8	398	258.7	65%	1 345.2	403 572	6.5 折
商务套房	15	480	312	65%	3 042	912 600	6.5 折
行政标间	9	368	239.2	65%	1 399.3	419 796	6.5 折
行政大标间	2	520	338	65%	439.4	131 820	6.5 折
行政单间	9	368	239.2	65%	219.7	419 796	6.5 折
行政套房	1	520	338	65%	3 270.2	65 910	6.5 折
行政豪华套房	3	2 580	1 677	65%	1 090.1	981 045	6.5 折
行政豪华套房单间	1	2 580	1 677	65%	35 561	327 015	6.5 折
合计	211					10 668 294	

（二）客房部成本预算

客房部成本预算见表 4—8。

表 4—8　　客房部成本预算

名称	日（元）	月（元）	年（元）	备注
工资	1 600	4 800	576 000	客房部工资分解表
税收	16 299	48 896.3	586 756.2	按营业税 5.5%计算
电费	17 333	52 000	624 000	按整个宾馆 40%计算，含前厅部电费，按 350 千大卡计算
水费	533.3	16 000	192 000	按整个宾馆 40%计算
维修、维护	200	6 000	72 000	客房维修费用
食宿	653.3	19 600	235 200	伙食及住宿费用，每人每月 350 元
福利	131	3 939	47 264	员工月劳保福利用品及年终奖部分
一次性消耗品	2 484	74 520	894 240	按 138 间客房计算，一次性用品为 18 元/套
洗涤费	869.4	26 082	312 984	按 138 间客房计算，每房成本费为 6.3 元
交通、电话费	80	2 400	28 800	客房部电话、出差等交通费
养老保险	235.2	7 056	84 672	按 700 元/人的 18%投保，客房部 56 人
合计	10 149.4	261 293.3	3 653 916.2	客房部全年成本费用

（三）前厅部成本预算

前厅部成本预算见表4—9。

表4—9　　　　前厅部成本预算

名称	日（元）	月（元）	年（元）	备注
工资	1 360	40 800	489 600	前厅部工资分解表
维修、维护	80	2 400	28 800	维修维护费用一览表
食宿	455	13 650	163 800	伙食及住宿费用，每人每月350元×39人
福利	84.4	2 532	30 384	劳保福利每人12元/月+年终奖
交通、电话费	80	2 400	28 800	前厅部电话、出差等交通费
养老保险	163.8	4 914	58 968	按700元/人的18%投保，前厅部39人
合计	2 223.2	66 696	800 352	前厅部全年成本费用

（四）各类型客房门市价及折扣价

各类型客房门市价及折扣价见表4—10。

表4—10　　　　各类型客房门市价及折扣价

名称	数量	门市价（元）	折扣价4折（元）	折扣价5折（元）	折扣价6折（元）	折扣价7折（元）
标准双间	83	320	128	160	192	224
标准单间	40	320	128	160	192	224
商务标间	40	398	159.2	199	238.8	278.6
标准三人间	8	398	159.2	199	238.8	278.6
商务套房	15	480	192	240	288	336
行政标间	9	368	147.2	184	220.8	257.6
行政大标间	2	520	208	260	312	364
行政单间	9	368	147.2	184	220.8	257.6
行政套房	1	520	208	260	312	364
行政豪华套房	3	2 580	1 032	1 290	1 548	1 806
行政豪华套房单间	1	2 580	1 032	1 290	1 548	1 806
合计	211					

说明：行政楼层可享受免费2小时的会议室使用，免费下午茶及软饮料，免费湿洗衣服1件，免费自助商务早餐1份。

（五）客房经营思路

客房为酒店最大的创收点，也是本酒店各营业点的业务来源之主要源头，故此，我们必须首先强化客房业务的拓展，尽量争取最大的客务量，以避免酒店出现冷清的局面。我们将以价高折大的房价政策，配以灵活性强的销售手段，尽量吸引较多的顾客惠顾，建立熟客群体，并利用顾客口碑，蓄意造势，提高酒店的知名度和尊贵形象。虽然价高和折大这两种做法之间会存在一定发展关系上的矛盾，但我们可通过提供特色的服务和热诚的接待，作为上述矛盾的润滑剂，以减少矛盾。

1. 客房市场定位

以国内低中高档次消费水平的商务客以及本地政府部门、企业、社会团体顾客为主。

2. 客房经营策略

广开思路，强化营销，价高折大，政策灵活，积极主动，全员销售，重视意见，优化服务，创造声势，树立形象。

3. 客源市场

从一次性订房数量上来区分，可分为散客市场、会议市场与团体市场；从订房渠道上来区分，则可细分为自来散客、出租车司机推介、商务公司、订房中心推介、联营推介、长住客、旅行社、订房中心、政府机构、本集团公司与员工所推介的特殊折扣客源。

4. 客房经营方法

本酒店的客房，与本市其他星级酒店相对比，不论从装修上还是从明细的考虑上，都要有显著的优势。本酒店应首先拟定准确的经营方针与策略，通过营销组织的强化，优化营销队伍的营销技巧，同时制定灵活性强的营销政策和配备有助于发挥营销力量的利销条件，再通过强大的营销队伍按既定的经营方向作紧密的业务推广与促销活动，并重视顾客的回馈意见，不断按市场需求改善服务与产品。此外，以特色的服务作熟客的凝聚，并通过良好服务的口碑作不断的宣传推广，发展优者旺、旺者愈旺的良性滚动形势。

5. 客房营销手段

为了配合拓展可承受较高房价的散客市场所需，我们须建立与众不同的强大营销队伍以积极拓展商务散客市场；同时，须配以灵活性强的促销政策和有助销售的利销条件，并按适当的客源市场，布置专职负责的营销队伍，通过精心策划吸引潜在顾客，务求促使营销动力可处于一个最强势的状态；实施客户关系秩序化的措施，建立完整的资料库，以作为下一轮攻势的客源储备和可深化客源关系的资源。

6. 客房价格定位

从牌价上，制定稍高于本市四星标准的酒店之门市牌价，于旺季时，可尽量争取到最高的房租收入；同时执行价高折大的灵活价格政策，与商务公司及中介代理商签订较低价格的特价合同，实行薄利多销的手段，尽量争取客源市场的份额。

7. 客房服务特色

(1) 提供亲善的机场代表接待，并提供含有现代化设施装备的高档轿车迎送顾客至本酒店；在途中，由宾客关系主任沿途讲解本市文化特点，并提供毛巾与饮料予顾客享用；在接近本酒店时，可通过通信工具联络本酒店准备门前迎宾。

(2) 当顾客至本酒店门前时，身穿夺目制服与面带亲切欢迎笑容的门迎向顾客致欢迎词，并主动协助顾客提取行李；同时，轿车司机亦以预祝顾客入住愉快作欢迎光临的致意。

(3) 当顾客步入大堂时，大堂副理以微笑及道姓欢迎光临，并亲切地引领顾客挑选客房；在途中，沿途慰问及讲解本酒店各项服务设施；在顾客已挑选客房后，于房间办理入住登记手续及讲解房内设施。

(4) 在大堂副理离房前，行李员将该顾客的行李安稳地置于房中；在行李员离房后，客房人员提供别致的欢迎茶与鲜果盘予顾客享用，并提供周到的侍从服务（污衣收洗、熨烫衣物、皮鞋擦亮、安放衣物、调水沐浴等）和亲切慰问。

(5) 提供充足和精致的高档客房用品；各房内均含鲜花与植物盆栽，并配置时尚的刊物和当天的本地报纸。

(6) 提供充分为顾客考虑周到的服务设施，其中包括：简易记忆的服务中心电话号码并提供高效服务、语音留言系统、VOD视频点播系统、所有客房内可宽带上网等。

(7) 在顾客入住期间，由亲善有礼的房务人员提供温馨的夜床服务，在床头摆放巧克力或晚安卡和小纪念礼品，并在床头前地毯上摆放高档羊毛地毯，提高酒店服务规格和档次。

(8) 可同时提供为酒店长住客的代办服务和便利，定期为酒店长住客举办小型聚会，使长住客感受酒店的温情。

(9) 商务中心提供日常的优质专业服务。

(10) 礼品店除满足顾客的日常需求，还可提供按顾客需求代订各种礼品和拥有本酒店标记的运动套装销售。

(11) 洗衣房同时提供对外承接洗衣/布草的业务，可签订长期衣物/布草洗熨的业务合同，并可提供免费接送衣物/布草服务。

(12) 每日为本酒店商务住客提供定时免费火车站接送服务。

重要知识点

1. 营销预算的特点
2. 营销预算的组成
3. 营销预算的格式
4. 营销预算应该考虑的因素
5. 营销预算的编制过程
6. 营销预算的编制方法
7. 营销预算偏差的调整

模拟练习和实战训练

1. 某酒店在2015年11月1日将前10个月的销售收入与11月和12月的预计收入相加为2 700万元，以总额的3%作为2016年的营销预算，或者以2016年的预计销售收入3 000万元的2.5%作为广告预算。试问：如何按照3%和2.5%这两个比例计算营销预算和广告预算？

2. 某四星级饭店某年度的广告预算为200万元，请为这家饭店设计一份广告预算方案。

3. 某饭店计划下一年度将商务散客的入住率提高 18%，为此将商务促销的月拜访商务机构数定为 900 家，请估算完成这个工作任务的费用。

4. 某旅游城市饭店业某年度的营销广告支出中各项目份额见表 4—11：

表 4—11　　某旅游城市饭店业某年度的营销广告支出中各项目份额

	所有饭店	营销组合		
		休闲市场导向饭店	会议市场导向饭店	混合
工资及相关支出	23%	15%	36%	33%
销售支出	10%	8%	14%	8%
印刷广告	20%	24%	20%	25%
电台和电视广告	5%	6%	4%	2%
户外广告	2%	2%	2%	2%
其他广告	11%	12%	3%	9%
商品促销	4%	5%	2%	4%
公共关系	4%	5%	4%	3%
特许经营费	7%	9%	3%	1%
所有其他支出	14%	14%	12%	13%
总计	100%	100%	100%	100%

××饭店为一家以休闲商务散客为主导市场的五星级饭店，有 438 间客房、1 个大型宴会厅和 8 个多功能厅，年计划销售额为 1.6 亿元，按总销售额的 3%计算营销预算总额，请为这家饭店销售编制一个年度预算表。

模块二 饭店营销计划

学习目标

- 了解营销计划的内容和制定步骤
- 掌握营销计划的分解、调整
- 熟悉营销计划的目标管理与过程控制的方法、注意事项

引　例

希尔顿酒店环游世界计划

北京希尔顿酒店以小说《80 天环游世界》作为主题开展富有特色的主题活动。《80 天环游世界》是法国著名的小说家凡尔纳在 1872 年完成的，讲述的是一位英国人与其朋友打赌说他能在 80 天内环游世界以及后来他在 80 天的旅行途中发生的一系列趣闻轶事。得益于小说极富想象力的构思，北京希尔顿酒店大胆地以小说为主题，也为客人拉开了一个环游世界 80 天的序幕。在 4 月 9 日至 6 月 27 日，一个充满幻想、令人兴奋的包含世界 7 个国家和地区的美食之旅在北京希尔顿酒店各餐厅依次隆重推出。此次旅行途经中国香港、日本、中国内地、荷兰、阿根廷、澳大利亚，最后到达美国（见表 4—12）。旅行结束后，还有幸运抽奖，使每位“旅行者”都有机会赢得一个由荷兰皇家及美国西北航空公司赞助的真正的环游世界之旅。

表 4—12　希尔顿酒店环游世界计划

站次	国别或地区	时间	餐厅名称
第一站	中国香港	4 月 9 日—4 月 23 日	随园中餐厅
第二站	日本	4 月 9 日—4 月 30 日	源氏日餐厅
第三站	中国内地	5 月 3 日—5 月 30 日	随园中餐厅
第四站	荷兰	5 月 7 日—5 月 15 日	连天阁咖啡厅
第五站	阿根廷	5 月 22 日—5 月 30 日	路易斯安那餐厅
第六站	澳大利亚	6 月 4 日—6 月 13 日	连天阁咖啡厅
第七站	美国	6 月 17 日—6 月 27 日	路易斯安那餐厅

客人若想取得幸运抽奖资格，至少需要到过世界 7 个国家和地区美食之旅中的 6 个。每次就餐前，客人出示万能钥匙卡交给餐厅工作人员盖章，然后于每月 27 日前将盖过 6 个以上印章的万能钥匙卡交回，即有可能赢得真正的环游世界的幸运机会。

资料来源：蔡万坤、刘捷、于铭泽编著：《餐饮企业市场营销管理》，北京，北京大学出版社，2009。

饭店营销计划是为实现饭店战略规划所设定的经营目标而制定的资源分配、调整与使用的方法。饭店营销有别于其他企业的营销，因为饭店所提供的产品和服务是不能储存的，因而饭店的营销人员应该根据不断变化的市场，努力发现消费者的不同需求，通过预先制定的计划，运用不同的营销手段、定价策略，提供给消费者确实需要的产品，让顾客感到满意。那么，如何制定营销计划呢？计划执行过程中如何对计划进行分解或调整呢？营销部管理人员该怎样对营销计划的执行情况进行跟踪管理呢？

第一节　饭店营销计划的制定

一、饭店营销计划的构成

饭店营销计划是指一份用来指导饭店在一定时期内各种营销活动的书面文件。营销计划按计划期长短可分为长期计划、中期计划及短期计划。一份正规、有效的饭店营销计划通常包括四部分。

（一）饭店营销使命

饭店营销使命是饭店或者饭店集团作出营销决策的指导性纲领，文字要求简明扼要、高度概括。它主要根据营销分析情况，对饭店的市场、产品、竞争、消费行为等的过去、现在和将来作出高度概括和总结。鉴于其所表述的这一特点，营销使命又可称为“专家性总结”。

（二）饭店营销目标

饭店营销目标是饭店未来一定时期内发展目标的具体描述，包括销售目标、利润目标、客房出租率、平均房价、市场占有目标、市场扩张目标和品牌发展目标等；在总体目标下可根据不同标准划分分类目标，包括月/季度销售目标、分产品销售目标、区域销售目标等，以确保按步骤最大可能地实现目标。

制定营销目标的难点在于兼顾目标的现实性和激励性，因此需要对市场环境、竞争品牌、行业规律、资源投入、管理水平等因素进行综合评估，制定出现实的、真正具有指导意义的营销发展目标。

（三）饭店营销策略

饭店营销策略是指为了实现饭店既定的营销目标而制定的各种策略。饭店的营销策略基本上是围绕饭店目标市场、竞争、营销组合等因素构思出来的。因此，饭店营销策略常包括市场策略、竞争策略、产品策略、价格策略、销售渠道策略及促销策略等多种。

（四）饭店营销实施计划

1. 营销行动方案

营销行动方案是指为实现饭店营销目标、实施饭店营销策略所设置的具体行动步骤和详细的布置。它实际上是饭店营销策略进一步具体化的产物。

2. 营销政策

饭店营销政策是指饭店用来指导在一定时期内开展营销活动的规定和指示。如价格政策、客户优惠政策、饭店 VIP 客人会员政策等。

二、饭店市场营销计划制定的步骤

（一）饭店营销使命的确定

营销计划首先要有一个内容提要，即对主要营销目标和措施等作简明、概括的说明，这一步工作也就是总结饭店的营销使命。

（二）饭店营销机会和营销威胁的确认

营销计划中第二个主要内容是对市场营销中所面临的主要威胁和机会的分析。营销威胁是指营销环境中存在的对饭店营销不利的因素，营销机会是指营销环境中对饭店营销有利的因素。饭店经营者除了要了解饭店所面临的营销机会和营销威胁外，还必须对它们进行评估。

1. 营销威胁评估

对营销威胁可以从两方面进行评估：（1）潜在的重要性，即威胁成为事实时蒙受损失的多少；（2）发生的可能性，即它成为事实的可能性。

2. 营销机会评估

对营销机会也可以从两方面进行评估：（1）潜在的吸引力，即该机会带给饭店的获利能力；（2）成功的可能性，即营销机会能否成为饭店真正的获利机会，应看它是否符合饭店的目标和资源状况。

（三）饭店营销目标的制定

营销目标是营销计划的核心部分，它是在分析饭店营销现状并预测未来可能的机会和威胁的基础上制定出来的。营销目标能让饭店经营者了解饭店奋斗的总方向，也有助于营销组合的分工，便于营销计划结果的衡量。因此，如果没有营销目标，计划制定过程中的后续工作都无从谈起。营销经理必须对营销计划的目标作出决策，包括财务目标和营销目标。

1. 财务目标

饭店营销的财务目标主要是确定饭店全年的总营业额、毛利额、利润等。

2. 营销目标

饭店的财务目标只有转化为营销目标才具有可操作性。饭店需要预测年度营业额、出租率、平均价格、市场份额以及饭店知名度、美誉度等。营销目标不能抽象化，而要尽量量化和具体化。

(四) 饭店营销策略的构思

根据上述几步计划工作，营销人员就可以围绕产品、价格、渠道、促销组合等因素来构思实现目标的各种设想了。这一步计划工作实际上是对各种假定的营销模式加以讨论。因此，参与营销计划制定的饭店中高层管理者有责任对各种假定的模式提出各自的看法，要做到集思广益。

拓展阅读 4—4

营销策略格式

1. 目标市场：中高档商务客人、大型会议、商务旅游团队、日本市场。

2. 定位：最好的质量、最好的服务。

3. 价格：高于竞争对手。

4. 渠道：航空公司、商务公司、旅行社、国际经销商等。

5. 营销人员：增加15%。

6. 广告：全年预计多少广告，什么类型，什么时期发布，针对什么内容，达到什么目标等。

7. 销售促进：全面开展××促销活动等。

(五) 营销策略的筛选与评定

对各种可能的营销策略的评估是为了选出最佳或较佳的策略，以便列入营销计划中去。这样做有利于确保饭店营销目标如期实现。营销计划制定人员应该事先列出几个较为客观的策略衡量标准，如策略所需投入的资金、时间、精力或策略实施的难易程度等标准，然后对各种可能的策略一一加以衡量和评判。

(六) 营销行动方案的具体安排

营销行动方案的具体安排是把营销策略转化为具体的营销活动程序的过程。制定营销行动方案时，应将行动方案的每项具体内容都列出详细的程序表，列出相关内容，如时间、参加人员、目标、费用等，以便于执行和检查。

（七）营销预算

饭店营销计划中还应编制各项收支预算，在收入一方要说明预计销售量（如房间年出租间数）及平均价格（如房间平均房价或餐厅人均消费等），在预算支出一方要说明开展各项营销活动应投入的成本费用。收支的差额为预计的利润或亏损。饭店决策者负责对营销预算的审批，预算一经批准，便成为饭店营销活动的重要依据。

（八）营销计划执行中的调整与信息反馈

这是营销计划工作中最后一部分，是对营销计划执行的控制。最为常见的情况是饭店各部门将营销计划规定的目标和预算按月份或季度分解，便于饭店上层管理者进行有效的监督检查，并督促未完成任务的部门改进工作，以确保饭店营销计划的顺利完成。

三、营销计划有效执行的保障

在饭店营销管理中应该有一套合理的可执行的保障，包括制度保障、流程保障、权限与资源保障等。

（一）制度保障

1. 基础性管理制度

（1）绩效考核制度。将营销计划要达到的目标与营销人员的绩效考核联系起来，由此来规范营销人员的行为围绕营销目标展开，促使计划落到实处。

拓展阅读4—5

营销部工作业绩考核制度

每月定期对本部门员工进行逐级考核。经理考核销售代表，总经理考核部门经理。

考核内容包括：拜访客户次数，拜访客户成本，预定营销额，确认或实际营销额，失去老客户数量，增加新客户数量，每个客户平均房价，每个客户平均消费，客人投诉，是否认真填写统计报表，是否有合理化建议和创造性，每人所创纯利润。

（2）部门协作制度。围绕计划重点解决好各部门间的协作关系，明确责、权、利。另外也可以采取项目小组的形式，提高计划的运作效率。比如业务开发，涉及市场、生产等部门，一方面要确立营销部在开发过程中的领导关系，另一方面可通过责任书的确认使其他部门都能按要求完成各环节的工作。

2. 职能性管理制度

职能性管理制度是提高营销计划实施效率的管理制度，如营销推广管理制度、渠道管理制度、营销业务管理制度等。这些制度一方面为营销人员提供开展工作的规范，另一方面为衡量营销人员的工作成效提供标准。另外，职能性管理制度还影响营销人员的思想意识和行为模式，其根本点是围绕着营销计划的有效执行展开的。

（二）流程保障

如果有完善的营销计划而无完善的业务流程，那么营销计划如同虚设。具体包括：(1) 围绕营销计划的关键业务内容优化运作流程。关键业务运作流程优化对营销的有效实施甚至比计划重组更重要。(2) 通过优化业务流程调整部门结构。一些关键业务流程，如推广流程、计划流程、订单处理流程等，其运作效率的高低反映出整个组织结构和职能部门是否合理。

拓展阅读 4—6

饭店商务销售工作流程

(1) 做好销售前准备工作，制定计划。

(2) 业务人员了解所拜访公司情况。

(3) 寻求介绍者，同饭店领导联系，其他公司介绍，朋友、同事介绍。

(4) 通过报纸、电视等新闻媒介了解公司情况。

(5) 针对客户全面开展销售活动。

(6) 结识接待人员，得到关于公司的更详尽情报。

(7) 由熟人介绍认识有关人员，特别是总经理助理或秘书，他们对订单起决定性作用。

(8) 向对方赠送饭店小册子的纪念品，并向对方介绍饭店，认真听取客人的希望和要求，回答对方提出的各种问题。

(9) 对方接受预约。确认后，签订合同，制作客户档案，预订、排房。

(10) 如对方对本饭店不感兴趣，回饭店写销售报告，说明原因，总结经验。

（三）权限与资源保障

计划的落实及执行往往与执行人的权限有关，也与饭店所赋予的管理资源有关。

1. 各部门业务职能的落实

营销计划的有效执行很大程度上取决于各部门能否充分发挥各自的职能。计划的实施一定要赋予各职能部门相应的权限，否则将影响执行效率。

2. 总部和分部间的权限分配

总部应强化专业方面的权限，而分部则应加强针对性方面的权限，使计划在执行中得以很好的整体配合。

3. 各项业务活动的权限分配

即对计划的业务内容进行合理分配，各职能部门明确对应的工作内容，主要是解决业务开展过程中的决策权限。

4. 为达成计划目标必须配备的各种资源

有些计划项目分配到的资源往往并不能保障计划的实施，而且有的饭店在面对销量下滑的状况时，往往不能坚持按计划进行，而会把费用倾斜到能立即提升销量的项目上，比如返利促销。但这只是一种短期行为，不会带来根本的帮助。因此在计划实施中，一定要通过制度确认计划，并结合绩效考核，通过授权加以保障。

第二节　饭店营销计划的分解和动态调整

一、营销计划的分解

（一）营销计划分解的意义

营销计划的分解是计划得以执行的最佳方式。其意义表现在：

（1）营销计划中对业务内容的要求是总体性的，只有对其进行分解才能把握业务重点，利于计划的正确实施。比如，加强终端推广的计划，可从不同终端种类、开发不同终端的进度、可选择的推广方式等方面进行细分，以在不同阶段把握工作重点。

（2）要持续推动计划的执行，就要使营销人员能及时看到实施效果，从而提高执行的积极性。将计划进行分解就是将目标进行分解。

（3）将计划分解可使市场营销代表容易领会重点，在不同推广阶段能按照单一的目标努力，而不是面对众多目标分散工作精力，使计划可以落实到最基层。

（4）对营销计划的评估不能过长，否则就无法把握工作开展的过程，也无法及时衡量营销人员的工作成效，对计划分解也便于对计划效果的及时评估。

（二）营销计划分解的方式

1. 营销计划按时间分解

对营销计划来讲，可通过时间予以分解，用时间对营销计划的执行人进行约束或考核。

（1）周计划。执行到营销代表层面，主要是对最基层的营销问题进行反映。这个层面的计划由各营销主管把握，主要反映计划执行中最直接的效果。

（2）月计划。执行到营销部主管和营销部经理层面，主要是对各销售小组及整个饭店的营销状况进行反映，一方面便于营销部经理对饭店营销态势的掌控，另一方面便于营销总监对营销部执行计划状况的掌控。

(3) 季计划。执行到营销部经理和饭店总经理层面，主要是对计划执行成效的阶段性反映，对计划作一个阶段的整体性评估，避免营销重点过于集中于短期，同时对整个市场形势进行整体判断，并对营销人员的工作成效进行指导。

2. 营销计划按区域分解

(1) 按省级区域分解。掌握全国各大区域市场的总体分布情况，对计划在各区域的实施重点进行把握，对计划在各区域间的分配状况进行评估，掌握各区域可能产出的效益。

(2) 按地市区域分解。使分管经理掌握本区域状况，并在区域间对计划进行合理分配，掌控各区域计划的实施重点。

3. 营销计划按渠道分解

(1) 按渠道类别分解。团体渠道和散客渠道有很大区别，计划执行中对其利用也不同，对团体渠道注重旅行社利益，而对散客渠道则注重消费者利益，因此要对这两种渠道区分计划的实施重点，以实现不同的营销目标。

(2) 按渠道性质分解。专业渠道、商业渠道、特殊渠道，不同特性的渠道有不同的市场地位，要求有不同的营销工作重点。什么渠道应该成为计划的重点，应在具体执行过程中根据市场竞争形势和资源状况做出合理安排。

二、营销计划的动态调整

营销计划制定后并非一成不变，要根据市场变化主动进行调整，这需要对计划进行分解，包括月度分解和区域分解，既保证计划的稳定性，又保证计划的适应性。

(一) 调整方式

1. 滚动式调整

滚动式营销计划需要从部门和制度上加以保障，要有专门的职能部门对计划执行状况进行评估，并对各区域的计划进行综合平衡，使计划保持整体性的动态发展。

滚动式营销计划执行的核心是：先“由大到小”，再“由小到大”。也就是先从年度计划、季度计划、月度计划到周计划，再从周计划、月度计划、季度计划到年度计划。前一个阶段是对计划的整体性进行掌握，后一个阶段是通过有层次的滚动执行和调整，达到整个计划在适应性方面的保障。

2. 依据对市场态势的判断进行调整

(1) 竞争环境判断。竞争环境包括整个大环境和各区域的小环境。由于不同饭店的市场重点不同，资源投入也有差异，造成不同区域间的竞争环境各有特点，因此计划执行不能一刀切，应根据不同区域市场竞争环境的差异相应调整，使计划符合实际状况。

（2）饭店行业趋势判断。各区域饭店行业的发展是不平衡的，发展变化情况也不尽相同，因此计划执行中要根据饭店业的发展状况提出相应措施，符合饭店业不同发展阶段的特点。

（3）消费趋势判断。消费趋势是指消费心理和特殊消费行为模式的变化趋势。消费趋势决定未来一定时间内饭店产品的适销性和销售量，营销计划对此要有一定的预见性，以应对变化中的消费者市场。

拓展阅读 4—7

追求个性化体验已成为酒店消费趋势

日前，浙江省旅游局公布了9家首批省级特色文化主题饭店，杭州、嘉兴等地的多家饭店入选。而在我市虽不乏优质饭店资源，特色文化主题饭店却是空白。不过这一现状将被打破，昨天溪口旅游集团引入的民国文化主题酒店进行了项目启动推介，预计年底就将与市民见面。而在此之前，开元集团也在镇海郑氏十七房景区着手打造明清风格的文化主题酒店群，有关文化主题酒店的开发正热。

文化主题酒店被看好

什么是特色文化主题饭店？在《浙江省特色文化主题饭店划分与评定》这份省级标准中是这样解释的：它是以文化的多样性、特殊性和差异性为依托和本质特征，围绕地域特色、历史特色、民族特色、传统特色和现代文明等元素构建，在饭店的经营和管理过程中，通过产品的设计、生产、销售、服务等环节体现，为顾客提供文化享受和消费体验，主题明确、特色鲜明的饭店。

宁波的酒店行业已经意识到文化主题酒店的商机并展开了实实在在的行动，昨天溪口旅游集团联合南苑e家连锁酒店对外发布了民国文化主题酒店项目。

在施工现场，记者看见建设中的四季青藤花园酒店紧挨着武岭门入口，与风景区仅百米距离。“贴身景区建设是文化类主题酒店融入地域文化的特征之一，我们其他文化主题类别的酒店建设也会延续这一思路。”宁波南苑商务旅店连锁股份有限公司董事长张宁象介绍说，建设中的四季青藤花园酒店以民国风情为主题，结合溪口人文、自然特色进行设计，诸多细节中都贯穿了这一主旨，比如鱼鳞纹的屏风、老式四合院、白色烤瓷荷叶、粉彩的陶瓷凳子等。

除了溪口，开元集团去年8月入驻镇海澥浦郑氏十七房景区，计划投入5个亿，对整个项目进行整修，建设成主题文化酒店。酒店内不仅有餐饮住宿功能，还有祠堂、戏台、天井、古街、石巷、老房子等历史遗存供游客漫步体味。

开元集团在郑氏十七房景区的文化主题酒店模式并不是先例，运营3年多的绍兴大禹开元酒店已是成功案例。据悉，大禹开元酒店今年春节黄金周期间营业收入同比增长14.84%，酒店平均房价接近2 500元。

用文化和个性争夺大众消费

公款消费减少后，饭店业陷入大众消费的争夺战，高档饭店要“飞入寻常百姓家”，如何吸引大众消费？有专家指出，目前体验式消费盛行的大环境下，普通大众对饭店的选择依据并不是“星星”，他们对服务细节，对特色文化以及由此带来的独特消费感受更加看重。这其中又以都市里的年轻人为代表，追求个性化体验成为这些“花钱主力军”的消费特点。

浙江大学宁波理工学院旅游与酒店管理研究所所长林巧也认为，酒店选址要借外部环境之势形成自己的优势。如肯德基、麦当劳成为商业广场的标配一样，让酒店品牌成为某种类型景区建设时的标配。特别是植入景区特色文化到酒店中，将游览、住宿等各方面的旅游体验融为一体，加深游客对旅游目的地的文化认同感，获得独特的旅游体验。

资料来源：周雁：《追求个性化体验已成为酒店消费趋势》，载《东南商报》，2014-05-29。

（二）营销计划调整中的注意点

1. 强化不同业务类别的营销计划

旅行社/OTA销售、会议销售、宴会销售、商务/长包房销售、会员卡销售等业务分类的营销计划是饭店整体营销计划实施的基础，关系着计划能否真正执行到位，而且这又是最接近市场变化的层面，因此只有强化各分类产品营销计划的执行效果，才能使计划真正达到动态调整。强化各销售小组营销计划的执行效果，也就是提高各销售小组计划实施的系统性，一定要规定销售小组做好计划分解工作，发挥销售人员执行计划的能动性，使计划在实施过程中提高针对性。

2. 注意营销计划调整的层次性和时间性

（1）层次性。动态调整在不同层次上各有不同。计划强调适应性和针对性，并不是说可以对计划任意调整，而应在不同层次上进行不同程度的调整。对总体计划而言，要体现饭店各类产品市场的特点，做好产品销售结构调整和资源整合；对销售组如商务销售小组而言，要体现该类产品的市场特点；对内部营销而言，要体现部门工作和内部市场特点。因此，动态调整通过不同层次上的差异，其实是一种共同性基础上的调整，既考虑各市场的特点，又保持共性。

（2）时间性。动态调整是在稳定性基础上的调整，除了上面提及的层次性，还有时间性的问题，而时间性构成了计划的稳定性，也就是说动态调整并不是可以随时调整的，同样需要反映一年、一季、一月和一周的共性，同时要兼顾各种共性之间的协调，从而在整体上保持动态、平衡的发展。

第三节　饭店营销计划的执行管理

一、营销计划的目标管理

在饭店管理过程中，可能包含独立的目标管理，同样地，在营销计划过程中也不能离开目标的设定。

（一）目标管理的作用

目标管理是营销计划有效执行的良好工具。

1. 目标管理使计划评估具体可行

计划评估的一个重要标准就是计划目标的实现程度。如果将目标从结果转变为过程中的一个环节，就能客观、准确地评估实施效果。

2. 目标管理使计划执行成效得以控制

通过目标管理，可以把握计划执行的重点并掌握评估的依据，使目标成为指导计划执行或调整的方向。目标管理作为有效的工具，与计划的分解相结合，配合对分解计划的评估，使计划执行过程得到控制。

（二）目标的分类管理

饭店营销目标可分为两类：一为硬性目标，二为软性目标。

1. 硬性目标

硬性目标包括销量目标、市场占有率目标、费用目标、利润目标、客房出租率目标等，这些目标有的能反映结果，有的能反映过程。良好的目标管理的关键在于对目标进行综合性评估，但许多饭店只关心销量目标，相应地导致营销人员只看重销量而忽视其他目标的实现，最终无法体现计划效果。

2. 软性目标

软性目标包括管理制度、客户关系、价格体系、市场秩序、信息分析等，这些目标是达成硬性目标的保障。如果说硬性目标是结果，那么软性目标就是过程，只有将过程管理起来才能确保结果的有效达成。

（三）目标的绩效管理

1. 对目标结果的绩效管理

衡量绩效的重点是将结果与目标作对比，通过差异来判断目标的完成程度。如果营销目标包含结果型目标和过程型目标两种，那么这种差异可以反映出计划目标完成情况一定的成因，但是如果只采用结果型目标，绩效考核就无法反映真实的过程状况。

2. 对目标过程的绩效管理

衡量绩效的重点是将过程与目标对比，考查计划要求的工作有无做到位，有什么因素影响了硬性目标的实现。这种软性目标的绩效考核能够比较真实地反映实际状况，但在促进销售人员动力方面不如硬性目标直接，因此最好将其与硬性目标的绩效考核结合起来。

拓展阅读 4—8

××饭店营销部考核量表

一、营销总监绩效考核量表

营销总监绩效考核量表见表 4—13。

表 4—13　营销总监绩效考核量表

序号	考核内容	考核指标及目标值	考核实施	
			考核人	考核结果
1	完善营销工作制度及程序	营销工作制度与程序齐全，无缺失		
2	按时提交年度营销计划及营销费用预算	年度营销计划按时提交率100%		
		营销费用预算按时提交率100%		
3	按计划组织开展各类销售工作、公关活动	销售额达到____万元		
		公关活动100%按计划开展		
4	营销费用控制	营销费用实际发生额不超出预算		

二、营销部经理绩效考核量表

营销部经理绩效考核量表见表4—14。

表 4—14　营销部经理绩效考核量表

序号	考核内容	考核指标及目标值	考核实施	
			考核人	考核结果
1	酒店营销策略的制定与落实	各类营销策略与方案提交一次性通过率达到____%		
		酒店高层领导对酒店营销策略的满意度评分在____分以上		
2	组织开展各类销售工作、公关活动	销售额达到____万元		
		公关活动100%按计划开展		
3	指导并监督各销售主管的日常工作	各销售主管的考核平均分达到____分		

二、营销计划的执行管理

营销计划的执行是将营销计划转化为行动和任务的部署过程，并保证这种任务的完成，以实现营销计划所制定的目标。在饭店管理过程中，有的职业经理人只追求管理结果，虽然有的结果让人满意，但有的结果却不尽如人意，究其根源与执行过程中的执行者有非常大的关系。因此，一味追求结果不是不可以，但注重过程的结果会让管理者更满意。

（一）营销计划执行管理的手段

营销计划执行过程管理的主要手段包括营销报表、营销工作程序和营销会议。

1. 营销报表

营销报表反映计划执行过程的详细情况，了解营销人员有无抓住计划实施重点、实施过程中存在的问题，同时可以了解营销目标的完成情况，掌握计划实施进度。

2. 营销工作程序

营销工作程序是正确执行计划的保障，比如完成既定的终端营销计划和客房出租率目标，就要提高拜访客户的效率。如果为营销人员的终端营销工作建立规范的程序或步骤，就可以在不增加任何资源的情况下实现目标，提高实施效率。

3. 营销会议

营销会议一般应就计划执行情况进行双向沟通，及时发现营销人员工作中出现的问题并提供帮助和指导，同时教给营销人员一些营销技巧和方法，提高他们的应变能力；另外，对计划实施中的困难，也要通过营销人员的反馈信息给予重新审视，对计划实施中的困难进行动态调整。营销培训是激励营销队伍、提高工作效率的最佳方法，包括对执行计划所需技能进行培训，同时对计划的核心思想、营销策略进行强化，使营销人员充分领会计划要求，把握工作重点。

拓展阅读 4—9

××酒店营销部工作例会管理制度

第 1 条　为加强营销部例会管理，提高会议效果，特制定本制度。

第 2 条　例会类型。

酒店营销部例会分为营销分析例会和营销部部门例会两种。

1. 营销分析例会。营销分析例会说明表包括主要内容、会议主持者、会议参与者和召开周期。具体内容见表 4—15。

表 4—15　营销分析例会说明表

主要内容	会议主持者	会议参与者	召开周期
1. 上月例会决定的执行情况，营销任务的完成情况 2. 分析上月酒店的客源构成、消费结构、平均房价以及存在的问题	营销总监	1. 营销部经理 2. 营销部各分管主管	每月 1 次

2. 营销部部门例会。营销部部门例会说明表包括主要内容、会议主持者、会议参与者和召开周期。具体内容见表 4—16。

表 4—16　营销部部门例会说明表

主要内容	会议主持者	会议参与者	召开周期
1. 传达酒店每周大例会精神、工作指标、酒店经营信息 2. 检查营销指标完成情况，评估上周促销活动成效，分析新市场扩展进度 3. 每位销售专员汇报上周工作，以及接近潜在客户的情况，并提出工作中的问题 4. 分析处理客户投诉，汇集客户对酒店服务的要求，研究新的组合产品 5. 探讨大型活动或重要客户的接待方案 6. 营销总监下达下周工作任务指标	营销总监	1. 营销部经理 2. 营销部各分管主管 3. 营销部所有专员	每周 1 次

第 3 条　例会时间。

本酒店营销分析例会和营销部部门例会的召开时间有如下规定：

1. 营销分析例会。营销分析例会于每月月底最后一天的上午 8:00 召开，会议时间不得超过 3 小时。若因特殊情况需要延长会议时间，需会前报酒店总经理审批。

2. 营销部部门例会。营销部部门例会于每周周一上午 8:00 召开，会议时间不得超过 2 小时。若因特殊情况需要延长会议时间，需会前报酒店总经理审批。

第 4 条　参会纪律。

在参加营销部例会期间，所有与会人员应遵守以下各项纪律：

1. 会议主持者提前 5 分钟入场，与会人员提前 3 分钟入场，不得无故迟到、早退。

2. 因特殊情况确实无法到场的人员，应提前向营销总监报批。

3. 进入会场前，与会人员应注重自己的仪表，做到着装得体、精神饱满；会议期间要求集中精力，认真听取发言，不得交头接耳。

4. 会议期间严禁吸烟。

5. 坐姿端正，不得随意走动。

6. 手机关机或设置为静音状态，不接打电话、不玩手机。

7. 不得浏览与会议内容无关的网站。

8. 与会人员不得泄露会议机密，并妥善保管会议材料。

（二）确定计划执行的业务流程

为了有效地贯彻执行营销计划，营销经理要合理分配时间、经费和人力，加强监控，有效组织实施。设计合理的营销计划执行的业务流程是重要抓手之一，需要确定重点目标，并对关键业务流程进行界定。

1. 对重点目标的确定

重点目标决定业务开展的重点倾向，是确定关键业务流程的前提，一方面给出核心业务的方向，另一方面为衡量业务流程优劣提供标准。

2. 对关键营销业务流程的界定

关键业务流程是关系计划目标责任制能否实现的核心流程，比如营销推广流程等，直接影响计划实施，一定要抓好重点。

三、营销计划执行结果评估

饭店有良好的业绩，未必就能证明营销执行得好，因而很难用业绩来区分战略良好而执行欠佳和战略差劲而执行良好这两种情况。不过，我们可以用有准备地逐项分析的办法来评估一个饭店营销执行的效果。

(一) 目标评估

对执行过程的综合目标责任制、硬性目标和软性目标完成程度进行评估，随时掌握计划实施进度。

(二) 过程评估

对营销人员的工作方式和效率进行评估，了解营销工作中存在的问题，为营销人员提供营销指导。

(三) 投入产出评估

对计划执行效率进行评估，同时衡量计划带来的效益，并对这种效益所体现的价值程度进行判断。

(四) 推广效果评估

对执行过程中营销人员在营销战术的创造性方面进行评估，衡量现行推广方式所起的作用，评估推广方式的价值，以确定有没有可能在更大范围内推广。

(五) 执行政策评估

对营销人员执行计划的到位程度进行评估，一方面了解营销人员对计划的认同程度，另一方面了解营销人员对计划重点有无把握，同时评估政策是否有助于业务活动的开展。

(六) 竞争对手评估

对竞争对手的营销工作进行评估，重点是树立标杆，将计划各环节与竞争对手进行对比，找到真正的差异或差距，以进一步提高计划的针对性。

拓展阅读 4—10

卓有成效的营销执行活动评价

1. 是否有明确的营销主题、坚强的营销领导和能促进与导致获得卓越成功的文化素质?

2. 公司营销活动在功能上的细分是否健全稳妥? 推销功能中的分配、定价方法和广告宣传是否都处于良好的管理之下?

3. 公司的营销规划是否是一个整体，并以集中的方式向各顾客群体进行营销活动?

4. 营销管理者与其他同营销有关的人员（如推销人员)、公司其他职能部门、顾客及商户的相互关系是否处理得当?

5. 管理者采用什么办法来得知自己各种行动的执行情况和顾客及潜在顾客群体的

反应？

6. 管理者分配给营销任务的时间、经费和人员是否恰当？

7. 管理者以怎样的组织方式来完成营销任务和处理与顾客的相互影响的？是否存在向顾客和商界敞开的、容易进入的“组织机构的大门”？

资料来源：[美] 菲利普·科特勒：《营销管理——分析、计划和控制》，梅汝和等译校，上海，上海人民出版社，1996。

重要知识点

1. 营销计划的构成
2. 营销计划的分解类别
3. 营销计划动态调整的注意点
4. 营销计划目标的绩效管理
5. 营销计划的执行过程评估

模拟练习和实战训练

1. 选一家五星级饭店，为其下一年“饭店平均出租率达到××%，年平均房价达到×××元/间·夜”的目标拟写一份年度营销计划。

2. 某饭店与某啤酒供应商合作在饭店内举办为期一个月的啤酒节活动，以促进饭店的餐饮消费。请为这一营销活动设计一个具体的实施方案。

3. 为7—9月份的温泉饭店拟订一个淡季营销计划，并分解到月计划和周计划。

模块三 饭店营销绩效

学习目标

- 掌握年度营销计划控制的方法
- 能够进行盈利率、营销效率分析
- 熟悉营销业绩评价的两种方法

引 例

××饭店营销部工作计划内容

一、参与酒店经营理念、酒店市场定位

1. 充分了解酒店各种经营设施、经营项目。

2. 销售部提出酒店市场定位建议，以报告形式上呈总经理。

3. 参与酒店各部门价格制定，提出合理建议，以报告形式上呈总经理。

二、市场环境分析

1. 酒店周边经营环境分析。

2. 竞争对手情况摸底分析。

3. 酒店优劣势分析。

4. 销售目标分析。

5. 召开市场分析会议，以报表形式将销售部分析的情况告知酒店各经营部门。

6. 提出合理改进意见，以报告形式上呈总经理。

三、制定销售部岗位职责、规章制度

制定好销售部岗位职责、规章制度，以报告形式上呈总经理批示。

四、制定酒店销售策略、销售部政策与程序

1. 制定酒店销售策略，以报告形式上呈总经理批示。

2. 制定销售部政策与程序，以报告形式上呈总经理批示，并分发酒店各职能经营部门。

五、人员培训

1. 依据酒店员工手册工作计划、酒店及部门的规章制度对员工进行综合素质培训。

2. 依据总经理批示的销售部政策与程序对员工进行专业技能培训。

3. 依据酒店的现有情况对员工进行爱岗敬业、团队意识培训。

六、参与建立酒店企业文化

1. 确立酒店标识。

2. 制作酒店企业简介。

3. 制作酒店各种客用印刷品以及客用问询表格。

4. 参与酒店各部门经营环境的布置。

5. 参与酒店各部门经营项目的确立，并提出合理建议。

营销控制是指为了确保饭店实现营销计划目标而开展的分析、比较和调整等一系列有意义的活动。饭店营销控制可以分为四种类型：年度计划控制、盈利率控制、效率控制和营销战略控制。具体来说，饭店该如何设计营销控制程序？控制的关键点有哪些？如何进行营销业绩评价？

第一节 饭店年度营销计划控制

当饭店制定了年度营销计划后，一年中的时间都会用在计划的执行上，目的是使营销计划目标如客户销售量、营业收入、市场占有率等如期完成。但饭店内外的营销环境又是一个不断变化的动态环境，某些因素的变化常常会影响年度营销计划的执行，因此必须进行年度营销计划的控制，确保年度计划中所拟订的销售额、利润及其他目标的实现。

一、控制步骤

年度营销计划控制的中心是目标控制。饭店高层建立一年的销售目标和利润目标，这些目标被分解成饭店各部门的具体目标，营销部根据部门的具体目标对每个销售主管下达要达到的销售水平和成本水平，每个销售代表也被要求完成若干目标。饭店高层定期检查结果，并确定哪些地方尚有不足之处并找出产生这些不足的原因。具体控制步骤包括：(1) 饭店高层必须在年度计划中建立月度或季度目标作为控制基点；(2) 管理层必须监督营销计划在市场上的执行情况并进行绩效衡量；(3) 管理者必须对严重的偏离行为及原因作出判断；(4) 管理者必须采取改正行动，以便弥合目标和执行实绩之间的缺口，有可能需要改变行动方案，甚至改变目标本身。

二、控制方法

营销管理者经常运用五种工具来检查计划执行情况，分别是销售额分析、市场份额分析、营销费用率分析、财务分析和消费者态度追踪。

(一) 销售额分析

销售额分析就是衡量和评价实际销售额与计划销售额之间的差异。

1. 销售差距分析

销售差距分析是为了求出不同影响因素对出现的销售差距的相对影响力。

例如，深圳某五星级饭店某年度计划第一季度销售房价为 300 元的客房 12 000 间，销售总额为 360 万元。第一季度结束时，发现仅销售了 9 000 间，且房价降为 250 元，销售总额为 225 万元，因此发生了 135 万元的销售差额，即低于预期销售额 37.5%。那么造成上述差别的原因及其影响该如何确定呢？计算如下：

价格降低所产生的差距＝（300－250）×9 000＝45（万元）

减量所产生的差距＝300×（12 000－9 000）＝90（万元）

降价所造成的损失在损失差距中的比重＝45÷135×100%＝33.3%

销量减少所造成的损失在损失差距中的比重＝90÷135×100%＝66.7%

由此可见，无法完成销售计划是销量造成的，营销经理应该设法对这种状态进行深入的调查研究，并提出相应的纠正措施。

2. 目标市场销售额分析

目标市场销售额分析是指按照不同目标市场的销售额差距进行分析。

例如，某五星级饭店有四个目标市场，其预测销售额分别为 2 500 万元、1 200 万元、800 万元、1 500 万元，总计 6 000 万元。而年度计划执行结果的实际销售额分别为 2 350 万元、1 320 万元、600 万元、1 800 万元。这样，第一目标市场低于预测销售额 6%，第二目标市场高 10%，第三目标市场低 25%，第四目标市场高 20%。

显然，利用目标市场销售额分析法有利于分析评估各目标市场实现销售计划的贡献，从而确定出有问题的重点市场或产品。营销经理要从市场、产品以及其他方面考察未能完成预定销售目标的原因。其他原因可能是销售人员努力不够或有私人原因，以及有重要的竞争者闯入这一市场或者这一地区的国民生产总值下降了。

拓展阅读 4—11

2015 年某饭店的销售情况见表 4—17。

表 4—17　　2015 年某饭店销售情况

项目	目标销售额（百万元）	实际销售额（百万元）	实际完成率（%）	差额
客房	250	266	104.4	＋16
宴会厅	106	122	115	＋16
会议室	70.6	69.2	98	－1.4
总计	426.6	457.2	—	—

这里一个关键的衡量指标就是实际完成率（＝实际销售额÷目标销售额），100%的实际完成率表示该项目按计划完成。

从表 4—17 中可以看到，客房刚刚完成，宴会厅超过计划指标，而会议室市场销售则没有完成。因此，尽管从总量上看该饭店基本达到了销售目标，但各项目的完成情况有较大差异。营销经理必须对会议室市场销售作分析，找出未能完成目标的原因，并采取措施以纠正偏差。

（二）市场份额分析

一家饭店仅仅对销售额进行控制难以显示经营成绩的好坏。因为销售额的提高，既有可能是外部营销环境的好转所引起的，也可能是饭店营销得力的缘故，所以还应该对市场份额进行分析。

1. 确定市场份额衡量标准

饭店市场份额分析一般有两种份额衡量标准：总的市场份额和相对市场份额。它们是反映饭店在市场竞争中的地位、实力的基本指标。

（1）总的市场份额。饭店总的市场份额是指饭店的销售额在当地总的饭店销售额中所占的比重。使用这一标准需要作两项决定。第一个必须作出的决定是，市场份额用销售数量表示还是用销售金额表示。用销售数量表示的市场份额的任何变化都反映了竞争饭店之间在饭店产品销售数量方面的变化，而用销售金额表示的市场份额的变动则反映了销售数量和价格的综合性变化。饭店产品具有综合性，所以一般选择销售金额作为市场份额变动指标。第二个必须作出的决定是，有关行业范围的确定。比如，某一五星级饭店想衡量其在所在地的市场份额，考虑到四、五星级饭店产品间有较大的替代性，可以考虑选择当地所有四、五星级饭店作为行业范围。

（2）相对市场份额。相对市场份额是指饭店将销售额与最大竞争者的销售额或三个最大竞争者的总销售额之比。所谓最大竞争者，就是本地饭店市场中所占份额最高的竞争对手。当本饭店市场份额最大时，其最大竞争者就是市场份额最接近本饭店的竞争者。此时，相对市场份额超过100%的饭店就是市场领先者；相对市场份额正好100%，则说明本饭店与最大竞争对手不相上下。饭店的相对市场份额上升，意味着饭店的市场成长速度快于最大竞争对手的速度。与三个竞争者相比的市场份额，例如，假设某饭店的市场份额为30%，而它的3个最大竞争对手分别为20%、10%、10%，那么该饭店的相对市场份额就是75%（=30/40）。如果4个饭店的市场份额都为25%，则每个饭店的相对市场份额都是33%，相对市场份额高于33%的饭店被认为是实力较强的饭店。

总的市场份额和相对市场份额除了本饭店的销售资料外，还需要寻找行业或相关饭店的资料，这些资料可以从政府主管部门或饭店协会的网站、出版物上获得。

2. 市场份额变动分析

市场份额分析和销售额分析一样，当资料分解为不同方面时，这种分析会更有价值。饭店可以通过客房产品、餐饮产品或其他有关方面观察其市场份额的变动。市场份额变动分析是要分析出导致顾客消费变动的因素，这些因素包括：（1）顾客渗透率，指所有向饭店购买的顾客占所有顾客的百分比；（2）顾客忠诚性，指顾客从本饭店购买的产品量占这些顾客从其他同类饭店那儿所购数量的百分比；（3）顾客选择性，指本饭店的顾客平均购买量与某个一般饭店的顾客平均购买量之比；（4）价格选择性，指本饭店的平均价格与所有饭店的平均价格之比。

所以，总的市场份额的计算公式为：

总的市场份额＝顾客渗透率×顾客忠诚性×顾客选择性×价格选择性　　(4—1)

假设某饭店以金额表示的市场份额下降了，这四个因素提供了4种可能的解释：（1）饭店失去某些顾客（较低的市场渗透率）；（2）现有顾客从该饭店购买较少一部分他们所需的产品（较低的顾客忠诚性）；（3）该饭店所留下的顾客规模较小（较低的顾客选择性）；（4）饭店的价格与竞争者相比已向下滑动（较低的价格选择性）。通过对上述因素在一段时间中的追踪，饭店可以判断市场份额变动的基本原因。假设某一饭店期初顾客渗透率为60％，顾客忠诚性为50％，顾客选择性为80％，价格选择性为125％，根据式4—1，饭店的总的市场份额为30％。如果期末，饭店的总的市场份额降至27％，在检查过程中，饭店发现顾客渗透率为55％，顾客忠诚性为50％，顾客选择性为75％，价格选择性为130％。显然，饭店的总的市场份额下降主要是因为失去了一些顾客（顾客渗透率下降），而这些顾客的购买量一般都比较大（顾客选择性下降）。营销经理可以据此进一步调查饭店为什么会失去这些顾客。

拓展阅读4—12

某饭店市场份额变动分析

假设某饭店销售总额、行业销售总额及该饭店销售所占市场份额见表4—18。

表4—18　　某饭店所占市场份额表

年份	销售总额（百万元）	行业销售总额（百万元）	饭店所占市场份额（%）
2004	177	1 180	15
2005	180	1 200	15
2006	207	1 380	15
2007	235	1 620	14.5
2008	255	1 780	14.3
2009	248	1 800	13.8
2010	260	2 000	13
2011	294	2 300	12.8
2012	263	2 104	12.5
2013	345	2 800	12.3

从表4—18中数据来看，该饭店的销售总额从2004年的177万元上升到2013年的345万元，10年内销售总额翻了一番，并且除2009年和2012年之外，每年都比前一年有所增加。大多数年份，饭店都完成或越额完成计划销售指标，所以情况是令人鼓舞的。但是仅从销售总额来看通常是不够的，甚至还会产生误导，所以营销经理还应该进一步

分析各细分市场的销售情况。表4—18还表明，该饭店的销售总额10年内翻了一番，而同时，行业销售总额从1 180万元增加到2 800万元，增加了137%，所以饭店销售的实际市场份额从15%降至12.3%。这时就必须进行分析：是饭店本身缺乏吸引力，还是价格结构不合理？是促销不力，还是有新的竞争者加入市场？等等。

（三）营销费用率分析

营销费用占销售额的百分比称作营销费用率。分析该指标，可以帮助饭店揭示一定的营销费用所获销售额的营销活动效率，或确定营销费用支出的合理性。因此，饭店要把这一指标作为重要控制对象之一。此外，还可以把营销费用的预算值与过去的历史数据相比较，或者把本饭店的营销费用与其他饭店的营销费用加以比较，以对营销费用进行控制。同时，还要对总营销费用中的各项活动费用，如广告费、促销费、公共关系费等进行控制，分析它们占销售额的比重和这个比重的变化趋势。

比如，一家饭店的营销费用率为30%，它包括5个费用对销售额之比：销售费用对销售额之比15%，广告费用对销售额之比5%，促销费用对销售额之比6%，营销调研费用对销售额之比1%，销售管理费用对销售额之比3%。管理者应该监控这些营销开支占比，它们可能出现一些不为人注意的波动，但是超过正常范围的波动正是引起麻烦的原因，所以要对每个比率在各个时期的波动进行追踪。如果饭店广告开支与销售额之比通常在5%～8%之间波动，100次里有99次是如此，某期这一比率超过了波动上限，那么结果只有两种：(1) 饭店对支出方面的控制依然正常，这种情况代表某种偶然情况；(2) 饭店对支出失去了控制，应该寻找原因。如果是前者，饭店可以不对饭店经营环境进行调查，但也有判断失误的风险，其结果是饭店可能错过最好的调整经营时机；如果是后者，饭店也可能面临调查一无所获、浪费时间和精力的风险。不过，如果连续观察发现某个比率持续同方向波动，最终超过上限或下限，那调查的必要性就显著提高了。

（四）财务分析

营销费用率应该放在一个总体财务构架中进行分析，以便决定饭店如何花钱，把钱花在什么地方。营销者越来越倾向于利用财务分析来寻找提高利润的战略，而不是仅仅限于扩大销售。

饭店管理者可以利用财务分析来判断影响饭店资产净值报酬率的各种要素。资产净值报酬率的计算公式为：

资产报酬率＝净利率×资产周转率

资产净值报酬率＝资产报酬率×财务杠杆率　　(4—2)

其中：

净利率＝净利润/净销售额

资产周转率＝净销售额/总资产

资产报酬率＝净利润/总资本

财务杠杆率＝总资产/资本净值

比如，一家饭店的资产净值报酬率为15%，即：

净利率（20%）×资产周转率（0.25）＝资产报酬率（5%）

资产报酬率（5%）×财务杠杆率（3）＝资产净值报酬率（15%）

饭店管理层发现这一比率并不能满足董事会对饭店利润的要求，饭店管理层希望提高资产净值报酬率。根据式4—2，要提高资产净值报酬率，饭店就必须提高资产报酬率（净利润与总资产之比），或者提高其财务杠杆率（总资产与资本净值之比）。后者属于财务处理方法范畴，在相同的财务数据处理方法下，饭店提高资产净值报酬率取决于资产报酬率，因此饭店应该分析它的资产构成，即现金、应收账款、库存以及饭店设施设备的构成，并注意能否改善它的资产管理。

资产报酬率是净利率与资产周转率的乘积。当资产周转率被认为是正常时，饭店管理者应该通过控制成本提高净利润，以提高净利率；当净利率被认为是正常时，提高销售额将有利于资产净值报酬率的改善。

（五）消费者态度追踪

除上述几种定量分析和财务分析外，还必须补充对市场营销的发展变化进行定性分析，这就是消费者态度追踪。一旦发现消费者对本饭店及其产品的态度发生了变化，就应及时采取措施争取主动。饭店对消费者态度追踪的方式主要有三种。

1. 投诉和建议系统

饭店应该对消费者的书面或口头投诉和建议进行记录、分析，并作出适当的反应。饭店应当鼓励消费者进行投诉和提出建议，这样才能收集到他们对饭店及其产品的看法的完整资料。

2. 消费者固定样本调查

饭店可以建立由具有一定代表性的消费者组成的固定消费者样本，定期了解其态度。这种收集消费者态度的方式有一定的代表性。

3. 消费者意见征询表

饭店定期向随机抽取的消费者发送意见征询表，请消费者对饭店的产品和服务作出评价，一般分为很不满意、不满意、一般、满意、很满意五级。

三、改正行动

当实际绩效偏离计划目标比较大时，管理者需要采取改正行动。比如，一家饭店的销售量低于其预定目标，饭店行业的生产力过剩，价格下降，饭店可能采取的行动包括：

（1）减产。饭店关闭部分营业部门。

（2）降价。饭店开始有选择地降低产品价格。

（3）对销售队伍增加压力。饭店对销售队伍施加更大压力，促使其完成销售定额。销售代表开始“叩门而入”，促使客人购买更多产品。

（4）削减附加开支。饭店减少诸如人员雇佣和培训、广告、公共关系以及研究开发等方面的预算开支。

（5）减员。饭店开始临时解雇一部分人员，让一部分人退休，或者解雇一批人。

（6）簿记调整。饭店可以采取某些别出心裁的簿记方式，以产生一种较好的景象，包括：改变折旧基础；将采购支出记入资产项目，不作为费用；将饭店资产出售给别人再长期租用该产业；把对虚拟顾客的销售也记入账目。

（7）减少投资。饭店开始减少对饭店设施设备的投资或延期装修改造。

（8）出售资产。饭店决定向其他企业出售一部分生产线。

（9）出售饭店。饭店开始考虑出卖或者和另一个饭店合并。

第二节　饭店营销绩效控制

饭店的盈利率、营销效率是饭店营销的绩效，因此饭店的盈利率控制、营销效率控制可以看作饭店营销的绩效控制。

一、盈利率控制

除了年度计划控制外，饭店还需要衡量其不同产品、顾客群、销售渠道和销售量的盈利率。这方面的分析将帮助管理者决定哪些产品或营销活动应该扩大、收缩或者取消。

（一）营销盈利率分析

在进行盈利率控制时，一般采取营销盈利率分析方法，其分析步骤是：

1. 确定功能性费用

××饭店在进行营销活动时的功能性费用见表4—19。

表4—19　营销活动功能性费用表　单位：元

	人员推销	广告	公关	特殊促销
工资	15 000	15 000	9 850	8 800
租金	—	5 000	800	900
管理费	1 120	111 000	1 500	800
合计	16 120	131 000	12 150	10 500

2. 将功能性费用分摊给营销实体

××饭店每次营销活动所需费用见表4—20。

表 4—20　　××饭店营销活动所需费用

	人员推销次数	广告次数	公关次数	特殊促销次数
旅行社	232	40	50	42
外贸公司	56	25	24	18
航空公司	22	35	16	10
次数合计	310	100	90	70
每次活动所需费用（元）	16 120÷310=52（元）	13 100÷100=1 310（元）	12 150÷90=135（元）	10 500÷70=150（元）

3. 将每个营销实体编制成一张损益表

把各种营销活动费分摊到各种销售渠道，然后列出各销售渠道的损益表，见表4—21。

表 4—21　　各销售渠道损益表　　单位：元

		旅行社	外贸公司	航空公司
销售额		360 000	110 000	210 000
成本		265 000	77 000	100 000
毛利		95 000	33 000	110 000
营销活动费	人员推销（每次 52）	11 024	3 952	1 144
	广告（每次 1 310）	52 400	32 750	45 850
	公关（每次 135）	6 750	3 240	2 160
	特殊促销（每次 150）	6 300	2 700	1 500
总营销活动费		76 474	42 640	50 650
纯利润（或亏损）		18 526	−9 642	59 346

4. 分析损益表以确定改正行动

表 4—21 表明了各销售渠道的销售额、费用和盈利（或亏损）情况，它为营销经理提供了有效的销售信息，以供制定销售渠道策略时参考。如表 4—21 所示的饭店的几种销售渠道中，航空公司盈利最大，外贸公司非但没有盈利，反而亏损。所以，今后要加强对航空公司的促销活动，减少对外贸公司的促销活动或放弃这一渠道。同样，营销经理还可以利用获利性这一控制方法，对饭店各产品和各目标市场的获利情况进行评估分析。

（二）成本费用控制

饭店成本费用控制是指在经营活动中采用一定的控制标准，对产品形成的整个过程进行监督，并采取有效措施，及时纠正偏离标准的偏差，使经营耗费和支出额限制在规定的范围内，以确保饭店实现降低成本的目标。饭店盈利率分析中，考虑了销售成本，但在选择营销实体分配功能性费用时存在某种主观判断性。要确定真实的营销盈利率，需要考虑营销直接成本外的其他成本。根据饭店的特点，饭店成本分为营业成本和期间费用两大部分，其中期间费用又可以分为营业费用、管理费用和财务费用。

1. 营业成本

营业成本是指饭店在经营过程中的各项直接支出，包括：（1）餐饮成本，指餐饮经营过程中耗用的食品原料；（2）商品成本，指饭店销售商品的进价；（3）洗涤成本，指洗衣房耗用的洗衣用品、用料；（4）其他成本，指除上述以外的其他直接支出。

2. 期间费用

期间费用主要包括：（1）营业费用，指饭店各营业部门的经营费用，主要包括人工（普通员工）、能源、折旧、物耗等；（2）管理费用，指饭店为组织和管理经营活动而发生的费用，主要包括人工（管理人员）、办公差旅、推销等费用；（3）财务费用，指饭店在财务管理过程中发生的费用，包括利息支出、汇总的损失、金融机构手续费等。

（三）其他盈利能力评价指标

1. 客房出租率

客房出租率是已出租的客房数与饭店可供租用房间总数的百分比，其计算公式为：

$$客房出租率=\frac{已出租客房数}{可供出租客房总数}\times 100\%$$

客房出租率是客房管理中一个非常重要的数据，它反映了饭店的管理水平和客源市场的充足程度。较为理想的客房出租率应为 75％～85％，一般不宜超过 90％。

2. 平均房价

平均房价是仅次于客房出租率的重要数据指标，其计算公式为：

$$平均房价=\frac{客房销售收入总额}{出租房间总数}\times 100\%$$

3. 单位客房年均费用

单位客房年均费用的计算公式为：

$$单位客房年均费用=\frac{客房年费用总额}{可供出租客房总数}\times 100\%$$

4. 食品、饮料成本率

食品、饮料成本率是制定合理的菜单价格、产生餐厅经营效益的关键环节。所以饭店都将食品、饮料成本率的控制放在重要的地位，并规定有一定的标准。其计算公式为：

$$食品成本率=\frac{食品销售成本}{食品营业收入}\times 100\%$$

$$饮料成本率=\frac{饮料销售成本}{饮料营业收入}\times 100\%$$

国际饭店业这两个成本率分别为：食品成本率标准为 33％～35％，饮料成本率标准为 21％～22％。

5. 投资回收期

投资回收期是指饭店从投资贷款合同生效日起到贷款本息还完为止的时间。这一时期越短，饭店经营业绩越好；反之，就越差。其计算公式为：

$$投资回收期=\frac{贷款总额+贷款利息总额}{月利润额+月折旧额+月固定资产税}+施工期$$

二、营销效率控制

饭店营销效率控制是饭店营销部内部控制的主要内容，也是饭店有效控制营销工作的主要依据。饭店营销效率有销售队伍效率、广告效率、促销效率及分销效率等。

（一）销售队伍效率控制

营销经理对销售队伍效率的考核，可以根据具体情况选择下列考核指标中的几种：(1) 销售队伍的销售成本占成本的百分率；(2) 一定时期内推销访问成交合同所占的百分比；(3) 每次推销访问平均所需时间；(4) 每次推销访问平均所需招待费；(5) 销售人员平均每天（每月）推销访问的次数；(6) 每期招揽的客源数；(7) 每期损失的客户数。

对上述指标的统计分析将产生若干有意义的问题，例如：销售代表每天的访问是否太少了？他们在每次访问中所花的时间是否太多了？他们的招待费是否花得太多了？他们是否在每一百次访问中都获得了足够的订单？他们是否获得了足够的新顾客，以及是否留住了老顾客？当饭店开始调查销售队伍效率时，它常常会发现一系列可改进的地方。当饭店发现销售代表访问顾客的次数过于频繁时，饭店就可以缩小销售队伍规模但不会减少销售量；当饭店发现销售人员既搞销售又搞服务时，饭店就应该将服务工作转交给工资较低的职员去干；时间—职责调查还可以找到减少生产过程与空闲时间比例的有效途径。

（二）广告效率控制

许多经理认为，要衡量他们从广告支出中获得多少好处几乎是不可能的。但营销经理至少应该掌握下列资料以提高广告效率，具体指标有：(1) 对每一种新闻媒介，每一个媒介工具触及 1 000 人的广告成本；(2) 对每一个媒介工具，应分别统计看到、联想到阅读广告的人对广告的熟悉程度；(3) 社会对广告内容和有效性的反应；(4) 对于广告介绍的饭店产品态度的事前和事后衡量；(5) 由于广告所激发的社会向饭店询问的次数；(6) 每次调查的成本。管理者可以通过一系列步骤来改进广告效率，包括做好饭店产品的市场定位，明确广告目标，利用数据分析指导选择广告媒体，以及做好广告事后检测工作等。

（三）促销效率控制

为了改善促销效率，营销经理应当对每一次促销活动的成本和对销售的影响作统计、分析。管理者应该注意的统计交流包括：（1）优惠销售所占的百分比；（2）每一单位销售额所包含的招待成本；（3）赠券回收率；（4）每次促销活动所引起的询问次数。

（四）分销效率控制

饭店分销渠道的分销效率分析将实实在在地影响饭店的利润水平，尤其在高竞争压力的市场环境下。饭店分销效率控制包括两个层面：一是分销渠道结构优化；二是各渠道分销效率控制，重点是提高对客房出租率的控制。

拓展阅读 4—13

连锁酒店巨头抵制 OTA 返现

时隔两年，OTA 再遇经济型酒店巨头联手抵制“返现”。《北京商报》记者昨日获悉，携程、艺龙、去哪儿网等主流酒店 OTA 已经暂停了华住、如家、锦江之星、铂涛等经济型酒店的“返现”。在业内人士看来，此轮经济型酒店联合暂停“返现”，是出于对自身价格体系的维系，以及提升自身业绩水平的考虑。

经济型酒店“返现”暂停

昨日，有媒体披露华住酒店集团在 9 月 27 日中午致携程的邮件，其称“今日发现在携程网站上华住旗下酒店出现了整体的返现，且事先我们并未得到任何携程的通知告示，这破坏了双方合作的基础。请携程必须在今日 16 点之前将所有华住旗下酒店的返现全部下线，否则我们会将库存全部关闭”。

对此，携程官方表示，“携程一向与国内连锁酒店集团保持着良好的合作关系，我们也一贯尊重与酒店长远发展的合作模式”。同时，也要实现行业的共赢，打造酒店预订业良性生态圈。

截至发稿前，《北京商报》记者登录携程看到，其官网上华住旗下的酒店均已暂停“返现”。而据一位经济型酒店高管透露，此番提出暂停“返现”的酒店并不止华住一家，涉及的 OTA 也不止携程一家，如家、锦江之星、铂涛、布丁等知名经济型连锁酒店均在其中。

上述酒店高管介绍，2012 年下半年，由于 OTA 在酒店预订领域价格战过于激烈，主流经济型酒店曾叫停过 OTA“返现”，并与 OTA 达成共识，即正常情况下 OTA 仅可以用 OTA 价格分销经济型酒店客房，促销、“返现”等活动则需要提前通知酒店方。这一良好的情况一直延续，但在一周之前，几大 OTA 在未与酒店方沟通的情况下，私自进行“返现”活动，因此遭遇经济型酒店再次叫停。

目前，携程、艺龙、去哪儿网等主流酒店 OTA 上的经济型酒店“返现”均已暂停。

为维系自身价格体系

对于缘何重启经济型酒店的“返现”活动，主流 OTA 不予置评，酒店方也同样三缄其口。不过一位业内人士指出，从时间节点上来看，或许是源于“十一”期间的客源争夺。在该人士看来，目前多数国内游客在出游期间仍优先选择经济型酒店，因此经济型酒店成为OTA在“十一”长假期间吸引消费者的重要武器。

劲旅咨询CEO魏长仁表示，经济型酒店不惜以下架威胁叫停“返现”，源于“返现”打破了经济型酒店的价格体系，并侵蚀了其会员及利润。例如，一间售价300元的经济型酒店客房，OTA的佣金通常在15%左右，即45元。OTA以45元或更多作为预订酒店后的“返现”，将返还的现金打入OTA的会员账户中，这样就打破了酒店本身的价格体系，并养成了消费者的依赖性，将经济型酒店的会员成功转化为OTA会员。

而越来越多的经济型酒店会员流向OTA，在其网站上进行酒店预订，则意味着经济型酒店要提供给OTA越来越多的佣金，无形中压低了经济型酒店自身的利润。

高星级酒店无法暂停“返现”

一位中小型OTA创始人直言，OTA的价格战对OTA本身、酒店、消费者和股东都无益。价格战首先是将OTA利润摊薄，其次影响酒店官网价，从而使酒店整体价格走低，虽然出租率可能阶段性提升，但整个行业下行，品质难以保证，让消费者体验受损。他表示，如果酒店全部从价格战中抽离，无疑利于整体旅游行业发展。

不过，魏长仁指出，经济型酒店敢于以下架胁迫OTA停止“返现”的底气在于，经济型酒店的直销能力极强。华住、如家、锦江之星、铂涛、布丁等知名经济型连锁酒店，其线上线下的直销渠道相加，所卖出的客房间夜数通常为80%～90%，而OTA的分销比率仅为10%左右。

反观高星级酒店，由于受政策影响，出租率一度徘徊在60%的亏损临界点。国家旅游局统计数据显示，今年二季度，全国四、五星级酒店平均出租率仅为55.5%。业内人士指出，高星级酒店仅有20%～30%的客房通过自身会员体系销售，其余均依赖于OTA、旅行社等分销途径，这也是酒店业无法全面停止“返现”的根本原因。此外，“一家促销，全行业跟进”已成为在线旅游企业间竞争的常态，因此只要有任何一家酒店促销，就会立刻牵动整个行业的连锁反应，停止价格战并不是一个短期的课题。

资料来源：程拓、韩玮：《连锁酒店巨头抵制OTA返现》，载《北京商报》，2014-09-29。

第三节　饭店营销绩效评价

饭店必须经常对其营销整体效益进行缜密的回顾评价。营销整体效益的评价，可以认为是饭店营销的战略控制，也是饭店营销绩效控制的一部分。在营销领域，各种目标、政策、战略和计划迅速过时是经常可能发生的。每个饭店应该定期对进入市场的总体方式进行重新评价。有两种评价工具可以使用，即营销效益等级评价和营销审计。

一、营销效益等级评价

需要明确的一个观点是，目前的营销业绩并不一定能反映营销效益。良好的结果可能是由饭店适时适地而不是有效的营销管理产生的，改进营销工作可以使结果从良好转为优秀。而另一个饭店尽管有完美的营销计划和工作，结果却可能并不理想，而更换现任营销经理则可能使情况更糟。一个饭店的营销效益可以从营销导向的五种主要属性的不同程度上反映出来：管理哲学、整体营销组织、足够的营销信息、战略导向和工作效率。每一种属性都可以加以衡量。表 4—22 是一种以上述五种属性为基础的营销效益评价量表。

表 4—22　　营销效益评价量表

得分	现　状
	一、管理哲学
	1. 管理者是否认识到根据其所选择市场的需要和欲望设计公司业务的重要性？
0	(1) 管理者主要考虑如何将现有产品或新产品出售给任何愿意购买的人。
1	(2) 管理者考虑为范围广泛的市场和服务给予同等效率的服务。
2	(3) 管理者考虑为其所选择市场的需要和欲望服务，这些市场都是在慎重分析市场长期成长率以及饭店的潜在利润以后而选定的。
	2. 管理者有没有为不同的细分市场开发不同的产品和制定不同的营销计划？
0	(1) 没有。
1	(2) 做了一些工作。
2	(3) 做得相当好。
	3. 管理者在规划其业务活动时是不是着眼于整体营销系统观点（供应商、渠道、竞争者、顾客、环境）？
0	(1) 不是。管理者只是致力于向其当前的顾客出售商品和提供服务。
1	(2) 有一点。管理者尽管将大量的精力集中在向其当前的顾客出售商品和提供服务方面，但是也从长远观点考虑了它的渠道。
2	(3) 是的。管理者从整体营销系统观点出发，了解由于系统中某个部分的变化可能给公司带来的各种威胁和机会。
	二、整体营销组织
	4. 对于各个重要的营销功能是否有高层次的营销统合和控制？
0	(1) 没有。销售和其他营销功能没有高层次的统合协调，并有一些非生产性的摩擦。
1	(2) 有一点。各个重要的营销职能部门有形式上的统合的控制，但是缺乏令人满意的合作和协调。
2	(3) 是。各个重要的营销职能部门被高度有效地统合在一起。
	5. 营销管理者是否有效地和市场研究、生产、采购、实体分配以及财务等部门的管理者进行合作？
0	(1) 否。人们抱怨说营销部门向其他部门提出的要求和需要的费用是不合理的。
1	(2) 还可以。尽管各部门一般都倾向于维护本部门的利益，但它们之间的关系还是融洽的。
2	(3) 是。各部门能有效地进行合作，并且能从全局考虑，从公司的最高利益出发来解决问题。
	6. 新产品的生产过程是如何组织的？
0	(1) 这一制度未明确规定，管理不善。
1	(2) 这一制度形式上是存在的，但是缺乏有经验的人员。
2	(3) 这一制度结构完善，配备专业人员。

续前表

得分	现　状
	三、足够的营销信息
	7. 最近一次研究顾客、采购影响、渠道和竞争者的营销调研是何时进行的？
0	(1) 若干年以前。
1	(2) 一两年前。
2	(3) 最近。
	8. 管理者对不同的细分市场、顾客、地区、产品、渠道和订单的潜在销售量和利润的了解程度如何？
0	(1) 一无所知。
1	(2) 略有所知。
2	(3) 了如指掌。
	9. 在衡量不同营销支出的成本效益方面采取了什么措施？
0	(1) 很少或没有措施。
1	(2) 有一些措施。
2	(3) 大量措施。
	四、战略导向
	10. 正规营销计划工作的程度如何？
0	(1) 管理者很少或者没有正规的营销计划工作。
1	(2) 管理者制定年度营销计划。
2	(3) 管理当局制定详细的年度营销计划和每年更新的长期计划。
	11. 现有营销战略质量如何？
0	(1) 现有战略不明确。
1	(2) 现有战略明确，但只是代表传统战略的延续。
2	(3) 现有战略明确，富有创新性，根据充足，合情合理。
	12. 有关意外事件的考虑和计划做得如何？
0	(1) 管理者很少或者不考虑意外事件。
1	(2) 管理者尽管没有正式的意外事件应付计划，但是对意外事件有一定的考虑。
2	(3) 管理者重视辨认最重要的意外事件，并且制定了应付意外事件的计划。
	五、工作效率
	13. 在传播和贯彻最高管理层的营销思想方面做得如何？
0	(1) 很差。
1	(2) 一般。
2	(3) 很成功。
	14. 管理者是否有效地利用了各种营销资源？
0	(1) 否。相对于所要完成的工作来讲，营销资源是不足的。
1	(2) 做了一些。营销资源足够，但是它们没有得到最充分的利用。
2	(3) 是。营销资源充足，并且对它们进行了有效的部署。
	15. 管理者对眼前的变化迅速有效地做出反应方面是否显示出良好的能力？
0	(1) 否。销售和市场信息不很及时，管理者的反应比较迟钝。
1	(2) 有一点。管理者一般可以获得现时的销售和市场情报，管理者的反应快慢不一。
2	(3) 是。管理者建立了若干专门制度，用以收集最新情报信息，并能及时做出反应。
	总得分： 对每一个问题选定一个适当的答案，然后把各题的分数加起来，总分应该为 0～30 分，代表不同水平的营销效益。 0～5＝无　6～10＝差　11～15＝普通　16～20＝良好　21～25＝很好　26～30＝优秀

上表在一些公司进行过试验，获得 26～30 分（优秀）的公司寥寥无几。这些佼佼者都是些闻名遐迩的优秀营销者。大部分公司的分数在普通与良好之间，这表明这些公司的经理们看见了改进营销的潜力。每一种属性的分数都指出了有效营销行动的哪些营销要素最需要注意，这样，管理者们便能制定一个计划，用以纠正其主要的营销薄弱环节。

二、营销审计

通过营销效益等级评价，找出营销薄弱点的饭店应该着手进行一次更彻底的研究，即营销审计。营销审计是对一个企业或一个业务单位的营销环境、目标、战略和活动所作的全面的、系统的、独立的和定期的检查，其目的在于决定问题的范围和机会，提出行动计划，以提高企业的营销业绩。

（一）营销审计的特性

营销审计有全面性、系统性、独立性和定期性的特性。

1. 全面性

营销审计并不限于若干麻烦的地方，而是涉及一个企业全部主要的营销活动。如果它仅仅涉及销售队伍或者定价，或者某些其他的营销活动，那它便是一种功能性审计。尽管功能性审计也十分有用，但它有时会令管理者迷失方向，以致看不到问题的真正原因。比如营销人员流动性很高，可能并不是营销人员培训不力或者薪酬不高的问题，而可能是企业产品问题和促销软弱。一次全面的营销审计通常能更有效地找到营销问题的真正原因。

2. 系统性

营销审计包括一系列有秩序的诊断步骤，包括诊断组织的营销环境、内部营销制度和各种具体的营销活动。然后在诊断的基础上制定并调整行动计划，包括短期计划和长期计划，以提高组织的整体营销效益。

3. 独立性

进行营销审计可能通过六种途径：(1) 自我审计；(2) 交叉审计；(3) 上级审计；(4) 公司审计处审计；(5) 公司任务小组审计；(6) 局外人审计。自我审计是指经理利用一个检查表，评价自己的业务活动。这种方式可能有一定的用处，但是大多数专家认为，自我审计缺乏客观性和独立性。最好的审计还是来自外界经验丰富的顾问，这些人通常具有必要的客观性和独立性，有许多行业的广泛经验，对本行业颇为熟悉，同时可以集中时间和注意力从事审计活动。

4. 定期性

典型的营销审计都是在销售量下降、销售人员士气低落或者其他公司问题发生之后才开始进行的。具有讽刺意味的是，公司之所以陷入困境，部分原因正是它们没有在顺利的时候检查营销活动。定期审计营销活动既有利于业务正常的公司，也有利于那些处境不佳的公司。

（二）营销审计的过程

营销审计的第一步是公司高级职员和营销审计人员一起开会，拟订有关审计目标、涉及面、深度、资料来源、报告形式以及时间安排的方案。应该精心准备一份详尽的计划，包括会见什么人、询问什么问题、接触的时间和地点等，以使审计所花的时间最小化。营销审计的基本准则是，不能仅仅靠公司经理收集情况和意见，还必须访问顾客、经销商和其他外界人士。

资料收集阶段结束后，营销人员就应该提出主要调查结果和建议。营销审计的一个很有价值的方面就是经理们吸收、讨论和发展所需营销行动的新概念的过程。

（三）营销审计的内容

营销审计由检查公司营销形势的六个主要组成部分构成。

1. 营销环境审计

营销环境审计要求分析主要宏观环境因素和公司任务环境（市场、顾客、竞争者、分销者、经销商和辅助机构）中关键组成部分的发展趋势。

（1）宏观环境。

1）人口统计：

a. 人口环境中有哪些主要的发展变化和趋势会成为公司的机会和威胁？

b. 为适应这些发展变化和趋势，公司方面采取了哪些行动？

2）经济：

a. 在收入、价格、储蓄和信贷等方面有哪些主要发展变化将影响公司？

b. 相对于这些变化和趋势，公司方面采取了哪些行动？

3）生态：

a. 公司所需的那些自然资源和能源的成本与可获性的前景如何？

b. 有关公司在污染和环境保护方面表示过什么关心？公司采取了哪些步骤？

4）技术：

a. 在产品技术方面存在哪些变化？在加工技术方面呢？公司在这些技术领域里的地位如何？

b. 有什么重要的一般代用品可以替代此产品？

5）政治：

a. 哪些法律将影响营销战略和战术？

b. 政府的哪些行动应该加以注意？在控制污染、就业机会均等、产品安全、广告、价格控制等领域发生了哪些影响公司营销战略的变化?

6) 文化:

a. 公众对于企业生产的产品持何种态度?

b. 在消费者和企业的生活方式、价值观念方面发生了哪些与公司有关的变化?

(2) 任务环境。

1) 市场:

a. 在市场规模、成本率、地理分销和盈利方面有哪些变化?

b. 有哪些主要细分市场?

2) 顾客:

a. 在公司声誉、产品质量、服务、销售队伍和价格等方面,现有顾客和潜在顾客是如何评价公司及其竞争者的?

b. 不同的顾客群是如何作出购买决策的?

3) 竞争者:

a. 有哪些主要竞争者?他们的目标和战略、优势和劣势以及他们的规模和市场份额分别是多少?

b. 有哪些趋势将影响未来的竞争和产品的替代品?

4) 分销和经销商:

a. 通过哪些主要的商业渠道向顾客传送产品?

b. 各种商业渠道的效率和成长潜力如何?

5) 供应商:

a. 生产所用关键原料的可获性之前景如何?

b. 在诸多供应商的销售模式中存在哪些变化趋势?

6) 辅助机构和营销公司:

a. 运输服务的成本和可获性之前景如何?

b. 仓储设备的成本和可获性之前景如何?

c. 财务资源的成本和可获性之前景如何?

d. 公司的广告代理商和市场营销调研公司的效率如何?

7) 公众:

a. 对于公司来说,哪些公众代表了某种特定机会,哪些代表了问题?

b. 公司采取了什么步骤,以便有效地应付每一类公众?

2. 营销战略审计

营销战略审计要求检查公司的各种营销目标和营销战略,评价它们对当前和预测的营销环境的适应程度。

(1) 企业使命。

企业使命是否用市场导向的术语明确地阐述出来了?它是否可行?

（2）营销目标和目的。

a. 公司的营销目标是否用明确的目的陈述出来了，以便指导营销计划和执行实绩的衡量？

b. 营销目标是否与公司的竞争地位、资源和机会相适应？

（3）战略。

a. 管理者是否明确地表达了其达到营销目标的营销战略？此战略是否具有说服力？此战略是否适应产品生命周期的阶段、竞争者战略以及经济状况？

b. 公司方面是否运用了细分市场的最好根据？它是否运用了可靠的准则评价细分市场，并且选择了若干最适当的细分市场？公司方面是否确定了每个目标细分市场的实际轮廓？

c. 公司方面是否为每个目标细分市场制定了一个正确的市场地位和营销组合？营销资源是否被合理地分配给营销组合的主要构成要素，即产品质量、服务、销售队伍、广告、促销和分销？

d. 预定用于完成这些营销目标的资源是否足够，还是太多？

3. 营销组织审计

营销组织审计要求评价营销组织在面对预期的环境实施必要的战略方面应该具备的能力。

（1）正式结构。

a. 对于影响顾客满意程度的公司活动，营销主管人员是否具有足够的权力和责任？

b. 营销活动是否按功能、产品、最终用户和地区最理想地进行组织？

（2）功能效率。

a. 营销部门和销售部门之间是否保持良好的沟通和工作合作关系？

b. 产品管理系统是否在有效地工作？产品经理能不能计划利润水平，还是只能确定一下销售量？

c. 有无营销组织需要进一步培训、激励、监督或评价？

（3）部门间联系效率。

营销部门和生产、采购、财务、会计以及法律部门之间是否存在什么需要注意的问题？

4. 营销制度审计

营销制度审计包括检查公司的信息、计划和控制等系统的质量。

（1）营销信息系统。

a. 营销情报系统是否产生有关现有顾客、潜在顾客、分销商和经销商、竞争者、供应商以及各种公众的市场发展变化方面的真实的、足够的和及时的信息？

b. 公司决策者是否要求进行充分调研？他们是否利用了这些调研结果？

c. 公司方面是否运用了最好的方法进行市场和销售预测？

(2) 营销计划系统。

a. 营销计划工作系统是否经过很好的构思？是否有效？

b. 销售预测和市场潜量衡量是否正确地加以实施？

c. 销售定额的制定是否建立在适当的基础上？

(3) 营销控制系统。

a. 控制程序是否足以保证年度诸目标的实现？

b. 管理者是否定期分析产品、市场、销售地区和分销渠道的盈利情况？

c. 营销成本是否定期加以检查？

(4) 新产品开发系统。

a. 公司是否被很好地加以组织，以收集、产生和筛选新产品构思？

b. 公司在新产品构思投资之前是否进行过适当的概念调研和商业分析？

c. 公司在推出新产品之前是否做过适当的产品和市场试销？

5. 营销生产率审计

营销生产率审计要求检查各营销实体的盈利率和不同营销支出的成本效益。

(1) 盈利率分析。

a. 公司不同的产品、市场、地区和分销渠道相应的盈利率分别是多少？

b. 公司方面是否要进入、扩大、缩小或放弃若干细分市场？其短期的和长期的利润结果如何？

(2) 成本效益分析。

哪些营销活动看起来花费过多？能否采取一些降低成本的步骤？

6. 营销功能审计

营销功能审计包括对营销组合的主要构成要素，即产品、价格、渠道、广告、销售促进和公共宣传作深入评价。

(1) 产品。

a. 产品目标是什么？这些目标是否合理？现有产品线是否满足这些目标？

b. 产品线应向上、向下或上下同时延伸或收缩吗？

c. 哪些产品应该逐步淘汰？哪些产品应该增加？

d. 客户对于本公司或竞争者产品的质量、特点、式样、品牌等方面的知识和态度如何？产品战略的哪些方面需要进一步改进？

(2) 价格。

a. 价格目标、政策、战略和定价程序分别是什么？定价依据成本、需求和竞争等标准的程序如何？

b. 顾客是否认为本公司所定价格与其所供应之物的价值相符？

c. 有关需求的价格弹性、经验曲线影响以及竞争者的价格和定价政策等，管理层知道些什么？

d. 价格政策与分销商、经销商和供应商的要求以及政府法令相一致的程度如何?

(3) 渠道。

a. 渠道目标和战略是什么?

b. 有没有足够的市场覆盖面和服务?

c. 下列渠道成员的有效性如何:分销商、经销商、代理商,等等?

d. 公司方面是否应考虑改变其分销渠道?

(4) 广告、销售促进和公共宣传。

a. 公司的广告目标是什么?它们是否合理?

b. 广告费用是否适宜?广告预算如何确定?

c. 广告主题及其文稿是否有效?顾客和公众对本公司广告有哪些想法?

d. 广告媒体是否经过精心挑选?

e. 公司内部广告人员是否足够?

f. 销售促进预算是否足够?是否充分而有效地利用了各种销售促进工具,如赠品、赠券、展销或销售竞赛等?

g. 公共宣传预算是否足够?公共关系部门的职员是否精明强干并且富有创造性?

(5) 销售队伍。

a. 本组织的销售队伍目标是什么?

b. 销售队伍之大是否足以完成公司诸目标?

c. 销售队伍是否是按适当的专业(地区、市场、产品)原则组织的?是否有足够(或太多)的销售经理指导现场销售代表?

d. 销售报酬水平和构成是否提供了足够的刺激和报偿?

e. 销售队伍是否显示出高度的信念、能力和努力?

f. 制定份额和评价业绩的程序是否合适?

g. 与竞争者的销售队伍相比,公司的销售队伍如何?

重要知识点

1. 饭店营销控制类型
2. 销售额分析
3. 市场份额分析
4. 营销费用率分析
5. 财务分析
6. 消费者态度追踪
7. 盈利率控制
8. 营销效率控制

9. 营销效益等级评价

10. 营销审计

模拟练习和实战训练

1. 饭店产品在会议市场上的市场占有率增加，是由本饭店销售量或销售额大幅度增加带来的，而该市场上同类产品的总销售量或总销售额的增加相对较小。这种情况说明什么?

2. 根据某饭店年度计划，第一季度的客房出租率为76%，平均房价为1 280元/间·夜，总销售额为3 500万元。季度末实际出租率为73%，平均房价为1 265元/间·夜，总销售额为3 350万元，比计划销售额减少了4.3%，差距为150万元。造成这个差距的原因是出租率和房价的下降，但其实这两者对这一结果的影响是不同的。请通过计算分析两者的影响程度，并提出营销建议。

3. 某饭店总客房数为500间，平均标价为300元，其收益率情况组合见表4—23。

表4—23　　收益率相同时的不同组合表

级别	A	B	C
客房销售量（间）	450	300	400
客房出租率（%）	90	60	80
平均房价（元）	200	300	225
收益率（%）	60	60	60
客房收入（元）	90 000	90 000	90 000

收益率是衡量饭店经营情况的简单而有效的指标。表中三种不同的出租率和房价组合的收益率均为60%。请评价A、B、C三种组合方式的优劣，并根据淡旺季的特点给出合理的营销组合建议。

模块四 顾客关系管理

学习目标

- 会设计饭店客户满意度调查表
- 能根据调查结果，评价分析客户的满意度
- 能够采取有针对性的措施改善服务

引 例

泰国文华东方饭店赢得顾客满意

一位朋友因公务经常出差泰国，并下榻在文华东方饭店，第一次入住时，良好的饭店环境和服务就给他留下了深刻的印象。当他第二次入住时，几个细节更使他对饭店的好感迅速升级。

那天早上，在他走出房门准备去餐厅时，楼层服务生恭敬地问道："于先生是要用早餐吗?"于先生很奇怪，反问："你怎么知道我姓于?"服务生说："我们饭店规定，晚上要背熟所有客人的姓名。"这令于先生大吃一惊，因为他频繁往返于世界各地，入住过无数高级酒店，但这种情况还是第一次碰到。

于先生高兴地乘电梯到餐厅所在的楼层，刚刚走出电梯门，餐厅的服务生说："于先生，里边请。"于先生更加疑惑，因为服务生并没有看到他的房卡，就问："你知道我姓于?"服务生答："上面电话刚刚下来，说您已经下楼了。"如此高的效率让于先生再次大吃一惊。

于先生刚进餐厅，服务小姐微笑着说："于先生还要老位置吗?"于先生的惊讶再次升级，心想："尽管我不是第一次在这里吃饭，但最近的一次也有一年多了，难道这里的服务小姐的记忆力那么好?"看到于先生惊讶的目光，服务小姐主动解释说："我刚刚查过电脑记录资料，您去年的6月8日在靠近第二个窗口的位置用过早餐。"于先生听后兴奋地说："老位置，老位置!"服务小姐接着问："老菜单，一个三明治，一杯咖啡，一个鸡蛋?"现在于先生已经不再惊讶了："老菜单，就要老菜单!"于先生已经兴奋到了极点。

上餐时餐厅赠送了于先生一碟小菜，由于这种小菜于先生是第一次看到，就问："这是什么?"服务生后退两步说："这是我们特有的小菜。"服务生为什么要先后退两步呢?他是怕自己说话时口水不小心落在客人的食品上，这种细致的服务不要说在一般的饭店，就是美国最好的饭店里于先生都没见过。这一次早餐给于先生留下了终生难忘的印象。

后来，由于业务调整的原因，于先生有三年的时间没有再到泰国去。后来，于先生在生日的时候突然收到了一封文华东方饭店发来的生日贺卡，里面还附了一封短信，内容是："亲爱的于先生，您已经有三年的时间没有来过我们这里了，我们全体人员都非常想念您，希望能再次见到您。今天是您的生日，祝您生日愉快。"于先生当时激动得热泪盈眶，发誓如果再去泰国，绝对不会到任何其他的饭店，一定要住文华东方饭店，而且要说服所有朋友也像他一样选择。于先生看了一下信封，上面贴着一枚六元的邮票。六元钱就这样买到了一颗心，这就是客户关系管理的魔力。

文华东方饭店非常重视培养忠实的客户，并且建立了一套完善的客户关系管理体系，使客户入住后可以得到无微不至的人性化服务。迄今为止，世界各国的约 20 万人曾经入住过那里，用他们的话说，只要每年有十分之一的老客户光顾，饭店就会永远客满，这就是文华东方饭店成功的秘诀。

顾客关系管理作为一种管理理念与实践已在许多行业开展。它将营销、商业战略及信息技术结合起来，帮助企业更好地了解顾客，为重要顾客定制产品并与之建立更为密切的关系。它注重掌控盈利机遇、维持顾客关系及享有顾客终身价值。随着市场形势的不断变化，例如人口变化、经济和竞争因素等，吸引新顾客的成本不断上升，营销管理的焦点正在逐步转移到维持有价值的老顾客并与之建立长期的互惠关系上，这正是客户关系管理的基本目标。那么，如何才能与顾客建立长期的互惠关系呢？提供高价值的产品和服务、提高顾客满意度、实施顾客关怀并提供有针对性的服务是制胜之道。

第一节　顾客满意度管理

营销也可以定义为在某种利润水平下让顾客满意，它包含两个基本目标：承诺高价值吸引新顾客和让顾客满意来留住现有顾客。所有成功公司的经验都表明，只要关心顾客，就会获得市场份额和利润。

一、顾客满意度概述

顾客满意度（Consumer Satisfaction Index，CSI）理论是 20 世纪 90 年代管理科学的最新发展，它抓住了管理科学"以人为本"的本质。换句话说，顾客满意（Consumer Satisfaction，CS）是管理的目标，是饭店经营最为重要的内容，无论饭店业态如何变化，顾客满意的战略永远都不会成为过去式。

（一）顾客满意的理念

据统计，一个非常满意的顾客的购买意愿将6倍于一个满意的顾客的购买意愿，顾客满意度提高5%，企业的利润将加倍。那么什么是顾客满意呢？

顾客满意是指顾客购买有形、无形（服务）产品时，可以使顾客需求获得满足的状态。

顾客满意度是指顾客购买产品的需求能够获得的满意程度。

顾客满意度调查是指产品提供商对购买产品者获得的满意程度的调查和访问，是主动了解自身产品在市场中受欢迎的程度的一种方式。

关注顾客满意度，可引导饭店经营者把关注的焦点集中在顾客满意程度的提高和顾客不满意问题的改善上，促使饭店市场份额和美誉度的提高。

（二）顾客满意的特征

顾客满意，是顾客的一种心理活动，是在体验产品消费过程中得出的一种主观评价。这种主观评价，对顾客本人而言是体验和感受，是满意或者不满意的一种心理感受。

1. 客观性

顾客在入住饭店的过程中，对饭店提供的产品与服务满意与否，对一家饭店来说是一个客观存在的事实。不管饭店方是不是关注，调查不调查清楚，顾客对产品和服务的感受是客观存在的。

2. 主观性

顾客是否满意，又是顾客自己主观的因素决定的，取决于顾客的社会阶层、文化背景、需求和期望的水平。一般情况下，顾客的期望值即明确和隐含的需求越高，其满意度就会越低；反之，明确和隐含的期望值越低，其满意度就会越高。

3. 变化性

顾客的需求和期望是随着社会经济、文化的发展而变化的。饭店只有做好顾客需求的调查研究，持续地了解顾客的需求，才能适应这种不断变化的需求。

（三）顾客满意的基本要素

顾客对购买和使用饭店产品或所接受的服务是否感到满意，可以从两个方面来体现：一是购买和使用饭店产品的期望是否得到满足，二是顾客对为此支付的成本是否感到“物有所值”或“物超所值”。

顾客满意从广义上讲，包含商品满意、服务满意和社会满意三个层次：商品满意是指商品带给顾客的满足状态，包括商品的质量、功能、设计、包装、时间等方面的满意；

服务满意是指服务带给顾客的满足状态；社会满意是指顾客在消费过程中体验到的对社会利益的维护，即饭店的各项经营活动要有利于促进社会进步、维护社会稳定、保护生态环境，并由此带给顾客的满足状态。

因此，饭店在进行产品和服务的设计时，要以顾客为中心，向顾客满意需求逼近，实现其产品、服务个性化，使顾客在接受产品或服务后达到满意状态，并在开拓新产品、创造新市场，获得生存、盈利与发展的同时兼顾社会效益。

二、顾客满意度的测评方法

顾客满意度调查，是为了提高顾客满意度，提高企业的知名度，提高经济效益和社会效益。许多饭店集团、饭店管理公司非常重视对顾客满意度的调查和分析，并将顾客满意度调查作为一项制度来执行。

（一）顾客满意度调查的工具——问卷

一般来讲，饭店要做顾客满意度调查，首先，要设计一份调查问卷，将饭店产品和服务的各类项目做成调查点。这些调查点的设计，可以因饭店星级、档次、硬件设施和服务项目的不同而有所差异。其次，要对不同的调查点作出量级分值的设定。要对设定的项目和量级分值给予必要的说明。调查的项目包括产品价值的评价、服务价值的评价、日后使用/购买产品或服务的意向、竞争对象的价值、企业和集团的形象以及客源的自然状况等。

问卷的统计和分析，也是统计学的一门学问。饭店由于自身条件的限制，无法对调查问卷的相关内容进行多方位的分析和处理，往往委托给独立的咨询公司作统计分析，并形成评估报告。

（二）顾客满意度调查的方式——指定专人做顾客调查

顾客满意度调查不同于一般的顾客意见书，顾客意见书一般是放在客房或者前台，由顾客自愿自发地填写。而顾客满意度调查，需要饭店有专门的调查人员来担当，负责问卷的发放和回收，如大堂经理、客户代表或前厅部经理等。这些人与顾客接触机会较多，其沟通机会和能力也比较适合做这项工作。

（三）顾客满意度样本的选择——抽样调查

顾客满意度调查的样本一般来讲是通过在顾客中抽样产生的。饭店方友好地邀请被确定调查的顾客，在饭店指定的地点或者顾客指定的地点，由专门的调查人员将问卷递呈给顾客，并作适当的解释和填写要求，由顾客自行填写，并在完成后给予适当的小礼品表示感谢。

三、顾客满意度调查实施

(一) 确定测评指标并量化

1. 饭店顾客满意度指数测评指标体系的建立

我们首先来了解顾客满意度指数模型，该模型主要由 6 个变量组成，即顾客期望、顾客对质量的感知、顾客对价值的感知、顾客满意度、顾客抱怨、顾客忠诚。其中，顾客期望、顾客对质量的感知、顾客对价值的感知决定顾客满意度，是系统的输入变量；顾客满意度、顾客抱怨、顾客忠诚是结果变量。

顾客满意度指数测评的指标如下：

(1) 顾客期望。

a. 顾客对产品或服务的质量的总体期望。

b. 顾客对产品或服务满足需求程度的期望。

c. 顾客对产品或服务质量可靠性的期望。

(2) 顾客对质量的感知。

a. 顾客对产品或服务质量的总体评价。

b. 顾客对产品或服务质量满足需求程度的评价。

c. 顾客对产品或服务质量可靠性的评价。

(3) 顾客对价值的感知。

a. 给定价格条件下顾客对质量级别的评价。

b. 给定质量条件下顾客对价格级别的评价。

c. 顾客对总价值的感知。

(4) 顾客满意度。

a. 总体满意度。

b. 感知与期望的比较。

(5) 顾客抱怨。

a. 顾客抱怨。

b. 顾客投诉情况。

(6) 顾客忠诚。

a. 重复购买的可能性。

b. 能承受的涨价幅度。

c. 能抵制的竞争对手降价幅度。

将上述指标具体为问卷上的问题，就构成了问卷设计的主体部分。

2. 指标的量化

(1) 使用态度量表。

顾客满意度指数测评指标主要采用态度量化方法。一般用李克特量表，即分别对 5

级态度“很满意、满意、一般、不满意、很不满意”赋予“5，4，3，2，1”的值（或相反顺序）。让被访者打分，或者直接在相应位置处打钩或画圈。

有时候我们会遇到许多定量的测评指标，而这些指标又不能直接用李克特量表测评。为了方便数据信息的搜集和统计分析，必须将这些指标转化成李克特量表所要求的测评指标。其转化的方法是，将指标的量值恰当地划分为5个区间，每个区间对应于李克特量表的5个赋值，这样就实现了指标的转化。

（2）确定测评指标权重。

每项指标在测评体系中的重要性不同，需要赋予不同的权数，即加权。加权方法除了主观赋权法以外，有直接比较法、德尔菲法、层次分析法，饭店可以依据测评人员的经验和专业知识选择适用的方法。

（二）确定测评对象

顾客可以是饭店外部的顾客，也可以是内部的顾客。对外部顾客可以按照社会人口特征（性别、年龄、文化程度、职业、居住地等）、消费行为特征（即心理和行为特征）、购买经历来分类。内部顾客主要是饭店员工，测评方法是一致的。一般来讲，满意度测评以饭店外部顾客为主。所以应该先确定要调查的顾客群体，以便有针对性地设计问卷。

（三）抽样设计

一般进行随机抽样，可根据企业的实际情况选用简单随机抽样、分层随机抽样、分群随机抽样、等距离随机抽样等不同的抽样方法。较常用的是简单随机抽样，它是各种抽样方法的基础。

（四）问卷设计

按照已经建立的顾客满意度指数测评指标体系，把指标展开，成为问卷上的问题。问卷设计是整个测评工作中关键的环节，测评结果是否准确、有效，很大程度上取决于此。

1. 问卷的设计思路

首先，明确顾客满意度指数测评目的，了解顾客的需求和期望，调查顾客对质量、价值的感知，制定质量标准；计算顾客满意度指数，识别顾客对产品的态度；通过与竞争者比较，明确本组织的优势与劣势。其次，将指标转化为问卷上的问题。最后，对设计好的问卷进行预调查，一般抽取30～50个样本，采用面谈或电话采访形式，除了了解顾客对产品或服务的态度，还可以了解其对问卷的看法，以便进行修改。

2. 问卷的基本格式

问卷一般包括介绍词、填写问卷说明、问题和被访者的基本情况。

（五）实施调查

饭店可选择第一方、第二方或第三方进行顾客满意度调查，但这三种方式的客观性、可靠性、经济性存在差异。相对来说，委托第三方进行顾客满意度调查比较客观、科学、公正，可信度较高，但费用也高。大多数企业采用第一方调查的方式。

内部顾客满意度的调查方法常见的有问卷调查、不记名意见箱（可以是实物的信箱，也可以是电子邮箱）、面谈访问。

对外部顾客满意度的问卷调查，较常用的方法有：（1）面谈调查。可以与一个被访者面谈，也可以与几个被访者集体面谈。调查可以比较深入，但人力成本高，面不够广，且易受调查人员的素质水平影响，客观性不强。（2）邮寄问卷调查。范围较广，但回收率低，且时间拖得很长。（3）电话调查。比较直接、快捷，但受时间限制，调查不太能深入。（4）电子邮件调查。把问卷以附件的形式发送给顾客，让顾客在电脑上填写回复邮件，或者打印出来，填写后发传真回来。（5）互联网调查。在公司主页上放置调查问卷，访问者直接填写，提交就可以。

其他还有留置问卷调查（即上门访问，留下问卷，过一段时间再回收）、秘密顾客调查等。还可以通过消费者协会的信息、各种媒体的报道、行业协会的研究结果、订单编号分析等方法来实施调查。

（六）调查数据汇总整理

收集问卷后，应统计每个问题的每项回答的人数（频数），及其所占被访者总数的百分比（频率），并以图示方式直观地表示出来。如果没有统计软件，一般可以直接用 Excel 中的柱形图或饼图等。

（七）计算顾客满意度指数，分析评价

根据相应的统计方法，计算顾客满意度指数，并对数据进行分析评价。

（八）编写顾客满意度指数测评报告

顾客满意度测评报告的一般格式需要包括题目、报告摘要、基本情况介绍、正文、改进建议、附件。

正文内容包括测评的背景、测评指标设定、问卷设计检验、数据整理分析、测评结果及分析。

（九）改进建议和措施

按照测评结果，制定详细的措施计划，把报告中提出的改进建议落实到相关部门和责任人，以达到持续改进、增强顾客满意度的目的。

顾客满意度调查表

No______

尊敬的顾客：

您好！

感谢您选择×××大酒店，在您百忙之际，耽误您一点宝贵的时间填写此调查表，使我们能为您提供更好的服务。

谢谢您在百忙之中对我们提供的帮助！

1. 您选择×××大酒店的原因（请您在“□”内画“√”）：

□广告宣传　□朋友推荐　□销售人员促销　□价格合理

□位置优越　□总体服务好　□其他原因

2. 您对酒店提供的各项服务的评价（请您在“□”内画“√”）：

零点厅	满意度 很好 较好 一般 较差 很差	宴会厅	满意度 很好 较好 一般 较差 很差	客房	满意度 很好 较好 一般 较差 很差
1. 当您抵达本餐厅时		1. 宴会预订		1. 当您抵达本酒店时	
您对本餐厅的整体印象	□□□□□	预订信息的准确性	□□□□□	大堂环境	□□□□□
迎宾员热情欢迎并及时领位	□□□□□	预订员的效率	□□□□□	礼宾服务	□□□□□
2. 本餐厅的饮食		预订员的灵活性	□□□□□	入住登记手续（办理速度及您到达前的准备工作等）	□□□□□
菜单选择的多样性	□□□□□	2. 当您抵达本宴会厅时		问询服务	□□□□□
整体菜品的质量	□□□□□	您对本宴会厅的整体印象	□□□□□	2. 本酒店的客房	
菜品的特色及口味	□□□□□	迎宾员热情欢迎并及时领位	□□□□□	您对客房的整体印象	□□□□□
菜品的营养搭配	□□□□□	3. 宴会的饮食		设施设备完整、有效程度	□□□□□
菜品的新鲜程度	□□□□□	整体菜品的质量	□□□□□	家具、地毯的维护保养	□□□□□
菜品的美观度	□□□□□	菜品的特色及口味	□□□□□	床垫、枕头及床单的整体豪华舒适程度	□□□□□

续前表

零点厅	满意度 很好 较好 一般 较差 很差	宴会厅	满意度 很好 较好 一般 较差 很差	客房	满意度 很好 较好 一般 较差 很差
菜品的更新频率	□□□□□	菜品的新鲜程度	□□□□□	卫生间浴巾、面巾、方巾及地巾的整体质量	□□□□□
3. 本餐厅的环境氛围		菜品的美观度	□□□□□	卫生间一次性洗漱用品的整体质量	□□□□□
餐厅的整体环境氛围	□□□□□	菜品的更新频率	□□□□□	房间的空气清新程度	□□□□□
餐厅的布局及装饰	□□□□□	标准菜单的营养搭配	□□□□□	住宿期间客房的卫生清洁程度	□□□□□
环境卫生及防疫措施	□□□□□	4. 宴会厅的环境氛围		洗衣服务的整体质量	□□□□□
餐厅的空气清新程度	□□□□□	宴会厅的整体舒适程度	□□□□□	客房送餐服务的及时性	□□□□□
餐厅的灯光柔和舒适	□□□□□	宴会厅环境卫生与防疫措施	□□□□□	总机的整体服务质量	□□□□□
背景音乐悦耳且音量适中	□□□□□	宴会厅的空气清新程度	□□□□□	3. 本酒店的早餐	
4. 本餐厅的服务		宴会厅的灯光柔和舒适	□□□□□	整体服务质量	□□□□□
整体服务质量	□□□□□	5. 宴会服务		整体饮食质量	□□□□□
餐中服务周到入微	□□□□□	整体服务质量	□□□□□	菜品和面食的种类	□□□□□
服务的热情程度	□□□□□	餐中服务周到入微	□□□□□	菜品和面食的温度	□□□□□
服务的灵活程度	□□□□□	服务的热情程度	□□□□□	餐厅的环境卫生	□□□□□
操作技能的规范及快捷程度	□□□□□	服务的灵活程度	□□□□□	餐具的整洁度	□□□□□
上菜速度及节奏控制	□□□□□	操作技能的规范及快捷程度	□□□□□	4. 本酒店的其他服务	
5. 我们的员工		上菜速度及节奏控制	□□□□□	商务中心的整体服务质量	□□□□□
您对本餐厅服务人员素质的整体印象	□□□□□	6. 我们的员工		商务中心的设备质量	□□□□□

续前表

零点厅	满意度	宴会厅	满意度	客房	满意度
	很好 较好 一般 较差 很差		很好 较好 一般 较差 很差		很好 较好 一般 较差 很差
员工的微笑及问候的真诚度	□□□□□	您对本酒店服务人员素质的整体印象	□□□□□	健身中心的整体服务质量	□□□□□
员工的友善及提供协助的真诚度	□□□□□	员工的微笑及问候的真诚度	□□□□□	健身中心的设备质量	□□□□□
员工的工作效率	□□□□□	员工的友善及提供协助的程度	□□□□□	游泳池的设施设备整体质量	□□□□□
员工的协调能力	□□□□□	员工的工作效率	□□□□□	会议设施及服务	□□□□□
员工的沟通能力	□□□□□	员工的协调能力	□□□□□	委托代办服务	□□□□□
员工的专业知识	□□□□□	员工的沟通能力	□□□□□	5. 本酒店的员工	
		员工的专业知识	□□□□□	您对本酒店服务人员素质的整体印象	□□□□□
				员工的微笑及问候的真诚度	□□□□□
				员工的友善及提供协助的程度	□□□□□
				员工的工作效率	□□□□□
				员工的协调能力	□□□□□
				员工的沟通能力	□□□□□
				员工的专业知识	□□□□□
				6. 您对本酒店的整体评价	
				您对本酒店的整体印象	□□□□□
				酒店的整体安全程度	□□□□□
				您的整体消费是否物有所值	□□□□□

3. 您受到冷遇、怠慢或需求未满足时，是否向有关人员提出抱怨或投诉过？（请您在“□”内画“√”）

□是　　　　□否

4. 对有关人员对您的抱怨、投诉和需求的解决或帮助，您感觉（请您在“□”内画“√”）：

□非常满意　□较满意　　□一般　　　□不太满意　　□非常不满意

5. 您是否会再次选择×××大酒店（请您在“□”内画“√”）：

□肯定会　　□可能会　　□不一定　　□可能不会　　□肯定不会

因为：

□菜品质量　　□餐饮服务水平　□餐饮服务规范性、秩序性

□餐厅整体氛围　□客房服务水平　□整体服务水平

□位置　　　□总体感受　　□价格　　□其他

6. 您是否会向您的朋友推荐×××大酒店（请您在“□”内画“√”）：

□肯定会　　□可能会　　□不一定　　□可能不会　　□肯定不会

7. 我们如何做，才能使您更满意？请您对×××大酒店提出宝贵的意见和建议：

____

如方便，请填写以下资料：

房号：____________________

姓名：____________________

公司：____________________

电话：____________________

地址：____________________

再次感谢您的合作！

×××大酒店营销部

年　月　日

第二节　实施顾客关怀

在以顾客为中心的商业模式中，顾客关怀是客户维护的重要方面。随着竞争的加剧，饭店仅仅依靠基本的服务已不能满足顾客的需要，只有提供主动的、超值的、让顾客感动的服务才能赢得顾客的满意。中国有句古语叫“投其所好”，这句话用在顾客关怀上最为贴切，饭店在实施顾客关怀计划中，一定要研究顾客的偏好和需求，在营销活动的不同时期，围绕顾客的偏好和需求提供有针对性的关心。

一、顾客关怀的含义

顾客关怀（Customer Care）是通过对顾客行为的深入了解，主动把握顾客的需求，通过持续的、差异化的服务手段，为顾客提供合适的服务或产品，最终实现满意度的提高和顾客忠诚度的培养。

理解顾客关怀有以下几个关键点。首先，顾客的需求需要在日常工作中注意观察和

分析，饭店需要主动了解顾客，识别顾客的需求；其次，顾客关怀不是市场活动，一旦饭店明确了顾客差异化的体验标准，就必须成为饭店日常组织习惯的一部分，而不仅仅是停留在规则里；最后，顾客关怀不是营销，顾客关怀的目的不是追求顾客的购买行为，而是为了提高顾客的满意度，培养其忠诚感。

二、饭店顾客关怀的内容

顾客关怀的内容，不同的饭店有不同的理解，概括起来主要是指饭店售出服务之外的为顾客额外提供的服务，比如定期或不定期的顾客拜访、节日慰问、VIP 卡优惠等。由于服务的无形性，注重顾客关怀，可以明显增强服务的效果，为饭店带来效益。随着实践的发展，顾客关怀贯穿了市场营销的所有环节，具体包括：顾客服务，如向顾客提供饭店产品信息和服务建议等；产品质量，应向顾客提供符合产品质量标准、满足顾客需求的产品和服务；服务质量，指与饭店接触过程中顾客的体验；售后服务，包括售后的跟进和服务等。

如果从顾客购买的决策上来看，顾客关怀主要包括以下三个部分。

（一）售前顾客关怀

售前顾客关怀是指向顾客提供饭店产品信息和服务建议，鼓励顾客参与饭店的产品研发和设计。售前顾客关怀可以加速饭店与顾客关系的建立，为鼓励和促进顾客购买产品或服务起到催化作用。饭店可以及时地向顾客提供饭店最新的产品和服务介绍，影响顾客的购买决策。

（二）售中顾客关怀

售中顾客关怀主要是保证产品质量和顾客购买全过程的体验。饭店在购买期间，为顾客提供满足需求和超出顾客预期的产品和服务，会增加顾客在购买过程中的快乐体验，给顾客留下难以忘怀的购买经历，使顾客体验到一种关怀的差异性，拉近顾客与饭店之间的距离。如问询顾客的近况和顾客公司业务的发展，拉拉家常等。在技术的支持下，顾客的定制化服务已不再是难题。

（三）售后顾客关怀

售后顾客关怀主要集中在高效地跟进和回访、经常主动与顾客沟通、在有意义的节日寄送节日贺卡、实施关怀、征求意见等，把售后服务视作下一次销售工作的开始。

拓展阅读 4—15

亲情服务的魅力

亲情是人类情感中最温馨的一种情感，它拉近了人与人之间的距离，最容易令人感动。对于现代酒店来说，融入了亲情的服务，会使宾客时刻处在诚意和爱心中，从而更充分享受到贴心、到位的服务，是酒店内部营销的重要方式。下面的服务案例，是某酒店成功的亲情服务，在顾客心中树立起了良好的形象，实现了酒店的潜在销售。

某日午后，服务员小王接待了上月曾入住过的来自广东的做鞋业生意的张先生。小王赶忙上前向张先生问好，确认张先生是入住的客人，就连忙为张先生开房、沏茶，然后退出房间。回到工作间，小王马上翻看客人以前的详细信息资料，查知张先生喜欢白被罩、窗户透开、吃梨等。趁张先生吃晚餐时，就按他的喜好重新布置了房间，还用精美图卡告知当天本地气候和广东气候，并特意寻找了一些本地鞋类市场的资料摆配在桌上。张先生用餐后返回房间，发现客房被按自己的个性喜好布置了，颇感意外和惊喜，连称："服务真是到位呀！对我的喜好还记得这么清楚，很是难得。还为我找了这些生意资料，真是有心啊！就冲这贴心的服务，我也要告诉朋友们，来这里就首选这酒店。"在接下来的两天服务中，小王还用粤语主动向张先生问候交流，令听到乡音的张先生倍感亲切。

三、饭店顾客关怀的方法

饭店应根据自身产品的特点，设计顾客关怀的具体策略，区分不同规模、贡献、层次、地区甚至民族、性别而采取不同的策略，从关怀频率、关怀内容、关怀手段、关怀形式上制定计划。例如，为金牌顾客每年安排一次旅游，为银牌顾客安排节日礼品，为普通顾客发放节日贺卡等，体现关怀的差异性。

（一）顾客分类

马库斯（Marcus）用消费频率与平均消费额构造了顾客价值矩阵，用以指导饭店进行顾客分类，如图 4—1 所示。

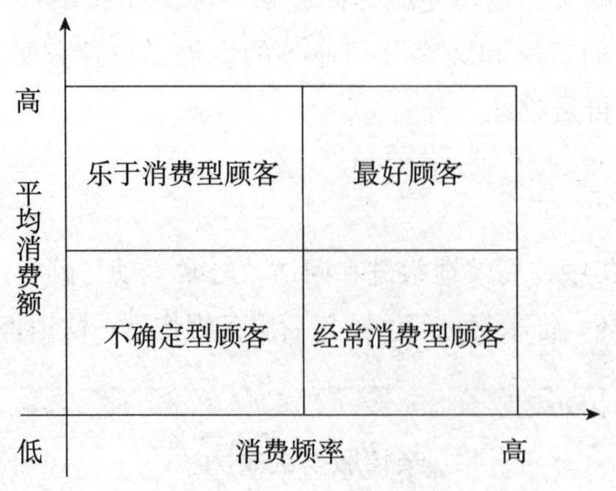

图 4—1 顾客分类图

1. 最好顾客

最好顾客是消费频率和平均消费额都很高的顾客，是饭店经营的关键顾客，对饭店来说，这类顾客越多，饭店经营就越成功，相应地，利润也会越高。实施顾客关怀的频率和力度同样也应该最强。

2. 乐于消费型顾客和经常消费型顾客

乐于消费型顾客和经常消费型顾客是饭店正常经营的保证和基础。饭店应该调查研究顾客的偏好，提供适销对路的产品和服务，强化用顾客关怀使其转化为最好顾客。

3. 不确定型顾客

不确定型顾客是饭店企业努力争取的潜在顾客，由于其具有饭店消费的经历，在饭店营销工作到位的情况下，顾客关怀会使其转变为其他三种类型的顾客。

（二）饭店常用的顾客关怀方法

饭店常用的顾客关怀方法有以下几种类型：

1. 顾客拜访

根据客史档案，定期拜访顾客，了解顾客对饭店产品的需求和意见，推介饭店新的产品和服务，维护顾客关系。一般来讲，饭店营销部都制定有较详细的顾客拜访计划，营销人员根据拜访计划，采用大众化或个性化的拜访策略，实施顾客关怀。

2. 亲情服务

根据顾客的基本信息选择出特定的顾客列表，在顾客的生日或在重要节假日，寄送饭店的贺卡、小礼品等，以示祝贺，派代表参与顾客的周年庆典等重要庆祝活动。美国马萨诸塞州的查尔斯饭店（Charles Hotel）收集经常入住的学生家长的信息，在毕业典礼、节假日、体育比赛到来时，给这些家长寄去信函，邀请他们光临，并为他们在此期间的住宿提供价格优惠或者免费。此外，当他们在该地读书的儿女过生日时，该饭店还会送上一盒生日蛋糕。查尔斯饭店实施的这些顾客关怀活动，收到了良好的效果——饭店的生意一直火爆。

3. 产品推荐

根据对顾客的分析得到的各类顾客群体特征，提供最适合该类顾客的各项服务产品。饭店还可以将最新的产品和服务第一时间通知给顾客，使顾客具有优先选择、知晓的机会。

4. 顾客俱乐部

如果顾客群非常集中，单个顾客创造的利润非常高，而且与顾客保持密切的联系非常有利于饭店业务的扩展，饭店可以采取以俱乐部的形式和顾客进行更加深入的交流。俱乐部作为忠诚计划的一种相对高级的形式，通过互动式的沟通和交流，可以发掘出顾客的意见和建议，有效地帮助饭店改进设计、完善产品。同时，用俱乐部这种相对固定的形式将顾客组织起来，在一定程度上讲，也是有效阻止竞争者进入的壁垒。

5. 优惠推荐

根据对顾客分析的结果，针对不同的顾客群体，制定不同层次的优惠政策，主动推荐给顾客。

6. 公关活动

公关活动包括：行业或产业高层公关、高层论坛、高层聚首安排等；定期召开各种市场活动，给予顾客一定的优惠政策，增加拜访频度；通过直付营销的方法（如 DM，EDM，EFAX）等方式进行顾客提醒。通过这些公关活动方式可以增强顾客的忠诚度，以达到顾客价值提升的目的。

其他常用的顾客关怀形式还有：针对特定群体召开研讨会、交流会，组织考察、培训、旅游等；7×24 小时服务热线、技术支持、顾客需求研讨、顾客需求评估等个性化的服务措施；与其他关联企业甚至竞争对手联合推广，与社会组织、机构、合作公司、内部渠道成员开展联合活动等。

四、饭店顾客增值策略

（一）制定老顾客特惠计划

采取顾客分级的方式，对越好、忠诚度越高的顾客，做越多的投资，让他们享受特殊的优惠和更多的好处。例如，对老顾客制定“VIP 金卡”，并得到一个唯一的卡号。饭店服务人员根据卡号可以调出该顾客资料，根据顾客等级提供不同级差价格优惠和享受一些特殊的接待服务，例如快速的 Check in 和 Check out 服务等。

（二）制定差异化的服务策略

据调查，饭店老顾客最关注的服务有三种类型：常客优惠政策、以灵活的方式加快常客的登记和结账的速度、利用常客过去住店的信息提供定制化服务。饭店可根据顾客信息提供差异化的服务，给老顾客以特殊的待遇，显示老顾客在饭店中的地位，创造其他饭店无法模仿的独特价值。

（三）建立持续对话的通道，保持与顾客的良好沟通

1. 回访

建立完善的回访机制，保证所有数据库成员都可以及时得到饭店营销人员的回访。同时，在回访的过程中，不断充实顾客信息资料，以更全面地了解顾客，更好地规划个性化服务。

2. 顾客调查表

所有顾客均可拿到一张顾客调查表，反馈者可获得各种奖励。（据统计，若执行得好，顾客调查表的回收率通常在10%左右。）

3. 创造产品附加价值

（1）顾客组织化。成立“饭店俱乐部”，俱乐部为其会员提供各种特制服务，如新产品情报、优先销售、优惠价格等。同时，可以针对顾客的特点，定期举办活动，如组织各种趣味比赛。通过顾客俱乐部，可以加强饭店与顾客之间的相互了解，培养顾客对企业的忠诚度，同时通过顾客的情报反馈系统，了解顾客的需求。

（2）用资讯链接消费者。通过饭店企业的刊物或沟通平台，让顾客参与饭店经营活动，体验饭店给予他们的这份荣耀。

第三节　定制化服务

现代饭店客人的个性化需求变得越来越明显，因此饭店的服务模式也应在“标准化”的基础上，更趋向于“定制化”。顾客关系管理系统让饭店知道目标顾客最主要的需求是什么，然后针对顾客差异制定出和顾客需求相一致的营销与服务计划。顾客不再感到自己是千人一面的普通顾客，而是有价值的顾客。定制化服务是实现上述目标的关键策略。

一、定制化服务的内涵

定制化服务简单地讲就是指按饭店消费者自身要求，为其提供适合其需求同时也令其满意的服务。定制化服务的特征就是根据顾客的不同情况和需求，生产不同的产品，相对于标准化服务而言，它的针对性更强。因此可以说，定制化服务实质上就是以标准化为基础的个性化服务，并鼓励顾客参与产品设计，最终达到顾客满意和饭店利润增长的双赢。定制化服务强调的是用心为顾客服务，要求服务人员具有较高的服务技能和较强的服务灵活性。

定制化服务主要包含两方面内容：硬件设施的定制化和软件服务的定制化。

（一）硬件设施的定制化

硬件设施的定制化是指饭店依据每一个顾客的特点和喜好设计客房，营造氛围。硬件设施的定制化不是改变饭店的格局、设施，而是营造“我的房间”的氛围，从色彩、音乐、细节方面营造顾客最喜欢的氛围。例如：打破布草单一颜色的局面，将其分为多种颜色；客用品如沐浴液、洗发水等品牌化；等等。在顾客入住前引导顾客填写“定制产品单”，这种方式既能让顾客感觉到自己定制自己的产品，又将顾客的需求控制在饭店能力范围之内。当顾客入住饭店时，自己喜欢的音乐传入耳中，床上用品、窗帘、桌布等是自己喜欢的色系。客用品是自己喜欢的品牌，甚至打开电视都是自己喜欢看的影片等，饭店由此完成硬件设施的定制化。

（二）软件服务的定制化

软件服务的定制化是一种追求个性化、人性化、极致化的服务。它是指饭店为迎合消费者日益变化的消费需求而营造出一种“特别的爱给特别的你”的境界，以针对性、差异化、个性化、人性化的产品和服务来感动顾客，通过一对一的服务实现顾客需求的全面满足。

服务的定制化要求服务人员充分理解顾客的心态，细心观察顾客的举动，耐心倾听顾客的要求，真心提供真诚的服务，注意服务过程中的互动沟通、情感交流。定制化服务以提高顾客的满意度为基本准则，追求的是极致的效果，需要服务人员密切关注顾客需求，随机应变，并提供相应服务。

拓展阅读 4—16

A 先生的经历

A 先生到某地公务出差，住进一家五星级酒店。房间里有果盘，果盘里面摆放了不同的水果。A 先生取其比较喜欢食用的水果吃了一些（香蕉）。另外，A 先生睡眠时有一个习惯——喜欢高枕，他把房间里的两个枕头叠在一起，仍然觉得不够。于是，他打电话给服务生，要求再加两个枕头，他的需求很快得到了满足。

第二天晚上，他处理完公务回房间时，发现果盘里的水果已经做了调整，他喜欢吃的香蕉增加了，其他种类的水果则适当地减量。

A 先生对该酒店的印象非常好。后来，他因公务需要，到另一个城市出差，事先他特意让秘书查看一下当地有没有这家酒店的分店——让他高兴的是居然有，于是他让秘书预订了这家酒店。

当他到达当地该酒店入住时，他发现，房间里的果盘里，他喜欢吃的香蕉多放了一些，而其他水果则量少一些。更让他意外的是，他发现床上赫然摆放着四个枕头……

二、定制化服务的特征

（一）相对性

饭店是一个企业，要盈利和生存。定制化产品的高成本导致饭店只能在一定范围内推行定制化产品，即对特定顾客完全定制化、对普通顾客部分定制化。饭店不可能满足所有顾客的所有需求，只能在有盈利空间的情况下尽可能满足顾客需要。

（二）个性化

生产定制化产品既要饭店掌握顾客共性的、基本的、静态的和显性的需求，又要了解顾客个性的、特殊的、动态的以及隐性的需求。它强调一对一的产品设计与服务，注重灵活性，要求因时、因地、因人制宜。

（三）人性化

定制化产品的核心是人性化，强调的是为顾客“量身定做”，所以要求饭店充分理解顾客的心态及喜好，并以此来设计组装产品。这就要求饭店细心观察顾客的举动，耐心倾听顾客的要求，提供周到细致的服务；同时注意服务过程中的情感交流，不仅使顾客感受到饭店就是自己的饭店，更使其体验到饭店独特的人文关怀。

（四）高端性

定制化产品不可能适用于所有顾客，昂贵的成本使它注定只能针对高星级饭店的VIP用户甚至VVIP用户。正是这种高端性使得定制化产品既与高星级饭店的高贵氛围一致，又能真正反映高星级饭店尊贵客人的消费心理。

（五）动态性

动态性是定制化产品的基本保障。顾客的需求会随时间、空间、心情而不断变化，定制化产品要为其“量体裁衣”，必须变化地、发展地、动态地看待顾客，察觉他们喜好的改变，从而使定制化产品永远合体。

三、定制化服务的管理体系

要实施定制化的服务，就必须建立定制化服务的管理体系。

（一）服务信息网络化、共享化

信息管理是推行定制化服务的基础。只有掌握顾客的信息，才能有的放矢，为其提供有针对性的定制化服务。将顾客的信息及其特殊需要进行记录和储存，建立起客史档案，形成信息网络，做到信息共享，并根据这些储存的信息提供令人惊喜的服务。此外，还应对顾客的信息进行分析和统计，注意服务体系中每一个细微环节，找出服务过程中最小的重复性单位，以加快服务速度，提高服务工作的灵活性。

（二）快速反应的组织体系

为了适应定制化服务的需要，饭店必须对顾客的要求保持高度的敏感，并使他们的个性化需求得到迅速满足，这就要求饭店具有快速反应的组织体系。对顾客来说，服务人员是饭店的代表，饭店必须依赖一线服务人员为顾客提供优质的服务，使饭店取得竞争优势。所以饭店要充分授权给一线服务人员，让其能在顾客需求出现之后迅速给予解决。

（三）管理方式人本化

在标准化服务模式中，质量管理的基本方式是制度化，而定制化服务模式则要求人本化，即要求饭店运用各种手段，采取各种措施，培养员工对饭店的忠诚度，充分挖掘员工的潜能，调动和发挥员工个人的积极性。例如，通过交接班集体讨论会（Relief Group Discussion，RGD）将客人资料进行日常规范化管理，每天下午1:30—2:30早班、中班人员交接重叠一个小时，坐在一起讨论饭店前24小时发生的事。又比如把每天每人身上发生的案例全部记录下来，确定最佳处理办法，然后把所有信息用科学化、规范化的方法分类存档，做到信息共享、经验共享和方法共享。

（四）考核制度以服务效果为依据

标准化建立了一套科学健全的服务质量评估系统，是以符合标准、符合规范、符合程序而执行的，而实行定制化服务更多的是要求员工采取不同于标准化的操作，这就使得对服务质量的评估出现偏差，不利于定制化或个性化服务的开展。所以饭店必须转变观念，定制化服务从设计、生产、组合、销售、评估等各个阶段，都应体现顾客导向，真正做到以顾客满意为出发点。

拓展阅读4—17

丽思卡尔顿的CLASS系统

丽思卡尔顿在顾客服务方面被认为是世界上最为领先的酒店之一。它获得了无数的大奖，包括在1997年被《全球财政》（*Global Finance*）杂志的读者评为全美最佳连锁酒店。这种成功背后的战略是通过猜测顾客的需求来为其提供尽可能最佳的服务。这反映在公司“提供最佳的服务”以及“实现顾客甚至没有表露出来的愿望和需要”的使命中。丽思卡尔顿在顾客服务方面的出色水平是通过全世界通用的一套具有统一目标和程序的黄金规则来实现的。酒店所有雇员都按此标准进行培训，并把这套标准充满激情地运用到实践中去。事实上，雇员是丽思卡尔顿成功的关键。每名雇员都经过仔细的筛选，并被送到与他们的能力相匹配的岗位上去，然后接受岗位技术和顾客服务哲学两方面的广泛培训。公司授权每名职员“移天动地”的权力以确保顾客满意，同时也确保顾客的任何投诉都能得到迅速而有效的解决。

在支持员工的努力方面，酒店广泛使用了各种技术。通过使用一个名为“顾客忠诚预期和满意系统”（Customer Loyalty Anticipation and Satisfaction System，CLASS）的电脑系统，丽思卡尔顿能够把顾客偏好方面的数据转换成酒店行动的参考信息，员工们随后就可以据此提供一种更为个性化的服务。这套系统的目标非常远大——在辨别回头客方面提供百分之百的可靠性和一致性，实现他们的偏好，预料他们的需求，帮助酒店使每位顾客的体验个性化。

每名员工都随身带有一本顾客偏好簿，他们可以在上面记下顾客的偏好。这些记录要进行合并，并且每天都要输入CLASS系统中，最终可以迅速而又方便地提供给33家丽思卡尔顿连锁酒店的职员使用。“这个想法是如果一名顾客到哪里都希望房间里面有一份匹兹堡的报纸，或者下次他住店时希望枕头硬一些，他们不用再次提出这些要求。”信息中心的副总裁布鲁斯·斯佩克豪尔斯（Bruce Speckhals）说道。CLASS与万豪中央预订系统（MARSHA）结合到一起，通过它，丽思卡尔顿进行分销、预订并同时获得顾客的相关信息。在每家分店，顾客识别主管会每天打印出一份顾客识别报告，并将其传递至各个部门，因此回头客很快会被辨别出来。饭店对他们的需求进行事先预计，他们住宿时的各方面条件都符合他们的偏好，以便为他们提供更多的个性化服务。

系统也帮助丽思卡尔顿创建能够识别回头客价值的忠诚度项目。回头客被分为3种类型。一般回头客在一年中住店不超过12天，主要回头客一年中在一家或两家分店中的住宿天数超过12天，而忠实回头客一年中至少住三家分店，天数也超过12天。CLASS系统使得公司能够确定每名顾客的旅行模式和边际收益，并且能估算他们的生命价值。因此总系统成功的一个关键因素是把预订与顾客资料联系在一起，这一过程由每家分店的顾客识别主管进行管理。然而，尽管能够获得用于直接营销目的的宝贵数据，丽思卡尔顿只是在最近才开始利用这个机会。而且，由于顾客的信任和信心如此重要，顾客数据永远也不应该被出售或者传送给外面的其他公司。这一直销系统在全球背景下进行协调，以记录谁在什么时间收到了什么，从而确保对每个顾客收到的信件都进行了精心管理。

这个系统是成功的吗？根据一次独立的调查，丽思卡尔顿超过90%的顾客表示他们会再次光顾。丽思卡尔顿现在的问题是如何加强这种竞争优势。随着系统所依赖的技术的成本持续下降，竞争者们也有可能使用类似的系统和相似水平的顾客识别能力。

重要知识点

1. 顾客关系管理的含义
2. 顾客关系管理的作用
3. 顾客满意的基本特征
4. 顾客满意度的测量方法
5. 顾客关怀的内涵
6. 顾客关怀的过程管理理念
7. 顾客关怀实施的策略
8. 定制化服务的特征

9. 定制化服务实施的条件

模拟练习和实战训练

1. 朱先生是一家酒店的常客，一天入住后，朱先生打电话让总台第二天早晨叫早，但服务人员忘记登记并在交接班时没有告知服务人员，导致朱先生第二天早晨差点误了事情，朱先生随后投诉到相关领导。如果你是领导，你应该如何处理这件事情？

2. 某酒店营销部最近发现酒店一些常客转到另一家酒店消费，经调查，另一家酒店正在举办店庆活动，服务价格特别优惠，吸引了大量顾客。营销部决定做一个顾客体验的策划活动，把老顾客重新吸引过来，主题不限。请你为酒店营销部的这次策划提供一些可行性建议。

3. 一对新婚夫妇度蜜月，预订了酒店的一个套房，营销部按照惯例，对每一位住店客人都要实施顾客关怀。对这对新婚夫妇的顾客关怀，你应该如何来做？

4. 一位外国顾客特别喜欢真丝制品，每次来出差都会买一些真丝织品带回去。酒店营销部知道这种情况后，决定对该顾客提供定制化服务，以便使顾客对酒店服务更加满意。考虑到营销成本，营销部经理特别发愁，你有没有好的办法来完成这次任务？

5. 有人讲酒店定制化（个性化）服务是 21 世纪酒店制胜的法宝，很多酒店都把这句话信奉为定律，千方百计地来取悦顾客，在服务的过程中忽略掉了一些基本的服务。标准化服务和定制化服务之间有无矛盾？这两者之间的关系应该如何处理？

第五章 饭店产品销售

饭店营销涉及满足中间客户和终端客人需求的产品，贯穿饭店经营的一切业务活动。本章对旅行社和OTA销售、会议销售、宴会销售、商务和长包房销售等饭店实务层面的营销实施进行介绍，让学生熟悉旅游团队市场、线上消费市场、会议市场、宴会市场、商务和长包房市场的相关知识，学习如何对它们进行销售管理并掌握相应的技巧以提高销售业绩。

模块一　旅行社和OTA销售

学习目标

- 了解饭店旅游团队的主要来源
- 能够对旅行社进行有针对性的营销
- 明确OTA对饭店的意义
- 掌握OTA管理的基本理念和方法

引　例

去哪儿、携程们打架　酒店旅行社们却害怕

在线旅游公司和传统旅行社、酒店的矛盾近半年正集中爆发。

近日，由于去哪儿网发起5折酒店大促销活动，遭到湖南省旅游饭店协会封杀。据了解，目前湖南已有200多家酒店断供去哪儿网；上月，中青旅、众信旅游等近20家旅行社宣布下架抵制途牛旅游低价扰乱市场的行为，最终在国家旅游局的出面调停下才得以恢复合作。

国内各大酒店集团也因低价销售多次向OTA发难。早在去年十一国庆节期间，中国各大连锁酒店集团如华住、如家、锦江之星、布丁等联手向携程网、去哪儿网等施压，要求后者停止网站上的相关返现促销活动。

事实上，在线旅游公司大打价格战都是自己买单，本质上并没有削减给传统行业合作公司的收入，但却触动后者敏感的神经，频频遭遇抵制。

以此次去哪儿网引发的纠纷为例，根据去哪儿网推出的“订酒店低至五折”活动规则，消费者在预定范围内订酒店，就能获得1 000元红包，每次最多可使用抵现300元，最低可享受五折优惠，涉及300多个城市。而对此，湖南省旅游饭店协会认为：“此举严重扰乱了湖南省酒店市场的正常经营秩序，违背了市场公平竞争的基本原则，属单方面恶意违规行为。”

在传统旅行社和酒店看来，互联网公司的返现补贴等模式，打破了它们的价格体系，长远来看侵蚀了原有会员的利益及利润。

简单理解，通过返现，OTA提供的购买价格将远远优惠于酒店直接提供给自己会员的价格，造成酒店会员不断流失并转化为OTA用户，而酒店未来则要提供给OTA越来越多的佣金，压低了自身利润。

事实上，传统酒店的价格体系本来也处于混乱中，包括旅游团体

价格、企业签约价格、个人价格、不同的网络预订价格等，甚至有酒店员工私自把签约价格放到网络出售的情况发生。

早在2012年下半年，由于OTA在酒店预订领域价格战过于激烈，国内主流经济型酒店曾叫停过OTA返现，并与OTA达成共识，即正常情况下OTA仅可以用OTA价格分销经济型酒店客房，促销、返现等活动则需要提前通知酒店方。

不过，连锁酒店在线业务收入占整体比重其实相对较低，而对于更多的单体酒店和高星级酒店来说，OTA则掌握了更多的话语权。据了解，星级酒店仅有20%～30%的客房通过自身会员体系销售，其余均依赖OTA和旅行社等分销途径。

短期来看，在线旅游公司和传统行业的矛盾难以调和，这是商业模式差异所决定的。对于互联网公司而言，获取用户和市场规模目前是最重要的，后续可以通过各种业务组合和创新来收回成本，而传统行业公司的收入完全依赖单一产品的销售，也无法达到互联网公司的平台体量，在低价模式下通过规模化业务获得利润。

为了抢占用户和市场份额，在线旅游公司也不惜亏损。财报显示，2014年去哪儿网亏损18.5亿元，艺龙网亏损2.7亿元，途牛网亏损4.6亿元，仅有携程盈利2.4亿元。

对于相关监管部门而言，也需要认清商业模式的差异，在鼓励创新和维护健康秩序的原则下促进行业发展。国家旅游局日前已下发治理“不合理低价”专项行动的通知，称从5月1日起，省级以下旅游部门将组织开展各类专项检查，对被举报旅游企业将重点检查，将不定期派遣工作组明察暗访，对发现问题的企业进行约谈，按照《中华人民共和国旅游法》的相关规定，对不合理低价行为进行严厉处罚。

资料来源：范晓东：《去哪儿携程们刚开打　酒店旅行社们却害怕》，http：//tech.qq.com/a/20150505/032159.htm，2015-05-05。

饭店客户中除了普遍受到重视的散客之外还有一块重要的营销对象——旅游团队。对旅游团队的营销工作也是饭店营销工作者必不可少的基本内容之一。旅游团队不同于散客，主要区别在于旅游团队是通过旅行社或旅游服务中介机构联络、有组织地按照预定行程计划进行旅游消费活动的旅游者群体。除了常见的营销策略之外，饭店一般还会对旅行社等旅游服务中介机构进行有针对性的营销，以便提高饭店产品的销售量。

第一节 旅游团队概述

一、旅游团队的概念

旅游团队是相对于散客而言的，指的是采取综合包价或部分包价的方式，通过旅行社或旅游服务中介机构，有组织地按照预定行程计划进行旅游消费活动的旅游者群体。我国旅游业界对于旅游团队的定义是从每单交易的平均人数来划分的，一般十人以上的称为团队，十人以下的称为散客（团）。

随着团队旅游的迅速发展，饭店接待旅游团队的业务更加频繁，特别是一些度假饭店和商务饭店，旅游团队对其营业额的贡献非常重要，旅游团队收入占了饭店营业额的很大一部分。旅游团队的营销工作也因此对饭店的经营好坏起着举足轻重的作用。

二、旅游团队的特点

旅游团队除了人数上较之散客有较大区别外，更具有自身的特点。

（一）计划性强

旅游活动是时间和空间上的链接，旅游团队的出行是严格按照旅游合同的规定和要求来执行相关旅游接待任务的。旅游团队一般按旅游批发商制定的日程、路线、交通工具、食宿标准等进行旅游活动，整个行程和接待任务严格按照旅游合同进行，计划性强。

（二）接待技能要求高

旅游团队的人员众多，团队中关系复杂，利益涉及面广，使得接待任务难度增大，要求饭店营销人员掌握较好的接待、沟通技能。

（三）协调工作多

旅游团队涉及利益较多，团员、旅行社等旅游批发商、饭店房务、餐饮、娱乐等主要部门都会涵盖其中，多方利益关系复杂，要求饭店营销人员具备较强的工作协调能力，尤其是与旅行社等旅游批发商之间的沟通协调能力。

三、饭店旅游团队的类别

旅游团队的划分标准有多种类型，在饭店的营销工作中，不同类型旅游团队的营销侧重点有所不同，但作为饭店营销人员，了解和掌握饭店旅游团队的基本类别是必需的。

（一）按地理范围分类

旅游团队按地理范围分类，可分为国内团队和国际团队。国内、国际旅游团队的主要区别当然在于团员的国籍上。一般来讲，国际团队停留时间较长，日程活动变化多，沟通难度较大；国内团队准备时间短，消费水平差别不大，沟通交流起来比较容易。

（二）按消费水平分类

旅游团队按消费水平分类，可分为经济型团队、豪华型团队和大众型团队。经济型团队的消费水平以及对服务水平的要求相对不高；豪华型团队消费额度大，对酒店档次、设施设备及服务要求更加苛刻；大众型团队的消费介于经济型团队和豪华型团队之间。

（三）按年龄分类

旅游团队按年龄分类，可分为儿童团队、青年团队和老年团队。不同年龄的消费者，对住宿、饮食以及娱乐的要求差别很大，要求饭店营销人员针对不同的团队设计不同的酒店产品来满足其需求。

（四）按旅游目的分类

旅游团队按旅游目的分类，可分为消遣型、事务型和个人家庭型团队。旅游目的不同，对饭店各方面的要求也不一样：消遣型团队关注居住环境舒适，喜欢去度假型饭店消费；事务型团队关注饭店商务和娱乐功能；个人家庭型团队希望创造一种居家的环境。

（五）按参团规模分类

旅游团队按参团规模分类，可分为大型、一般和小型团队。超过 50 人的团队一般称为大型团队，30～50 人为一般团队，30 人以下为小型团队。

（六）按销售渠道分类

旅游团队按销售渠道分类，可分为旅行社等旅游中介旅游团队、饭店协议客户旅游团队和自发组织旅游团队。

四、旅游团队预订

饭店是旅游者的“临时之家”，饭店接待团队旅游的好坏，决定了团队旅游质量的高低，这是饭店营销工作的一个难点。做好旅游团队营销的第一步是做好旅游团队的预订工作。

（一）预订工作的要求

1. 预订工作要详细

团体接待，无论是会议接待，还是旅游团体，一般都要先做接待协议书、接待合同之类的书面接待文件。在这个书面的文件中，除了应具有一般合同的标的、权利、义务、履行方式、违约责任等基本要素之外，要详细注明名称（团体名称、会议名称）、人数、抵离时间、交通工具、用何类房、房价、餐价、用餐方式、菜品、结账方式（现金、支票、信用卡、挂账、转账等）。特别是涉及费用的，一定马虎不得，以免事后产生纠纷。有些虽不必见于书面的事项，也要有所了解，为下一步的接待服务打下良好的基础。如除了解人数外，还应进一步确定其国籍、男女比例，甚至老幼以及有什么特殊情况等，以便有针对性地提供服务。

拓展阅读 5—1

台湾团客人的投诉

某饭店接待某一台湾团时，仅有11人，人数虽不多，但除了领队是中年人外，其他皆为70多岁的老人，将于次日乘早班船离去。由于事先未掌握年龄结构这个情况，该饭店未配备相应的接待力量。早晨起床后，老人们行动较为迟缓，影响了查房、退房速度。到了大堂，又有人遗忘了物品，致使结账时间远远超过了预定的时间，久久滞留，又影响了下一个团队的出团，导致了客人的投诉。

2. 预备工作要细致

在做接待的准备工作时一定要细心、细致。预订部门或销售部在团体接待预订后，就应将该团体的资料及时提供给前厅部、客房部、餐饮部，甚至停车场等相关接待部门或经营场所，通知到相关人员，以便及时做好服务接待工作的衔接和准备。最好还应有个接待的预案。如客房部接到总台的入住指令后，要了解客人情况，包括抵店、离店时间，从何处乘什么交通工具来，乘什么交通工具到何处去，人数、国籍（国内客人应注明省、市籍）、性别、年龄、身份、此行目的、宗教信仰、风俗习惯、生活特点、特殊嗜好、接待规格、特别要求、消费标准、付款方式、保卫保安要求等，这些都应在掌握之中。然后，针对上述情况有针对性地做好相应的接待准备工作，并对住房（或餐厅、会议室等）的设备设施、卫生质量、物品配置、人员安排、房号落实、钥匙分发等进行全面检查。员工个人也应在精神状态、仪容仪表上做好思想准备。准备工作要尽可能细，每个环节都要考虑到，而且要环环相扣，不能脱节。

拓展阅读 5—2

一封投诉信

某酒店总经理收到了一封客人的投诉信："我公司在10多天前就在贵店订了两间总统套房，拟接待某银行行长等人，商洽某工程项目贷款事宜。而当客人抵达时，却因贵店总统套房正在维修，将我们的贵宾安排在次之的房间，引起了客人的不满，致使洽谈受到不良影响……"

3. 事先预料要充足

“计划没有变化快”就是人们常说的一句话。饭店的团体接待中，由于客人相对集中、人数相对较多、时间相对较紧、工作量相对增大，就往往容易出现一些服务接待不及时、不周到、不尽意、不完善的地方，甚至出现一些意外情况。这就需要饭店对一些情况事先有一些估计，这就是预料。“凡事预则立，不预则废”，说明预料非常重要。从客人抵店时间看，因气候原因误机、误船而延迟到达的情况屡见不鲜。团队迟到了，饭店正常下班时间已过，但前厅、客房、餐厅等相关接待部门、场所，仍要在人员、材料上备齐配足，思想、物质上都要有所准备。一旦团队到达，也能保证服务质量。当然，有些情况也很难估计，预料难以做够。上述提到的案例，不可能是绝无仅有的。为此，我们在预料时，要尽可能充分些，把问题估计得足够些，做计划时尽量留有余地。

拓展阅读 5—3

少安排了一个房间

某团客人到达，领队说少安排了一个房间，但酒店总台接到的通知确实是此数，一查旅行社预订的传真也是如此。原来是由于旅行中，一对夫妻因事突然产生不和，到达当地后非要分居不可。而客房较紧，排不上房，领队为免得客人怪罪，故称酒店安排少了。

4. 预订后要跟踪

饭店还要对后期的发展有所预见、考虑、安排。这里，我们先不谈团队客人在店期间的接待服务。说说“预后”，就是讲团队客人离店时和离店后的工作还要做，而且要做好。例如：尽可能准确地落实离开酒店的时间，提前通知客房做好查房准备；行李房及时将团队行李运到大堂，等候客人清点；总台做好退房准备，总收银台做好结账准备等；VIP 团还要及时通知饭店主要负责人或相关部门经理提前到大堂送行；还要检查所有委托代办的工作是否已办妥，账款是否结清，有无其他服务要求，如叫早服务、提前用餐、安排出租车、行包托运、托邮等；还应检查客人有无遗留物品、设备是否完好等。总之，要把现有客人的工作做足，让客人高兴而来满意而去，乐意下次再来。销售部门还要征求客人的意见，团队客人，特别是会议的团队客人，性格不同、口味迥异，最易对餐饮产生意见，要注意征询，及时反馈，以便今后改进工作。团队走后，切忌“人走茶凉”，要系统地建立客史档案，与客人保持联络，加强与团队单位的感情交流，为再一次的合作、为今后饭店的销售打下良好的基础。

（二）旅游团队预订接待规程

营销部在开展旅游团队接待工作时，应按照下列服务标准向客人提供服务。

1. 团队预订确认

（1）团队预订的确认、修改、取消必须在第一时间与预订处联系。

（2）订单的收取要及时，回复必须在24小时之内，确认必须以书面形式并按照类别归档。

（3）所有信息必须以书面的形式确认，要求准确、及时。

2. 部门协调

（1）客人预订确认后，饭店营销人员必须及时（不得超过6个小时）通知客房部、礼宾部、康乐部、餐饮部等相关部门。

（2）与各相关部门的沟通必须以书面形式进行，并要求准确、及时。

（3）须协助财务部做好结算工作。

3. 客人跟踪

（1）营销人员必须全程跟踪团队的预订、变更、入住、退房等全过程。

（2）及时反馈信息，解决问题，并填写客户意见反馈表。

4. 与客人交流

（1）尽量用姓氏称呼客人。

（2）尊重客人的宗教信仰，并协调相关部门尽量提供方便。

（3）不得私自接受客人的任何宴请、礼品。

根据旅游团队预订及接待的经验，整个规范程序如图5—1所示。

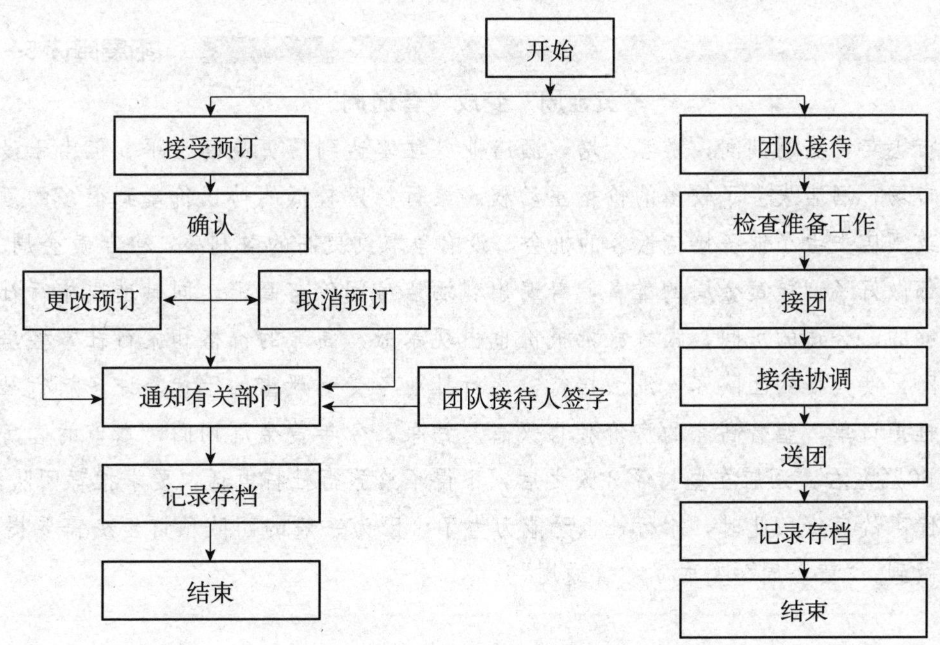

图5—1 旅游团队预订接待流程图

第二节 旅行社销售管理

旅游团队是构成饭店客源结构的重要部分。淡季时，饭店要争取旅游团队入住以保证客房入住率；旺季时，则要适当控制旅游团队比例，以实现饭店效益最大化。旅游团队主要来自旅行社，饭店应与旅行社建立良好的合作关系，加强沟通联系，使相互间的业务互惠互利。

一、饭店与旅行社的关系

饭店和旅行社同为旅游业的支柱产业，在整个旅游业的发展中共同起着不可替代的作用。旅行社是饭店重要的销售渠道之一，在饭店的经营中发挥着重要的作用，旅行社订房业务具有数量大、连续性强、预报早等特点，统一安排，统一结算，给饭店带来了方便。另外，旅行社在为饭店提供稳定的客源的同时，在饭店宣传、新产品推广等方面也具有独特的优势。饭店作为住宿接待业，为旅行社业务的顺利完成提供了最基本的食宿服务，顾客的满意与否不仅决定着饭店业绩，也决定着旅行社业务能否顺利完成。所以说，饭店和旅行社之间是一种相互依存、共生共赢的关系。信任和可靠性是两者相互合作最重要的特征，有了信任和合作的基础，才能产生双赢的局面。

拓展阅读 5—4

“黄金周”变成“普通周”

某市去年黄金周期间，游客大增，酒店业入住率达到历史最高水平。但由于没有准确估计市场，酒店失去了较多的价格主动权。旅行社以较低的协议价拿到很多的酒店客房，导致酒店失去了很多接待散客的机会，没有争取到更高的盈利率。今年黄金周来临，各酒店都做好了迎接黄金周的准备，普遍出现酒店房间价格高涨，同时造成旅行社预订不到足够的、合适的房间，跟着旅游报价也出现暴涨，高涨的价格和旅行社掌控房间数量的下降，使大批的团队客人没法接待，旅行社业务受到严重的干扰。许多旅行社没办法只能推掉订单，望着高涨的房价独自叹息。结果，今年黄金周期间，本市的客房预订率只有60%左右，酒店在坚持了3天之后，不得不给旅行社打电话，要求推荐团队客人，并提供优惠的房价。此时，旅行社也无能为力了，因为一般的团队预订至少需要提前10天才能做到，“黄金周”变成了“普通周”。

处理好饭店与旅行社之间的关系，直接影响饭店经营的好坏。在旅游旺季或客房紧张时，饭店应该如何对待旅行社呢？是压房、退团、置之不理、不认原来所签合同的房价而漫天要价，还是积极想办法、协助旅行社解决其用房事宜呢？这时候饭店营销部应采取正确的态度，相互信任和支持，形成良好的合作氛围，达到更好的经济效益。

（一）及时沟通客情

提前与保持长期良好合作关系的旅行社沟通客情，当饭店出现特殊情况时，应及时与那些有着长期良好合作关系的旅行社沟通，预报饭店的出租高峰期。

（二）坦诚相见，真诚合作

有时常有这样的情况，这边销售部门告知旅行社无房，而那边为取得更高的平均房价和经济效益，而将客房放在总台接待上门散客。如果被旅行社发现后后果会很严重。作为饭店来说，不可以为一时的高房价而影响了与旅行社之间长期建立的合作关系。

（三）积极联系，协助安排解决旅行社的用房要求

当饭店实在无房，而此时又接到一份友好旅行社的团体预订单时，饭店应努力协助解决，积极联系其他同档饭店并推荐入住，对于长年入住饭店的团体可采取适当贴补差价方式来解决住房。

（四）签订节假日期间客房特殊价格

人们利用节假日外出旅游度假的越来越多。因此，饭店在与旅行社签订全年合同时，一定要注明节假日除外的条款和节假日上涨的幅度，免得因旺季来临时的房价问题而影响合作。

饭店和旅行社应成为战略意义上的合作伙伴，在保证双方合理利益的前提下，进行良性的竞争与合作，建立互信互利、长期有效的合作机制。所以，当旅游旺季的客房需求高峰期来临时，饭店应与旅行社协调处理好用房问题，抛弃“皇帝女儿不愁嫁”的思想，为饭店的长远利益及饭店的高效运转注入活力，从而创造出更高的出租率和营业收入，取得良好的经济效益和社会效益。

二、饭店对旅行社的销售工作

（一）旅行社销售工作任务

旅行社是饭店销售的重要渠道。饭店一般会有旅行社业务销售的专员负责旅行社销售业务。他们主要有以下 5 项工作任务。

1. 制定与实施旅行社销售计划

（1）进行旅行社市场调研，收集客户信息，并根据收集到的信息分析结果和饭店年度销售计划制定旅行销售计划。

（2）根据旅行社销售计划要求，制定旅行社销售策略、旅行社走访计划并落实执行，以保证饭店与各大旅行社建立良好的合作关系。

(3) 根据旅行社销售策略，进行相应的广告宣传活动，提高饭店的影响力。

(4) 保持与各大旅行社的联系，及时解决旅行社反映的问题。

(5) 根据各大旅行社的要求，及时为他们提供报价、预订、确认、更改和取消服务。

2. 跟踪饭店消费客户

(1) 根据客户登记信息，为来饭店消费的客户建立客户档案。

(2) 定期电话回访曾来饭店消费的客户，时刻关注他们对饭店的新需求，并将饭店的促销信息告知客户。

3. 协助前厅部做好客户接待工作

(1) 协助其他部门开展重要客户和团体客户的接待工作，并根据客户需要，提供高质量的客户服务。

(2) 对客户住宿期间的进程进行跟踪，以便及时发现客户的新需求。

4. 处理客户投诉

(1) 及时处理客户对饭店的投诉以及预订纠纷。

(2) 根据客户投诉意见，提出饭店客户服务改进建议。

5. 协助财务部做好结账、信用记录工作

(1) 及时收回账款，提高饭店资金周转率。

(2) 做好旅行社付款是否有保证、是否及时等信用记录，以便科学地选择合作旅行社。

(二) 旅行社销售主要工作程序

饭店通过旅行社进行产品销售时，一般会经历 3 个主要工作环节。

1. 旅行社走访工作程序

销售人员走访旅行社的主要目的是了解旅行社的实际情况，建立或维护与旅行社的良好合作关系。主要有 5 个基本工作程序。

(1) 了解走访旅行社的基本情况。走访前需要掌握的旅行社基本情况包括人事情况、资信情况及最近的运营动态。

(2) 准备走访所需要的资料。资料包括饭店的宣传材料、工作笔记本、名片、礼品等，出发前应仔细检查有无遗漏。另外，要注意交通工具和交通路线，不是很熟悉情况的要记得带上些相关资料。

(3) 走访旅行社，与联系人进行沟通。与旅行社进行沟通的内容主要有 3 个方面：介绍饭店的营业情况和最新的销售政策、询问旅行社近期客源情况、争取或稳定旅行社合作的态度。

(4) 记录、整理所获得的信息。尤其要关注旅行社的客源动态和消费需求。

(5) 撰写走访报告提交主管并存档。走访工作总结报告要分析饭店的旅行社市场形势，并提出自己的建议。

2. 旅行社销售签约程序

饭店实现旅行社销售，一方面是与旅行社建立实质性的合作关系，保证饭店的团体客源，另一方面是保证预订信息传递及时、准确，保证服务质量，提升客户服务质量。销售和签约包括 3 个程序。

(1) 确定并联系目标旅行社。关注饭店周边地区旅行社情况，了解旅行社的资信和经营状况，根据饭店实际寻找目标合作对象，并与相关负责人取得联系。

(2) 洽谈合作条件。在了解旅行社团队预测情况的基础上，从以下 5 个方面进行讨论并达成共识。

a. 饭店为旅行社提供的客房种类和优惠价格；

b. 客房价格所含及不含的项目、服务和标准；

c. 免费房要求设定及全陪、地陪、领队用房的优惠水平；

d. 用餐标准及方式、联系方法、订金制度及通知确认方法、结账方式及时间的要求；

e. 违约责任及赔偿等事项。

(3) 签订合作协议。

拓展阅读 5—5

酒店旅行社订房协议合同范本

____年____月____日，由______酒店（以下简称甲方）与______旅行社（以下简称乙方）经友好协商，达成如下协议。

一、推销

1. 乙方同意利用其销售网络推销甲方的产品和服务，并向来到本市的所有客户和即将成为乙方客户的人推荐甲方的服务设施。

2. 乙方保证在任何可能的情况下，在本市接待旅游时，将选择甲方作为其客人的下榻处，特别是旅游报价团、系列团队、旅游团队。

3. 乙方同意把甲方编入其宣传项目及宣传册中，并在合适之处采用甲方的彩色照片，这些宣传品、宣传册一经出版应立即送甲方样本。

二、价格

考虑到乙方可能提供的客源量，甲方同意按下列条件和价格（不含佣金）接待乙方的客源。

（一）团队预订：单人间/双人间（10 人及 10 人以上）

1. 淡季（十二月、一月、二月、三月）＝________元人民币。

2. 平季（四月、六月、七月、八月）＝________元人民币。

3. 旺季（五月、九月、十月、十一月）＝________元人民币。

（二）散客预订：单人间/双人间（10 人以下）

1. 淡季（十二月、一月、二月、三月）=________元人民币。

2. 平季（四月、六月、七月、八月）=________元人民币。

3. 旺季（五月、九月、十月、十一月）=________元人民币。

4. 所有套间一律享受______%的优惠；所有客用房加床为______元人民币，陪同床为____元人民币。

注：所有价格不含任何早餐和城市建设费。

三、餐费

1. 中式早餐=____元人民币。

2. 西式早餐=____元人民币。

3. 午餐套餐（西餐）=____元人民币。

4. 晚餐套餐（西餐）=____元人民币。

注：餐费不含酒水。

四、价格保护

在任何情况下，乙方不得以比门市价更高的价格将甲方出让给第三者。当甲方门市价随季节改变时，甲方应通知乙方。

五、预订

团队入住前，乙方应向甲方销售部办理团队预订手续；甲方将根据订房情况和接待能力于接到预订通知的3天内，决定是否接受此预订并以书面形式通知乙方；未经甲方接受并确认的预订，甲方概不负任何责任。

六、客房占用期限

预订经确认的客房在入住日下午2:00之后方可入住；离店时间为正午12:00点。

七、客房分配单

乙方同意在客人到达前30天，向甲方提供将入住甲方的团队所有成员名单及住房分配方案，包括航班信息、用餐标准。如果乙方未能按上述要求提供这些信息（除非另有协议），甲方有权取消已预订客房及设施并转售给其他客户。

八、免费房

甲方同意为每位付费客人提供半个双人间免费房，但每团的免费房不超过____个双人间。

九、取消预订

乙方如果需要取消或减少预订房，应按照下列条件书面通知甲方（见表5—1）。

表5—1　　房间数要求与提前通知期限一览表

房间数量	提前通知天数要求
10间以下	到客前10天
10～25间	到客前15天
26～50间	到客前20天
50间以上	到客前30天

在最短期限之后，如果团队要求取消或减少以上的预订房间数，甲方将收取每间取消房1天的房租作为未及时取消预订的费用。

十、确认未到预订

如果整个团队在入住日未到，乙方同意支付甲方当日所损失的房费，同时支付整个实际居住期间应付的房费。

十一、押金/付款

乙方同意在旅游团预订时付给甲方押金____元人民币。如果乙方没能履约，甲方可以从押金中抽去全部或部分作为甲方应得的押金。如果乙方完成合约（不包括利息），将如数退还乙方或作为乙方应付甲方费用的一部分。

除了上述押金外，乙方承诺在团队离店后30天内支付团队下榻在甲方期间所产生的一切费用。否则甲方有权利向乙方收取其超出天数的相应利息，利率按银行公布的同期活期存款率计。

十二、保密

此文件中的全部内容为绝密性质，不管是出于任何原因或目的，乙方都不能透露给第三方。乙方对此表示理解并遵照执行。

十三、合同期

本合同条款期限为____年____月____日开始至____年____月____日截止。合同一式两份，由乙方签字后在____年____月____日之前交给甲方，由甲方监督执行。

十四、违约责任

双方在执行合同的过程中有违约行为时，本着友好协商的原则处理。确实不能达成一致意见时，双方同意交由当地仲裁机构仲裁或交当地法院裁判。

甲方（签章）： 乙方（签章）：

授权代表（签名）： 授权代表（签名）：

职务： 职务：

联系方式： 联系方式：

---

3. 现场参观介绍程序

旅行社、会议组织者或其他重要活动组织者等饭店客户，在签订合作协议前可能会考虑到饭店进行现场参观考察，以确保饭店产品符合需求。通过现场参观一方面可以加深客户对饭店的了解，促成与客户的合作关系，另一方面可以收集客户的建议以完善饭店建设。现场参观介绍工作包含4个程序。

（1）与客户约定参观时间。

a. 与客户约定一个双方都感觉方便的时间。

b. 检查、参观场地和预订情况时，尽量避免饭店经营高峰。

（2）准备资料，检查场地。

a. 准备好宣传资料、名片等销售工具。

b. 对客户所要经过的地方进行检查。

c. 将客户参观的信息通知相关岗位。

（3）接待参观客户。

a. 根据客户预计到达时间，前往约定地点迎候，客户到达后向其发放饭店的宣传资料。

b. 向客户介绍参观路线，并根据客户的需求进行调整。

c. 按照参观路线进行讲解，向客户介绍各类服务设施、营业时间、产品优势、销售政策等。

d. 征询客户意见，对客户提出的意见和建议及时进行记录，并在事后进行整理，通报有关部门。

（4）送客致谢。

a. 向客户致谢，并询问是否还有其他要求。

b. 将客户送出饭店大门。

三、合作旅行社的选择

旅行社在业务经营中存在风险大、批量大、季节性强的特点。目前，我国饭店与旅行社之间尚无运作标准，以双方协商讨论订立的合同为合作依据。据调查，旅行社在选择饭店时会重点关注一些饭店特征，具体见表5—2。

表5—2　　旅行社选择饭店最看重的要素

看重的要素	旅行社比例
预订声誉	90%
对客服务声誉	83%
获得佣金的便利程度	77%
房价	76%
顾客先前预订的经历	76%
饭店预定系统效率	70%
佣金比例	64%
特别价格	61%
是否可以通过计算机预订	48%
与饭店销售人员的关系	31%
顾客要求提供回头客奖励	26%

同时，饭店也要选择适合饭店定位的旅行社来完成饭店业务的提升，饭店可根据系列指标（见表5—3），将旅行社设置为不同的客户类型，采取有针对性的营销策略。

表 5—3　　饭店评估旅行社标准

项目细分		分值			
		1	2	3	得分
1	订房数（天）	<50	51～99	>100	
2	停留天数	1天	2天	3天	
3	季节	8、9、10、11月	全年	12、1、2、3月	
4	付款方式	根据账单发票	入店登记	预付	
5	预定未到	经常	偶尔	极少	
6	订餐	早餐	早、晚餐	早晚餐、酒水	
7	季度	1	2～3	4	

拓展阅读 5—6

×××大酒店旅行社合作制度

×××大酒店在当地档次不高，算是一家中上档次的酒店，酒店建造之初的定位就是瞄准旅游团队的接待，所以，×××大酒店制定了一套详细的制度，与本市各旅行社建立长期合作关系。为实现这样的思路，酒店采取了很多措施：

(1)“奖励积分制度”——旅行社每在酒店预订一个会议或一间客房，都将获得相应的奖励积分，积分达到一定的标准后，酒店就会按事先的承诺予以正常折扣以外的返利或是其他形式的奖励。

(2)“优先安排制度”——为了获得旅行社的长期合作，酒店部分地牺牲了在商务散客市场上的利益。每当酒店业和旅游业的旺季同时到来时，其他酒店纷纷拒绝接待利润偏低的团体，而×××大酒店坚持协议，宁可放弃可观的利润，也为旅行社提供必要的支持，而且淡季的价格、返利等优惠政策照样有效，赢得了众多旅行社的青睐。

(3)“非正式走访制度”——每年从年初到年尾，酒店销售人员都始终坚持不懈地带些小礼物走访各旅行社的计划部门，这些非正式的频繁访问使得销售人员与旅行社之间建立了一种真正亲密无间的朋友式关系，增加了彼此之间的信任度。

通过坚持不懈的努力，×××大酒店成为专业的旅游接待酒店，酒店利润率虽然有些下降，但业务总量却直线上升，尤其是到行业的淡季来临时，×××大酒店门前的热闹场景令所有酒店都羡慕不已。

第三节　OTA 销售管理

一、OTA 的概念

OTA 是 Online Travel Agent 的英文缩写，指线上旅行代理商，是旅游电子商务行业的专业词语。目前我国OTA的代表有携程网、艺龙网、去哪儿网、同程网、途牛旅游网、驴妈妈旅游网、美团网等。OTA的出现将原来传统的旅行社销售模式放到网络平台上，更广泛地传递了线路信息，互动式的交流更方便了客人的咨询和订购。

OTA经过多年发展，已经形成较为成熟的C2B商业模式。OTA向买卖双方提供一个信息平台，为用户实现酒店、机票、租车、旅游打包产品等在线预订服务，同时提取一定佣金；对希望按照某一种住宿条件或某指定品牌入住的客人，可以根据图片、说明、地图和客户评论来作出选择，并且按照公布的价格付款。有的OTA自己并不提供旅游产品，主要靠“代理+批发商”模式来销售旅游产品供应商的产品并获取佣金。佣金的获取方式有两种：一是OTA以供应商规定的价格出售产品后按一定比例收取，这叫代理模式；二是OTA从供应商那以固定的价格获取产品，然后赚取销售差价，这叫批发商模式。所不同的是，后者拥有产品定价权。

二、OTA的影响力

OTA一方面能为饭店增加价值，为饭店带来全球的营销受众群，帮助饭店经营者解决空房问题，凭借其在投资方面的超强影响力以及在技术应用方面的专业技能，确保饭店在进行市场营销时能触及更广阔的受众群。但另一方面，随着OTA的强势增长以及呈现出的强大影响力，OTA的佣金和它们蚕食饭店直销业务等问题也令人担忧。

OTA的力量在于它们在互联网营销方面的专业技能，它们使用算法模式来根据佣金率、饭店可用库存、顾客点评排名以及价格和性价比等因素来权衡不同的标准。这决定了饭店在OTA网站的排名，进而增加或减少了客房被出售的可能性。OTA在网络搜索上的力量是另一个问题。很多饭店经营者发现，当他们在百度等搜索引擎上搜索自己饭店名称时，首先出现的结果来自OTA，因为OTA对该饭店名称的PPC（pay-per-click，每次点击成本）提出了较高的竞价，这在更大市场上抢走了饭店的部分直销业务。

在我国，OTA还有一个非正常的破坏力。近两年OTA之间的激烈竞争已经将战火漫延到了饭店行业。我国在线旅游市场持续高速增长，OTA之间的市场份额之争也非常惨烈。以携程网为例，根据2014年第三季度的财报，携程网当季营业收入为21亿元，其中住宿预订收入为9.5亿元，交通票务收入为8亿元，两者相加占总营业收入的80%以上。尽管主营业务依旧保持70%～80%的高增速，但增量不增收的情况严重。上述财报提到，当季营业利润率为4%，而2013年同期为19%，2012年为31%。携程网2014年第四季度迎来2004年以来首亏，亏损2.24亿元；2015年第一季度，携程网营业收入增长46%，亏损则为1.26亿元。携程网2014年全年净利润为2.4亿元，而同期去哪儿网全年亏损18.5亿元、艺龙全年亏损2.7亿元、途牛网全年亏损4.6亿元，竞争激烈程度可见一斑。

由于竞争激烈，越来越多的在线旅行社巨头不再遵循传统的“游戏规则”，开始通过传统旅行社批发商的价格购买饭店客房并且进行在线销售。“包价”“包房”这一销售模式在饭店中悄然出现，一些OTA直接从饭店批发购买客房，在保证一定产量的前提下，直接将其低价在网上出售，也就是所谓的“裸价”。这一做法在短时间内帮助饭店获得了一定的出租率，然而却大大牺牲了平均房价，有时由于价格过低而影响“潜在机会收入”或者利润率，反而是得不偿失的做法。越来越多的饭店经营者迫于来自OTA巨头和竞争对手的压力，纷纷在无奈之下参与到这样的营销模式中，面对显著的价格下降和“蚕食现象”，饭店的平均房价和利润下降明显，最大的问题还是扰乱了饭店行业的价格体系，可能会给整个行业带来很长一个时期的负面影响。

拓展阅读5—7

华住“断供”三大OTA　线下反击线上

正当大家还沉浸在17家旅行社集体抵制途牛网的风波中时，又一轮线下实体旅游业者与OTA的“断供”大战开打。4月28日上午，华住突然下发通知称：“长期以来，去哪儿、艺龙、携程三家合作中介无视双方合作约定，在没有得到华住任何通知许可的情况下，擅自上线很多违规促销价格，严重破坏华住价格体系，影响官网最优原则，因此华住决定，从2015年4月28日10:00开始全面断开与此三家中介的合作。”

《第一财经日报》记者多方采访获悉，华住与三大OTA的“断供”，与此前旅行社抵制途牛网的根本原因如出一辙——价格战导致线上、线下业者的利益不平衡，当客流被低价在线业者吸引后，线下业者开始“奋起反抗”。

“亲属”也翻脸

那边途牛网与17家旅行社刚刚恢复合作，这边华住又掀起风波，28日上午一则有关华住停止与去哪儿、艺龙、携程三家合作的通知被曝光后，华住成为焦点。

“我们的确停止了与携程、艺龙、去哪儿的合作，原因很简单，对于我们酒店方而言，我们酒店官方必须保持最优惠价格，也就是最低价，OTA的价格不能低于我们的官方报价，一旦OTA的渠道价格低于我们酒店官方价格则属于‘价格倒挂’。我们酒店方与OTA方面的分销合作都是讲清楚上述关于价格合作规则的。然而OTA为了抢夺客源，不停地进行价格战，把它们平台上的酒店售价拉低，这就扰乱了我们的酒店官方价格体系，我们官方的价格还高于OTA的售价，OTA这样做是违规的。”华住内部人士告诉记者。

其实在“价格倒挂”发生之初，华住也进行过沟通，试图和平解决。

“我们数次与上述三家OTA进行沟通甚至以书面的函件告知对方停止低于酒店官方价格的销售，然而各种沟通方式都没起到作用，所以我们考虑之后决定停止与他们的合作。”上述华住内部人士坦言。

在纠纷发生后，记者尝试通过相关的三家OTA预订华住的酒店客房发现，有的OTA已经订不到华住的客房，而有的则还能订到华住的客房。对此，华住方面解释，从技术角度而言还需要一个缓冲的过程。

对于被停止合作事件，艺龙承认华住的酒店“目前订不了”，针对此次事件，艺龙正在积极地与华住协商，争取在短时间内尽快恢复预订合作，目前其内部正在讨论对策，暂无更多信息。而截至记者发稿时，携程和去哪儿并未就此事作出回应。

颇有意思的是，华住的创始人季琦，同时也是携程的创始人之一，携程一度还以270万美元出售旗下星程酒店的51%股份给华住，也就是说，华住与携程是有资本往来联系的，两者好比“亲属”。然而这次停止合作事件让携程和华住这对“亲属”也翻脸了。

“资本合作是资本合作，但业务是业务，做事情都是要有规矩的。从业务角度而言，携程等OTA就是违规了，在商言商，华住应该停止合作。”华住内部人士透露。

线下的利益反击战

显而易见，华住停止与三大OTA合作，与途牛被抵制事件的根本原因一模一样——因为线上的价格战导致客流引到线上，让线下业者的客源与价格体系被扰乱。

“还不仅仅是价格倒挂的问题，现在华住、如家、铂涛甚至锦江系等都在做中高端酒店品牌，如果被OTA渠道低价抛售了酒店客房，那就相当于把酒店的中高端品牌定位拉低了，以后消费者都认为所有的酒店客房应该是低价的，那么中高端的酒店客房收益就完全被破坏了。而且拉低容易，恢复难。”一位大型连锁酒店品牌高管如是说。

记者采访了解到，酒店方与OTA的合作模式是酒店给予一定比例的客房分销，这个比例是由酒店方控制的，强势酒店会多留一些比例作为自家直销，而弱势小酒店则大部分要依靠OTA销售，尤其是依靠携程这类强势OTA进行分销。因此这是线下酒店资源方与线上分销者的一场博弈，谁更强势则获得更多定价权与利益。

“OTA都是依靠佣金获取收益。机票的佣金很低，通常比例不到10%；度假产品要看具体线路，有些赚钱有些亏损；酒店的佣金比例最高，有时候高达15%～20%，因为全国中小型酒店太多，它们都要依靠OTA销售。长期让在线业者占据优势的局面让OTA们掌控更多定价权，为了争夺客源，OTA自行贴钱打价格战，这令线下合作者的利益受损。”一位知情人士透露，其实旅行社集体抵制途牛，与此次华住停止与三大OTA合作的目标一致，就是线下利益受损的旅游业者通过“断供”方式来反击线上业者，毕竟资源掌握在线下端。

值得注意的是，与众信旅游希望推麾下悠哉旅游抢占线上市场的“小心思”类似，华住也被指其有“私心”。此前的“2014华住世界大会”上又正式提出“华住世界(HWorld)”的规划，要打造中国酒店业史上规模最大的“万店联盟”，该联盟以会员为平台，基于大数据并对业内同行和其他渠道代理商或竞争者开放，加入的商家可以共享客户信息。未来，华住从酒店入手，联合国内3 000家三、四星级优选酒店和1 000家高端品牌精选酒店，结合旗下6 000家直营和特许店，计划覆盖超过1万家酒店。

“简单而言，华住也在打造自己的销售与酒店联盟体系，其并不需要太过于依附OTA，所以华住有‘底气’直接停止合作。当然，这个世界上没有永远的朋友，也没有永远的敌人，如果有一天双方谈妥，利益一致时，恢复合作也很自然。只是目前线上与线下的旅游大战已经在所难免，对于客源和资源的争夺越来越白热化。”华美首席知识专家赵焕焱分析。

资料来源：乐琰：《线下反击线上　华住“断供”三大OTA》，载《第一财经日报》，2015-04-29。

三、饭店与OTA的合作模式

饭店与OTA的合作能够帮助饭店获得更多来自网络的订单，随着信用卡、支付宝以及智能手机的普及，饭店跟OTA的合作模式也渐渐由最初相对单一的现付模式转化为各种多元化的合作模式。

（一）现付模式

一般国内的OTA，以携程和艺龙为例，在最初与饭店合作时都采用的是现付模式，即客人通过携程或者艺龙进行预订，到饭店入住后直接到前台现付，与饭店结算房费，饭店定期将佣金支付给携程和艺龙。这种合作的模式也称为佣金模式。

（二）预付模式

客人通过OTA预订的时候，把房费直接支付给OTA，在入住饭店的时候无须再付费，由OTA扣除佣金之后直接与酒店进行底价结算。这种代收代付的合作模式，就是通常意义上的代理商模式，也是目前常讲的预付模式。这一模式与旅行社和饭店的合作模式基本相同。相对现付业务来讲，饭店的预付业务会给OTA提供更大的操作空间。由于预付合作只需要饭店直接提供底价，OTA除了可以在网页上直接加佣金售卖之外，还可以做各种打包产品，如“机票＋饭店”产品、“景点＋饭店”产品。除此之外，OTA还可以通过会员专享和团队游以及商旅等某些特定渠道来分销饭店预付产品。这些直接或间接地为饭店开拓了新的市场，从而提高了饭店的知名度和市场份额。

（三）代理合作模式

饭店会跟一些批发商合作销售给批发商一些较低价格的预付产品，而批发商再跟一些可以提供平台服务的OTA如携程、艺龙、去哪儿合作，间接售卖饭店产品，这种可以暂时称为代理合作模式。由于很多饭店给批发商的价格很低，或者很多批发商为了争取市场份额有时候只加极少佣金甚至贴佣金放一个低价给OTA供其在网络售卖，因此会造成饭店价格的混乱，影响饭店产品价格体系，这种合作算是一种被动合作。

不管是主动合作的现付模式、预付模式，还是被动的代理合作模式，饭店还是在最大限度上丰富了产品面对的市场范围和层次，也提供给客人更多的选择。如果饭店能够将这三种模式分别加以利用，给出合适的价格梯度，并且加以严格的限制和灵活的控制，相信能够使饭店产品的销量更上一个台阶。

四、OTA 销售管理

随着互联网技术的发展，旅游者经验丰富度日益提高，信息不对称现象进一步降低甚至消失，加上资本的推动，OTA 迅速发展，并培育起一个持续扩大的线上饭店产品消费群体。随着线上业务的快速发展，饭店已经无法忽略 OTA 这一销售渠道。

（一）有效的 OTA 管理

通过 OTA 进行营销成为很多饭店提高预订量的一个很有效的方法，对饭店意义重大。通过渠道管理为饭店提高预订量和平均房价以实现收益最大化，平衡直接渠道和间接渠道的相互关系、优化业务组合，是 OTA 管理需要解决的问题。有效的 OTA 管理应该做到以下 3 点。

1. 确保在合适的时间可以向潜在顾客展示产品

营销领域充满不确定性，选择良好的时机实施营销计划是提高营销效率、增加饭店收益的首要条件。在大多数市场中，OTA 为客户提供很多饭店供选择，而这些饭店在页面上的排序很大程度上是由这些 OTA 决定的。因此对饭店来说，在这些平台上获得比竞争对手更有利的位置是极其关键的，这有助于饭店获取更多的预订份额。另外，当用户在搜索饭店所在城市时，饭店应该在准确的时间点直接切入到饭店预订流程中，这样饭店就能在最终合适的时机提供相关的内容。除了极具吸引力的饭店照片和具有竞争力的价格等基本要素以外，以上两个方面是为了确保饭店在一开始就被目标顾客纳入考虑的范围。

2. 更透明地管理营销预算并对结果进行监控

根据佣金率、饭店可用库存、顾客点评排名以及价格和性价比等因素，OTA 赋予不同权重，设计出特定算法模式计算出相应数据，以此确定饭店在 OTA 的排名。而饭店在 OTA 的排名将增加或减少客房被出售的可能性。与搜索引擎一样，OTA 也发展出一种 PPC 竞价模式，让饭店可能通过 PPC 模式在搜索结果页面获得较高的排名，且只有当消费者点击饭店链接时，饭店才需要付费。这种效果的付费模式可以帮助饭店对 OTA 的营销预算支出进行严格管理，并更清楚地观察和分析营销活动的效果。饭店也可以先尝试，并检讨结果，然后决定是否合适、要不要继续使用。据此饭店可以更合理地分配营销预算，提升来自 OTA 渠道的饭店预订量，达到所设定的投资回报率。

3. 针对特定的需求时期来制定策略

饭店应该根据淡旺季、忙闲时段制定销售策略。如果 7 月份饭店的客房已经销售完，那饭店就不应该再投入资源去吸引想在 7 月入住饭店的消费者，包括向 OTA 渠道通过 PPC 竞价获得较好排位。总的来讲，如果饭店可以把营销活动控制在饭店有库存的日期内，要达到较高的投资回报率也相对就更容易些了。

(二) OTA管理需要注意的问题

饭店之间的竞争、OTA之间的竞争、饭店与OTA之间的竞争，侵蚀了饭店的收益、降低了饭店的平均房价，无序竞争更是让饭店对OTA“又爱又恨”。饭店对OTA进行管理时还要注意以下5个策略的应用。

1. 管控好销售价格

价格管控的目标是指确保直销和各分销渠道的价格基本保持一致，避免“价格倒挂”“裸价”问题。价格一致性是收益管理中的重要原则，可以确保饭店对其价格体系以及所有分销平台定价的有效管理；价格一致性有利于增加消费者对产品和购买渠道（不论是直接渠道还是间接渠道）的信心，有助于保证饭店会员制的有效性；价格一致性原则还能简化在系统中对价格代码的设置和控制，为精细化管理提供基础，同时帮助收益管理负责人从纷繁复杂的OTA价格中解脱出来，将精力投入在决策制定等更为重要的工作中。

2. 对预付合作进行分析

预付模式允许OTA用批发的低价购入一定数量的饭店间夜数，给OTA更大的操作空间。预付模式让很多饭店在短期内获得了一定的需求量，但价格却受到了严重的拉低，如果不做细心规划，可能会影响饭店对饭店产品价格的掌控。饭店应该通过市场预测，对预付的房间进行时间和数量上的严格控制。比如，淡季库存多时饭店可以多拿出些房间批发销售，旺季时则相应减少。另外，在做完一个包价促销后，饭店应检查由此带来的客人是否有过往客史，之前使用的是什么价格，计算由此价差导致的“机会成本”。

3. 充分利用OTA的广告效应

OTA既是销售渠道，也是广告和公关渠道。通过OTA，可以发布酒店名称和价格进行销售，还可以通过信息的发布、促销优惠推广、与客户进行交流互动、调整产品以便匹配客户的需求等来实施销售促进。

(1) 饭店的信息发布要求颜色突出、主题鲜明，用可视化的语言为客人描述一幅仿佛亲临酒店现场的“景观”，让浏览者看后在脑中留下深刻印象，在描述时避免过于空洞虚无的语言。

(2) 信息量要尽可能准确、充分。例如饭店到各个景点、交通枢纽的距离，不仅提供公里数，还尽可能地有交通方式以及采用各方式所需的时间。

(3) 提供的照片要尽可能展示最优质、高分辨率、吸引人的实体照片。照片是促进用户与饭店页面互动的主要因素。调查显示，图片不仅能带来更多旅行者的互动，还能带来更多潜在的预订机会。饭店展示页面的图片数量越多，互动性越强。互动性的增长会有效地提高预订饭店的可能性。

4. 房型和房价的展示

饭店还要注意房型和房价的展示。过多的房型和房价会让消费者在购买时感到困惑，失去耐心。饭店应考虑到淡旺季的影响，调整放置的房型顺序和房价顺序。例如在展会期间、高出租率的日期，饭店应适当放置高端房型和高房价，基础房型可以考虑位置下调甚至关闭，折扣促销价在此期间或在房型上有所限制，或者直接关闭；而在低出租率期间，饭店可以考虑以从低往高的形式报价，基础房型的折扣促销价应放在较为靠前的位置。

5. 利用 OTA 点评资源增收

赛仕软件国际酒店和旅游常务董事、美国康奈尔大学收益管理领域博士凯利（Kelly McGuire）通过研究发现，点评本身比价格对消费者的预订行为能产生更重要的影响，点评内容比打分重要，品牌的影响是次要的。饭店应该充分利用 OTA 的点评资源激励浏览者预订本饭店，同时鼓励拥有良好入住体验的客人积极点评，并且对所有点评进行相应的回复。在定价方面，饭店也可以参考点评水平在竞争群中的位置做相应调整，挖掘提价空间，同时当负面点评内容增多和分数下降时积极推动运营部门提高服务质量，完善客人的入住体验。此外，饭店尤其需要关注对差评的回复，好评的回复可以非常简单，只需表示感激后再次突出强调优点，而差评的回复往往更具有艺术性。对于差评的产生，已经无法挽回，全部评论都展示在公众眼前暴露无遗，因此管理层的回复才更为关键。回复中除了要有诚恳的歉意外，还要有合理的解释和提供解决个别用户体验问题的方案，这样才能为潜在客户展示出饭店积极应对问题的态度、与客户进行互动的形象以及诚恳接受批评并积极改正的行动。

重要知识点

1. 旅游团队的概念和特点
2. 旅游团队的预订接待规程
3. 饭店与旅行社的关系
4. 旅行社销售主要工作程序
5. OTA 的概念
6. 饭店与 OTA 的合作模式
7. OTA 营销管理

模拟练习和实战训练

1. 以调查小组的形式，选择当地一家饭店，调查该饭店团队客人的性质、团队来源，尤其关注不同类型旅游团队在饭店接待团队中的比例各占多少。

2. 现在是旅游旺季，饭店接到某旅行社的预订电话，说要订周末的客房 25 间，但预订员发现周末只剩下 25 间空房了。如果你是预订员，你应该如何回答旅行社的预订？

3. 客人入住饭店时，发现饭店提供的房间与客人在旅行社预订的房间信息不符，要求饭店方赔偿，当时，你正在饭店值班，你应该怎样解决上述问题?

4. 以调查小组形式，在携程或艺龙网上尝试预订某饭店客房，并记录预订房价；再以散客的方式，向饭店预订处咨询同一天、同一房型的房价；再以团队的形式，向饭店预订处咨询同样的问题。请比较一下房价之间的差别。

5. 2010 年 3 月 10 日，携程网在上海高调推出“携程酒店最低价承诺书”：若携程会员价高于其他网站公开价，赔付 3 倍差价。3 月 17 日，艺龙旅行网公开表示：即日起，艺龙将每周主动排查并公布价格高于携程网的饭店名单和差价，对于在艺龙网上成功预订并入住饭店的消费者，艺龙网都将主动按照 3 倍差价原则进行现金返还。一石激起千层浪，对这起事件，请你从饭店方的视角，谈谈看法。

6. 请思考单体饭店如何避免对 OTA 的过度依赖。

模块二 会议销售

学习目标

- 了解会议的类别、饭店会议产品的构成
- 学会灵活运用饭店会议销售的原则
- 熟悉会议销售流程和主要工作程序，学会拟定会议接待计划书
- 掌握一定的会议销售技巧

引 例

会务组的好帮手

北京龙谊宾馆是一家集旅游、商务、会议、长住于一体的花园式饭店。该宾馆的敌宾楼、迎宾楼以及怡宾楼配有不同档次的标间及套间供选择，餐饮、宴会服务设在友谊宫。友谊宫风格各异的餐厅、宴会厅，可同时容纳 2 000 人就餐。各种规格的多功能厅、会议室配有同声传译等齐全的会议设备，适合于举办展览商洽、大型演出以及各类中外会议。

每年 1 月初，在京的一家企业联合会都要在宾馆举行一次全国性的经济形势预测会。这是一档高档会议，每年开会都有四五百人的会议规模，会期 3 天，用餐和住宿标准都比较高，还有租车和参观等旅游业务。由于是优质高档会议，又是老客户，因此饭店对此比较重视，每年都要由专人负责会议的准备事宜。考虑到大型会议的不确定性因素，宾馆和主办方会务组都要在协议中注明，除预定的房间和就餐餐桌外，还预留了可浮动的房间数量、餐桌数量，双方合作了几年，彼此都对会议的质量比较满意，也都达到了预期效果。2013 年的预测会，宾馆决定由销售部的团队负责。

2013 年年初预测会如期举行，会议报到的当天，问题就不断涌现：一是由于贯彻中央有关规定，有不少单位为节省开支，参会代表只是到这里参加会议，并不住宿，原来预定的 100 套客房富余出了 30 多套，会务组为减少成本，做了退房处理；二是在会议开幕的当天，由于在京许多大企业和新闻媒体得知会议的重要性，纷纷到会要求参会听专家和官员宣讲，这样又造成了实际参会人数超出了预期人数，超出的会议代表只在宾馆就餐并不住宿，原来预定的餐厅容纳不了，不得不增加餐厅。

针对上述问题，宾馆销售部的冉经理及时和会务组做了协商：原预留的浮动房间数量不变，房价按原双方确认的价格执行，退掉的房

间交宾馆前厅安排散客；临时安排一个宴会厅保证会议用餐，会务组统一发放临时参会人员就餐券，餐费自理，晚餐可以到友谊宫自助餐厅就餐，宾馆给予两折优惠。

在接下来的3天会议期间，冉经理与宾馆领导协商，临时调整了会议服务人员，并为临时参会人员提供了临时休息场所和服务便利。会务组高兴地说，冉经理是会务组的好帮手。因为参会人员增加，举办方的会务收入增加，冉经理建议会务组补交临时参会人员服务费，会务组同意。这次经济形势预测会在双方的努力下圆满成功举办，举办方表示，来年的预测会还在友谊宾馆举行。

资料来源：黄华、王文慧、闫书会：《新视野酒店销售经理进阶手册》，北京，企业管理出版社，2013。

会议市场是饭店企业需要关注的重点市场之一。饭店会议市场营销人员应充分了解饭店潜在的会议客户，具备筛选出饭店目标会议客户的能力，运用最恰当的营销手段和推销策略，赢得目标会议客户，帮助客户策划出最优的会议安排方案，并帮助实现最佳会议服务，就像引例中的冉经理那样。

第一节　饭店会议概述

随着我国经济水平的提高，政治、经济、文化、科技交流日益加强，会议市场不断扩大。饭店是会议市场的重要支撑之一，会议市场也为饭店带来了大量客源，是饭店非常重要的利润来源。

一、会议产品对饭店的意义

饭店通过提供客房、会议和活动场地、餐饮以及相关设施，已成为会展业的主要供应商之一。越来越多的中国饭店经营者已经认识到会议业务会给饭店带来巨大的经济价值和综合效益。

（一）提高综合收入

会议客人的综合消费能力往往较高，他们会综合使用饭店客房、会场、餐饮等设施。而近来配偶、子女陪同参会的现象更为常见，他们可以增加商店、美容、娱乐等收入中心的生意。据有关资料统计，会议顾客的平均消费是普通顾客的3倍左右。

（二）提高饭店知名度

与会者从不同国家和地区来到会议举办地，具有非常广泛的代表性。成功的会议接待能给与会者留下非常美好的感受，使他们有意无意地成为饭店美誉度的传播者。在会议举办期间，各种媒体的新闻聚焦，在宣传报道会议情况的同时，也间接地对饭店进行了广告宣传。

（三）灵活填补淡季生意

旅游业具有季节性的特点，饭店在旅游旺季的时候爆满，在淡季时门可罗雀，造成饭店设施的极大浪费。开发会议市场是填补饭店淡季时期生意的有效办法，对确保饭店常年入住率具有重要作用。

（四）促进饭店提高服务档次

会议消费不仅具有一般团队的消费特征，而且具有会务活动性质。会议团队的消费呈综合性、高档化，这将使饭店努力提高其服务档次，以适应会议客人的需要。

二、会议的类别

会议，又称集会或聚会，在现代社会里，它是人们从事各种有组织的活动的一种重要方式。一般情况下，会议是指有领导、有组织地商议事情的集会。由于会议发挥着不同的作用，饭店提供的设施和服务也会有一些差别，因此便有多种类型的划分。

（一）按举办单位划分

1. 公司类会议

公司类会议规模大小不一，小到几个人，大到上千人。公司管理强调信息传递，而会议是信息传递的最佳方式之一。公司类会议的数量极其庞大，很大一部分放在公司内部会议室完成。会采用饭店会议服务产品的会议主要有销售会议、经销商会议、技术会议、管理者会议及股东会议等。

2. 协会类会议

协会类会议在会议市场中占有相当重要的位置。协会因人数和性质不同而存在较大差异，从规模上划分，包括小型地区性组织、省市级协会、全国性协会、国际性协会等；从性质上划分，包括行业协会、专业和科学协会、教育协会、技术协会等。协会往往吸纳行业内的成功企业，是饭店最值得争取的会议市场之一。协会类会议往往与展览结合举行，具有较多、较大会展空间的饭店更有机会争取到这类会议。

3. 其他组织会议

其他组织会议的典型代表是政府机构会议。政府机构会议包括国家级会议，省市一级、中小规模政府机构会议。前者也包括国际性的政治会议，除主会场外，一般还会有大量的小型会议、套房和宴会设施的需求；而后者的会议更频繁，是可观的会议市场。政府会议市场受政府工作和政府会议政策导向影响。

（二）按会议规模划分

根据会议的规模即参加会议人数的多少，可将会议分为小型会议、中型会议、大型会议和特大型会议。

小型会议：出席的人数少则几人，多则几十人，但是不超过 100 人。

中型会议：出席人数为 100～1 000 人。

大型会议：出席人数为 1 000～10 000 人。

特大型会议：出席人数在 10 000 人以上，如节日聚会、庆祝大会等。

（三）按会议的性质和内容划分

按会议的性质和内容，会议可划分为年会、专业会议、代表会议、论坛等形式。

年会是指就某一特定主题展开讨论的聚会，议题可涉及政治、经贸、科学、教育或技术等领域。年会通常包括一次全体会议和几个小组会议。年会可以单独召开，也可以附带展示会。多数展会是周期性的，最常见的周期是一年一次。参加年会全体会议的人通常比较多，一般要租用大型宴会厅或会议厅。小组会议上讨论的是具体问题，一般租用小会议室。

专业会议通常是就某个具体问题展开讨论，可以有分组小会，也可以只开大会。就与会人数而言，专业会议的规模可大可小。

代表会议就议题而言具有专业会议的特质，就参会人员而言具有成员性质。代表会议的出席人数差别很大。

论坛的特点是反复深入地讨论，一般由小组组长或演讲者来主持。它可以有许多的听众参与，并可由专门小组成员与听众就问题的各方面发表意见和看法，两个或更多的讲演者可能持相反的立场，对听众发表讲演而不是互相讲给对方听。主持人主持讨论会并总结双方观点，允许听众提问，所以饭店必须对这种论坛会议提供多个话筒。

三、饭店的会议产品

会议被认为是旅游业中利润最丰厚的产品。与会者不仅需要会议设施，还需要住宿、餐饮、娱乐，往往还包括旅游、购物等其他方面的需求，这使得会议产品及会议消费有一定的独特性。

（一）会议的消费需求

从会议组织者的角度看，会议的消费需求要超出饭店能提供的会议产品本身。一般的会议活动开支包括显性开支项目和隐性开支项目两部分。

1. 显性开支项目

显性开支项目是指会议活动安排中较为明显的开支项目。饭店的会议产品主要在这些项目中。具体包括：(1) 交通；(2) 视听设备租赁；(3) 会议室等场所租用布置；(4) 餐饮、宴会及鸡尾酒会；(5) 广告宣传；(6) 工作人员加班费用及其他服务费；(7) 会议活动开支项目，如演讲嘉宾费用、会议用品购置等。

2. 隐性开支项目

会议活动隐性开支项目主要是指会议组织和实施过程中产生的通信、邮资、差旅等管理活动的开支，还包括保险、赠送礼品及其他偶然性支出。

(二) 饭店会议产品构成

会议产品较为复杂，它们是成功会议的基础，一个会议组织者通常需要很多会议产品供应商协作以保证会议成功举办。饭店在设计所提供的会议产品组合时应考虑到以下诸多方面。

1. 基本设施和服务

基本设施和服务包括：热情周到的礼宾服务、干净整洁的大厅、足够宽敞的签到处、专人负责办理客房入住手续、迅速处理高峰期的团队入住、专业高效的前台服务人员、舒适清洁的客房、停车场等。

2. 会议场地和设施设备

会议场地包括会议室、多功能厅、休息厅或展厅等，同时包括会场布置和装饰。会议设施设备包括扩音设备、灯光系统、投影设备、指示系统等设施设备。

拓展阅读 5—8

会议型饭店的设施设备要求

一、会议场地

会议一般客流量较大，有住店客人也有外来参会人员，因此，要有足够的厅堂面积以便安排报到、入住等事项，要有超过普通饭店餐厅和酒吧 10%～50%的容量。会议型饭店的会议和多功能设施要比一般商务饭店多 1 倍，比度假饭店多 1/3。为销售会议和提供辅助服务，会议型饭店的行政区域要比商务饭店和度假饭店大 25%左右。主要会议设施之间的联接要便于参加会议或展览的客人在宴会厅和展览厅之间以及会议厅和分组会议室之间的流动。如果上述设施分布在不同楼层，则需要在各个会前集合区之间设置自动楼梯和视控装置。

二、会议设施用品

除场地外，会议常用的设施设备和用品还包括：(1) 屏幕；(2) 投影仪；(3) 录像机；(4) 音响；(5) 话筒（有线、无线、立式、座式及纽扣式）；(6) 激光笔；(7) 幻灯机；(8) 讲台；(9) 舞台；(10) 夹纸板；(11) 大白板；(12) 签到台；(13) 名片钵；(14) 马克笔；(15) 铅笔；(16) 信签；(17) 桌卡；(18) 插线板；(19) 彩电；(20) 横幅；(21) 指示牌；(22) 告示牌；(23) 会议桌椅；(24) 主席台；(25) 盆景；(26) 鲜花；(27) 隔板；(28) 背景板；(29) 灯光照明；(30) 同声翻译系统。

3. 餐饮服务

饭店要能按会议需要提供不同的用餐形式，包括宴会、中西式自助餐、茶歇、鸡尾酒会或团队餐等。

4. 合作伙伴

饭店应考虑通过外部采购来增强提供一揽子解决方案的能力，这就需要和其他会议产品供应商建立合作伙伴关系。这些供应商包括：会议策划机构、会议管理公司、地面交通运输公司、会议旅游代理商、会议设备供应商、会议指示系统（告示牌、背景板、横幅）供应商、会场装饰（鲜花、气球）供应商、庆典活动（演出、舞狮等）供应商。

5. 会议包价

各饭店可针对其目标市场提供会议包价。会议包价通常是将客人所需要的饭店会议相关产品如会议设施、住宿、餐饮进行打包，打包后产品的包价组合收费比产品单项拆分后的收费要优惠，从而达到吸引客人并且提高综合消费的目的。

拓展阅读 5—9

××饭店的设施

张家界××大饭店是一家五星级标准的旅游饭店，距机场 10 分钟车程、火车站 5 分钟车程，饭店主楼有 9 层，拥有总统套房、豪华套间、单间和标准间 228 间（套），设计独特，色调高雅。餐厅拥有气派豪华的宴会厅和风格各异的大小包房 17 个，可同时容纳 500 人就餐。饭店拥有配备一流音响设备的国际会议厅和各种规格的会议室 6 个，是举行各类会议、新闻发布、商务展示的理想场所。康乐中心设有美容美发、保健按摩、桑拿、足浴、KTV 包厢等服务项目。

第二节 会议销售管理

会议一般都有相应的规模、规格，总体具有要求多、更改频繁的特点。因此，饭店会议产品的销售更需要获得会议组织者更多的信任和信心。

一、会议销售原则

（一）会议产品“客人化”

会议产品应根据会议对象有针对性地进行组合促销，让会议组织者感受到会议产品是专门为本次会议服务的。饭店会议产品“客人化”的努力会容易获得会议组织者的信赖，并赢得与会者的好感。

（二）追求品牌的知名度

会议产品的销售，一方面要充分利用饭店品牌，发挥饭店知名度的作用，另一方面要通过会议促销使饭店的知名度得以延升或提高。

（三）延长产品生命周期

会议产品组合只有适应消费者需求的变化，才有市场价值。饭店要根据市场变化，适时调整会议产品，根据客户要求灵活组合，推陈出新，有效延长饭店会议产品的生命周期，这也是打造饭店会议产品品牌的基础。

（四）产品差别化

产品差别化是饭店会议产品销售过程中让客人记住产品特色的关键手段，具体包括：（1）开发有吸引力的销售资料、新闻发布会等，有效接近目标市场；（2）推出会议套餐，吸引客人以最经济的方式消费饭店会议厅、客房、餐饮及娱乐设施，鼓励客人试用，以建立回头客；（3）以优质服务和有竞争力的价格争取大客户，培养客人的忠诚度；（4）建立回报奖励计划，吸引回头客；（5）建立销售奖励；（6）了解竞争对手，以突出本饭店的特色。

（五）突出会议厅的宣传

饭店会议产品的推广应该突出宣传会议厅，并固定在最优卖点上。具体措施包括：（1）强调会议厅的便利性、档次，符合客户的需求；（2）通过公关活动推广会议厅的设施设备；（3）通过参加展会等树立会议厅的公众形象。

二、会议销售流程

（一）销售前准备工作

各种会议销售原则上由营销部负责，涉及会议场地、客房、宴会等方面的大型综合活动由营销部会同餐饮部、客房部等部门共同接洽承办。会议准备工作首先是要准备好有关介绍资料，如会议价目表、会议宣传资料、各类菜谱、租用设备价目表与名片、洽谈记录单等，并按时与客户见面。另外可能的准备工作是带领客户参观会议场地及设施，做好介绍性推销。

（二）销售洽谈

会议销售洽谈前要确认饭店客房、餐厅、会场及康乐设施的使用情况，明确客户的要求和价格、结款方式等所有事项。洽谈过程中，对客户提出的要求，属于饭店合理提供事项的要给予肯定答复，属于饭店因场地限制或其他原因无法满足的，要向客户解释清楚，请求谅解并提出合理解决方案。洽谈结束前，应重复各事项要点并最终签订协议，协议书一式两份，双方各执一份。洽谈结束后，销售人员应根据洽谈要求，填写会议接待通知、会议室使用通知、用餐通知等，按所涉及的部门，一式几份，一份留存，其余送到有关部门，要求至少提前三天送达。

（三）会议期间服务

会议前一天，销售人员应该与财务部联系，了解会议方支付定金情况，如果未交，要提醒会议方。对信誉欠佳者应该采取相应措施，对老客户可酌情放宽有关限制条件。区别对待客户的目的是确保所有款项收齐。会议如果有变化，应及时填写变更通知单通知有关部门，细微变化可电话通知，记下对方电话以便查实。会议前一小时要检查会议布置情况。会议期间，全方位跟踪服务，了解客户的反映，及时处理与协调有关问题，以保证客户满意。

（四）会议结束后工作

会议结束时要及时与前厅联系，确保所有款项收齐，处理可能出现的问题，若汇款到饭店则需经办人对所有款项签字确认。征求客户的意见，做好意见记录。整理此次会议的各类销售、服务文件并登记归档，同时为客户建档，注明会议的所有细节，以便今后进行有针对性的销售。

三、会议销售主要工作程序

（一）会议业务拓展程序

会议业务拓展的目标是拓展饭店会议业务客源，增进目标客户对饭店的认知度。会议业务拓展工作包括3个环节。

1. 与客户保持联系，及时获取会议信息

饭店会议销售人员应与各类行业协会、政府机关和其他会议组织机构等会议的主要来源单位建立并保持密切联系，及时获取会议信息。获取的信息包括：（1）会议规模。规模越大，提前预订的时间越早。（2）会议举办时间。销售人员应提前与会议决策人取得联系。

2. 上门拜访客户

饭店会议产品销售人员上门拜访客户前要做好会议服务要求、饭店服务能力的分析，准备好充足的资料，以保证拜访工作的成功。要尽可能选择拜访会议的主要决策人，介绍饭店的设施、服务、举办经验，并邀请其来店参观。

3. 争取达成共识

如果可能，与有意向的客户，就服务要求、设备保证、用餐和住宿条件等进行洽谈，努力争取达成协议。

(二) 会议销售程序

饭店会议销售的目的除了促成合作、达成销售目标外，还包括保证服务质量、提高客户满意度和保持联络以培养忠诚客户群体。会议销售程序包括 6 个步骤。

1. 洽谈细节和签订协议

与有意向客户详细洽谈会议安排，确认使用客房、餐厅、会场及康乐设施，达成协议后签约。协议记录了饭店与客户双方共同确认的事项，以保障客户和饭店的权利，明确双方义务。如果客户没时间亲自到饭店履行签约手续，营销员可以通过书面、传真或邮寄的方式将协议交至客户手中，请客户在协议上签字，签妥后再传真或邮寄回以示慎重。协议应该一式两份，双方各执一份。

拓展阅读 5—10

××国际酒店与××公司的会议服务合同

本合同由××国际酒店和××公司共同协商，达成以下方案。

接待方	会议方
名称：××国际酒店	名称：
地址：	地址：
电话：	电话：
传真：	传真：
联系人：	联系人：
联系人职位：销售经理	联系人职位：

一、住房

房型	价格	类别	数量	备注
豪华大床间		预计房数		
		保证房数		

续前表

房型	价格	类别	数量	备注
豪华双人间		预计房数		
		保证房数		
保证总用房数				

特别提示：

以上房价是专为贵公司此次活动提供的特别优惠价格，不适用于以后的房间预订。

请贵公司提前五天提供所有客人的名单。

根据公安局规定，凡入住酒店的客人必须登记身份证，故请贵公司在会议入住时将所有客人的身份证号交予酒店前台。

住房第一晚保证用房数为____间，第二晚保证用房数为____间，第三晚保证用房数为____间，每天不足预计用房数将按保证用房数____间收取房费，超过预计用房数将按实际用房数结算。

二、会议及用餐安排

<table>
<tr><td>会议名称</td><td colspan="2"></td></tr>
<tr><td rowspan="4">会议餐饮</td><td>时间：</td><td>地点：</td></tr>
<tr><td>标准：</td><td>桌数：</td></tr>
<tr><td colspan="2">备注：实际用餐桌数低于____桌按____桌结算。</td></tr>
<tr><td colspan="2">免茶位费，每桌坐 10 人，若每桌多于 10 人起菜，则按餐标的 10%加收费用。</td></tr>
<tr><td rowspan="4">会议场地</td><td>开始时间：</td><td>结束时间：</td></tr>
<tr><td>会议室：</td><td>费用：</td></tr>
<tr><td colspan="2">免费提供：投影幕布、音箱设施、调音师、茶水、纸笔、引导牌。</td></tr>
<tr><td colspan="2">备注：如需投影仪则按 300 元/次收费。</td></tr>
</table>

三、定金

______年____月____日前交人民币____元作为此次会议定金，会议结束时结清所有费用。

四、付款

会议所产生的房费由客人自付，会议场租费、餐费及其他杂项费结账由主办单位统一支付，所有费用在会议结束当天结清。（所有费用都将以人民币结算，其他货币将根据酒店的外币兑换汇率结算。）

酒店账号信息如下：

户　名：

开户行：

账　号（RMB）：

五、入住时间

客人的入住时间为每天的下午 2 时。我们将尽量保证所有提前到达的客人能及时入住（依据客房出租情况而定）。对于提前入住之情形，我们建议您提前一天预留这些房间。我们将尽量在客人抵达前准备好房间。

六、退房时间

我们的退房时间为每天的中午12时。如果退房时间在中午12时以后，店方将加收半天的房费。如果退房时间在下午6时以后，店方将加收一天的房费（如有部分房间需要延迟退房或续住，请提前一天知会酒店，店方将依据房间出租情况灵活处理）。

七、提前到达和推迟离店

此团队价格从入住/活动前一日到约定的退房时间/活动后一日内有效。提前到达或推迟离店应及时告知店方，酒店将根据住房情况相应作出安排。

八、提前离店

若贵公司在会议进程时限内提前结束会议并提前离店，酒店将按原预订情况及保证人数收取费用。

九、客人登记

超过20间房的会议，酒店将为会议组织者准备一张房间安排明细单。为了让我们完成这项工作，请在入住前向酒店提供以下信息：

1. 客人姓名和职位/公司名

2. 房间类型

3. 护照号码/签证号码

4. 身份证号码

5. 特别付款方式和其他特殊要求（贵宾或者房间特别安排等）

6. 出席人数

最后确认的餐饮出席人数应在48小时前通知酒店以便妥善安排用餐。酒店根据合同所签人数在预计和保证人数之间允许10%的差额。未达到餐饮预订总量，将按餐饮预订总量收费。费用将根据保证人数收取，若实际用餐人数大于保证人数将按实际人数收取。

十、装饰

如有装饰布展需求请与宴会经理联系。

如果贵公司决定自行装饰会场，则必须将会场布局安排、艺术表现形式、所需装饰材料等提交酒店，经认可后方可实施。酒店保留最终批准和修改装饰计划的权利。在装饰过程中对酒店的任何物品有所损坏须按酒店政策给予赔偿。

十一、电源插座

酒店只提供有限的国内一般标准插座，如个别电器的插座可能不适用于国内的标准插座，请贵公司预先自行解决。

为避免发生意外时双方相互推卸责任或指责，酒店员工将不为贵公司的电器产品连接电源插座或插入电源插座。

如用电过多，需要外接电源，有关设备由贵方负责，酒店将按实际用电收取费用。

十二、取消

客人抵店日期前七天之内取消的住房，将收取所签署合同中保证总房数房费的50%作为损失费。当天预计抵店而取消未入住，将收取第一晚房费的100%和合同上签署的其他房费的50%作为损失费。若会议期间实际用房数量未达保证用房数，按保证用房数收取费用；若实际用房数超过保证用房数，则按实际用房数收取费用。活动前24～72小时之内取消的餐饮安排，将收取所签署合同中保证总餐饮费用50%的损失费。24小时之内取消需收取第一天保证餐饮费用100%的损失费及合同上签署的后三天（最大化）餐饮费用的50%作为损失费。

十三、签单授权及账务

1. 签单

会议主办方出具有效签单人授权书和签名式样交酒店接待方留存。

2. 总账单

酒店方会准备在会议期间的所有消费明细账单，所有经过会议主办方签字认可的费用将会进入主账单，请会议主办方有效签字人在会议结束离店前在主账单上签名认可总消费的金额数。

3. 个人账单

对于自付住房和其他消费的客人在入住期间产生的所有费用在离店时将通过现金或刷卡的方式予以结清，此类客人入住之前需在前台自行支付定金。

十四、损坏

不允许在租赁的设施设备上使用钉子、胶布等物品，如因此对物品造成的损坏，使用方须赔偿物品的全价格，而不是修复损坏区域的费用。这是为了使我们的设施设备在您下次使用时保持最好的工作状态。

十五、日期择定

为确保酒店为贵方预留客房和会议地点，请签署此份协议，并于____年____月____日传真回酒店以示确认。否则，所有预定将自动取消。在此日期前如有其他公司要求同样的会议地点，我们将通知贵方并给予48小时的决定时间。

十六、合同效力

此合同一式二份，各执其一，具同等法律效力。

如有任何疑问或需求，请随时和我们联系，期待着能为您及您的客人提供服务！

---

2. 拟订会议接待计划书和再次确认

协议签订后，重大会议应该拟订会议接待计划书。会议接待计划书的内容包括会议名称、单位名称、人数、用房、会议日程等。客户有时候会对会议细节进行修改，如参加人数的增减等。为适应这种临时变化，营销部门应该在会议举办前一周，再与客户确认会议相关事项。重大会议应以传真方式确认，小规模的会议也可以电话确认。

拓展阅读 5—11

会议接待计划书

____________公司________先生/女士：

您好！

根据贵公司的要求，本酒店为贵公司此次会议设计了如下会议方案，若有任何疑问，请及时与酒店联系，具体协商。

一、会议日程安排

1. ____月____日机场接机，报到、入住酒店

我方派专车至机场，接来自各地的贵公司的参会人员，送至酒店，安排参会人员报到、入住酒店休息。

2. ____月____日至____月____日召开会议

安排参会人员前往会议场地参加会议，我方派专人协助会务组做好会议中各方面的协调工作，以及各种突发事件的处理。

3. ____月____日至____月____日会后旅游考察，结束会议

以优惠价格安排参会人员会后旅游考察和离开的票务、接送工作。

二、整体会务服务

1. 会议整体策划、设计

2. 全程会议操作、跟踪

3. 会后总结、整体安排

三、服务流程

1. 会议前准备

(1) 实地考察。

会议召开前一个月，贵公司派考察人员至本市具体景点、景区，我方派专人陪同，考察人员实地考察，酒店提供推荐的会场、客房、餐厅、旅游线路。在考察过程中，双方就会议安排方面的细节进一步协商敲定会议最终方案。

(2) 会场布置。

会议召开前一周，贵公司派会务组至本市，我方派专人配合，就会场布置事项进行具体设计安排；会议召开前一天，我方将会场按会议要求布置妥当。

(3) 会议设施。

在会议召开前，我方按照贵公司的要求，就会议所需设施进行制作、租用、安排。例如，平面/立体AV设计、代表证制作、接机牌、车牌、车贴、贵宾鲜花花环、酒店外景空飘、彩虹门、刀旗、灯笼立柱、横幅、气球编花、鲜花墙、礼仪、接待台卡、笔记本电脑、激光打印机、复印机、传真机、装订机、桁架（平面、立体）、特装搭（舞台、布景板、展台）、会议日程展架、易拉宝、各种指示牌及普通对讲机。

(4) 参会人员报到。

参会人员到达之前，我方配合会务组安排参会人员在酒店大堂内组织会议报到。

(5) 会议召开。

我方派专业会务人员配合会务组进行具体的会议操作。

(6) 票务信息提供。

及时准确地提供机票、火车票信息。

2. 会中服务

(1) 提供专业外语翻译、摄像、礼仪公关和文秘服务。

(2) 免费提供经验丰富的接待人员全天协助会务工作（包括办理参会人员签到、接待、资料整理与分发、展台规划及会场布置等工作）。

(3) 会议期间可为贵宾提供特殊照顾和服务。

(4) 向参会人员提供全市范围内机场、火车站接站服务。

(5) 提供会议期间的后勤保障工作和外围的协调服务（如打印、复印会议相应资料，提供房间鲜花、水果、摄影等），代办会展用品的航空、铁路搬运及土特产及会议礼品的采购。

3. 会后总结

(1) 以优惠价格安排参会人员的会后旅游考察工作。

(2) 协助会务人员处理会后事宜，进行会议期间的工作总结。

四、附录

1. 酒店简介

酒店简介，包括酒店、客房、餐厅、会议厅，附相关图片（略)。

2. 旅游线路

按照会后实际情况，为参会人员设计制作具体的旅游线路（略)。

3. 景区信息

对旅游线路和会议所在城市的景区、景点进行介绍，附图片（略)。

4. 会议餐饮

为会议设计各种合适的用餐标准（略)。

5. 会议用车

为会议提供各种不同档次的车型（略)。

6. 具体报价

(1) 会议用房（标间、单间、各类套房）具体价格（略)。

(2) 会议厅具体情况（会议厅尺寸、面积、附带免费项目）及价格（略)。

(3) 会议使用设备（如投影仪等）价格（略)。

(4) 会议用车价格（提供各类车型的价格（单位：元/辆·天)）(略)。

(5) 会议用餐（自助餐、中餐、特色餐、早餐）具体标准和菜单（略)。

7. 票务信息

会议召开城市至参会人员所在各个城市的具体航班及火车信息（略）。

8. 城市简介与注意事项

将参会人员应注意的事项（如会议召开时间段的天气情况、当地风俗、民话禁忌等）进行说明（略）。

________先生/女士，望上述方案能使贵公司满意，若有任何建议或要求，请及时与我方联系。若无任何疑问，请于下方签名确认并传真回我方。谢谢！

____________酒店营销部

____年____月____日

---

3. 发布会议接待通知

拟订会议接待计划书或与客户再次确认后，应至少提前三天拟订会议接待通知、会议室使用通知、用餐通知等，送交所涉及的部门。会议通知单也可称为饭店相关工作部门的“工作订单”。会议通知单的内容包括协议中的主要资料，以及各单位所需要准备的物品内容和相关事项，如会议时间、相关事项、接洽人、特殊要求等。各部门接到会议通知单后，必须按通知单上的要求执行。

4. 提供会议服务

负责此次会议的销售人员在整个会议过程中保持与客户会务组及饭店各部门的沟通，随时协调保证会议顺利进行直至会议结束，客人离店。

5. 协助财务结算会议账目

会议结束前，销售人员应该协助财务人员复核账目后结账，确保账款及时到位。

6. 整理资料

了解并掌握整个会议过程中客户的意见和建议，做好会议接待记录，并将整个会议接待资料整理存档。

（三）会议预订更改与取消程序

会议更改和取消是难免的，重要的是销售人员要及时处理，协调好客户与饭店内各接待部门的关系。

1. 预订更改处理程序

（1）在接到会议预订更改后，销售人员首先要找出预订原始受理、订房单据，明确会议预订的更改内容，包括房间数量变更、预订日期的变动等。

（2）若会议预订更改不增加用房数或延长住宿天数，销售人员可以直接进行预订更改，并请会议组织者签字确认。若会议预订更改要求增加用房数或延长住宿天数，销售人员应该查阅“预订统计表”，并与前厅部协调，在房态允许条件下接受确认。若无法安排，要及时通知会议组织者协商解决。

（3）若会议组织者通过电话通知更改，则销售人员应要求对方发送传真、快递等书面文件予以确认。

（4）若会议组织者超过截止日期更改会议预订且提出减少用房数或住宿天数等，销售人员应在复函确认中告知对方饭店将按照协议的有关条款执行。

（5）会议预订更改后的订房要求，应在饭店订房系统中进行修改，确保饭店订房系统数据的正确性。

（6）整理原始会议预订资料与会议预订更改资料，存档备查。

2. 预订取消处理程序

（1）接到会议预订取消通知后，应立即找出原预订资料，并加盖饭店的会议取消公章。

（2）对已取消的会议在饭店订房系统中进行取消处理。

（3）超过会议截止日期的会议预订取消，要按照会议预订协议向客户收取预订手续费。

（4）整理原始会议预订资料与会议预订取消资料，存档备查。

第三节　会议销售技巧

会议市场是营销人员直接销售的重要市场，营销人员要掌握寻找客户、与客户沟通谈判等技巧，以提高销售业绩。

一、定位目标客户

（一）分析现有目标客户

任何饭店仅专注于一个目标市场是不现实的，获取更多的细分市场是必需的。因此会议营销人员要分析以往的饭店会议数据和竞争对手的会议接待情况，确定饭店的生意来自哪里，各自的比例如何。如果是开业一年以上的饭店，可以通过往年的资料来确定各个细分市场的份额，包括：（1）会议性质：政府会议、奖励旅游会议、公司会议等；（2）渠道来源：协议单位会议、人员直接销售争取的会议、散客型会议；（3）客源对应的行业等。通过对这些数据的分析，明确哪一块市场是最主要的市场、哪一块市场还有潜力可以挖掘、重要客户有多少家。只有通过对客源结构的分析，才能制定出针对各个细分市场的营销策略和行动计划。例如，我们针对某个细分市场“公司会议”来制定全年公司会议销售目标是 9 600 000 元，要完成这样的目标，就需要分析：（1）市场环境（宏观环境和微观环境）；（2）主要竞争对手；（3）酒店的价格策略，（4）选择某一个细分市场的目的；(5) 采取的营销策略和行动。计划要细化到具体行动的执行人和执行时间。通过这样的分析，就容易确定饭店会议目标客户，并可以了解特定细分市场的营销努力是否足够，饭店在这一市场上是否还有增长潜力，从而通过合适的销售策略和行动步骤来实现目标。

（二）定位新的目标客户

销售犹如漏斗，它是一个不断筛选出目标客户的过程。除巩固现有主要会议客户外，根据饭店的星级标准、规模、服务项目等实际情况，会议销售人员还需要不断拓展新的目标客户。一般而言，勇于尝试一款名不见经传的新产品的公司，只占整个市场的 2.5%。换成电话销售，就是只有 2.5%的人会接起电话考虑使用你的产品。跟陌生人发邮件，邮件要点在于简洁明了、直击要害，基本上只要介绍“我是谁”“我们在干什么”“希望能和你进一步交谈”，然后通过电话联络加强联系。通过熟人或通过会议现场的跟进，会大大提高这种拓展的成功率。拓展新客户的过程，很可能是一个“见面—邮件—没回应—邮件—没回应—邮件—电话—邮件—没回应—邮件—邮件—电话—电话—回复”的故事。对于立场摇摆不定的客户，合作需要愚公移山的精神。另外，在这个过程中，会议销售人员要学会快速地让客户表明自己的立场，如果他很确定自己不需要这样的产品，也就能让你省出更多的时间来和那些立场摇摆不定的客户周旋。

二、销售洽谈

（一）洽谈前销售人员需要明确的事项

销售人员出发洽谈前必须充分熟悉饭店所提供的各类产品和销售政策，并尽可能地了解客户对会议用房、用餐等方面的需求。洽谈前销售人员需要明确会议组织方 8 个方面的事项。

(1) 了解会议的性质、名称、时间、人数、举办单位、联系人、电话号码，准确记录相关要点。

(2) 确定会场的地点、形式、灯光、服务、项目，所需的横幅、会标、告示牌、花草布置、签到台、迎宾台、欢迎队伍、文艺演出等要求。

(3) 确定用餐标准、宴会人数、地点、日期以及会议的茶水、水果点心、饮料等要求。

(4) 确定用房要求，比如房间种类、天数、日期、价格等。

(5) 确定场租、设备租用以及其他娱乐配套设施的价格。

(6) 确定支付方式，一般要求会议方支付预算费用的 10%作为定金。

(7) 确定参会人员泊位数，以及司机、陪同人员就餐休息地点。

(8) 尽量满足会议方的要求，若有困难事先向客户解释清楚，以免误会。

（二）报价策略

价格无论什么情况下都是必需并且敏感的话题。会议报价时有一些可以遵循的策略。

1. 适当报价

根据会议的需要，安排适当的场地，同时兼顾公司会议预算、实力，参考对饭店支持多少，予以适当优惠。回避客户询问单独的房价或餐饮收费标准，应结合会议的整体情况进行报价。形式要符合饭店规定，书面打印，严禁随意手写倾向。

初始报价时，争取提高餐饮标准水平，不要立即报出底价，如果是综合会议（会议、用餐、住房、礼品等服务），可以在给会议室收费标准提供优惠的同时，提高其他项目的消费水平。

2. 摆脱折扣困扰

折扣是销售中经常遇到的难题，客户常常以竞争对手的低价来压价，以消费总额高要求更多的优惠，甚至以取消活动来要挟。遇到这种情况，不能显得厌烦，也不要动辄以权限为借口，将问题推给上级领导，而应有相应对策回答客户：（1）引导客户关心产品的价值而不是价格；（2）向客户说明本饭店的独特之处；（3）把讨论引向深入，使价格不再是问题的焦点；（4）从客户立场出发，比如午餐的桌餐可以改为价格较低的自助餐等；（5）坚持让饭店盈利；（6）判断客户是利用假象压价还是实情；（7）说明饭店的优惠政策，让客户得到优惠。

当客户不能接受报价要压价又超出销售人员的权限时，应联系主要领导，商量相应对策。过低的要价会打乱饭店会议价格体系，如果没有商讨空间，可以考虑放弃此会议销售。

（三）销售协议中需要明确的事项

会议销售协议要求严密、准确、清楚，双方经办人签字、双方单位盖章；协议一式两份，双方各执一份。协议内容一般包括 8 项，具体内容见表 5—4。

表 5—4　　会议销售洽谈需明确的事项一览表

序号	会议销售洽谈需明确的事项
1	用房种类、各类客房数量、会议期限、分批入住饭店的时间、大致预测离店日期
2	客房的会议价格
3	会议室的使用次数
4	用餐起止日期、用餐标准、用餐人数和每日早/中/晚餐的时间安排
5	娱乐设施的项目、次数、租金或收费标准
6	预付定金的数量和时间
7	账款结算方式和时间
8	解约办法、违约责任

（四）签约时需要避免的一些错误行为

饭店会议产品销售从建议阶段经过暂定阶段到最后确定阶段，经过与许多人的交谈，不断地跟进，协议的基本条款也确定了，终于要签约了，这时要注意避免一些错误行为。

1. 别盯住无关痛痒的细节

不要把时间浪费在咬文嚼字上，而应该尽快完成协议，让会议销售进入下一环节。

2. 不要过度承诺

服务承诺必须基于饭店在会议期间的实际，包括一些临时要求，比如临时要求增加房间数或提升房间等级等，尤其是不能为了签下协议而承诺一些饭店无法达成的会议服务要求。

3. 谨慎考虑客人提出的额外要求

要是有客户提出“如果增加××服务我们就签协议”的要求，请慎思。实际上，你满足了他们这个要求之后，还会有数不清的需求被摆上台面。回答客户的这种要求有两种方法：一是“你把协议签了再说，额外的服务要求我们会努力去实现”，这么做是为了防止跳票；二是“好，那我看看其他客户是不是也有这种需求”，当这些需求真的贴合客户，有更多的会议客户提出这个需求时，才有必要在协议中体现它。

三、会议（销售）服务

（一）陪同会议组织者参观饭店

销售人员陪同会议组织者参观饭店，是会议销售的重要一环，尤其是初次合作者。饭店参观也有可能安排或再次安排在会议正式开始之前。

（1）带领客人参观会议室和客房时，请保证它们是清洁的并设备良好，同时你要知道它们的位置。

（2）带领客人参观饭店时，请时刻保持身体在客人之前的位置。

（3）陪同客人参观时，饭店人员的在场人数请勿超过客人的在场人数，如两位饭店人员陪同一位客人时会使客人有压抑感。

（4）请客人参观房间时，销售人员应站在客房的角落而非中央，除非你想使房间看起来小一些。

（5）每次参观结束时，请带领护送客人到饭店大门口，如有必要，请代为叫出租车。

（6）当你已结束你销售或生意上的交谈时，请不要再过多地推销，尤其当你正在请客人用午餐时。

（二）做好会议确认和接待计划

认真做好会议销售确认书和会议接待计划书。关于会议服务的所有安排和要求，均要以确认书和计划书为准。在确认书中要明确会议的各项要求，任何修改和调整都必须通过双方的确认书予以确认洽谈，饭店方必须把向客人作出的承诺一一详细记录，以此制定详细的接待计划书，确保每项承诺有人负责、有确切的完成时间。

拓展阅读 5—12

会议销售确认书

致____________公司______先生/女士：

电话：____________传真：________________

______先生/女士：

您好！

十分感谢贵公司对本饭店的信赖和支持，现根据我们电话约定和你对合同意向书的反馈，特制定以下方案，以供贵公司确认。

一、会议日期

___年___月___日

二、会议时间

9:00—15:00 会议，12:00—14:00 自助午餐

三、会议人数

25 人（确定）～40 人（预计）

四、会议地点

本饭店______厅

五、会议安排

1. 会议厅内设置 40 人课堂式摆放。

2. 提供纸、笔、纯净水。

3. 如需要可提供大屏幕和投影仪。

4. 于会场内挂主题横幅，我方可代为制作。

5. 提供上、下午两次咖啡茶歇（有点心）。时间为：10:30—10:45，15:00—15:45。

6. 提供两块指示牌，分别位于大堂及会议厅门口两侧（内容请通知我方）。

六、用餐安排

建议于_____餐厅预留 40 人区域使用自助午餐或于______餐厅预留厅房使用中式午餐。

七、收费标准

1. 会议套价_____元/位，包含会场场租、两次咖啡茶歇服务、一次自助午餐或中式午餐（酒水另计）、会议常用设施。

2. 横幅设计制作价为______元/幅。

八、定金及付款方式

贵公司须预付会议粗估费用50%作为定金，余额于会议结束时一次付清。

________先生/女士，望上述方案能使贵公司满意，若有任何建议或要求，请及时与我方联系。若无任何疑问，请于下方签名确认并传真回我方。谢谢!

________酒店营销部

____年____月____日

（三）会中服务

会议服务的效果是整个会议营销与传播的根基。根据业内人士的经验，一个客户满意率比较高的100人以上的会议，往往会为该会议场所带来3～5个新的会议。饭店的会议服务工作除了要做细、做扎实之外，还要注重专业性和主动性。另外，会议进行期间，饭店应有专人负责与会议组织者沟通、联络，及时跟进确保会议服务的统一指挥协调。在所提供的服务里面，最好有一两项能让会议组织者感到惊喜的服务。在必要的情况下，提供饭店原本不提供的服务，使客户感觉物超所值。

▶ 重要知识点

1. 会议类别
2. 饭店会议产品构成
3. 会议销售流程
4. 会议销售主要工作程序
5. 会议销售洽谈技巧
6. 目标客户定位技巧
7. 会议市场推销策略

▶ 模拟练习和实战训练

1. 分别扮演饭店会议推销人员与会议顾客的角色，模拟练习向顾客推销饭店会议产品。

2. 模拟与会议顾客进行会议产品销售谈判。

3. 考察一家会议型饭店，为其制作一份会议宣传广告。

4. 为一个商务会议设计一份会议接待计划书。

模块三 宴会销售

学习目标

- 了解宴会的特征、构成和划分类型
- 能进行宴会营销作业，包括洽谈、签订合同、落实预订等
- 学会策划不同时令、节庆、特殊餐宴的促销活动方案

引 例

宴会外卖——酒席摆到长城上

很多人参加过五星级饭店里举行的盛宴，环境幽雅，服务周到，菜点精致，风味独特；人们也常喜欢到郊外，感受秋日、秋夜的宁静致远。可是，有谁想到过鱼和熊掌兼得的好事吗？北京就有。

北京相当一部分五星级饭店为社会提供宴会外卖服务，当客户要求把宴会安排在万里长城之上时，宴会部就会带上美酒、美食、美厨，开着冷藏车、保温车、大卡车、大客车，宴会服务员、酒吧服务员、电工、保卫员、医务人员一同出动，直接开赴蜿蜒的长城，把铺着洁白桌布、摆着银制刀叉的餐桌摆在长城的砖地上。参加过美国通用汽车公司在颐和园南湖岛上举行的宴会的一位客人说："头一次参加这么别致的宴会，感觉好极了。"

长城饭店提供的白洋淀温泉城宴会上就有上千位中外宾客就餐，为此长城饭店运到白洋淀的食品、饮料及物品都是数量空前：各种肉类 1 290 千克、蔬菜 500 千克、鸡蛋 150 千克、水果 150 千克、各式蛋糕 4 000 个、饮料 13 种共 120 箱（2 800 多瓶）、餐具共 8 040 多件套，这对饭店餐饮部的实力实在是不寻常的考验。宴会时间不受限制，但一般宴会外卖选在春、夏、秋三季，选择天气晴朗的日子（可向气象部门咨询），午宴、晚宴均可。如选择晚宴，饭店可以提供所有灯光布置，并有专门电工及保安负责安全。但由于室外宴会受天气变化影响，选择时间要考虑周到。五星级饭店的宴会服务能力本来就超出一般，它们所能提供的宴会形式也是多种多样。无论是客户需要烧烤，还是鸡尾酒会，或是各国风味美食，饭店均能根据客户要求提供。如果客户还要求饭店提供鲜花、文艺表演（如交响乐、演唱会）、条幅装饰等宴会所需服务，饭店都能够满足客户愿望。食品、酒水及宴会所需物品、服务人员需提前 1 小时就位。在宴会外卖服务过程中，五星级饭店的服务也被搬到了户外，这也是鱼和熊掌兼得的绝妙。

王府饭店宴会部副经理叶琳说："在与客户确认了宴会地点和宴会

时间以后，我们要陪同客户到现场勘探一番：服务区设在哪里，每张桌子的位置，灯光条件，菜单上是否允许提供热菜，周围是否有噪音干扰，是否有其他游人打扰，客人进入宴会场所的道路是否清洁，是否需要另外运来干净的卫生间，等等，都要一一落实。”北京几家五星级饭店提供宴会外卖服务，他们均表示宴会外卖次数近年来越来越多。凯宾斯基饭店今年已举办过大型外卖宴会 20 多次，9 月和 10 月也都有外卖安排；长城饭店宴会部张鸿华说，今年上半年他们的宴会外卖次数就已超过去年的 2/3。

资料来源：一分钟情景营销技巧研究中心编著：《会议营销》，北京，中华工商联合出版社，2009。

宴会是在普通用餐基础上发展而成的一种高级聚餐形式，是一项酒店常见的餐饮接待活动，往往能为酒店带来较高的收益。因此，学会如何精彩地策划宴会促销方案来吸引更多消费者，并且有效地将这些促销方案传递给潜在消费者非常重要；同时我们也要熟悉客户签订合同过程中的种种细节，落实好各项预订内容，从而使得整个宴会活动有序、顺畅地进行。

第一节　宴会概述

宴会是人们为了一定的社会交往目的，集饮食、社交、娱乐于一体而举行的高级宴饮聚会。我国从古至今，宴会有着不同的名称：筵席、宴席、筵宴、酒宴、燕饮（古时燕与宴通用）、会饮、酒席、酒会、招待会、茶话会等。称谓虽不同，但含义大体是相同的。

一、宴会的基本特征

（一）聚餐式

聚饮会食是宴会的形式特征。多人围坐而食，多席同室而设，在愉快的气氛中共同进餐。每桌有主宾、随从、主人、陪客之分，全场又有主席、二席……之别。主人是东道主，宴会中的一切活动及安排由主人决定；主宾是宴会的中心人物，常安排在最显要的位置，宴饮中的一切活动都要围绕他而进行；陪客是主人请来陪伴客人的，有半个主人的身份，在奉酒敬菜、交谈交际、烘托宴会气氛、协助主人待客中起着积极作用；随从是主宾带来的客人，伴随主宾。大家在同一时间、同一地点品尝同样的菜点、享受同样的服务，为了一个共同的主题而聚饮会食。

（二）规格化

规格化是宴会的内容特征。宴会不同于日常便饭、大众快餐、零餐点菜，要求宴会环境优美，礼仪程序井然，席面设计考究，菜点组合协调，烹饪制作精良，餐具精致整齐，保持祥和、欢快、轻松的气氛，给人以美的享受。同时，还要考虑因时配菜、因需配菜，尊重宾主的民族习惯、宗教信仰、身体状况和嗜好忌讳等。

（三）社交性

社交性是宴会的功能特征。人们设宴皆有明显目的：国际交往、国家庆典、亲朋聚会、欢度佳节、红白喜事、饯行接风、酬谢恩情、疏通关系、乔迁置业、商业谈判等。人们相聚一堂，品佳肴美味，谈心中之事，增进了解、加深情谊，从而实现社交目的，这正是宴会长盛不衰、普遍受欢迎的一个重要原因。

（四）礼仪性

礼仪性是宴会的人际特征。宴会礼仪是赴宴者之间相互尊重的一种礼节仪式，也是人们出于交往目的而形成的被大家共同遵守的习俗。其内容广泛，如要求酒菜丰盛、仪典庄重、场面宏大、气氛热烈，讲究仪容修饰、衣冠整洁、表情谦恭、谈吐文雅、气氛融洽、相处真诚，以及餐厅布置、台面点缀、上菜程序、菜品命名、嘘寒问暖、尊老爱幼等。上至国宴，下到民宴，礼仪越是隆重，越能体现主人对来宾的尊重和欢迎。

二、宴会产品构成

具有特色、符合消费者需求的饭店宴会产品，是宴会营销成功与否的关键。宴会产品一般包括菜品、仪式和礼品三个部分。

（一）菜品

菜品是宴会的基础，色、香、味应该达到标准。应时应景、让消费者获得愉快体验是体现饭店宴会真正实力的地方。首先，菜肴的取名既要符合宴会主题又要寓意吉祥；其次，食材方面要考虑宴会主人的营养需求。比如寿宴上的甲鱼，既有长寿的寓意又有滋补养生、延年益寿的功效。

（二）仪式

顾客的需求是多样化的，因此宴会产品也要实现多元化以满足顾客的需求。在顾客决定举办宴会时，饭店应提供多种选择。在主题风格、宴会价格和过程控制等方面，都要强调顾客的主动性和决策权，宴会或尊贵，或亲情，或浪漫，或温馨，由顾客决定仪式的主题基调，只有让顾客参与其中，才能真正地打动顾客。

（三）礼品

饭店销售宴会总是要有礼品赠送的，如何送是关键。如在婚宴邻近结束时，饭店专程上前赠送一瓶造型像小宝宝的美酒，并由新人及双方父母共同贴上见证爱情的封条，待到未来爱情的结晶——小宝宝百日时在此开启这瓶美酒，并再次设宴款待亲友。而宴会部的员工要在合适的时机致电曾经的宴会举办者，询问顾客近来如何，是否可以开启那瓶美酒。如此一来，饭店就能很大程度上锁定回头客，饭店品牌也会因此而增色。

三、宴会类型

宴会按不同的划分标准可以分为不同的类型。

（一）按菜式组成划分

宴会按菜式组成形式可分为中式宴会、西式宴会、中西合璧宴会三种。

1. 中式宴会

（1）菜式以中式菜品和中国酒水为主，对生产加工人员的技艺要求较高。

（2）环境气氛、台面设计、餐具用品、就餐方式等反映中华民族传统饮食文化气息，如最具代表性的餐具是筷子，餐桌为圆桌，就餐方式为共餐式、民族音乐伴奏等，凸显浓郁的民族特色。

（3）服务程序和礼仪都较复杂，具有中国特色。

（4）适应面广，既适用于礼遇规格高、接待隆重的高层次接待，又适用于一般的民间聚会。

2. 西式宴会

（1）菜式以欧美菜式为主，饮品使用西洋酒水。

（2）环境布局、厅堂风格、台面设计、餐具用品、音乐伴餐等均突出西洋格调，如使用刀、叉等西式餐具，餐桌为长方形，西式台面布置，采取分食制等。

（3）采用西式服务，席间播放背景音乐，服务程序和礼仪都有严格要求。

（4）宴席形式多样，如正式宴会、自助餐会、冷餐酒会、鸡尾酒会等。

（5）根据菜式与服务方式的不同，可分为法式宴会、俄式宴会、英式宴会和美式宴会等。随着日、韩菜式的兴起，日、韩宴会在我国亦被纳入西式宴席范畴。

3. 中西合璧宴会

中西合璧宴会是融合了中式宴会和西式宴会的菜品组合、宴席摆台、菜点制作、服务方式和就餐方式等特点的一种新型宴会，使人耳目一新，深受宾客欢迎。

（1）菜肴风味有中、有西，还有中西混合；餐具有筷子和刀叉；客人自主取菜，也有厨师现场烹调、切割和派菜。

(2) 宴会形式有中西合璧正式宴会、鸡尾酒会、冷餐会（含自助餐会）等。分为立餐（不设座）和座餐（设座或部分设座）两种形式，现在比较流行的是全部设座。

(二) 按接待规格和隆重程度划分

按接待规格和隆重程度，可以将宴会分为正式宴会和便宴两类。

1. 正式宴会

正式宴会是指在正式场合举行的、礼仪程序严格、气氛热烈隆重的高规模宴会。有时还会安排乐队演奏席间乐曲。宾主均按身份排位就座，对排场、餐具、酒水、菜肴的道数及上菜程序有严格规定。根据举办形式、服务程序等不同，正式宴会还可分为餐桌服务式宴会、冷餐会、鸡尾酒会、茶话会。

(1) 餐桌服务式宴会。

1) 就餐环境考究，有完备的服务设施，通过餐厅装修、场地布置、台面设计来烘托气氛。

2) 宴席菜单设计精美，多数情况下要派发请柬。

3) 菜品、酒水规格要求高。服务员装束、仪态有严格要求。

4) 提供全套餐桌服务，礼仪与服务程序都十分讲究。

5) 宾主就餐服饰比较讲究，并都按身份排位就座。

6) 一般在中午或晚上进行。

7) 如参加人数较多，要设主宾桌（即主桌）。

(2) 冷餐会。

冷餐会属于自助式宴会，常用于各种隆重的大型活动。

1) 举办场地选择余地大，气氛热烈隆重，形式自由灵活，规模可大可小，规格可高可低。

2) 台型布置多样，不排席位，菜点、酒水摆放在餐桌上，供客人自由取餐、站立用餐，以便于沟通交流。

3) 菜品丰富多样，菜点以冷食为主。

(3) 鸡尾酒会。

鸡尾酒会是冷餐会的一种形式。

1) 鸡尾酒会举行的时间、地点灵活。

2) 自由选食，站立进餐。宾客来去自由。

3) 以饮为主，以吃为辅。酒水主要为鸡尾酒。

(4) 茶话会。

以饮茶、吃点心为主的欢聚或答谢的座餐式宴会，是正式宴席中最简便的一种招待形式。简便而不失高雅，气氛随和而热烈，近年来国内许多大型接待活动已由传统餐桌服务式宴会向茶话会过渡，体现了简朴务实的时代风尚。

1）场地、设施要求简单。通常设在会议厅或客厅，厅内设茶几、座椅，一般不排席位，但有贵宾出席时可考虑将主人与贵宾安排坐在一起，其他人随意就座。

2）饮品以茶为主，略备茶点、水果，不设酒馔。茶叶、茶具有选择，应考虑季节、茶会主题、宾客风俗与喜好等因素。例如：春、夏、秋季举行茶话会一般用绿茶，冬季用红茶；接待欧美宾客用红茶，接待日韩及东南亚宾客用绿茶；某些接待外国宾客的茶会，有时以咖啡代茶，其组织和安排与茶话会相同。

2. 便宴

相对于正式宴会而言，便宴是一种非正式宴会，用于非正式场合的日常友好交往宴请。便宴形式比较简便，不讲究礼仪程序和接待规格，不排席位，不作正式讲话，气氛较随便、亲切，对菜品数量无严格要求，茶单设计随客人要求而定。

（三）按宴会性质与主题划分

按宴会性质与主题，可以将宴会分为国宴、公务宴会、商务宴会、亲情庆贺宴会、会友聚餐宴会五种。

1. 国宴

国宴是一国元首或政府首脑为国家重大庆典，或为外国元首、政府首脑到访而举行的正式宴席，是接待规模最高、礼仪最隆重、程序要求最严格、政治性最强的一种宴会。国宴设计既要体现民族自尊心、自信心、自豪感，又要体现各个国家和民族之间的平等、友好、和睦的气氛。负责外交事务的部门和人员通常要负责安排和组织宴席的接待工作。宴会场所一般会悬挂国旗、安排乐队演奏双方国歌及小型文艺节目等，双方元首或政府首脑席间会有致辞、祝酒等。国宴还可分为庆典类国宴、欢迎（送）国宴、接待类国宴、迎春茶话会等。

（1）庆典类国宴。

庆典类国宴是指由国家元首或政府首脑举行的庆祝庆典宴会，如国庆招待会等。

1）请柬、菜单及座位卡均印有国徽，宴会厅内悬挂国徽和国旗，宴会开始时奏国歌，国家领导人发表重要讲话，席间乐队演奏乐曲。

2）形式多为宴会或中西式自助餐，场面宏大，主桌人数较多。

（2）欢迎（送）国宴。

欢迎（送）国宴是国家元首或政府首脑为欢迎来华访问的外国元首或政府首脑而举行的正式宴会。

1）请柬、菜单及座位卡印有国徽，宴会厅内悬挂两国国旗。宴会开始时先奏宾客方国歌，然后奏本国国歌，主、宾先后致辞，席间乐队演奏乐曲。

2）宴会时间掌握在45～75分钟，菜肴标准为：1道冷菜、4道热菜、1道汤、3道点心、1道水果、1道主食。主桌通常个吃。各类规格不能随意变更。

(3) 接待类国宴。

接待类国宴一般是指国家元首或政府首脑为国际或国内重大活动而举行的宴会。如为感谢外国专家，为表彰全国劳动模范、科技精英，为在我国举行的大型国际峰会的重要与会代表，或为参加大型国际体育赛事开幕式、闭幕式的重要官员等，中国国家主席或中国政府总理举行国宴款待。

(4) 迎春茶话会。

在中国传统节日春节，为迎接新年的到来，由国家元首或政府首脑举行的迎春茶话会，邀请各界人士同欢共庆，相互拜年，气氛轻松、欢快、随意，伴有演出，以茶水、点心、小吃、水果为主。

2. 公务宴会

公务宴会是政府部门、事业单位、社会团体以及其他非营利机构或组织因交流合作、庆功庆典、祝贺纪念等有关重大公务事项接待国内外宾客而举行的宴会。接待活动围绕公务活动主题安排。

(1) 宴会形式可以是规范的正式宴会，也可以是简便的鸡尾酒会、冷餐会或茶话会，还可以是中西结合式的宴会。

(2) 讲究礼仪，注重环境设计。由于宴会主题与公务活动有关，主客方都是以公务身份出现，因此注重礼仪形式，环境布置也应同宴会主题相协调，如在餐厅中放置或悬挂宴请方和被宴请方的标志或旗帜等。

(3) 接待规格与宾主双方的身份相一致，宴请程序相对固定，如开宴前的祝酒致辞、席间祝酒和宴会结束后的安排等都遵循的惯例。

(4) 地方政府宴会对省市来说是高规格的宴会，通常菜肴安排为1道冷菜、4～8道热菜、1道汤、3道点心、1道水果、1道主食，菜肴以地方特色菜与时令菜为主。菜单设计时要考虑客人与主要陪同的需求，宴会设计要突出当地的特色与风貌。

3. 商务宴会

商务宴会是各类企业和营利性机构或组织为了一定的商务目的而举行的宴会。这类宴会既可以是为了建立业务关系、增进了解或达成某种协议而举行，也可以是为了交流商业信息、加强沟通与合作或达成某种共识而举行。

(1) 在环境布置、菜品选择上突出与迎合双方共同的喜好，表现双方的友谊，使商务洽谈在良好的气氛与环境中进行。

(2) 宾主边宴饮边洽谈，要及时与厨房沟通，控制好上菜节奏。

(3) 宴请过程中如果出现洽谈不顺利的局面，服务人员可以考虑利用上菜、分菜、斟酒、送毛巾等服务暂时转移一下双方的注意力，缓和一下气氛。

4. 亲情庆贺宴会

亲情庆贺宴会是以体现个体与个体之间情感交流为主题的宴会。其目的一般是亲朋相聚、洗尘接风、红白喜事、乔迁之喜、周年志庆、添丁祝寿、逢年过节等表达各自的思想感情和精神寄托，主办者和被宴请者均以私人身份出现。亲情庆贺宴会设计的基本原则是尊重个性、突出情感以及个性化服务。亲情庆贺宴会还可以细分为婚宴、寿宴、纪念宴、节日宴、家庭便宴。

(1) 婚宴。

婚宴是婚礼的组成部分，是人们在举行婚礼时为宴请前来祝贺的亲朋好友和祝愿婚姻幸福美满而举办的宴会。

1) 环境布置、台面与餐具用具的选择均应突出喜庆、吉祥的气氛。例如：用喜庆、吉祥的红色；突出新郎、新娘的主桌位置；保持桌间距离，便于新郎、新娘与来宾相互敬酒；考虑不同地区和民族的风俗习惯。

2) 婚宴根据客人的需要可以有多种类型。

a. 传统型。菜式丰富实在，菜名吉祥如意，道数较多，追求吃剩有余。

b. 排场型。比较富裕家庭的婚宴，菜式既有传统的，又有流行的名贵菜，菜式反差较大，道数较多，追求排场。

c. 浪漫型。菜式要求组合随意，喜欢流行菜，道数不讲究，追求过程。

d. 玫瑰型。爱自己做主的普通型婚宴，喜欢流行菜，道数常规，菜肴选择中低档价位。

e. 华丽型。菜式要求传统、豪华，既讲究规格，又要大气，追求排场。

f. 传统知识型。菜式精巧细致，编制讲究，菜肴命名高雅，既要有民族传统又要突出文化品位。

g. 海归派。菜式实用、简洁、清淡，色彩素雅，讲究仪式，中西合用。

h. 简约式。菜式要求家常、实用，价格实惠，数量适当。

(2) 寿宴。

寿宴即生日宴，是人们为纪念出生日和祝愿健康长寿而举办的宴会。一般 50 岁前称为生日宴，50 岁后称为寿宴。在我国一些地方，在小孩出生 1 个月、100 天的时候，会宴请亲朋好友以示庆贺，俗称“满月酒”“百日酒”，是一种特殊的生日宴。

寿宴的菜品选择突出健康长寿，如冷菜拼盘采用松鹤延年，主食配寿桃、寿面等。随着中西文化的不断交流，人们在生日宴席上配以生日蛋糕，庆祝程序也中西合璧，如点、吹蜡烛，唱生日歌等。

(3) 纪念宴。

纪念宴是人们为纪念与自己有密切关系的某人、某事或某物而举办的宴会。环境设计要突出纪念对象的标志，如照片、文字或实物，以烘托出思念、缅怀的气氛，菜品和用具的选择亦要表现出怀旧的格调。

(4) 节日宴。

节日宴是人们为欢庆法定或民间节日、沟通感情而举行的宴席活动。

1）宴会设计突出节日气氛。通常选用具有节日特点的装饰物来布置宴会厅，如圣诞节用圣诞树、彩灯、彩球装饰环境，员工戴圣诞小红帽；春节张贴春联、悬挂彩灯、摆放金橘树等。

2）设计节日宴席菜单。针对不同节日的特点及各个节日所处的季节，推出既沿袭传统习俗又新颖独特的菜单，以吸引宾客前来消费。

3）设计娱乐演出节目。如组织乐队演奏；邀请歌星、影星前来助兴；组织有奖竞猜，席间抽奖；派发神秘礼物等。服务员要坚守岗位，不为热闹场面所吸引，不被节目吸引而驻足旁观，保证宴席服务质量。

（5）家庭便宴。

家庭便宴是指在家中款待客人的宴席。

1）礼仪与程序较为简单，不排席位，菜品可由主妇亲自下厨烹调，家人共同招待，菜品道数亦可酌情增减，气氛轻松、随和、亲切。

2）家庭便宴是最不正式、应用最广的一种宴会形式，但却最能增进人们之间的情感交流。即便是各国政要亦常以这种形式宴请来宾。

5. 会友聚餐宴会

会友聚餐宴会是宴请频率最高的宴会，公请、私请都有，要求与形式多样，追求餐厅装饰新颖，宴会的组办者喜新厌旧的心理强烈，对饭店的特色要求较高。会友聚餐宴会还可以细分为嘉年华会（尾牙），同学、友人聚会，行业年会。

（1）嘉年华会（尾牙）。

企业、团体欢度佳节的联欢，团体的年会团聚，企业内部节庆的庆贺，都可采用嘉年华会。宴会特点是开会、宴饮、交流与娱乐多种目的的综合。布置要求突出主题，符合主办单位的要求。菜式按标准而定，流行菜式较受欢迎。宴会规模大、要求新、变化快，一般在年底举行。

（2）同学、友人聚会。

志同道合的朋友相会、团聚，强调共同的情趣。聚宴次数多、要求多，主人身份不明确，客人身份差异较大，但是很平等。菜式随意，氛围轻松，菜肴档次高低差异很大。就餐环境以小包房为主，追求就餐环境、氛围和情趣。服务上尽量不要打扰客人。

（3）行业年会。

行业年会一般是松散型团体每年一度的年会活动后的用餐。参加宴会的人数不易控制，时多时少，宴会的要求不是很高，但出席的客人社会地位较高。服务要规范化，出菜较快，通常要求有停车场地。

（四）按规模大小划分

宴会按规模大小可以划分为小型宴会、中型宴会和大型宴会三种。

1. 小型宴会

（1）规模在10桌以下，参加人数相对较少。

（2）按照主宾的要求进行认真设计，严格操作，都能收到很好的效果。

2. 中型宴会

（1）规模为11～30桌，参加人数较多。

（2）在菜单设计、组织安排上要针对客人的要求，精心策划，按程序操作。

3. 大型宴会

（1）规模在31桌以上，参加人数众多。

（2）有特定的主题，工作量大，要求高，组织者必须具有较高的组织能力。

（五）按价格档次划分

宴会按价格档次可以划分为高档宴会、中档宴会、普通宴会三种。

1. 高档宴会

高档宴会一般价格昂贵，是普通宴会价格的几倍甚至十几倍，多为山珍海味或高档、稀有原料。菜肴制作精细，就餐环境豪华，服务讲究。

2. 中档宴会

中档宴会的价格在高档宴会和普通宴会之间，烹饪原料多为一般的山珍海味、鸡、鸭、鱼、虾、肉、蔬菜等。菜肴制作讲究，餐厅环境和服务较好。

3. 普通宴会

普通宴会价格较低，烹饪原料以常见的鸡、鸭、鱼、虾、肉、蔬菜等为主。菜肴制作注重实惠，讲究口味，餐厅的环境及服务相对要低于中、高档宴会。

（六）按礼仪划分

宴会按礼仪可以划分为迎送宴、酬谢宴两种。

1. 迎送宴

迎送宴是人们为了给亲朋好友接风洗尘或欢送话别而举办的宴会。迎送宴要突出热烈、喜庆的气氛，体现主人热情、好客以及对宾客的尊敬与重视，围绕友谊、祝愿和思念的主题来设计。迎送宴的特点是规模小、喜欢安静、重叙谈、讲面子。

2. 酬谢宴

酬谢宴是为了表示感谢曾经得到过的帮助，或为了表示感谢即将得到的帮助而举行的宴会。这类宴会是为了表达自己的诚意，故要求高档、豪华，环境优美、清静。酬谢宴又可以分为谢师宴、答谢宴、升迁宴。

（1）谢师宴。谢师宴是学生毕业、学徒满师，新生活将要开始，为了表达对老师、师傅的感谢，并再次聆听老师的临别赠言而举办的宴会。谢师宴要求环境幽雅，菜式清淡秀丽，道数不多，选料讲究，上菜速度快，服务规范。

(2) 答谢宴。答谢宴是为了表示对他人的帮助或请求他人帮助而设宴感谢。答谢宴的菜肴和服务要让客人感受到主人的殷勤与诚意。

(3) 升迁宴。升迁宴是因职务变化、工作变迁，原共事的同仁相聚相送、新单位的同事欢迎共事而举行的聚会。此类宴会比较放松，菜式比较随意，饮酒较多，用餐时间长。

(七) 按菜品构成特征划分

宴会按菜品构成特征可以分为仿古宴、风味宴、全类宴席、素席宴等。

1. 仿古宴

仿古宴是将古代特色宴席融入现代文化而产生的宴会新形式。对历代的宴席形式、宴席菜品、宴席礼仪加以挖掘、整理、吸收、改进、提高和创新，如仿唐宴、孔府宴、红楼宴、满汉全席等，深受宾客青睐。

2. 风味宴

风味宴的就餐环境、宴席台面、餐具、菜品、原料、烹调技法、就餐与服务方式等都具有鲜明的地方特色和民族风格，有的甚至带有一定的宗教色彩。风味宴还可以分为不同的类型：按地方风味来分，有川菜宴席、粤菜宴席、湘菜宴席、清真宴席等；按原料风味来分，有海鲜宴、野味宴、药膳宴等；按烹饪方法来分，有烧烤宴席、火锅宴席等；按某一国家的菜品来分，有法式宴席、日式宴席、泰式宴席等；按菜点来分，有风味菜肴宴席、风味小吃宴席，如西安饺子宴、四川风味小吃宴等。

3. 全类宴席

全类宴席也称“全席”“全料席”。如全鸡宴、全鸭宴、全牛宴、全羊宴、全猪宴、全鱼宴、全素席、满汉全席等。

4. 素席宴

素席宴是一种特殊的全类宴席，也称“斋席”，指菜品均由素食组合而成的宴席。

第二节　宴会销售管理

一、宴会销售工作任务

宴会是饭店销售的重要餐饮产品。饭店一般会有宴会销售组负责宴会销售业务。他们主要有以下四项工作任务。

（一）制定宴会销售计划并执行

（1）组织开展宴会销售市场信息的收集工作，大量收集客源信息。

（2）根据市场信息收集结果和饭店年度销售计划，制定饭店宴会年度销售计划。

（3）宴会销售专员根据宴会销售计划要求，制定宴会销售策略和客户走访计划，并落实执行，以保证饭店与各大客户建立良好的合作关系。

（4）根据宴会销售策略，进行相应的广告宣传活动。

（5）根据客户的要求，为客户安排饭店参观，及时为他们提供宴会的报价、预订、确认、更改和取消服务。

（二）宴会服务

（1）及时检查宴会前的准备工作情况，与餐饮部的相关人员进行协调，以保证客户的宴会活动顺利进行。

（2）根据客户提出的意见和建议，及时改进客户宴会服务，使客户对宴会服务感到满意，为饭店赢得良好的口碑。

（三）跟踪客户

（1）根据客户登记信息，为来饭店进行宴会消费的客户建立档案。

（2）定期电话回访来饭店消费过的宴会客户，时刻关注他们对饭店的新需求，并将饭店的促销信息告诉客户。

（四）客户投诉处理

（1）及时处理客户对宴会预订纠纷和宴会服务的投诉。

（2）根据客户投诉意见，提出宴会服务改进建议。

二、宴会销售基本流程

（一）会前服务

1. 做好宴会促销工作

（1）了解和熟悉饭店的设施设备与内部运行程序，具有良好的沟通能力，能够正确地使用饭店授予的权力，灵活地运用谈判技巧。销售洽谈时要有诚心和耐心。

（2）当客户将本饭店与其他饭店进行比较时，要善于倾听和理解，然后婉转、得体地介绍本饭店的特点和以往成功举行宴会的情况，增进客户的了解和信任。

（3）要极力避免价格成为对方选择的第一条件，多介绍饭店的服务质量和产品特色，让客户感到饭店把服务放在第一位，盈利放在第二位。只有在客户相信饭店能提供优质服务的基础上，才有合理的价格可谈。

2. 主动协助宴会的准备和组织

（1）对重要赴宴人员接送、住宿方面的要求以及休闲娱乐活动的安排等，应积极、主动地提供参考意见。

（2）协助宴会组织者周密地做好前期准备工作，在客户的心目中留下良好的第一印象。

3. 认真落实服务承诺

（1）销售洽谈中关于宴会服务的所有安排和要求，均要以“预订书”或“协议书”为准。

（2）“预订书”要明确宴会的各项要求，任何修改和调整都必须通过双方协商予以确认。

（3）对客户的承诺，销售人员必须详细记录，制定具体的“宴会接待计划”，每项承诺如何兑现、何时完成，均要落实到人。

（二）会中服务

（1）宴会期间，营销部应有专人负责与宴会组织者联络、沟通，及时跟进，确保服务的统一指挥和协调。

（2）负责协调的销售人员要以高度的责任心和组织能力，及时、高效地处理客户随时提出的紧急需求，不能敷衍推诿，以保证宴会的正常进行。

（3）组织各种形式的留念活动。特别是一些大型、重要宴会的参与者，往往会把承办的场所作为个人一次美好经历的见证，饭店应借此机会把工作做到位，比如来宾签到、拍照留念、赠送饭店纪念品等，促使参与者成为饭店的潜在客户。

（三）会后服务

1. 服务善始善终

宴会结束后，销售人员的服务并没有结束。即使客户撤离，个别未离开的赴宴者仍是销售人员的服务对象。

2. 重视总结提高

（1）每位赴宴者都可能是下次宴会的组织者或决策者。因此，销售人员要注意收集举办本次宴会的有关信息，为下次宴会的承办打下基础。

（2）把资料归类、分析、整理并存档，从中发现问题、找出原因、总结经验，从而提高宴会的服务质量。

3. 做好跟踪回访

定期或不定期地向宴会组织者和赴宴者寄送饭店的有关信息和资料，并进行定期回访，联络感情，使对方感到自己是饭店的贵宾，从而成为饭店忠诚的客户。

三、宴会销售主要工作程序

（一）销售洽谈

销售洽谈有三个目标，分别是争取客户预订、争取高标准宴会、明确预订的具体内容。一般包括以下三个程序。

1. 接受咨询

客户的咨询一般有电话咨询和上门咨询两种。一般客人的问题主要有宴会厅是否有空、宴会费用、宴会厅规模、宴会厅能提供的相关仪器设备、菜单、最低消费额、现场平面图、订金等。

（1）电话咨询。

1）主动、礼貌地向客户进行自我介绍，并报出饭店名称。

2）主动为客户介绍宴会标准、场所，并推销饭店的特色菜品。

3）询问客户宴会预订标准，根据客户需求向客户推荐适合的宴会等级标准。

4）小型宴会常会直接预订。销售人员应问清预订单位、联系人姓名、联系电话、宴会日期与时间、参与人数、桌数、每桌消费标准等信息，并问清有无特殊要求、有无禁忌等，记录在宴会预订单上，并向客户复述一遍，问清付款方式。

5）若是大型宴会，应告知预订方交付定金，并提前两天交付押金。

6）若客户不能决定，则可邀请客户到店参观，并约定具体参观时间。

7）若客户要求过低的宴会标准而不能接受预订，应婉转地向客户解释并致歉。

（2）上门咨询。

1）对初次上门咨询预订的客户，要主动交换名片，主动向客户介绍本店特色。若客户有要求，可陪同参观宴会场地。

2）对再次上门预订宴会的客户，要主动征询对上次宴会的意见或建议。

3）其他要求与电话咨询基本一致。

2. 现场介绍场地设施

（1）根据宴会规模介绍场地，并带领客户参观。由于不同桌数与不同形态的宴会所适合的场地类型不尽相同，因此要提供多种宴会厅平面摆设图，供客户参观时选择。

（2）询问客户意见，了解宴会的预订批次、具体人数、活动时间、菜品以及特殊要求等信息，尽量满足客户的需求。

（3）若酒店方无法满足客户的要求，要进行解释并表示歉意，不能向客户承诺无法办到的事情。

3. 洽谈并报价

（1）确认宴会时间、人数、场所、菜品风格及特殊要求。

（2）根据客户要求进行初步报价（当场报价或事后报价），告知客户报价是个估计数，并说明可能的浮动范围和原因。

（3）注意报价技巧，回避客户就单独项目的询价，整体报价有利于争取高标准的宴会。

（4）努力争取客户意向，并做好销售跟进工作。

××饭店宴会洽谈表见表 5—5。

表 5—5　　××饭店宴会洽谈表

客户			客户代表	
联系电话			联系地址	
宴会类别			宴会时间	
宴会人数	桌	人	宴会场地	
宴会标准	菜品价格（元）			
	饮料酒水价格（元）			
备注	其他价格（元）			
餐厅经办人	共计（元）			

（二）宴会预订落实

宴会预订落实工作的目标是保证宴会预订准备工作的顺利、高效，保证宴会举办成功，保证为客户提供满意的服务。该工作一般包括四个程序。

1. 接受预订

（1）接受客户场地预订时，应明确告知客户按饭店规定于××天内来确认场地，否则场地不予保留。在此期间若另有客户来订同一场地，应告知前一位已预订但未确认的客户。

（2）客户预订场地时，在客户同意的前提下，在“每日预订单”和“场地预订单”上注明，并向客户收取部分押金，押金金额视宴会规模不等。

2. 与客户确定菜单

（1）在确定场地的同时，可请客户确定宴会菜单。当客户不能决定时，提供相应菜单供客户参考、回去协商，同时说明菜单确定的时限（一般至少在宴会举办前 15 天内确定）。

（2）在确定菜单时，一式两份，在菜单上注明宴会日期、地点、餐别以及人数，并由客户签字；明确赠送主食的种类，对可选择菜品须二选一。若客户要求对菜品进行个别调整，问询厨师长征得其同意后告之客户差价，并说明根据季节变化，饭店有权将个别时令菜进行相应调整。

（3）菜单确定后在“每日预订单”与“场地预订单”上注明。

××饭店宴会预订单见表5—6。

表5—6　　××饭店宴会预订单

<table>
<tr><td colspan="2">预订日期</td><td colspan="2"></td><td colspan="2">预订人姓名</td><td></td></tr>
<tr><td colspan="2">地　址</td><td colspan="2"></td><td colspan="2">传真/电话</td><td></td></tr>
<tr><td colspan="2">单　位</td><td colspan="2"></td><td colspan="2">饭店房号</td><td></td></tr>
<tr><td colspan="2">宴会名称</td><td colspan="2"></td><td colspan="2">宴会类别</td><td></td></tr>
<tr><td colspan="2">预算人数</td><td colspan="2"></td><td colspan="2">保证桌数</td><td></td></tr>
<tr><td colspan="2" rowspan="2">宴会费用标准</td><td colspan="2" rowspan="2"></td><td colspan="2">食品人均费用</td><td></td></tr>
<tr><td colspan="2">酒水人均费用</td><td></td></tr>
<tr><td rowspan="5">具体要求</td><td>宴会菜单</td><td colspan="5"></td></tr>
<tr><td rowspan="4">宴会布置</td><td colspan="5">台型</td></tr>
<tr><td colspan="5">桌型</td></tr>
<tr><td colspan="5">场地</td></tr>
<tr><td colspan="5">设备</td></tr>
<tr><td>确认签字</td><td></td><td>结账方式</td><td></td><td>预收定金</td><td colspan="2"></td></tr>
<tr><td>处理</td><td colspan="6">承办人：</td></tr>
</table>

3. 签订合同

场地、菜单确认后，与客房签订宴会协议，要求使用专用的格式合同，明确免费项目和非免费项目，并按饭店规定作特别说明。

拓展阅读5—13

××大饭店婚宴协议书

甲方：××大饭店　　　　电话：　　　　联系人：

乙方：　　　　电话：（1）　　　　（2）

尊敬的________先生（小姐）：

非常感谢您选择本饭店作为您举办婚礼活动的地点，现将您活动的有关需要和要求以及安排确认如下：

婚礼宴会时间：____年____月____日____时____分开始至____时____分止。

婚礼宴会场地：四季厅（　　）　多功能厅（　　）　瑞德轩（　　）

婚礼宴会桌/人数：________桌。是否需要备桌（是：1桌，否：不需要）

餐费标准：________元/桌。共计人民币：________元（包含酒水、婚礼用品等费用）

备　注：

是否已交付定金1 000元整（是、否）。

一、饭店可提供之免费物品

婚礼全场免收10%服务费；酒水另算，婚宴人数达到80人以上可自带酒水，免10%开瓶费；80人以下者，谢绝自带酒水和饮料。

可免费提供2～4个婚宴车位（前门只提供一个花车车位，其他根据婚宴人数及实际情况而定），但公共假期和年节假日以外的时间，饭店不承诺所提供车位的数量。

可免费提供婚礼指示牌及签到台各一个。

可免费提供一间贵宾厅（更衣室），仅供新娘更衣使用。

二、饭店可提供的婚庆所需其他付费服务项目

婚礼期间不允许客人使用自带电气设备，如专业灯光、追光灯、泡泡机、烟雾器、干冰机等。如确需使用，需将设备名称和功率参数等告之饭店，经饭店同意后方可使用且使用费用为150元/台·次。如您自带电气设备因发生故障等原因造成婚礼宴会蒙受损失，饭店不承担任何责任；给饭店和客人造成损失、伤害的，您将对由此而产生的一切后果承担责任。

三、请您遵守如下事项

场地布置仅限于婚礼预定场地内进行，禁止在饭店大堂及大门口张贴任何新人海报及喜字；请勿在布置时使用双面胶贴物品，建议使用透明细胶带。

婚宴桌数可按预订桌数多预备1桌（此桌若客人未使用则不收取任何费用），如未达到已预订桌数，则按已预订婚宴桌数及标准收取50%/桌的损失费。

四、结账及取消事宜

预订婚宴时请交付婚宴定金1 000元整。4桌以下可交付婚宴定金500元整。如乙方违约，定金不予返还；如甲方违约，应双倍返还定金。

如您在宴会开始前不足48小时取消活动，除定金不予退还外，还将收取您所预订宴会总金额的30%作为违约金。请于婚宴结束当天将婚宴总金额的余款交齐。

遇不可抗力致使婚礼不能如期举行时，双方互不追究对方责任，损失各自承担。

五、赔偿方式

如客人在使用预定婚礼会场期间对预订婚礼会场内部结构及设施有任何损害，一律按饭店价格赔偿。

请勿将烟头、鲜花花瓣扔在婚礼宴会场地的地毯上，宴会结束后由饭店餐饮部及婚宴客人共同检查。对于婚宴期间所烫烟洞及不能清洗的汤汁等污物，每处赔偿200元作为维修地毯的费用。

六、特别约定

出席婚宴的客人如酒后滋事给饭店造成损失，乙方应承担连带赔偿义务。婚宴客人在饭店所发生的不包含在预订宴会安排之内的其他费用由客人自付。

本协议书自收到乙方交来的定金之日起生效。若乙方未能及时交纳定金，但您已在本协议书上签字，饭店之行为仍可不受本协议之约束。

如果您对此协议无异议，请您在协议书上签字确认。再次感谢您能给我们机会为您提供服务，预祝您婚礼圆满顺利。此协议书一式两份，请妥善保存！

此致

敬礼

饭店联系人：　　　　客户确认人：

饭店盖章：　　　　签　　字：

确认日期：　　　　确认日期：

资料来源：http：//www.8cxo.com/. 有删改。

---

4. 落实预订

（1）协议签订后，销售人员根据客户的要求填写“美工制作单”，客户姓名需由客户亲自书写并留为存根，以备核对。“美工制作单”在宴会举办前 10 天送营销总经理签字后转交美工室，在宴会开始前 5 小时接收、核对。

（2）协议签订后，销售人员应根据客户的预订要求，4 桌以上的填写“宴会预订单”，提前 10 天将“宴会预订单”打印成文，提前一个星期将文件送至相关部门，并让相关部门负责人在“宴会预订单”的背面签收，宴会结束后由预订处存档。

（3）发送“客房预订单”。销售人员应提前 3 天将“客房预订单”送总经理办公室签字后转送客房部，在宴会前一天向客房部确认房间号。若遇有总经理致信欢迎或恭贺，应提前到总经理秘书处领取，当日交给客户。

（4）发送宴会菜单。宴会菜单应提前 2 天交由点菜人员抄写下来送至相应的厨房，抄单后若有人数、菜品变化，立即发送“宴会菜单更改单”给点菜人员和楼层主管，提醒点菜人员在“每日预订一览表”上注明“已抄”字样并签名。

第二节　宴会促销

为了提高宴会厅的营业收入、平衡淡旺季的营业差额等，饭店往往会根据不同时令、节庆、特殊活动，甚至饭店本身经营的需求等，通过设计各类促销活动来争取更多的客源。毕竟很多团队由于本身预算问题，再加上认为饭店消费过高的潜意识，会不考虑在饭店举办宴会。促销的本质是以比较优惠的价格争取特定客源。因此，饭店宴会促销的重点是对价格比较敏感的客户群，宴会类别主要为亲情庆贺宴会和会友聚餐宴会。

一、节日宴促销

各种重要的中西节日是宴会促销的有利时机。节日宴促销也是宴会促销的重要工作。

（一）中西方情人节促销

每年2月14日以及农历七月初七分别是西方情人节和七夕情人节。受西方文化的影响以及传媒炒作，西方情人节受到很多年轻人的追捧。宴会厅可以设计不同的情人节套餐或舞会等促销专案。例如，在推出情人节套餐的同时，可另请婚礼服务公司现场替人拍摄纪念照，也可邀请旅行社、航空公司加入，为客人提供奖品，做联合促销。由于2月14日很具有意义，在时间上与我国传统春节或正月比较接近，是举办婚礼和喜宴的好时节，如果临近年终时节还是团拜的高峰期，因此，对2月14日的宴会促销要做好选择，是做情人节促销还是安排其他喜庆宴会，选择依据是预计的销售额。

（二）母亲节及父亲节促销

母亲节和父亲节是西方的节日，起源于20世纪初的美国，但现在在我国也广为人知。母亲节是5月的第二个星期天，父亲节是6月的第三个星期天。由于都是星期天，因而可利用当天中午或晚上做全家福自助餐或全家福桌餐进行促销。除节日当天的宴会促销专案外，为吸引客人在母亲节和父亲节到来之前到店消费，可以采用"消费满一定金额即赠送餐饮礼券"的促销方式，并提示客人可以在母亲节或父亲节时来店消费，增加客人来店次数。

（三）中秋促销

农历八月十五日是我国传统的中秋节，也是我国仅次于春节的第二大传统节日。八月十五日由于恰在秋季中间，故称为中秋。我国古代历法把处在秋季中间的八月称为"仲秋"，所以中秋节又叫"仲秋节"。中秋节的促销要点在于结合时令和地方民俗传统，做到经济效益和社会效益双丰收。

拓展阅读5—14

中秋营销专案

中秋节即将来临，结合本饭店的实际情况和中国传统的民族风俗，为了更好地开展饭店的销售工作，特制定本方案。

一、目标市场分析

本饭店的顾客主要是中高消费群体，其中也有不少是本地私营业主，这要求在保证档次的同时兼顾商务消费者的利益。

二、定价策略

1. 饭店基本上可以保持原有的定价，但要考虑和中秋相关的一些时令菜品的价格，可采用打折或直接降价的办法。

2. 针对价格高的菜品，建议采用减量和减价相结合的办法。

3. 中秋节套餐的价格不能偏高，人均消费控制在40～50元（不含酒水）。

4. 酒水价格和其他服务价格可根据饭店的实际情况灵活变动，在中秋节前后达到最低价（但要针对饭店的纯利润来制定）。

三、营销策略

1. 中秋节套餐

制作专门适合中秋节的套餐。中秋节套餐可能根据实际情况分为实惠、中、高三档，可设二人餐、三人餐，主题要体现全家团圆，可赠送月饼（价格适中）。

2. 生日特惠

如果一家人中有一人的生日是农历八月十五日，凭借有效证件（户口本或身份证），在饭店聚餐可享受5～6折优惠。建议推荐中秋节套餐。促销人员根据客史档案可以进行有针对性的宣传推广。

3. 手机尾号815特惠

如果手机尾号是815（本地区以内），凭借有效证件（户口本或身份证），在饭店聚餐可享受5～6折优惠。建议推荐中秋节套餐。促销人员根据客史档案等相关信息可以进行有针对性的宣传推广。

4. 与客房部联合促销

对于较大规模的中秋节团拜活动，提供一定折扣的房间，以供活动安排使用。

5. 赠送小礼物

在饭后赠送一些和中秋节相关的小礼物（要求印上饭店的名称、电话、地址、网址等）。

四、推广策略

1. 在饭店的门口设置户外广告（户外广告采用喷绘为主，结合条幅的形式。）

2. 电视、报纸、传单广告相结合。

3. 通过自媒体进行推广。

4. 知名网站上的弹窗广告。

5. 通过团购网站进行推广。

以上推广策略可以选择几种结合使用，推广的重点人群在市区，也可向周边县市推广。广告的受众人群要保证不低于15万。

五、其他相关策略

保安必须保证饭店的安全；因为是节日，预计工作强度会增加，所以应对服务员和相关工作人员采取一定的激励政策，以调动工作积极性；大厅播放一些高品质的音乐；大厅的应景布置不需要太豪华，但要美观大方，贴合中秋节的主题；上菜速度要快。

六、效果预测

如果推广和相关服务到位，收入至少是平时收入的1.5倍以上。

（四）圣诞节促销

12 月 25 日为圣诞节，可在每年 12 月 15 日—30 日间做圣诞晚会促销活动。由于圣诞节对西方人来讲更重要，因此针对外资企业的促销相对更有效。很多外资企业也喜欢在圣诞节期间举办年终宴会或圣诞晚会来宴请员工。由于临近年末，也会有很多本土企业进行团拜活动宴请员工，因此，圣诞节期间的宴会厅往往会供不应求。一般情况下，圣诞节前一个月，如果宴会厅还没有预订满或预订宴会的消费不够高，无法达到举办圣诞节特殊活动的收益，便可以考虑举办圣诞晚会。

（五）除夕年夜饭促销

近年来，除夕年夜饭选择到饭店享用的家庭越来越多。饭店年夜饭销售的竞争也越来越激烈。饭店除夕年夜饭的促销专案以各式烹调美味的时令佳肴与象征好彩头的菜肴名称，营造出除夕夜年夜饭欢乐温馨的气氛。由于市场规模比较大，因此价格一般应该比较坚挺。另外，过年期间，饭店可以开展“外带”的卖餐方式，将一些平日仅见于餐馆的菜肴供客人外带回家享用。这种外带餐饮的经营方式不仅可以满足现代人省时省力又喜欢享受的需求，更顺应除夕夜在家团圆用餐的习俗，不失为饭店餐饮的良好促销方法之一。

二、婚宴和寿宴促销

婚宴和寿宴是宴会的重要来源，主要客源为当地居民。

（一）婚宴促销

婚宴市场，尤其是高端婚宴市场是高星级饭店都想争取的优质市场，有些饭店更因此专门设立“婚庆工作室”，婚宴收入在全年营收中占有相当大的比重。婚礼是一种大众性消费，往往是一次性的生意，因此婚宴通过报纸、自媒体等的广告促销效果会比较理想。促销专案中可以包括免费提供新婚礼服、免费接送新婚夫妇、免费提供婚礼摄像服务、免费提供新婚洞房、特邀乐队演奏、送结婚蛋糕等促销项目，在菜肴品目上则要强调喜庆和祝福。婚庆工作室可以为消费者设计一站式婚庆、婚宴服务，以专业水准为新人们提供个性化服务。为争取较高消费，婚宴、婚庆套餐消费满一定金额，饭店还可以赠送消费者一部分回馈券，以吸引回头客。

（二）寿宴促销

“百德孝为本”，“百行孝为先”。中国老百姓自古就崇尚孝道，这也是中国传统文化最显著的特征之一。通过办寿宴为寿星庆生也是最普遍的方式之一。孩子满月宴、百天宴及周岁宴、亲属生日宴都是寿宴的促销市场。寿宴促销中，在完善的服务流程基础上，要特别注意菜单设计、场地布置、礼仪服务。尤其是对一些年长者的寿宴，根据地方习俗，精心设计的宴席主题，特别设计的寿宴接待服务规程和祝寿语，以及量身打造的寿宴菜单，可以起到很好的促销效果。饭店还可以准备一系列的寿宴服务项目供客人挑选，如帮助客人预订祝寿蛋糕，订购饭店自制的寿桃，负责悬挂寿帐、寿字，提供祝寿音乐、歌曲、投影幕布，为寿星准备专属宝座，组织员工列队欢迎、齐唱生日歌等，并通过喜报菜肴名称等环节烘托寿宴气氛。

拓展阅读 5—15

××饭店婚宴促销方案

一、凡订宴席 10～30 桌（不含）可享有：

1. 饭店提供团体优惠价酒水，免费提供 1 瓶仪式香槟酒。

2. 宴席当天饭店免费提供签到台（含签到本 1 本、签到笔 2 支）和主桌布置。

3. 免费提供音响设备。

4. 婚宴当天免费为新人提供豪华蜜月大床房一间（含次日营养双早），续住享受 6.5 折优惠。

5. 免费提供新人餐前 2 份糕点及 2 杯牛奶。

6. 主桌赠送精美点心 1 份。

7. 宴会期间免费泊车。

8. 14:00 —18:00 棋牌娱乐包房赠送 1 间，其余包房享受 9 折优惠。

二、凡订宴席 30～50 桌（不含），在享有以上优惠的同时，另可享有：

1. 中餐每桌额外赠送 2 瓶宴会指定啤酒。

2. 婚宴当天免费为新人提供豪华蜜月大套房 1 间（含次日营养双早），续住享受 5.5 折优惠。

3. 赠送棋牌娱乐包房 2 间，每间房内免费提供精美果盘 1 份及茶水服务；另需单独定棋牌娱乐包房享受 9 折优惠。

4. 免费蜜月房送高档红酒 1 支。

三、凡订宴席 50 桌以上，享有以上优惠的同时，另可享有：

1. 每桌额外赠送精美糕点 1 份。

2. 赠送棋牌娱乐包房 2 间，另再配移动机麻 2 台，每间房内免费提供精美果盘 1 份及茶水服务；另需单独订棋牌娱乐包房享受 8.5 折优惠，KTV 享受 7 折优惠。

3. 饭店可免费提供一部婚宴顶级豪华婚车使用（时间：2 小时）。

开业（店庆）期间预订宴席且消费达 8 万元者，饭店赠送新蜜月旅行，有多条线路可供选择！此项赠送截止时间：××××年 2 月 28 日。

三、嘉年华会（尾牙）促销

许多企业有通过嘉年华会或尾牙的方式来奖励员工一年来的辛勤工作的习惯。针对这一消费需求，可于每年春节前一个月推出年终团拜促销专案以吸引消费者。一般而言，嘉年华会或尾牙的宴席起价应比平常价位低一到两成，并随桌附赠部分酒水，另外也提供特惠宴会酒水供客人选择。这类促销方案的广告，文字内容不必过于详尽，应以能吸引客人注意为前提。具体宴会优惠细节可在与客人接洽时再详细告知，以免因优惠内容太多而引起业界的恶性竞争，或因供应条件太差而无人问津。

四、特殊餐宴促销

除推出季节性促销外，宴会厅还可以根据业务状况，促销一些高单价宴席。采用宴会厅备置的高级食品原料，汇集中西主厨的拿手绝活，烹调出一道道经典佳肴，抓住美食宾客的注意力。此类特殊宴席不仅需全部采用上等食品原料，精心烹调，餐中更应以顶级酒水和名菜相伴，再辅以精心设计的音乐节目表演营造现场气氛，将整体用餐气氛提升到身心享受的境界。此类精品餐宴虽有促销，但其价位每位通常高达 2 500～5 000 元/位，所以每年适合举办 1～2 次，并且针对特定客人而做。

▶ 重要知识点

1. 宴会的类型
2. 宴会销售工作任务
3. 宴会销售主要工作程序
4. 宴会促销方案策划

▶ 模拟练习和实战训练

1. 分组为饭店策划一次宴会的媒体宣传促销活动。
2. 分组模拟饭店宴会的公关促销，分别扮演宴会销售人员和顾客的角色。
3. 分组讨论，为饭店策划一次“除夕年夜宴”的促销活动。
4. 分别扮演宴会预订员和顾客的角色，模拟进行宴会营销的洽谈和预订服务。
5. 根据拓展阅读 5—13 中“婚宴协议书”的基本内容及格式，为饭店制作一份各种宴会通用的宴会合同书。

模块四 商务和长包房销售

学习目标

- 了解商务客源市场状况
- 掌握商务客源市场的需求特征和基本开发策略
- 熟悉商务销售的基本流程和主要工作程序
- 学会大客户和长包房销售的一些基本技巧

引 例

变危为“机”，拓展客户

B公司是一家生产石油储运设备的工业公司，也是A饭店的一家优质客户，一直选择A饭店的高端客房。A饭店地处北京和平里，周边同类高端饭店比较多。某日，A饭店的张经理接到B公司订房负责人王小姐的电话，提出客房是否可以降价，原因是现在到公司拜访的很多饭店，价格也都很优惠，领导也想换个饭店试试。张经理意识到这个问题的严重性，不能随便给王小姐说法，便向王小姐表示会把这个信息汇报给部门经理，并表示会尽快给她一个答复。

张经理通过住店客人了解到，王小姐所说的其公司领导想安排试住的是距离A饭店不远的C饭店，B公司的客人因为朋友关系去住过，觉得不错。张经理心里很清楚C饭店的优势是很明显，而且价格不高，这对A饭店来说无疑是一个“危险信号”。张经理通过B公司的王小姐了解到，领导还没有与C饭店正式沟通过，这对自己来说是好消息。此外，之前王小姐一直是自己在负责订房工作，从来没有介绍过其主管领导与饭店方认识。张经理把这些情况向营销部的刘经理做了汇报，大家进行了分析探讨，得出判断：这不仅是价格问题，换句话说，凭借C饭店的综合优势，一旦B公司的客人转住到C饭店，在现行的价格体系中，即使A饭店作出一定程度的价格让步，也很难让B公司的客人再回来。于是决定通过B公司这次提出的降价要求来约见王小姐的上司，直接了解情况，掌握主动权。

张经理联系了王小姐，表示这次她提出的问题饭店领导十分重视，也非常感激王小姐能及时将这个问题反映给饭店方。同时向王小姐表示，部门经理刘经理也十分希望能与她见面商谈，想听听她对这一问题的一些意见和看法。王小姐感觉饭店方还是很重视自己的，便同意了张经理的要求，按约定好的日期与刘经理在饭店的茶吧会面。交谈中，刘经理很快与王小姐建立了相互信任的关系，王小姐再次确认自己还没有与C饭店开始接触，只不过客人跟她提出了入住C饭店，她便来和饭店讨论一下能否给予优惠，这样也好跟领导交代。刘经理提出能否介绍其主管领导认识一下，王小姐表示主管领导是小林部长，小林部长是一位专业出身的高管，主要从事化工压力容器的设计制造。而北京的和平里地区聚集着几家原化工部装备设计、制造机构，小林部长和周边有着深厚的关系。在王小姐的努力下，小林部长最终同意与刘经理商议双方的合作事宜。

恰好，饭店的刘经理以前在北京的一家企业从事设备制造工作，小林部长与刘经理谈得比较融洽。刘经理借机向小林部长介绍了本饭店的设施和服务特色，小林部长也同意放弃与C饭店的合作意向，继续与A饭店合作。刘经理在饭店客房与服务价格上也给予了小林部长所在企业的更多优惠。

在后来的工作中，张经理也十分重视与B公司的小林部长和王小姐的关系维护。小林部长所在企业及其客户的客源非常稳定，是A饭店的重要客户之一。

资料来源：黄华、王文慧、闫书会：《新视野酒店销售经理进阶手册》，北京，企业管理出版社，2013。

第一节　饭店商务市场概述

饭店商务市场从客源特征来讲分为两类：商务旅游者接待和本地商务接待。商务旅游者也称商务旅行者，是指因工作需要出差到饭店所在地的公务、商务旅行人士；本地商务接待是指饭店附近区域各类单位、组织，包括政府机关、中外公司等的接待业务市场。

一、我国商务旅游客源市场状况

商务旅游是与大众旅游相对的旅游高端产品。人们围绕会议、展览、谈判、考察、营销等主题而发生的出游行为都可以纳入商务旅游范畴。饭店商务客人是饭店商务旅游客人的简称，是饭店住宿客人中级别比较高的一种。一定规模的稳定的商务客源是饭店都想要努力争取的。

（一）商务旅游客源市场概况

改革开放以来，我国社会经济持续发展，国内外会议以及各种活动丰富多彩，商务、政务交流十分频繁，商务旅游消费迅速增长。商务旅游客源市场既包括国际商务客源市场，也包括国内商务客源市场。国家旅游局统计资料显示，2015 年来中国的海外旅游者中，商务旅游者（包括以会议、商务、服务员工为目的而来中国的海外旅游者）占到全部海外旅游者的 34%，达到 887 万人次。2015 年国内旅游市场规模突破 40 亿人次，据估计，其中约 30%为商务旅游者，也就是说全年国内商务旅游市场规模达到 12 亿人次，市场总价值预计突破 2 000 亿元人民币。商务旅游必须以一定的活动为依托，因此往往呈现出一定的地域特点。国际商务客源市场主要偏好于经济相对发达的地区和城市，国内商务市场则发展空间更大、地域分布更广。

（二）饭店商务客源细分市场

饭店商务客源市场根据客人的消费结构可以细分为四个市场。

1. 一般商务旅游市场

这一消费市场主要由从事商业活动的消费者所构成。一般商务活动包括会展（如世博会、服装节、糖酒会等）、商业谈判、营销、管理（如培训、奖励旅游）等商务活动。一般商务旅游者可以划分为三类。第一类是白领以上阶层，包括企业主、高级经理人。他们的行为代表了市场的一种时尚，但还不是市场普遍性的行为，不是主导方向，从对外服务需求程度（通常由内部人负责，如秘书等）、频次以及绝对数量上来看，他们并不是商务旅游市场的主流客户，而只是市场的最上层，这一类消费者的费用一般由组织无限制提供，因此价格关注处于次要地位，他们首先关注的是与之身份相适应的服务档次，其次是要求有特权，而后是服务的细致和效率。第二类是白领阶层，他们是商务旅游市场的主体。这类消费者注重的是体现所在组织的形象，通常对他们的住宿、交通组织都有限额，但是，尽管他们的消费额度受到一定的限制，他们的消费总量却是最大的，他们要求在既定费用下服务高效率、舒适完善、追求便利，希望得到商务过程中无缝隙的高效服务配合。第三类是普通商务消费者，这是由低层商务消费者和自费商务消费者（如个体企业主）构成的。这类消费者数量最为庞大，但其商务消费限额较低，是商务旅游的低端市场，他们要求的服务内容比前两种类型要少，他们通常只追求饭店住宿及其他服务的经济性和高效率。

2. 公务旅行市场

政府和事业单位工作人员是商务旅游市场中的另外一个市场。我国拥有大量政府公务人员和使用政府财政补助的事业单位工作人员，每年各种会议、视察、调研活动所产生的商务旅行形成了一个不容忽视的市场。为了避免与公款旅游相联系，公务旅行一般不通过旅行社组织，因此，公务客人一般都是饭店的散客。公务市场中的公务接待特指政府部门和事业单位等使用国家财政性资金开展工作的机构进行的业务接待，接受国家公务接待政策的规范。

3. 学术旅游市场

在我国政府大力发展教育和科技的背景下，地区性和全国性的学术交流活动与日俱增。据非官方统计，每年全国性学术会议在 1 000 个以上，区域性学术会议更是不计其数，其稳定的周期性特点对于饭店来讲是一个很有吸引力的市场。这一市场的中间力量是科研人员和高校教师，具有很高的知识水平，他们的消费通常由所在的研究机构或高校提供，因此他们关注的是服务的质量而不是价格，总体而言，他们对服务质量差异的容忍程度要高于其他细分市场的消费者。

4. 其他商务旅游市场

这个市场主要包括各种大型体育活动如奥运会、世界杯等以及其他类型庆典、纪念活动。这个市场中的参与者（如运动员）具有一般商务活动的性质，而参观者（精神参与）则具有休闲旅游的一些特点，市场较为复杂，加上活动地点的多变性，使得这个市场具有机会性特点，难以把握。饭店一般对所在地周边企业进行促销，吸引这类企业在本饭店举办庆典、纪念等活动，或者参与接待业务。

二、饭店商务旅游客源市场需求分析

饭店商务客人是高消费、享受高质量服务的一种高级饭店住宿客源，他们的消费是饭店收入特别是中高端饭店收入中不可或缺的一部分。一般而言，商务客人的利润率相对较高。

（一）饭店商务市场的特点

饭店商务市场因其收入稳定和利润丰厚而受到饭店的重视。

1. 收入稳定

由于商务旅游以商务或者其他特定的活动目的为导向，因此通常商务旅游的时间随意性低、事前计划性强，而且活动具有重复性（尤其是年会、大型活动都有固定的时间或者预先设定的时间，经过一定固定的时间间隔就会再次举行）。这就形成了商务旅游稳定性的特点：一方面，由于时间固定，一般来讲商务旅游不会受到气候条件或者一些不利条件（如交通不畅等因素）的影响，是旅游市场中最稳定的细分市场；另一方面，商务活动的重复性使商务旅游能够产生稳定的旅游客流，而没有其他旅游项目的明显的季节性和淡旺季的差异。

2. 利润丰厚

商务旅游的消费者构成的特点决定了其中自费的比重不大，并且通常商务旅游者所产生的费用是依照所在组织的内部规定或者商务活动的级别标准而确定的，价格因素并不是决定因素，因此相对于休闲旅游的客人而言，商务旅游者的消费能力更高。从两种旅游的目的来看，商务旅游者更看重的是服务质量、效率和便利性。据估计，商务客人的消费能力要比观光客人高出 20%。此外，商务旅游者在目的地停留的时间也相对较长。对饭店而言，商务客人的利润率一般要比观光客人高 20%～30%，甚至更高。

（二）饭店商务客源市场的基本需求

商务客人尤其是跨国公司的销售代表，对商务型饭店的基本需求是居住舒适、工作便利、信息快捷、安全保密。地段不是决定商务饭店优势的唯一条件，还有出入饭店的交通状况、信息传递条件以及服务质量。

1. 如同本公司的办公室

在商务客人的眼里，饭店提供舒适的餐饮住宿环境只是经营最起码的条件。饭店有完善的商务设施和信息条件，能为异地工作提供方便、快捷的支持才符合入住标准。饭店如果可以提供像在办公室一样的秘书服务，如预订机票、叫出租车、筹备各类会议、接待客户等，就能给商务客人宾至如归的感觉。协助商务客人的秘书服务，应该是商务客人的核心需求之一。

2. 如同在自己的家

紧张的旅途奔波、繁忙的工作、关键的交易条件对策，使商务客人承受着较大的身心压力，加之对异地环境的敏感或者不适应，增大了商务客人被人关心的期待。此刻，来自如同家人或亲朋的关照与呵护会给他们极大的鼓舞与关怀。所谓家，是指自己熟悉并能控制的环境。饭店提供给客人如同自己家的感觉，取决于饭店一方面能提供温馨舒适的客房环境、味美可口的饭菜和消遣娱乐场所，另一方面能与客人进行亲情般的交流，并且在准确的观察之中，提供个性化的服务。有时，服务人员一句亲切的问候、一种关切的表示，都会使顾客感到满意，让顾客感到轻松。只要饭店以客为尊，让客人熟悉、了解饭店的设施、服务，享受饭店每一位员工的微笑与真诚，自然会产生“乐不思蜀”的效果。

3. 如同自己常用的会议场所

商业经营者经常要在自己的专设会议室接待客人，进行各种各样的会谈活动。商务饭店应按照商务客人的需求特点，设置不同规格、不同规模的会场、洽谈室，配置会议需要的设备以及接送与会者的交通工具，以使客人安排起来得心应手，如同在自己的单位一样，这势必会给客人留下美好而深刻的印象。随着国内外会展业的广泛开发，越来越多的企业参与到会展活动中。在下榻饭店召开大型恳谈会、小型新闻发布会和业务洽谈会，已是十分平常的事。入住客人为了照顾好与会者，相应地对饭店服务的要求也越来越高。为此，商务饭店需配备适应客人会议要求的服务人员，以提供会议接待的高品质服务。精良的设施与恰到好处的服务相结合，则是消除商务客人陌生感和担忧心理、配合客人信心十足地组织好会议的必要保证。

4. 与本企业实力与地位匹配

在商务活动中，企业的实力与地位是影响顾客交往信心的先决条件。企业与企业之间寻求实力相当或门当户对的关系是商务活动的内在要求。在外出开展商务活动期间，尤其是在正式的商贸往来和社交活动中，选择豪华高档的饭店宾馆，对显示企业实力、表现商务客人的身份、赢得顾客的尊重十分必要。因此相对而言，商务客人通常首选星级宾馆，这是因为无论是外部形象还是内部设施，星级宾馆都可以不同程度地体现出商务客人的实力和档次。即使是实力略欠雄厚的企业，为了达到某种商务目的或社交目的，有时也不惜倾力入住高档饭店，以显示出努力进取的雄心壮志，借此赢得顾客的信任，树立商务交往的信心。

三、饭店商务市场开发的基本策略

商务客源市场规模庞大，利润率相对较高，是饭店的优质客户资源，但同时市场竞争十分激烈。商务市场开发尤其是以商务客人接待为主的饭店，必须依据商务客人的需求特点和要求，以市场营销为龙头，扎扎实实地做好市场开拓和基础管理工作，克服盲目降价竞销的短视行为。饭店商务市场开发基本的营销战略和策略有三项。

（一）明确目标客源，做好市场定位

商务客源市场在层次结构上可以分为高、中、低三个层次。其中国外知名饭店集团及其国内合资、合作饭店已经占领各大城市及沿海城市的高端商务市场，这些饭店的接待目标以国外商旅客人为主。但中高端、中低端的商务市场特别是国内市场部分，规模和消费能力都在增长，饭店需要明确目标客源，做好市场定位，通过优质产品和品牌吸引力，提高市场份额。

（二）整合营销策略，为顾客创造价值享受

开拓商务市场，扩大商务客源，既要靠优越的地理位置和一流的硬件设施，又要靠良好的形象和有口皆碑的声誉，同时要调动饭店可控制的经营要素，将产品、定价、分销、促销、人员、有形展示和服务过程协调起来，整合营销策略，确保营销活动的整体一致性、动态性和层次变化性，为顾客创造价值增值。价格竞争是饭店竞争的基本手段之一，但过度的价格竞争，会降低服务品质和饭店市场形象。商务客源是饭店淡季市场非常有益的补充，但在价格策略上应认真研究本地商务客源市场的活动规律，将价格明调和暗调相结合，在确保价格具有竞争力的同时保证服务品质获取满意的利润率。促销是开拓商务市场的另一重要手段，不同名称的忠诚顾客计划、公务旅行计划，如凯悦饭店的“摄政俱乐部”、四季饭店的“无需行李方案”等，可以有效地对国内外商务客人产生积极的影响。

（三）重视网上营销，深度开发商务客源

饭店业面向国内外商务客人，具体到某一饭店时，其客源构成及流向存在较大的不确定性，这给饭店的设施运用和服务管理带来了一定的困难。因此，饭店一方面要重视

网上销售渠道，根据预订网络的不同定位，有针对性地进行饭店产品宣传。高端商务客人，应该选择代理全球主要航空公司、旅行社和跨国公司的预订系统，国内商务客人则可以选择携程、艺龙等热门商旅平台。另一方面，为稳定饭店商务客源市场，饭店应加强对本地合作伙伴的营销工作，吸引协议单位或其业务相关单位到本店入住消费。

第二节　商务销售和长包房销售管理

一、商务销售工作任务

商务销售是饭店营销的又一重要市场。商务销售工作有三项基本任务。

（一）制定并实施销售计划

（1）进行饭店商务市场调研，整理并分析调研结果。

（2）根据饭店年度销售计划与饭店商务业务市场调查结果，制定饭店商务业务销售计划。

（3）根据商务业务销售计划的要求，制定长包房的销售计划与销售策略。

（4）根据商务业务销售计划，组织商务销售人员实施销售计划。

（二）进行有效客户管理

（1）收集饭店附近区域各类企事业单位的信息，随时发掘潜在客户，扩大饭店客户网络。

（2）及时收集商务客户的反馈意见，并及时解决相关的客户疑虑。

（3）定期组织各类商务客户之间的联谊活动，以维护饭店与这些客户的良好合作关系。

（三）推进长包房销售

（1）根据商务客户的需求，运用灵活的饭店长包房销售策略，向他们介绍饭店的长包房服务项目及配套的服务政策。

（2）代表饭店与商务客户签订长包房协议，并及时与其他部门沟通，保证协议的顺利实施。

二、商务销售基本流程

（一）研究分析市场

（1）销售人员要按时提交市场分析报告，分析本饭店商务市场走势。

（2）通报现有客户消费及其他信息。

（3）通过各种渠道了解潜在客户的信息，并按市场细分、片区、类型、消费潜力进行整理。

（4）根据饭店实际情况确定本阶段饭店商务项目的主要销售对象。

（5）通过市场分析，筛选出有消费需求的销售目标。

（二）开展推销工作

1. 准备客户拜访

（1）每周五做出下一周销售计划表，并交给部门领导进行审核。

（2）每日预约次日拟拜访的客户，分析拜访目的（开发新客户、推荐新产品、处理客户异议、联络感情或者是收集竞争对手的信息）和客户合作意向、实力情况等。

（3）在工作过程中根据实际情况的变化对自己的销售计划进行必要的修正，但必须完成部门制定的量化指标。

2. 制定拜访计划

（1）制定客户拜访计划和方案，明确拜访目的和应达到的目标。

（2）致电预约。致电时间安排在对方正常上班时间，一般情况下，最好选择在周一至周五的上午 9:00—11:00 和下午 2:00—5:00。若有对方的办公电话，原则上不要打对方的手机。

（3）登门拜访。预约登门拜访时，应提前准备好饭店有关资料（饭店信息一览表、宣传册、商务客户申请表、挂账申请表等）、名片、礼品（征求营销部经理的意见后决定），出发前要仔细检查个人仪容仪表。拜访客户必须准时到达，提前时间太多可稍事等候。

（4）自我介绍后互递名片，相互交流并介绍饭店服务项目以及近期推出的优惠措施；认真聆听客户提出的意见和建议，争取客户与饭店合作。

（5）对客户的支持表示感谢。

（6）回来后填写客户访问记录表，向领导进行简要汇报，跟进协议签订事宜及后续工作，定期做好回访。

（三）签订合作协议

（1）如果客户有明确合作意向，则可以请客户方的相关部门（一般为行政部、接待处）的负责人填写合作申请并盖章后传真回饭店。

（2）征求客户的意见，确定签订商务合作协议的方式。

1）登门签订合作协议。需事先按双方的意向打印出规范的商务合作协议，并请领导签字、盖章；及时与客户联系并将协议送达客户；客户签字、盖章后，带回一份原件交饭店存档；在电脑中建立档案，将原件放入当月的合作协议文件夹中，留待档案管理员于月底进行统一登记、复印、处理。

2）传真附件签订协议。如果客户在外地，则在请示领导同意的情况下，先以传真的方式建立合作关系，然后用邮寄的方式将签字、盖章的协议原件送达对方，并请对方寄回一份存档。

（3）客户关系维护。经常与新老客户以拜访电话、传真、邮件等形式保持密切往来。逢年过节和在客户的某些纪念日，需以手机短信、电话的方式表示祝福。及时关注各家协议单位的情况，以分析对将来双方合作可能会产生的影响。

（四）客户入住消费跟进

（1）销售人员负责协调配合前厅部接待商务客户及其客人的入住。

（2）遇重要的商务客人入住饭店时，应及时报告营销部经理，与前厅部、客房部等部门一起制定具体的接待方案。

（3）询问客户对饭店的反映，征求客户的意见，进行详细记录，在营销会议上报告客户的反映。

（4）商务客户离店后，及时与预订经办人联系，感谢对方安排客户入住饭店。

三、商务销售主要工作程序

（一）客户订单跟进

商务客户订单跟进的目的是确保订单内容准确，同时确保预订服务内容的落实，保证客户接待服务质量，提高客户满意度。具体包括3个关键环节。

1. 落实接待事项

（1）查看客户的预订单，详细了解客房、用餐、服务的预订信息及特殊要求。

（2）就各预订事项与饭店接待部门协调、确认，保证接待工作顺利落实。

（3）对客户预订进行答复，确认预订的服务事项。

2. 督促接待准备

（1）按要求及时检查饭店各部门接待工作准备的质量和进度。

（2）与客户保持密切联系，将客户要求的更改或补充情况及时反馈给接待部门。

3. 跟进消费过程

（1）客户消费过程中适时跟进，帮助协调解决相关事务。

（2）将客户住店消费过程中提出的意见和建议及时反馈给有关部门。

（二）客户挂账

为客户提供挂账服务是为客户入住提供方便，销售人员同时要协调好各部门工作流程，保证饭店利益，准确结算挂账消费。具体包括三个关键环节。

1. 接受挂账并提请领导审核

(1) 客户提出挂账要求，销售人员需根据客户的不同信用等级，请客户如实填写“挂账申请表”，报各级领导审批。

(2) 客户的挂账申请应由饭店营销部经理、财务部经理签字后交总经理审批通过。

2. 与客户签订挂账协议

与客户签订挂账协议，协议一式两份，加盖公章，甲、乙双方各执一份。

拓展阅读 5—16

××大酒店挂账消费协议书

甲方：××大酒店

乙方：

为方便品牌诚信客户在本酒店消费，根据《中华人民共和国合同法》等相关法律规定，在平等自愿的基础上，甲、乙双方达成以下协议：

1. 乙方如来甲方酒店消费，甲方将为乙方提供高档优质的服务。

2. 乙方挂账消费应于本协议签订时，授权有效签单人员，同时提供所授权的有效签单人员的签字字样和居民身份证复印件，以便与甲方核对确认。如乙方或者乙方协议代表只提供有效签单人员名单，则在消费结算时，甲方只核对有效签单人员居民身份证即视为甲方已经尽到足够的注意义务。

3. 乙方应对乙方授权的有效签单人员名单进行保密。

4. 如乙方授权的有效签单人员发生变动应当立即电话通知甲方并于两日内书面通知甲方，同时提供新授权的有效签单人员签字字样和居民身份证复印件。如乙方不能及时通知甲方，责任由乙方承担。

5. 挂账消费每三个月进行一次对账，双方对账时间为对账月的 26 日—30 日，结算时间为次月 15 日之前。乙方收到甲方对账通知最迟应当于 7 日内进行对账，如乙方未在 7 日内进行对账以甲方统计的消费金额为准。

6. 双方约定 3 个月或挂账消费未结算金额累计达到 3 万元人民币为一个结算周期。

7. 乙方需保证按期限结算，否则酒店随时有权终止本协议；如乙方未按本协议约定期限结算付款，每逾期 1 日，需向甲方支付未结算款项每日 3‰的违约金。

8. 此协议双方签字（盖章）有效，本协议乙方协议代表为乙方连带责任保证人，保证期限为债权到期后 2 年。

9. 本协议有效期为 2 年，合同到期后，乙方如不向甲方提出撤销此协议，协议继续有效。

10. 本协议属甲、乙双方内部协议，乙方不得在任何时候向第三者透露本协议内容，否则甲方有权终止此协议。本协议一式两份，双方各执一份。

甲方：××大酒店	乙方：
甲方营销代表：	协议代表：
电话：	电话：
地址：	地址：
开户行：	开户行：
账号：	账号：

乙方授权有效签单人字样：

3. 挂账和结算

（1）以签单人签字为准，根据挂账协议为客户提供挂账服务。

（2）销售人员协助财务部、前厅部办理客户消费的结算事宜。

（3）对于客户结算（或消费）过程中出现的意见和疑虑，专门负责的销售人员应立即解决或及时上报。

四、长包房销售

长包房是饭店大宗商务销售的一个重要市场，长包房销售可以为饭店提供稳定的销售业绩。长包房一般是指客人在饭店连续租住超过30天的客人。长包房销售要注意以下几点。

（一）销售洽谈

（1）了解客户的需要，邀请对方前来饭店参观客房及其他设施。

（2）向客户推荐客房并根据对方需要进行报价，报价时注意技巧。

（3）向客户出示合约样本，就可以提供的各类优惠、结算方式进行协商。

（二）签订合同并协助办理入住

（1）与客户达成共识后签订合约，合约一式两份，客户、酒店各保留一份。

（2）协助客户办理入住手续。

（三）租期服务跟进

（1）客户入住后，销售人员至少每月拜访一次，听取意见，表示关心，切实帮助客户解决困难。

（2）对合约即将到期的客户，销售人员提前一个月发出书面通知，了解客户意向。如果客户无意续租，则销售人员应在协议终止前一周书面通知财务部、前厅部、客房部做好结账、收房的准备工作。

第三节　大客户销售和维护技巧

大客户是一个相对的概念，取决于客户一年累计消费额或一次消费的总金额。确定为大客户的消费金额标准取决于饭店所在地的经济发展水平和饭店的等级、规模等。如某一线城市饭店将在饭店年累计消费额超过50万元（含50万元）或一次性消费额超过30万元（含30万元）的客户称为大客户。大客户值得饭店花费更多资源去识别、开发和维护。

一、大客户销售技巧

大客户销售人员除了需要有销售人员必备的素质和能力外，需要有更优秀的专业知识和专业技能。专业知识包括产品知识、行业知识及对市场环境的把握和认识等。除此之外，还必须学会识别大客户，尤其是潜在大客户，掌握大客户销售的一些关键技能。

（一）识别大客户

大客户，简单从字面理解是规模大、价值大的客户，而从更深层次理解，大客户是指对产品购买次数多、量大，可以为企业带来高额利润、对企业的业绩产生重要影响、具有战略意义的客户。根据“二八原理”，一般企业80%的利润来源于20%的大客户。字面意义上的大客户要争取，更重要的是还要尽可能地将之发展成为战略客户。战略意义上的大客户是大客户开发的重中之重。

饭店可以遵循5个标准进行大客户选择。一是客户的采购数量，特别是对饭店高利润产品的采购数量。一般情况下，客房的利润率要高于餐饮，高端产品的利润率要高于中低端产品。二是采购的频率或一年累计的金额。对于饭店而言，采购频率和累计金额越大越好。三是对饭店服务水准的要求。四是客户对价格的敏感度。五是客户是否希望与饭店建立长期伙伴关系。

（二）大客户开发技巧

大客户与商务散客的销售存在差异。商务散客购买饭店产品时，一个人基本可以做主，总的购买金额较小，即使单次金额较大但重复购买频次少，客人往往通过OTA、前台销售或广告宣传影响进行购买，客房、餐饮等服务产品保证正常使用就可以。大客户购买产品时，往往有许多人与采购有关，单次购买金额较大或大部分单次购买金额不大但购买频次较高，可能涉及饭店各类产品的购买，需要专业人员上门作出解决方案，要求饭店提供及时、周到、全面的服务。大客户开发需要注意以大客户的需求为导向、大客户信息收集和价值评估与角色分析三个层面的技巧。

1. 以大客户需求为导向的营销技巧

销售离不开客户需求，客户有了需求才有销售成功的可能。大客户是饭店的重点客户、重要客户、关键客户、优质客户，大客户在饭店中的重要性不言而喻，大客户的要求理所当然是饭店销售的工作重点。

(1) 以产品为导向。首先，把饭店产品的优势和特点尽可能展示出来，并在价值分析时放大价值、缩小价格，让客户感觉到价值的重要性；其次，如果可以，用数据和例证说话，越详细越好，但切忌与事实不符或出入较大的夸大其词；最后，做好售中服务，让大客户的客人满意将让客户长久满意，从而让大客户成为更大的客户。了解、值得、相信、满意是客户购买的情感变化，也是大客户开发的核心过程。

(2) 以客户需求为导向。以客户需求为导向是一种转型，而不是对饭店产品、服务的一种否定。以客户需求为导向首先要对大客户做一个基本了解，弄明白大客户的显性需求和隐性需求，在满足客户有关产品的显性需求的同时，满足客户的隐性需求以争取大客户。其次是细分大客户，对各细分客户群进行有针对性的产品设计，以更专业地满足客户需求。

(3) 深入影响大客户的采购过程。顾问式销售是以客户需求为导向销售的主要方式，是以客户的购买心理和行为变化为中心，通过对客户的了解，引导客户的需求，从而推动客户的购买行为。大客户的购买周期和购买程序比较长，主要影响最终决策的人员包括决策者、使用者、能够影响决策的人物、评估委员和购买代理人等。因此，大客户销售需要掌握更多的客户采购过程的信息，细分产品接受者、不满者和决策者，并通过相应的销售策略以最终实现双方交易。

2. 大客户信息收集的技巧

大多数大客户的代表是充满智慧的中高层管理者，所在企业也往往结构严谨，决策链复杂。通过大客户的公开信息、与客户沟通或通过行业的人际关系获取相关信息是建立商业合作的开始。

(1) 有效收集大客户信息。大客户信息包括企业规模、组织机构、发展状态、招标要求等容易通过企业公开渠道获得的信息，也包括需要通过行业人脉或与客户沟通获取的信息，比如大客户的决策程序和标准、采购状况（如预算、采购进展等）。采购一般涉及操作层、管理层和决策层。一般而言，决策层关心经济性；管理层如技术、财务等部门，关心的是技术、效果，有建议权和否决权；操作层强调操作方便性。

(2) 了解大客户及关键人物的需求。能签下大客户的优秀销售人员除了充分了解企业信息外，最关键的是他们能够准确且快速地了解大客户及关键人物的需求。大客户不同于一般客户，很多时候也许确实在乎经济效益，但有些时候却又不缺钱，不单单图利，他们也许更想要情怀、名誉、权力等。掌握到相关信息，才能做出实际有效的销售策略。

(3) 获取竞争对手信息。如果有竞争对手一起竞争大客户，那么对竞争对手的了解将有助于做出更科学的销售策略。竞争对手的信息包括竞争企业、竞争产品和销售代表的信息，其中大客户对竞争对手产品使用的满意度、销售代表与客户的关系尤为重要。如果在饭店形象、服务质量、价格等方面都有竞争优势，在大客户较长决策链的各环节积极竞争，也很有可能成功。

3. 大客户价值评估技巧

每一个客户对于饭店来讲都是有价值的，但并不是所有有名望的大客户都有绝对高的价值。大客户的具体价值需要结合这些客户现在和未来带给饭店的利益来估算。通过价值评估可以有效地筛选出最有价值的战略客户。

(1) 客户价值评估。客户的价值评估一般要考虑 4 个方面：一是分析客户的成交价值，包括产品收益、成本节约、市场占有率提高、品牌强化等；二是估算客户的潜在价值，持续合作将给饭店带来更好的收益；三是评估客户可能带来的影响价值，客户高满意度影响力所产生的价值不仅仅是持续交易，当它的社交影响力与这种满意度形成碰撞时，还会吸引它周边的朋友加入进来；四是掌握客户价值的变动性，客户在不同阶段会表现出对饭店产品的不同需求，饭店应该根据客户的价值变化及时调整营销策略，实现客户从满意向忠诚的转变。

(2) 大客户终身价值评估。客户的终身价值是客户产品购买力所带来收益的总和。评估客户的终身价值也就是揣测客户利润贡献的持续性。RFM 模型是客户消费行为评价模型，其中 R 意指近度（Recency），代表最近购买时间，指上次购买至现在的时间间隔；F 意指频度（Frequency），代表购买频率，指某一期间内购买的次数；M 意指额度（Monetary），代表总购买金额，指某一期间内购买商品的金额。根据 R、F 和 M 预测客户在之后可能会产生的一系列价值，比如购买金额、购买频次等，再通过公式“客户价值（毛利）购买金额－产品成本－关系营销费用”，计算出客户在年度、季度、月度所产生的价值。当然，客户价值还要考虑客户的潜在价值、附加价值等，以判断出大客户的终身价值。

二、长包房客户维护

由于长包房客户的入住时间较长，根据长包房性质、居住时间、房型以及其居住时段饭店的预订情况，饭店一般会给予客户一个优惠价格，略低于最高级别商务合约价。价格是长包房客户维护的重要手段，有时甚至是关键手段。加强客户维护，提高客户对饭店各项服务的满意度，有利于长包房产品的销售。

(一) 长包房入住前

入住前一周，向负责接待部门发送“长包房入住通知单”：发至客房部，撤出不需要的家具、酒吧用品等，并按客户要求布置客房；发至工程部，按客户的要求对客房进行必要的装修或改造等；发至餐饮部，为长包房客户提供工作餐；发至保安部，做好长包房客户及车辆等的安全工作；发至前厅部，以便掌握客情，与客户保持沟通，做好服务工作。

长包房客户入住前，按合同要求，销售人员要逐一落实各项准备工作，同时与财务部保持联系，了解长包房客户是否已将预付款按合同要求汇入饭店账号，入住时有专人负责欢迎接待。入住前客户要用支票支付预付款时，应将客户带至财务部办理定金预付手续。在客户预付定金后，通知前厅部为客户办理入住登记手续。

（二）长包房租住期间

经常拜访长包房客户（每月至少一次），听取长包房客户对饭店的意见，并将意见传递到相关部门；了解长包房客户的新需求和客情，如会议、宴会或散客等，若有客情，应及时处理。节假日务必拜访，并向长包房客户赠送礼品或邀请他们参加饭店举办的宴会、联欢会等活动。

与前厅部、餐饮部、客房部、财务部、康乐部、保安部保持联系，了解客户在饭店的消费情况和信用情况，尤其是长包房客户的付款情况，同时协助财务部做好客户付款结账工作。

（三）长包房合同终止前

长包房合同终止前 1 个月，应主动与客户联系，了解客户的去留动态。若要续签，销售人员要主动报价，并协商续约相关事宜；若不续签，销售人员要提前做好长包房搬出事宜和搬出后的销售工作。若客户提前终止合同，销售人员得到消息后，应及时通知财务部等有关部门，财务部应按合同规定收取违约金。若客户到期结账终止合同，销售人员应提前 1 周与客户确定退房时间，并通知财务部准备好账单。

书面通知客户提前 1 天开具搬运的大件物品清单，并通知保安部为客户开具出门证，做好客户物品的安全检查工作。退房当天，通知客房部检查客房物品有无损坏，并按规定视情况要求客户给予赔偿。协助财务部与客房结清账单，退还订金。客户全部搬出后，需要维修的客房书面通知工程部进房维修，修复后书面通知客房部将房间恢复客房状态。

拓展阅读 5—17

长包房租赁协议

此协议于____年____月____日由__________（以下简称“酒店”）（地址：________）与________（以下简称“承租人”）（地址：__________）双方共同制定。

一、经双方友好协商达成如下协议

1. 酒店方同意将______号至______号房间出租给承租人（以下简称“出租房间”），自____年____月____日截止，租金不变。

2. 酒店为承租人提供____部分机电话，因线路原因，若承租方需要加直拨电话，分机电话数量相应减少。

二、承租人同意

1. 自起租日开始5天内，向酒店支付相当于一个月租金（______元）的押金。此押金不包括利息，在合同期满时酒店将退还给承租人。然而任何由于承租人违反承租人合约而造成的损失，酒店应从押金中扣除一部分或全部作为赔偿。

2. 从承租开始第1天起及以后合同期内每月5日，承租人需支付相当于每间每天____元的全月租金。该价格不含电话费。电话费及其他费用应该在每月月末支付。若有拖欠，将自拖欠之日起，每天加罚2%的滞纳金，若拖欠逾期30天，则视为承租人单方终止合同。

3. 在承租期内没有酒店的书面同意，不得转换、转让或分租部分房间给其他人。

4. 遵守酒店的规章制度。

5. 不得使用出租房间进行任何非法及不道德活动。

6. 未征得酒店的书面同意，不得对出租房间进行任何改变。

7. 出租房间的内部、地面、墙壁、顶棚及室内的装置，包括所有出租房间的门、窗、电器设施、排风扇、管道、线路应保持良好状态。

8. 在接到酒店书面通知7日内，赔偿不论是由于承租人疏忽还是由于承租人的服务员、职员、工人、客户无法控制的因素造成的任何损坏的原有设施的更换费用。

9. 在出租房间内不得做对任何建筑结构、设备、设施的任何一部分会产生伤害、损坏的活动。

10. 在出租房间内不得安装使用除标准办公用品以外的任何设备、机器用品，未征得酒店同意，也不得安装额外的电线。必须配电的办公设备，应征得酒店同意，由酒店派电工进行安装。

11. 允许任何酒店授权的酒店工作人员在任何合理的时间内对出租房间进行检查，并完成必要的维修和保养工作。

12. 除了指出酒店的地址、位置外，不得在与承租人有关的生意经营中使用酒店名称。

13. 不得在出租房间或部分出租房间内存放易燃物以及数量较多的杂物。

14. 任何时间不得在出租房间内大声播放音乐、制造噪声。

15. 不得改换出租房间入口门上现有的门锁、门闩或其他装备，未征得酒店书面同意，也不得额外增加门锁、门闩或其他装备。

16. 空调系统运转时，请保持门窗在关闭状态。

17. 不得在出租房间外摆放任何物品。

18. 合同期满时，归还出租房间内所有原有设备，所有设施应保持完好、干净、可出租状态，并清理掉所有个人物品。

19. 分机电话不可做传真机使用，若承租人需安装直线或传真机，必须征得酒店同意并由承租方支付相应费用。

三、特别提示

1. 酒店将对电动扶梯、电梯、公共照明、火警监视、空调系统的失灵或停止运转向承租人做出合理保证，但不能减少或降低所应该付的租金或部分租金。

2. 在任何情况下，酒店不对在出租房间内发生的丢失、盗窃向承租人做任何保证与赔偿，但可以协助承租人报案、配合公安机关调查。

3. 酒店应为承租人提供信件、报纸传递、卫生清洁等服务，并为出租房提供电视机一台、电视柜一个。

四、装修承诺

在承租期内，酒店可能对自身的某些部分进行装修，届时酒店将保证承租人正常出入，对因施工给承租人造成的影响，请承租人给予谅解，但不能减少所应付的租金或部分租金。

五、终止协议

在承租期内，双方都有权提前终止此协议，但应提前30天以书面形式通知对方，在扣除对酒店的所有未付账款后，酒店应在协议终止后将承租人所付2个月押金退还给承租人。

六、未尽事宜

双方在执行合同时应有诚意，在解决任何不符合之处时应保持友好态度，并且坚持相互信任的原则。

七、协议的监督执行

本协议及协议中的条款、条件交由酒店和其继任或指派人监督执行。承租人也应履行义务，严格执行承租的责任。

酒店授权代表签字：________________　　　　日期：____年____月____日

承租人（代表）签字：______________　　　　日期：____年____月____日

三、大客户维护

大客户可能包括合作旅行社、协议单位或大宗销售客户，一般会占饭店客户总量的20%。留住大客户的核心是饭店提供的服务品质，关键是物有所值的服务体验。以下的一些做法可以帮助大客户获得增值服务，改善大客户的消费体验，帮助留住大客户。

（一）了解大客户需求

（1）弄清大客户的需求，包括对产品报价的时间要求，预订房间、设施的数量要求，折扣与奖励的利益要求，促销与推销的支援要求等。

（2）掌握饭店产品在多大程度上能满足大客户的需求。

（二）正确处理大客户关系

(1) 大客户要求优先。大客户关于产品数量以及产品系列化、一条龙服务等要求优先满足，以提升大客户对饭店的好感和忠诚度。

(2) 处理好与大客户相关工作人员的关系。销售人员不仅要处理好大客户方掌握产品选择与预订、接待费用支付等权限的中上层主管的关系，也要处理好大客户公司中相关部门职员的关系。

（三）为大客户提供援助

饭店方和销售人员应积极主动地协助大客户开展各种活动，利用一切可以利用的机会加强与大客户之间感情与情报资料的交流，特别是在大客户举行开业周年庆典、获得特殊荣誉、实施重大商业举措的时候，饭店方应充分关注大客户的一切动向，并及时给予恰当、受欢迎的支援或援助。对于合作旅行社，还应提供促销协助，包括共同设计促销方案等。

（四）营销总监或总经理拜访大客户

饭店营销总监每年大约有三分之一的时间用在拜访客户上，大客户应该是拜访的主要对象，这也是大客户维护的重要方式。营销人员要为营销总监提供有关大客户的准确信息与数据并协助安排合理的拜访日程，以使营销总监有目的、有计划、有把握地开展拜访工作，加深与大客户之间的感情，增强大客户对饭店的忠诚度。

（五）以大客户意见评价销售人员

从大客户那里，饭店管理者可以比较全面地了解销售人员为大客户服务的情况，对销售人员的工作实施必要的监督与考核，对于工作不力的员工要提出整改、培训或调动等的处理意见。

（六）加强信息相互传递

及时统计、分析、汇总大客户销售数据与情报，并呈报营销总监和总经理办公室，以便饭店针对市场变化及时进行调整，保证与大客户之间信息传递及时、准确，紧紧把握市场脉搏，这是饭店以客户为导向的一个重要前提。

（七）召开恳谈会、联谊会

饭店应有计划地组织召开恳谈会、联谊会，听取大客户对饭店产品、服务、营销、产品开发、饭店业新科技应用、消费者需要趋势等方面的意见和建议，介绍饭店在采纳大客户意见与建议的基础上对饭店产品所作出的改进与完善的地方，说明饭店今后的打算和发展计划等。

（八）奖励大客户

饭店应制定适当的大客户奖励政策，可以有效地刺激客户的销售积极性和主动性，对稳定大客户的长期交易作用明显，比如各种折扣、合作促销让利、返利等。

重要知识点

1. 饭店商务客源细分市场
2. 饭店商务客人的需求特征
3. 商务销售基本流程
4. 商务销售主要工作程序
5. 大客户销售和维护技巧
6. 长包房客户维护方法

模拟练习和实战训练

1. 分享一家饭店或饭店集团的会员或老客户奖励计划。

2. 分别扮演饭店商务销售人员和企业客户的角色，模拟进行合作谈判。

3. 找一家市面上正在经营的饭店，为其设计一个商务合作协议，并对协议优惠措施进行比较分析。

4. 找一家五星级饭店，对它的一个商务合作伙伴进行价值评估。

参考文献

1. [美] 菲利普·科特勒．旅游市场营销 [M]．谢君彦，译．北京：旅游教育出版社，2002.
2. 贺学良，王华．酒店营销原理与实务 [M]．北京：中国旅游出版社，2012.
3. 黄华等．新视野酒店销售经理进阶手册 [M]．北京：企业管理出版社，2013.
4. 胡宇橙，王文君．饭店市场营销 [M]．北京：中国旅游出版社，2005.
5. 李雯．酒店营销部精细化管理 [M]．北京：人民邮电出版社，2011.
6. 刘明会．饭店营销技巧 [M]．北京：中国劳动社会保障出版社，2005.
7. 刘晓明．酒店产品营销 [M]．北京：中国财富出版社，2013.
8. [加] 罗伯特·C. 刘易斯，[美] 理查德·E. 钱伯斯．饭店业营销案例 [M]．大连：东北财经大学出版社，2006.
9. [美] 尼尔·沃恩．饭店营销学 [M]．程尽能等，译．北京：中国旅游出版社，2001.
10. 饶勇．现代饭店营销创新 500 例 [M]．广州：广东旅游出版社，2003.
11. 田雅琳等．酒店市场营销实务 [M]．北京：人民邮电出版社，2010.
12. 王秋明．酒店市场营销实务 [M]．北京：清华大学出版社，北京交通大学出版社，2013.
13. 王英哲．客房服务与管理 [M]．北京：北京理工大学出版社，2010.
14. 肖云山．新编酒店营销与公关管理 [M]．南京：江苏美术出版社，2013.
15. 杨卫，刘慧明．酒店营销经理岗位职业技能培训教程 [M]．广州：广东经济出版社，2007.
16. 叶伯平．宴会设计与管理 [M]．北京：清华大学出版社，2011.
17. 一分钟情景营销技巧研究中心．会议营销 [M]．北京：中华工商联合出版社，2009.
18. 游上，郭松林．饭店活动策划与管理 [M]．北京：旅游教育出版社，2008.
19. 赵伟丽，魏新民．酒店市场营销 [M]．北京：北京大学出版社，2014.
20. 郑凤萍．酒店营销实务 [M]．北京：化学工业出版社，2009.
21. 周显曙，丁霞．酒店营销实务 [M]．北京：清华大学出版社，2013.

信息反馈表

尊敬的老师：

您好！为了更好地为您的教学、科研服务，我们希望通过这张反馈表来获取您更多的建议和意见，以进一步完善我们的工作。

请您填好下表后以电子邮件、信件或传真的形式反馈给我们，十分感谢！

一、您使用的我社教材情况

您使用的我社教材名称			
您所讲授的课程		学生人数	
您希望获得哪些相关教学资源			
您对本书有哪些建议			

二、您目前使用的教材及计划编写的教材

您目前使用的教材	书名	作者	出版社
您计划编写的教材	书名	预计交稿时间	本校开课学生数量

三、请留下您的联系方式，以便我们为您赠送样书（限1本）

您的通信地址			
您的姓名		联系电话	
电子邮件（必填）			

我们的联系方式：

地　址：苏州工业园区仁爱路158号中国人民大学苏州校区修远楼

电　话：0512-68839319　　传　真：0512-68839316

E-mail：huadong@crup.com.cn　　邮　编：215123

网　址：www.crup.com.cn/hdfs